# Chão de ferro

------------

## Pedro Nava

POEMAS
Alphonsus de Guimaraens Filho
Fernando da Rocha Peres

APRESENTAÇÃO
André Botelho

COMPANHIA DAS LETRAS

Copyright @ 2012 by Paulo Penido / Ateliê Editorial
Publicado sob licença de Ateliê Editorial.
Estrada da Aldeia de Carapicuíba, 897, Cotia, SP — 06709-300
Copyright da apresentação © André Botelho

Todos os direitos reservados

*Grafia atualizada segundo o Acordo Ortográfico da Língua
Portuguesa de 1990, que entrou em vigor no Brasil em 2009.*

*Capa e projeto gráfico*
Elisa v. Randow

*Imagem de capa*
Obra sem título de Marina Rheingantz, lápis de cor sobre papel, 14,8 x 21 cm.

*Imagem de quarta capa*
Fundação Casa de Rui Barbosa / Arquivo Museu de Literatura Brasileira.
Reprodução de Ailton Alexandre da Silva

*Pesquisa iconográfica*
André Botelho
André Bittencourt

Imagens do Acervo da Fundação Casa de Rui Barbosa / Arquivo Museu de Literatura Brasileira.
Reprodução de Ailton Alexandre da Silva

*Preparação*
Jacob Lebensztayn

*Índice onomástico*
Luciano Marchiori

*Revisão*
Jane Pessoa
Huendel Viana

Dados Internacionais de Catalogação na Publicação (CIP)
(Câmara Brasileira do Livro, SP, Brasil)

> Nava, Pedro, 1903-1984.
> Chão de ferro / Pedro Nava ; apresentação André Botelho ;
> 1ª ed. — São Paulo : Companhia das Letras, 2012.
>
> ISBN 978-85-359-2155-7
>
> 1. Autores brasileiros — Século 20 — Biografia 2. Nava, Pedro, 1903-1984 I. Botelho, André. II. Título.

12-09800                                                        CDD-869.8

Índice para catálogo sistemático:
1. Autores brasileiros : Biografia 869.8

[2012]
Todos os direitos desta edição reservados à
EDITORA SCHWARCZ S.A.
Rua Bandeira Paulista, 702, cj. 32
04532-002 — São Paulo — SP
Telefone: (11) 3707-3500
Fax: (11) 3707-3501
www.companhiadasletras.com.br
www.blogdacompanhia.com.br

*Chão de ferro*: do mar à montanha,
as amizades da vida toda,
por André Botelho                                          7

Um poema para Pedro Nava,
por Alphonsus de Guimaraens Filho                          19

Nava / Naveta / Nava,
por Fernando da Rocha Peres                                21

**Chão de ferro**  1. Campo de São Cristóvão              29

2. Rua Major Ávila                                        141

3. Avenida Pedro Ivo                                      257

4. Rua da Bahia                                           327


Anexo I — Evocação da rua da Bahia                        409

Anexo II — Episódio sentimental                           417

Anexo III — Fim de conversa telefônica
com Lúcio Costa                                           419

Índice onomástico                                         421

## *Chão de ferro*: do mar à montanha, as amizades da vida toda

*André Botelho*

O TÍTULO DO LIVRO não deixa mesmo margem para dúvidas: *Chão de ferro* é o chão de Minas Gerais. A Minas Gerais natal de Pedro Nava. O chão de ferro por onde sua família materna se movimentou desde o século XVIII, o chão de Belo Horizonte, a nova e moderna capital do estado, para onde sua família se mudou em 1914. O chão de ferro da serra do Curral, cujos óxidos formam uma surpreendente paleta de amarelos, alaranjados, ocres e ferruginosos na pena do narrador:

> Ah! chão prodigioso, tinto de todas as gradações! partindo dos graves de trombone do marrom até às clarinadas amarelouro [...]. Às vezes some essa iridência e o *giallo* clareia, fica triste, feio, de um plácido deslavado de osso seco mas que logo se adensa — palha, depois camurça, bege, cromo, camomila e um ouro tornado implacável pelas faíscas de mica. Cada palmo de terra difere e cada beira de barranco risca-se de alaranjados que alumbram, de açafrões terebrantes, de cobres travosos. E mais: os amarelos que os pintores põem em escala [...] que logo se empinam na cor vege-

tal do nerprum e do urucum, de repente do cádmio, do ocre vermelho, acaju, ralé, café, biochênio, castanha e novamente no escuro dominante da terra de Siena a que os caprichos da hora e do crepúsculo emprestam lampejos do roxo versicolor das ametistas. Mas é só um instante: logo vem a noite e apaga as pequeninas chamas do dorso das pedras metálicas.

Mais do que referência geográfica, porém, "chão de ferro", como outras categorias espaciais das *Memórias* de Nava, é categoria que compreende várias dimensões semânticas, que articulam simultaneamente diferentes dimensões objetivas e subjetivas da experiência do narrador, tal como ela é recuperada por meio da escrita. Entre elas, articulando a própria narrativa do livro, "chão de ferro" não deixa de lembrar ainda a estrada de ferro que liga e também separa Minas do Rio de Janeiro, a montanha do mar. Pois neste terceiro volume das *Memórias*, escrito entre 17 de julho de 1973 e 17 de outubro de 1975, e publicado originalmente em 1976, o narrador se desloca de trem entre esses dois polos durante todo o tempo: no Rio está o colégio interno; em Minas, as férias com a família e, posteriormente, a faculdade em que ingressa em 1921. Não são polos meramente espaciais, insistamos, mas dimensões existenciais, afetivas, intelectuais, sociais, culturais, civilizatórias e até cosmológicas distintas. Dimensões que, simultaneamente, se distanciam e se aproximam, se repelem e se atraem, e também se misturam, concorrendo para a constituição do sujeito da narrativa, numa fase decisiva da sua formação, a adolescência, essa invenção ocidental moderna.

Concentrando ações transcorridas entre 1916 e 1921, *Chão de ferro* se abre e se fecha descrevendo aulas, no Pedro II e na Faculdade de Medicina. "Campo de São Cristóvão" praticamente forma um só capítulo com o último de *Balão cativo*, o volume anterior das *Memórias*. Os dois capítulos juntos narram um pouco da história do Pedro II a partir da experiência do narrador no colégio. "Rua Major Ávila" narra os anos de 1917 e 1918, em que passava as folgas do colégio na companhia dos seus tios paternos. O mesmo convívio é recriado em "Avenida Pedro Ivo", reconstituindo acontecimentos de 1919-20. "Rua da Bahia", o último capítulo, marca a volta do narrador, terminado o colégio, para a companhia da mãe, e de sua família nuclear, em Belo Horizonte, a fim de preparar-se para o ingresso na faculdade.

Como a fase da formação do narrador que aborda, o livro como um todo parece marcado pela ideia de transição, outro significado metafórico para a categoria total "chão de ferro". De um lado, aproxima-se da narrativa de *Balão cativo*, compondo, como mencionado, um núcleo temático em torno das experiências do final da infância no colégio interno e no Rio de Janeiro; de outro, antecipa a juventude propriamente dita, os tempos da faculdade, da boemia e do modernismo em Belo Horizonte, tema do próximo volume, *Beira-mar*. O caráter de transição de *Chão de ferro* foi observado pelo próprio Nava, segundo citação feita na matéria do "Caderno B" do *Jornal do Brasil*, de 12 de julho de 1976, em que se anunciava o lançamento do livro para aquela mesma noite, às oito e meia, na livraria Folhetim, em Copacabana:

> Eu não consegui sofrear-me. Não pude resumir, ao escrever o segundo volume. Depois, adotei a mesma técnica no *Chão*. Foi intencionalmente que tratei de forma um tanto mais alongada a minha vida de colégio, para no final principiar uma sinfonia mineira antes de entrar mesmo na narração de minha vida lá em Belo Horizonte, que estará no *Beira-mar*.

No primeiro núcleo narrativo de *Chão de ferro* são memoráveis as descrições do Rio de Janeiro. Cidade que vivia freneticamente a sua *belle époque* e que o narrador foi explorando por conta própria ou na companhia de colegas nas saídas do colégio por São Cristóvão, pelos subúrbios da Tijuca e pelo centro. Passeios em que se vão desenhando um mapa afetivo da cidade, com suas persistentes ruas coloniais, os melhoramentos urbanos do seu tempo de Corte (portuguesa e depois brasileira), a grande avenida então recém-aberta inspirada nos bulevares franceses, que ia transfigurando a velha feição da cidade, suas confeitarias, sorveterias, livrarias, cinemas etc. Os costumes e a sociabilidade da então capital federal, para a qual acorriam brasileiros de todos os quadrantes, como sua família paterna cearense que lá vivia e com a qual convivia nos finais de semana. Destaque para a convivência com seus tios Ennes de Souza e Eugênia, e Modesto e Bibi, em cujas companhias Nava passava os finais de semana. Como esses parentes viviam nas velhas pensões burguesas da cidade, eram crescentes as oportunidades cotidianas de convívio social com diferentes tipos humanos, ainda que de uma mesma classe social. Experiência que certamente contribuiu para apurar a urbanidade de Nava, seu olhar arguto e seu gosto pela conversa inteligente, prazeres e práticas muito importantes para o memorialista que se tornou.

Mas o Rio de Janeiro recuperado em *Chão de ferro* é também a cidade abatida pela gripe espanhola, de 1918, tragédia sobre a qual legou narrativa notável, reconhecidamente fonte para o estudo daquela pandemia que deixou 14 400 mortes somente na cidade do Rio; ou quatro quintos dos cariocas "no chão, na cama ou na enxerga dos hospitais", como diz. Ainda assim, é esse um Rio em que parece correr toda a história do Brasil e do mundo que fascinou de modo contundente o adolescente Nava, e cuja saudade, ao memorialista maduro, não interessa dissimular. É por isso que a saudade é a palavra que, no livro, encerra cada uma das principais descrições das pessoas, dos costumes, da cidade. Assim, é antes assumida como ponto de vista para a narração, fazendo dessa dimensão do livro verdadeira crônica de saudades da *belle époque* carioca — designação que, paradoxalmente, já encerra uma conotação nostálgica, algo como um passado áureo perdido para sempre.

O ponto alto desse primeiro núcleo narrativo de *Chão de ferro* (como estamos chamando as ações transcorridas no Rio de Janeiro) encontra-se no colégio e internato Pedro II. Colégio tradicional que remonta aos tempos do Império, a cuja formação humanista de orientação francófona Nava também deve seu perfil de médico, de erudito, de homem de salão e memorialista. Como entre as elites cariocas, nele também se respirava profundo "amor à França", identificada como sinônimo de civilização. Devoção apenas acirrada durante a Primeira Guerra Mundial, e cujo efeito desprovincianizador não anulava inteiramente o caráter postiço, mais ou menos servil e sempre algo cômico da adoção de modelos de comportamentos estrangeiros por parte das elites locais; aspecto a que *Chão de ferro* também deve algum interesse, a contrapelo das intenções do narrador. "Amor à França" que, segundo Nava, seria subscrito por toda a sua geração, e nele próprio se completaria mais tarde com a influência literária de seus amigos Aníbal Machado, Carlos Drummond de Andrade e Milton Campos, que gostavam de citar Anatole France, o "semideus de nossa juventude".

Como nos demais volumes das *Memórias*, mais uma vez é por meio dos detalhes laboriosamente construídos no texto que a empatia do leitor com a narrativa é disputada. O dia a dia do Pedro II é, assim, rememorado com minúcias que nos dão uma visão de conjunto tão viva da sua formação e legado na cultura brasileira que dificilmente uma mera descrição lograria atingir. O prédio do colégio, suas instalações e seu entorno; os horários e as regras disciplinares, os intervalos, recreios, o convívio entre os colegas, a rivalidade com os alunos do Colégio Militar; as aulas, as matérias do currículo, os estudos e a leitura, os exames finais e as mirabolantes artimanhas empregadas para neles serem aprovados; e, entre muitos outros elementos, os uniformes dos estudantes de que se faz descrição detalhada a partir de vários desenhos, alguns dos quais reproduzidos no caderno de imagens desta edição, nos comunicam diretamente o tempo recuperado pelo narrador. Concorre para isso ainda, assim como nas *Memórias* em geral, a tensão criativa entre documento e ficção que estrutura o texto e que chega a levar o narrador de *Chão de ferro* a definir o memorialista como uma "forma anfíbia" do historiador e do ficcionista. Talvez por isso, em várias passagens, ele trace paralelos entre a experiência que almeja narrar com a que se apresenta em *O Ateneu* (1888), o romance brasileiro icônico da vida de colégio interno.

Particularmente importantes são os retratos dos colegas e professores, que se somam à incrível galeria de dezenas de personagens e tipos humanos evocados no volume. Colegas como Aluísio Azevedo Sobrinho, com quem explorava o centro do Rio, e Leo Monteiro, que lhe apresentou o bairro de São Cristóvão; ou os irmãos Afrânio e Afonso Arinos de Melo Franco, com quem conviveria a vida toda; ou ainda o estudioso e gentil Robespierre Moreira Dezouzart, que, além do "cérebro ágil", era o dono das "pernas mais lépidas do nosso futebol". Robespierre sempre acudia Nava e outros colegas em suas agonias de vésperas de sabatina passando-lhes a lista dos pontos com as respectivas páginas dos livros onde encontrá-los. Era por isso o "Santa-Casa": "portas abertas, coração aberto, providência dos vadiaços, auxílio dos madraços, misericórdia dos vagabundos".

Professores como Silva Ramos, Álvaro Maia, Augusto Guilherme Meschick, Luís Cândido Paranhos de Macedo, Eduardo Gê Badaró, Benedito Raimundo (o Bené) e, entre outros, João Ribeiro são evocados em retratos memoráveis. Em todos esses retratos, percebe-se a técnica da caricatura de que lançou mão Nava nessa homenagem aos seus professores; e que, aliás, emprega nos desenhos que esboçou deles, como pode ser visto no caderno de imagens desta edição. De João Ribeiro, por exemplo, de quem Nava foi aluno de história universal e história do Brasil, observa que "aprendíamos muito mais nos livros do nosso mestre como leitura de repouso nas longas horas vagas ou nas longuíssimas dos estudos da manhã e da noite que com ele próprio. Mas ele estava nos livros... Folheá-los era folheá-lo... Porque como professor, como dador de aulas, João Ribeiro era extremamente displicente". Não deixa de reconhecer ainda o papel fundamental desempenhado pelo professor, cujo modo de escrever verdadeiramente nos "libertou de Portugal", anunciando o modernismo e suas conquistas linguísticas tão importantes para o próprio Nava e sua geração. Com *A língua nacional* (1922), além disso, pode-se acrescentar, João Ribeiro defendeu corajosamente uma feição brasileira da língua portuguesa que fosse mais próxima da fala popular do que da gramática erudita.

    O período vivido em Belo Horizonte durante as férias escolares e, principalmente, quando da sua volta para cursar a faculdade de medicina é marcado, por sua vez, pela narração da readaptação de Nava a Minas Gerais. Mais a Minas do que especificamente à família. O desligamento da família aparece para o narrador como uma aproximação com os amigos, e mesmo como substituição daquela por estes. É entre esses dois grupos que hesita o adolescente. Em Belo Horizonte amplia-se o círculo de amizades do narrador, cultivadas esparsamente desde suas férias escolares, e também dos muitos conhecidos que aumentam em mais várias dezenas a imensa galeria de personagens de *Chão de ferro*. São familiares, vizinhos e sua vasta parentela; amigos do Bar do Ponto, um dos locais de encontro da juventude e da intelectualidade local, que para o jovem Nava parecia constituir "o centro de Minas, do Brasil do Mundo Mundo vasto Mundo..."; colegas calouros da Faculdade de Medicina, como Joaquim Nunes Coutinho Cavalcanti, que se tornaria seu amigo da vida toda; e seus professores, como Aurélio Pires, que recebeu de Nava talvez uma das mais belas homenagens, o poema "Mestre Aurélio entre as rosas", recolhido por Manuel Bandeira na *Antologia dos poetas bissextos* (1946). Merece destaque, claro, o papel das moças em *Chão de ferro*, esse livro tão masculino pelo universo que retrata. Moças burguesas com quem ele convivia em sociedade. Mas também as de estratos sociais inferiores ao seu, com as quais, como permitia o costume da sociedade patriarcal, o narrador afirma ter tido as suas primeiras experiências sexuais. E moças que povoavam de sonhos eróticos as noites do narrador adolescente.

Comparados aos retratos feitos dos professores, colegas e parentes do primeiro núcleo narrativo, porém, os de Minas parecem apenas esboços traçados mais rapidamente. Leem-se essas páginas de *Chão de ferro* com a sensação de um prelúdio, confirmada, aliás, pela afirmação de Nava, mencionada anteriormente, de que elas apenas iniciariam a "sinfonia mineira" a ser executada em *Beira-mar*, cuja publicação é anunciada no final da primeira edição de *Chão de ferro*. Isso não significa, entretanto, que esse segundo núcleo narrativo seja sem consequências para a estruturação de *Chão de ferro* e das *Memórias* como um todo. Muito pelo contrário. Ele funciona como espaço de reconversão do narrador a Minas Gerais, um "noviciado mineiro que, como o sacerdotal, suprimindo a vida fora da Igreja, ia jogando meus cinco anos de Rio e Pedro II para um passado extraordinariamente remoto", como diz. Suas experiências aí rememoradas são marcadas por sua redescoberta de um modo de ser ou um modo de aparecer que entende poder distinguir os mineiros de outros brasileiros. "Mineiridade", ou qualquer outro nome que se lhe queira dar, que precisava ser redescoberta pelo narrador depois dos anos passados no Rio; sua forte vinculação afetiva com os seus parentes cearenses mais cosmopolitas; e, não menos importantes, suas experiências mineiras anteriores tão negativas, na casa da avó materna em Juiz de Fora e no Colégio Anglo, de Belo Horizonte, narradas em *Balão cativo*.

Embora outros exemplos sejam mobilizados, essa reconversão vai se processando, sobretudo, através do seu contato com a "linguagem incomparável" dos mineiros. Primeiro, o seu vocabulário todo particular que permitiria até a construção de "um novo dicionário" (interesse pelas palavras que tem paralelo com a atenção dispensada pelo autor às aulas de português no Pedro II no início do livro); depois, sua arte da conversação também própria, parte crucial de toda a sociabilidade mineira, em que "conversamos não procurando falar o tempo todo mas ouvir metade do tempo. Assim calamos e estamos usando o outro termo do papo que é prestar atenção". *Chão de ferro*: os próprios mineiros, aqueles que levam "oitenta por cento de ferro nas almas", como indica a referência oblíqua do narrador ao poema "Confidência do itabirano"

— "Só? Carlos, ou você errou a proporção e às vezes a coisa vai até à saturação dos cem por cento" — numa das muitas intertextualidades com a obra de Drummond.

Identificadas as particularidades da linguagem e da conversa mineiras, tão importantes para esse escritor com grande senso da língua e da sua oralidade que é Pedro Nava, o narrador passa a fazer longa lista de casos aparentemente inverossímeis, para chegar à conclusão do que considera, enfim, a qualidade fundamental dos mineiros: a de passar do real ao irreal sem maiores problemas. "Sua" Minas, ele admite, "mais espanhola que portuguesa, muito mais cervantina que camoniana":

> Tudo, tudo isto pode ser estranho em qualquer estado do Brasil. Em Minas, não. Não há um de nós que não compreenda, tolere, desculpe e, no fundo, não aplauda o conterrâneo nosso de cada dia deslizando assim entre o real e o irreal, sonhando, sofrendo, carregando sua cruz, pulando sua fogueira, às vezes caindo, queimando e *confirmando*.

Esta certamente não é a melhor oportunidade para recolocar esse tipo de atribuição de identidade aos "mineiros" em questão. Construto, aliás, também presente na formulação que o narrador faz da "alma carioca" como uma espécie de mínimo múltiplo comum, isto é, um conjunto de qualidades presente em homens tão diferentes e, no caso da capital federal, vindo de vários lugares, que lhe conferem certa unidade em meio à diversidade. Todavia, independent do juízo que se possa fazer desse tipo de construção, cumpre reconhecer que o apontado trânsito barroco entre o real e o irreal corresponde, de fato, para o narrador, a algo que se pode experimentar na convivência com a sociedade mineira em sua grande diversidade constitutiva. Diga-se a favor de Nava que ele não descuida do que poderíamos chamar das condições socioculturais dessa experiência. Em todo caso, o que quero sublinhar aqui é que esse trânsito entre o real e o irreal parece decisivo para o florescimento do importante memorialismo mineiro da geração modernista, sem o qual tampouco as *Memórias* de Pedro Nava pareceriam possíveis.

Tendo palmilhado *Chão de ferro*, voltemos, para concluir, ao título do livro e a outros dos seus possíveis sentidos metafóricos. Os dois núcleos narrativos principais balizados pelas ações transcorridas respectivamente no Rio de Janeiro e em Minas Gerais, e temporalmente pela trajetória do narrador, como exploramos, não esgotam inteiramente a riqueza do livro. Perpassando esses dois núcleos narrativos, há ainda um tema que se destaca e parece mesmo constituir o motivo interno próprio de *Chão de ferro*, como aquilo que põe sua narrativa em movimento desde dentro e em relação ao conjunto das *Memórias*. Refiro-me à experiência da amizade.

Amizade vista como um contexto de relações com valores e práticas distintas de outros relacionamentos, mas articulada a dinâmicas sociais mais amplas, importante, em sua acepção ocidental e moderna, para forjar a subjetividade individual, a relação do eu com os outros e, portanto, com a sociedade. Em *Chão de ferro*, a amizade é vista como um vínculo afetivo que envolve práticas de sociabilidade, relações de trocas íntimas e de ajuda mútua decisivas para a formação moral, intelectual e sentimental do narrador. Talvez pelo fato de o livro abordar justamente a adolescência perdida com o tom melancólico do memorialista maduro, trata das amizades que levamos do colégio para a vida toda, mesmo que certas vezes a despeito da não continuidade de uma convivência pessoal, algumas das quais já mencionamos nesta apresentação. Amizade travada com aqueles considerados próximos socialmente, deixando os "outros" para um plano diverso, como as mulheres e, principalmente, as mulheres pobres. E o Colégio Pedro II trouxe significativas possibilidades de convivência do narrador com rapazes não apenas próximos socialmente, mas de famílias mais bem situadas na escala social. Sem que essa dimensão esgote a significação dos vínculos de amizade, elas também constituem um capital social. Particularmente importante numa sociedade tão marcada pelo baralhamento entre privado e público e pelo clientelismo, e fundamental para o narrador das *Memórias*, desprovido de fortuna e poder político próprios, mas com relações suficientemente influentes. Como bem mostra, por exemplo, o episódio final de *Chão de ferro*, em que o narrador é nomeado para o serviço público por intermédio de sua rede de relações pessoais.

Mas penso aqui também na amizade do narrador pelos livros, em verdade muito, muito cara a ele. Livros, esses amigos que não nos deixam conhecer a solidão, e que são onipresentes em *Chão de ferro*: os manuais e livros didáticos do colégio; os de medicina do pai, os romances da avó, da mãe e das tias, o livro-diário escrito pelo avô Major, os muitos livros dos tios; os livros dos amigos, os franceses cultuados pela sua geração, os da livraria que não podia comprar; os preciosos e os comuns e até mesmo os vulgares, voltados para divertimentos privados dos meninos. É certo que também a amizade pelos livros pode funcionar, socialmente, como mecanismo de distinção social, já que a educação e a cultura erudita são também prerrogativas de classe na vida social. Mas não apenas isso. O inventário das leituras feitas na adolescência e seu impacto duradouro na formação do narrador ao longo de *Chão de ferro* compõem um capítulo muito especial que merece ser explorado pelo leitor; quando não mais, para compreendermos melhor Pedro Nava, sua geração, o Brasil da época e o das *Memórias*.

A amizade dos homens e dos livros é, então, pode-se dizer, esse "chão de ferro" que pavimenta a vida, nos aproximando e nos separando das diferentes dimensões em que, objetiva e subjetivamente, vamos nos constituindo. E tal como os óxidos de ferro do chão de Minas de que dá notícia, também os amigos e os livros possuem a sua paleta sutil de tons, dos pastéis mais amenos aos laranjas mais dramáticos, passando pelos ocres ferruginosos perdidos no tempo.

## BIBLIOGRAFIA SELECIONADA

AGUIAR, Joaquim Alves de. *Espaços da memória. Um estudo sobre Pedro Nava*. São Paulo: Edusp/Fapesp, 1998.

ARRUDA, Maria Arminda do Nascimento. *Mitologia da mineiridade. O imaginário mineiro na vida política e cultural do Brasil*. São Paulo: Brasiliense, 1990.

BOTELHO, André. "As memórias de Pedro Nava: autorretrato e interpretação do Brasil". In: *A memorialística brasileira*. XXXV Encontro Anual da Anpocs. Caxambu, out. 2011.

CANÇADO, José Maria. *Memórias videntes do Brasil. A obra de Pedro Nava*. Belo Horizonte: Editora da UFMG, 2003.

CANDIDO, Antonio. "Poesia e ficção na autobiografia". In: _____. *A educação pela noite*. 5ª ed. Rio de Janeiro: Ouro sobre Azul, 2006, pp. 61-86.

DIMAS, Antonio. "Um modelo para as nossas memórias". *O Estado de S. Paulo*, 18 set. 1976.

DIMAS, Antonio. "Memória e pudor". In: *Literatura e Memória Cultural*. Anais do II Congresso Abralic. Belo Horizonte: Associação Brasileira de Literatura Comparada, 1991. v. I, pp. 589-93.

ROCHA, Oswaldo Porto; ROCHA, Maria Luiza Burlamaqui Soares Porto. "Quando a História se cala: memórias da Espanhola". *Tempo*, Niterói, v. 12, n. 23, pp. 201-11, 2007.

VINCENT-BUFFAULT, Anne. *Da amizade. Uma história do exercício da amizade nos séculos XVIII e XIX*. Rio de Janeiro: Jorge Zahar, 1996.

# Um poema para Pedro Nava

*Alphonsus de Guimaraens Filho*

*Pedro Nava: no teu baú de ossos
Tão igual ao que é nosso atroz baú,
descobrem-se irrisórios, vãos destroços*

*da vida que é silêncio amargo e nu,
devastado de sombra, de remorsos,
vida que prendes e que domas, tu.*

*Todos nós somos pasto de esperanças,
desesperanças, que sei eu! nenhum
contudo pôde ter o que ora alcanças*

*com uma visão ou um verbo incomum
tecendo, retecendo as duras (mansas?)
horas já idas, que refazes num*

*poder de recriar comunicando*
*à vida que se esfez eternidade*
*do que, por mais disperso, irá durando.*

*E agora vens com teu balão cativo,*
*meu nobre Pedro Nava! claridade*
*e pungência espalhando no que, vivo,*

*mais vivo tornas, não de tua vida*
*apenas, ou das vidas que recordas,*
*mas de toda essa estranha e dolorida*

*passagem pelas ruas, pelas almas,*
*seguindo sempre pelas vagas bordas*
*de águas que pungem parecendo calmas.*

*Seguindo-te, seguimo-nos... E o que é morte*
*subitamente sobe do mais fundo*
*das coisas como vida que suporte*

*qualquer rude desgaste, e do desgosto*
*de ser um sonho só no áspero mundo*
*— como uma cicatriz no nosso rosto,*

*que oculta outra invisível cicatriz —,*
*extrai uma certeza comovida,*
*uma essência mais funda de raiz,*

*qualquer coisa irrompe, que nos lava*
*de claridade... Ao sonho, à dor, à vida,*
*leva-nos tu na tua nave, Nava.*

# Nava / Naveta / Nava

*Fernando da Rocha Peres*

*Amigos nesta naveta
somos todos passageiros
e mergulhamos sem medo
no cipoal da memória
de Pedro da Silva Nava.
O incenso que respiramos
nesta naveta de prata
é o passado redivivo
de Pedro da Silva Nava.
Nava naveta navas
viagem do irmão poeta
ao quintal anterior
dos cearás e das minas
navanavetanavas.*

À MEMÓRIA DE

Aníbal Monteiro Machado,

Emílio Moura,

João Alphonsus,

Manuel Bandeira,

Milton Campos

e

Virgílio de Melo Franco

*Aos meus amigos*
*Ajácio de Castro,*
*Alphonsus de Guimaraens Filho,*
*Francisco Martins de Almeida,*
*Luís Jardim*
*e*
*Plínio Doyle*

> Junto de um seco, fero e estéril monte...
> LUÍS VAZ DE CAMÕES, *Canções*

> Noventa por cento de ferro nas calçadas.
> Oitenta por cento de ferro nas almas.
> CARLOS DRUMMOND DE ANDRADE, "Confidência do itabirano"

> L'insuportable professeur parla longtemps encore, ajoutant les inconvenances aux maladresses, les impertinences aux incivilités, accumulant les incongruités, méprisant ce qui est respectable, respectant ce qui est méprisable; mais personne ne l'écoutait.
> ANATOLE FRANCE, *L'île des pingouins*

## 1. Campo de São Cristóvão

> J'ai plus de souvenirs que si j'avais mille ans.
> CHARLES BAUDELAIRE, "Spleen" — LXXVI

OS REGIMENTOS MANDAVAM QUE AS AULAS do Colégio Pedro II começassem no primeiro dia útil de abril e que o período letivo durasse até 15 de novembro. O ano escolar seria assim de sete meses e meio mas, pelo menos, mês e meio eram roubados pela velha madraçaria nacional. A primeira quinzena era compasso de espera, para a chegada de todos os alunos e para os professores tomarem pé depois do sossego das férias. Vinham, em seguida, as ditas de junho que não eram em junho e sim duas semanas de vadiação em julho. Finalmente, de 1 a 15 de novembro, havia *parede* para preparação dos exames finais que começavam com a abertura de dezembro. Os quatro bimestres de aula reduziam-se, na realidade, a três e era assim, sistematicamente, não cumprido o decreto em que o ministro Carlos Maximiliano regulara nosso tempo de trabalho.

Nas primeiras horas da segunda-feira em que iam começar nossas aulas, eu e os outros alunos gratuitos fomos conduzidos à biblioteca do colégio para o cerimonial de receber livros e material didático que o colégio nos fornecia. Os estupendos cadernos com o nome da instituição na capa, encimado pelas Armas da República. *Pertence ao aluno...* Lápis, borracha, compassos, esquadros, régua, caneta, penas Mallat. Os livros, o despotismo dos livros. Os dicionários. O de português. O de francês-português-português-francês, o latim-português e vice-versa. As gramáticas de Halbout, João Ribeiro e Clintock. As fábulas de La Fontaine, os contos de Perrault, outro livro de leitura francesa, parece que o de Toutet, não lembro bem, mas onde, certo, estavam as histórias do menino exemplar (*Le soleil vient de se lever et le petit Paul est déjà debout, un arrosoir à la main*) e do menino gabarola (*Moi je suis brave — disait Martial — quand je serai grand j'irai à la guerre et je serai général*). A *Geografia* de Lacerda e Novais complementada pelo soberbo *Atlas* de Crosselin-Delamarche. A *Epitome historiae sacrae* e o *Phaedri fabulae*. A minha adorada *Antologia nacional* de Fausto Barreto e Carlos de Laet e aquela coisa épica, fantástica e eterna — *Os lusíadas* do nosso Luís Vaz no volume atochadinho e encourado do Chardron. No segundo e terceiro anos esses livros seriam acrescidos de outros de João Ribeiro, de Ruch, das *Beautés* de Chateaubriand, do *Théâtre classique*, da *Corografia* de Veiga Cabral, da *Aritmética* e da *Álgebra* de Thiré e das toneladas de latim exigidas pelo Badaró: as *Orações* de Cícero, as *Odes* de Horácio, as *Bucólicas*, as *Geórgicas*, a *Eneida* e além de Virgílio — o *De viris illustribus urbis Romae* de Llomond e Caio Júlio César no *Commentarii de bello gallico*.

Quem nos entregava essas chaves das Humanidades, quem nos armava assim cavaleiros, era o dr. Elpídio Maria da Trindade, bacharel em direito, bibliotecário do internato do Colégio Pedro II, tratado jamais pelo seu nome, mas sempre pelas duas alcunhas por que era conhecido. O *Caxinguelê*. O *Bagre*. Ambos apelidos vinham de seu prognatismo inferior e da saliência que faziam os incisivos de baixo (lá nele), no meio das guias do bigode, dando-lhe, para uns, a aparência do *papa-coco* e, para outros, do peixe jurupiranga. Completavam suas características a magreza, os cabelos cortados rente, os dois fundos de garrafa dos óculos de míope. Era bem moreno, muito pequenino de estatura e imitava os trajes do conselheiro Rui Barbosa: fraque cinza-claro, colarinho em pé, gravata de fustão branco. Muito delicado, falava meio esganiçado e foi com essa voz de taquara rachada que nos recomendou tratar bem os livros. Não riscá-los, não sujá-los, não fazer marca dobrando o canto da página, não arreganhá-los demais para não rebentar a costura dos cadernos. Lembrássemos que aqueles volumes eram nossos e não eram nossos. Sim, porque eram de empréstimo e tinham de ser entregues no melhor estado possível aos alunos que nos sucedessem nessa posse provisória. Aprendi do nosso Caxinguelê (depois do Rose, no Anglo) como tratar os livros. Mesmo os que vim adquirindo pela vida em fora e que são meus e não são meus. Considero-os também empréstimo, porque frágeis como são assim só de papel, papelão e linha e cola — vão durar mais do que eu. Depois da distribuição o nosso dr. Trindade fez as honras da biblioteca. Mostrou as preciosidades que tinha. A camiliana, a camoniana. Romances e gramáticas, geografias e poemas. As matemáticas, a história, as obras de filosofia e a joia suprema: uma edição do *Don Quijote de la Mancha* impressa no século XVIII, as três partes completas — a primeira e segunda cervantinas e mais a apócrifa, do Avellaneda. Quando tivéssemos uma vaga ou quiséssemos sacrificar o recreio — continuava o Trindade — podíamos vir, beber e aproveitar. Voltei, bebi e aproveitei. Hoje ninguém mais poderá fazê-lo: esses livros, suas estantes de pau preto, a sala da frente em que eles ficavam, o prédio do internato, tudo ardeu em 1961 (inclusive os clássicos legados por Francisco Pinheiro Guimarães Filho em sinal de reconhecimento à instituição de que fora aluno gratuito). Teríamos ficado o dia inteiro no Trindade se o seu Menezes não atalhasse nossas conversas explicando que eram as horas do almoço. Realmente faltavam dez para as nove. Corremos e formamos para entrar no refeitório.

A sala de refeições do internato, peça vasta e clara, era separada do saguão central e dum pequeno corredor que dava no recreio dos menores por parede cega onde se abria porta *vis-à-vis* da que ia em direção à passagem que terminava na saída para o pátio dos maiores. A da parede do fundo, para a ucharia do Seixas, que servia também de refeitório para os inspetores e professores. Os outros dois muros eram cheios de janelas e mais portas transponíveis ao dia, à noite, aos ruídos do vento e ao marulhar urbano do bairro de São Cristóvão. Eram pintados de um verde-gaio a que a luz dava profundidades e agilidades aquáticas. Dum lado, enorme relógio-armário. Do outro, a reprodução da *Ceia* de Leonardo, sob a qual instalava-se o Quintino, à hora das refeições. Quatro mesas imensas de mármore branco. Bancos sem encosto, aos lados, para os alunos. Cadeiras, nos extremos: uma para o inspetor da divisão e a segunda outorgada ao *cabeceira*, isto é, a um aluno escolhido entre os de comportamento exemplar, entre os graduados do batalhão escolar, ou entre os puxa-sacos mais eméritos. Éramos servidos à francesa, dois garçons para cada mesa, camisa branca, calça branca, avental branco — tudo rigorosamente lavado e engomado. Na sua maioria portugueses e é por isto que aquilo tudo luzia e vivia escarolado e polido assim. Tinham cara uniforme, o mesmo queixo azulado, o mesmo topete, a mesma pele mediterrânea e o sotaque. Eles se me confundem na memória como tipo único. Separo apenas dois, sem lhes lembrar os nomes — que só me acodem suas alcunhas. Um era alto, descarnado, ar langue de poeta (vai ver, poeta mesmo, como o seu colega Korriscosso, de Eça de Queirós) — era o *Mandioca*. O outro, sua antítese, baixote e retaco era conhecido por *Batatinha*. Ficaram famosas a celeuma e a briga que tivera com outro empregado que lhe dera um tiro na boca. A bala levara os dois incisivos centrais do maxilar inferior e quando ele ria (o que era frequente), mostrava dentro dum quadradinho claro a ponta da língua saudável e vermelha. Bulha de empregados de colégio, tiro, ciúmes de uma criada do Quintino... Tudinho como no *Ateneu* de mestre Pompeia.

Nas priscas eras dos meninos pobres de São Pedro e de São Joaquim a comida da casa não era lá grande coisa. Os cronistas registraram menus coloniais tornados famosos pela má qualidade. Havia certa carne ensopada conhecida como *serra-bode*; havia a assada, dita a *esbofeteada*; um camarão com arroz chamado *ponto e vírgula* e uma triste canjica denominada *lágrimas de Caim*. Já nos tempos imperiais tudo melhora e Vieira Fazenda recorda as feijoadas das quintas-feiras, os picadinhos com batata e azeitona dos sábados e o *cozido suculento* servido nos domingos sem saída (estas eram quinzenais, no internato do século passado). No meu tempo, a boia era excelente. Lembro com saudade (sempre partilhada por Aluísio Azevedo, Paiva Gonçalves e Florentino Sampaio Viana) o arroz solto, macio, lépido e dourado de nossos almoços, arroz base, alicerce, arroz fundo musical para o picadinho ou o bife de panela com quiabo, ou batata, ou cenoura, sempre com azeitona, sempre avivado pelo pimentão; para os bolinhos de bacalhau escorrendo banha, para as postas de peixe frito, para os grelhados com as rodelinhas de cebola ainda cruas dum lado e já torradas do outro. Pois foi um destes pratos que engolimos às pressas, mastigando mal-mal, na expectativa das aulas que iam começar às dez horas. A primeira era a de José Júlio da Silva Ramos, pernambucano, formado em Coimbra, filólogo, escritor e poeta, um dos fundadores da Academia Brasileira de Letras, professor de português do Colégio Pedro II, nomeado, depois de concursado, a 31 de agosto de 1903. Tinha sessenta e três anos quando foi nosso mestre, mas parecia a mim e aos meus companheiros mais que octogenário, nonagenário ou centenário — pela cifose que lhe encurvava a espinha, pela brancura imaculada dos cabelos e dos bigodes bem tratados. A pele lisa e rosada, os olhos preciosos cintilando como pedras azuladas dentro da vitrine do pincenê, as mãos de prelado — faziam do nosso *Raminhos* um lindo velho. Vestia-se com grande apuro, casimiras finas cujo *blau* ou cinza-claros combinavam com a prata da cabeça e trazia sempre a lapela florida por cravo escarlate. Quando passava nos corredores do colégio deixava um rastro violeta e lavanda — da brilhantina, dos talcos e das águas-de-colônia com que se encharcava.

À hora aprazada Silva Ramos entrou numa sala comovida e dirigiu-se à mesa. Nós, de pé. Quando ele sentou, sentamos. Sorriu para os alunos mostrando prótese refulgente — como paliçada só de incisivos. Achei que ele era a cara de tia Joaninha. Logo o quis mais por essa semelhança, porque bem já lhe queria, depois da nota escandalosa do meu exame de admissão. Consignou a matéria da aula e assinou o nome num livrinho especial de capa azul. Fez um pequeno exórdio sobre nossa língua, sua beleza, sua ilustre filiação latina. Explicou as razões por que adotara o sotaque lusitano, desde que passara em Coimbra, pois só ele fazia valer a música das palavras, das sílabas, de cada letra. E anunciou-nos que a ortografia que íamos aprender era a fonética. *Funét'câ*, dizia ele. Abriu a lista de chamada e nossos nomes passaram inteiros, um por um, cantados como letra de fado. Estávamos todos, cinquenta e sete, os alunos presentes, na ordem alfabética, do A ao W — de Aguinaldo Teixeira da Costa Braga a Waldemar de Carvalho. Depois ele correu novamente a lista e chamou ao acaso (acaso?). Era eu. Levantei-me aos bordos, fui me chegando e apoiei à mesa minhas mãos vazias. Não, *móm'nino*, volte e vá buscar o Camões. Trouxe. Abra em qualquer lugar. Abri o voluminho um pouco antes do meio. Leia. Então eu li de jeito fraco e temeroso que já cinco sóis eram passados. Eis senão quando espécie de compasso heroico vai me penetrando, se me difundindo no sangue — vinho generoso! — e mais firme pude prosseguir. Num falsete que queria se canorizar, soltei que dali nos partíramos cortando os mares nunca doutrem navegados. Súbito, foi como se onda alta me levasse e de peito enfunado enfrentei minha classe, cantando com voz cheia e sonorosa — prosperamente os ventos assoprando... Nota dez. O favoritismo continuava.

Que coisa deleitosa a descoberta da Língua, ouvindo falar e ouvindo o jeito como o nosso *Raminhos* dava vida a cada palavra verbo vivo. Ele pegava-as em estado de brutas, como saíam do dicionário e só de pronunciá-las calcando numa sílaba, tornando esta mais alta, aquela mais ondeada — como que as lapidava para a joia do período precioso. Ele dizia cada uma como se fosse anatomista mostrando seus segredos mais íntimos, cada parte do seu organismo, sua força de fibra e músculo, sua estrutura e esqueleto, o mistério palpitante do seu bojo visceral. Escalpelava-as. Virava-as ao avesso. Nos mostrava o vaivém dos mais lindos palíndromos. Luz azul. Anilina. Amada dama. Eu exultava, pensando no seu Surerus, de Juiz de Fora. Comecei a colecionar (como a selos) palavras que além do sentido intrínseco adquiriam outra conforme a hora, o dia, nossa disposição. Palavras mágicas de letras caleidoscópicas. Bojador. Semáfora. O nome *Séfora* gritado no Bósforo. Candelária — que verbete orgulhoso em português! — tem de luz e de sonoridade. Irmandade da Candelária, sua igreja de sinos candelários repicando álacres bodas batizados missas dominicais (em francês é *chandeleur* e perde sua luz de velas mas logo ganha em perfume florflores — *chandeleur*). Palavras enigmáticas sugeridas arbitrariamente por cara que não se conhece, por gestos de gente, jeito de bicho, gazeio de andorinha, asa no ar. E o prodígio que eram os *SS*, os *CC* e os *ÇÇ* do nosso mestre. Cada um de uma qualidade e sibilando diferente em messe, scelerado, scena, exceto, sólio, século, presunção, corrupção, centro, centeio, convicção, occipital... E que homem bom! Como auxiliava! os mais aflitos como o Álvaro Tolentino Borges Dias, que lia o Camões corando, corando, corando cada vez mais, até a testa, até o branco dos olhos. Como perdoava! como o fez certo dia ao Eurico Mendes dos Santos que ameaçava suicídio depois de zero mais que merecido (É que havia a lenda de aluno que se matara, desesperado com nota má. História sempre contada como tendo se passado, sabe? há dez ou doze anos. Na realidade o caso era verdadeiro, mas sucedera nos tempos seminários dos meninos de São Pedro e São Joaquim). E como estimulava os que liam bem, como no dia inesquecível em que Edgard Magalhães Gomes declamou, com voz cava e adejos de mão, trecho retumbante de

*Eurico, o presbítero*. (Quem vê hoje a magreza e a cabeleira conservada de Magalhães Gomes não pode imaginar o menino gordo que ele foi e o coco raspado a zero que lhe fez granjear no internato o apelido de *Careca*.) Pois quando vimos o jeito de ator com que nosso colega dizia a página de Herculano, rompemos num arrasta-pé e numa besourada só contidos pela indignação do Silva Ramos. Que têm os senhores? Em vez de patear deviam aplaudir o mancebo que lê tão bem. Ora *iéssa*! Logo, opinião virada, íamos romper em palmas, quando fomos medusados por um repentino Quintino consubstanciado à porta da sala.

Foi uma pena que alguns de nós, eu também, não acompanhássemos o *Raminhos* curso afora, enquanto durasse sua matéria. Nossas turmas eram muito grandes e logo depois foram divididas em *efetiva* e *suplementar*. A primeira ficava com o catedrático e a segunda com substituto. Eu fui primeiranista efetivo, mas segundo e terceiranista suplementar. Assim, em 1917, tive Português com Álvaro Maia e em 1918, com Augusto Guilherme Meschick — o famoso professor da cadeira de alemão. Álvaro Maia era um clássico. Nadava de braçada em Viterbo, Frei Luís de Souza e Gil Vicente. Às vezes arranjava suas frases com balda de cancioneiro — *ay elle coitado!* que queria que se dissesse e escrevesse — ele é como *elle he*, inverno com H porque vinha de *hybernus* e mais *hyacintho*, *hippogrypho*, *asthma*, *phthysica* e que tratássemos de esquecer, sob pena de nota zero!, a patacoada fonética do dr. Silva Ramos. O nosso Álvaro Maia era uma figura impressionante. Os cabelos lisos de brilhantina, abertos ao meio, pareciam não colados, mas pintados a pincel na bola do seu crânio de charão — enorme como aquelas cabeças-múndi que o Seth arrumava para o Matias e a Virgulina. Só que estas se inseriam no corpo por talo fino como o de laranja, enquanto o pescoço do nosso mestre era cilindro com base igual às do tronco e da cabeça. Assim, desse jeito, seus braços pareciam pendurados nas orelhas. Mal comparando, lembrava os mascarados dos filmes que mostravam aquela sem-graceira dos desfiles do carnaval de Nice. Estatura pequena, porque o corpo era de criança. Mas o mais extraordinário era o jeito como ele terminava. Seus pés, sem curva de concavidade interna e sem o arqueamento do dorso, saíam das pernas, em ângulo reto, fazendo um L. Eram finos, mas dum comprimento desmesurado. Daí, não sei por quê, seu apelido de *Pé de Boi*. Nossa diversão, em aula, era aproveitar-lhe as distrações e ir, de gatinhas, até o estrado e riscar marca de giz atrás do salto de suas botinas e na frente da biqueira. Medíamos: trinta e dois centímetros de proa a popa! Fazíamos isto quando ele entrava em transe e começava a declamar El-Rey d. Sancho i, Joan Vaasques, Martim de Padroselos ou Pero Eanes Solaz.

> Muito defejei amigo,
>   lelia doura,
> que vos teveffe comigo,
>   edoi lelia doura.

> Muito defejei amado,
>   lelia doura,
> que vos teveffe a meu lado
>   edoi lelia doura.

O nosso *Pé de Boi* mugia as trovas arcaicas dum jeito cilíndrico em que todas as vogais levavam circunflexo e em que as palavras iam se colando umas nas outras, iguais e adesivas como uma tira de esparadrapo — *âidêlicôitâd! lâirânâsbârcasmigo...* Parecia uma mistura de língua do P e francês errado e só pegamos bem quando tivemos de colega entendido a explicação que nosso professor estava falando galaico. Estaria? Que beleza de língua! Mas o enlevo durou só um período letivo porque em 1918 a cadeira de Português do terceiro ano suplementar foi entregue a mestre Meschick. Augusto Guilherme Meschick era catedrático de alemão, mas, como João Ribeiro, um dos raros professores que podiam ser apanhados de supetão para reger qualquer das humanidades do nosso curso. Era homem alto, claro, cabelos escuros, cheio de corpo e duma respeitabilidade que gerava silêncio de igreja e atenção incomum para tudo que ele dizia. Nas suas aulas ouvia-se o voar das moscas. Contavam dele que, menino pobre, revelara tantos méritos e tamanha precocidade no latim, que seu curso no imperial colégio fora custeado pelo *bolsinho* do próprio d. Pedro II. Pois logo no primeiro dia de aulas o Meschick nos sabatinou e ficou indignado. Nada disto, nada disto, tratem de esquecer a fonética do dr. Silva Ramos e as lérias clássicas do dr. Álvaro Maia sob pena de zero em aplicação e zero em comportamento. Estremecemos porque o doble zero era senha passada ao Quintino para privação de saída completa. Ele ia nos ensinar o português de toda gente, o português de Machado de Assis, de José de Alencar, de Gonçalves Dias e Odorico Mendes. Ora! pironhas...

Entre aula e outra, tínhamos às vezes o que se se chamava hora vaga. Era quando se aproveitava para uma revisão da matéria, um retoque nas colas, leitura de romances ou de livrinhos de safadeza, para banzar, sonhar, olhar as caras uns dos outros ou tomar conta do terreno (como cachorro com a mijadinha que é sua marca), gravando a canivete nas carteiras — estrelas de Davi, de Salomão, grelhas, círculos, cruzes, triângulos; hexágonos nucleados, como células; nossas iniciais ou nome inteiro. Foi depois de uma destas vagas que travamos conhecimento com o nosso professor de geografia. Era o gaúcho Luís Cândido Paranhos de Macedo — figura mitológica do colégio. Fora aluno na Chácara do Mata e tinha orgulho de dizer que nunca saíra do Pedro II. Mal se bacharelara, fora seu inspetor; logo depois, professor. Era vice-reitor em 1888 e foi o primeiro diretor nomeado pelo regime republicano. Conhecia Casa e Pessoal de fio a pavio e as baldas dos alunos de cor e salteado. Quando vinham com milho ele mostrava o fubá. Seu aspecto era formidando e olhá-lo era como fitar a cabeça da Medusa. Tinha a face toda serpenteada de veiazinhas roxas cujos cursos, confluências, estuários, embocaduras e deltas se multiplicavam no nariz a pique e nas bochechas sensíveis como dunas ao vento. Toda a superfície de sua pele era cheia de velhas cicatrizes de acne juvenil, de furúnculos e bexigas — que faziam de sua testa e queixo uma sucessão de montanhas e vales, uma teoria de picos, talvegues, escarpas, encostas, ravinas, erosões, gargantas, ocos e declives. Tudo isto era cor de púrpura e reluzia da seborreia. Essa cara de apoplexia contrastava seu escarlate com o negro dos vidros do pincenê colado aos olhos, impedindo que se os visse e com a brancura dos cabelos broscarrê, do bigode de escova e da dentadura imaculada — que aparecia inteira, densa, numerosa, replicada, como se fosse de duas filas como as da queixada dos jacarés — quando ele ria de gozo, aplicando a *nota má*. Era bojudo de tronco, só usava fraque, tinha pernas curtas e pés, decerto, ultrassensíveis que justificavam que todas suas botinas fossem feitas de pano, de modo que ele dava a impressão de estar sempre de galochas. Hoje é que imagino que despotismo de colesterol, que fabulosa hipertensão! que magnífico coração-bovino! que fantásticas sufocações! — deviam afligir as madrugadas do nosso mestre. Quando ele entrou na aula, andando sobre solas de feltro, fechado, maciço, jeito de barrica, assim feito uma calamidade silenciosa e vasta — levantamo-nos aterrados. Ele sentou pesadamente na cátedra e nós desabamos de medo nas carteiras. Escreveu, assinou. Olhou-nos por cima dos óculos, cabeça baixa, que nem touro; por baixo deles, levantando as narinas, como um hipopótamo; mudou os de vidraça preta por graduados da mesma treva, foi nos encarando um por um e desmandibulou-se num riso imenso e prenunciador de catástrofes. De repente falou horrendo e grosso. Arrepiadas as carnes e os cabelos numa tonteira, escutamos que ele era o *Tifum*. Eu sou o *Tifum* — como *ócês* me chamam, seus patifes! E vou varrer *ócês* todos, seus canalhas, seus vagabundos, seus vadios assim como tufão na face dos mares! E vai começar hoje! Não saio daqui sem fazer minha caçada e dar, pelo menos, meia dúzia de zeros! Vamos à chamada e, a seu nome, cada um levante-se para eu ficar *cónhécendo* focinho por focinho. Fez a chamada, estropiando de propósito, virando os Raimundos em Imundos, os Britos em Brutos, os Bastos em Bostas, os Morais em Imorais, os Evilazios em Evilões, os Benevindos em Malvindos e os Boanerges em Boasmerdas. Isso no primeiro dia. Porque já no fim de duas semanas o homem sabia todos os apelidos e chamava por eles. Seu Machacaz? Presente. Seu Cagada Amarela? Presente. Boi-da-Zona? Cavalo? Foca? Presente! Presente! Presente! Mico? Totó? Saracura? Uriscacheiro? Presente! Presente! Presente! Presente! Gambá? Presente! Bund'otentote? Presente! Baçu? Virosca? Presente. Presente. Vaca-Brava? Presente!

 Para retomar o fio do assunto, devo dizer que o destampatório do Tifum na sua aula inaugural deixou-nos consternados. Aquilo ia ser o diabo! Uma enfiada de zeros, invectivas e privações de saída até o fim do ano. A retomada daquela merda no outro período letivo, até nos vermos livres da fera no exame final. Se conseguíssemos, ai! de nós, certo fadados às reprovações em massa e a sermos aquilo que o professor dizia como se cuspisse, como se escarrasse, regurgitasse, vomitasse, obrasse a palavra — repetentes. Seus repetentes!, roncava ele a dois que refaziam o primeiro ano e que tinham por isto perdido direito ao nome de batismo. Era só aquele repetente repelente até na hora da chamada. Quando convocados para as lições, para aquele suplício ao lado da mesa, éramo-lo por brados injuriosos. Passa pra cá, seu patife! Passa pra cá, seu cachorro! Ou burro, ou besta, ou mula, ou jumento, ou cavalo, ou zebra, ou onagro. E gozava a nossa ignorância, nosso silêncio angustiado diante das vergastadas de suas perguntas. Vamos ao ponto de hoje: Paraíba. Escolhia a vítima, quase sempre o nosso Machacaz. Olhava-o primeiro longamente e depois soltava a saraiva de doestos: *Ócê é forte e eu sou forte, é vermelho e eu sou vermelho, é do sul e eu sou do sul*. Um dos dois tem de desabusar o outro — vamo lá — e *ócê* hoje vai tomar *batata*. Batata é como ele chamava o zero. Começava as perguntas dentro dum silêncio de entorno ao patíbulo à hora da machadada. Limites da Paraíba. Pontos extremos. Superfície. População. O Machacaz, coitado! nada e o Tifum prelibando ia agora falando com voz carinhosa: *Ócê* está *a quo*, meu filho, *in albis*, meu filho! Aspeto geral e clima, capital, cidades principais, rios, montanhas. Nada. O desarvorado Machacaz bem que procurava, mas só via diante dele a caatinga sem fim, um deserto enorme. Vá se sentar, seu patife! Batata. Ao vencido, a batata. Elas eram dadas com requinte e o nosso Paranhos usava para isto carimbinho especial que mandara confeccionar. E ferreteava com zeros vermelhos, roxos, pretos e azuis segundo queria aviltar mais ou menos o padecente. Deste, víamos um instante a cabeça sem sangue quando ele voltava para a carteira, depois do degolamento. Mas já o verdugo passando adiante, chamava outro condenado favorito. Desse ele gostava de dizer o nome todo: seu Luís de *Puaci* Navarro Calaça. Vamos voltar à Paraíba. Limites... O que ele adorava era pegar a vítima desprevenida. Por exemplo — chamava numa terça. Pelos cálculos, outra chamada só viria aí por uns quinze, vinte dias depois. Não! Ele repetia o nome na quinta-feira. O zero era certo e quando a vítima ia chorando para a carteira, o Tifum sempre dizia que aquilo eram lágrimas de crocodilo. Ah! esteja cada patife prevenido, porque ninguém sabe o dia nem a hora! *Studete et vigilate* — oh! canalhas! — *quia vocationes diem et horam nescitis!* Era terrível. Mas terrível mesmo, era nas sabatinas escritas quando o Tifum fechando as asas fendia como um dardo-falcão sobre alunos-pombas que estavam colando. Já ficávamos zonzos com sua ubiquidade no meio das carteiras, à hora das provas, desconcertados e sem defesa porque os óculos pretos não deixavam perceber a direção do seu olhar. Como ele era rápido e preciso! Arrancava nossas colas, exibia-as, pregava-nos ao pelourinho, rasgava nossas carnes caras lombos com as chicotadas do seu escárnio. Um dia eu quase borrei de medo. Passei a *Geografia* de Lacerda e Novais para ele tomar-me a lição (o nosso mestre fazia-o pelo livro do aluno chamado), quando o demônio do homem virando as páginas, descobriu, bem dobradinhas e em letra mínima, três de minhas bem copiadas *sanfonas*. Levantou-as, desfraldou-as, despedaçou-as e rindo, fauces arreganhadas, deu-me dois zeros, um vermelho em comportamento e um roxo em aplicação. Privação completa, seu patife! Vá se sentar! (O trabalho que davam as colas para escrever, em caracteres microscópicos; para dispor suas tiras em dois cilindros de que um enrolava e o outro desenrolava, para empilhá-las em plicaturas cujo verso terminava combinando com o anverso; as borrachas de segurança presas ao pescoço e que ao menor alerta! puxavam os corpos de delito manga da farda adentro... Mais fácil seria estudar que preparar esses laboriosos embustes. Lembrei isso, há pouco tempo, lendo uma entrevista do gângster aposentado Lucky Luciano em que ele dizia que roubar mil dólares era tão difícil como ganhar mil dólares trabalhando. Ah! mas colar era uma vertigem, uma cocaína de perigo, um eterporre de risco — era como entrar numa jaula de panteras.)

    O curioso é que com estes esparramos todos o Tifum era popular. É que, com o correr do tempo, cada turma ia verificando que aquilo era trovoada seca, trovoada sem chuva e que o Paranhos era o melhor dos homens. O seu Otacílio nos contou que, depois das aulas, ele ia à secretaria para raspar quase todos os zeros das listas de aula. Só deixava os bem merecidos. Quando soubemos disto nossa estima foi crescendo, dando galho, virou ternura, para acabar feito amizade filial no fim dos dois períodos letivos que ele ministrou. Egrégio Tifum... Era ainda de vê-lo quando ele se misturava aos *patifes*, no recreio, e dobrava, fazia se retorcerem de esforço-dor hércules como o Vituca, o *Xico* Coelho Lisboa, o *Velho* Locques, e o Machacaz — na queda de braço, no arrocho da munheca ou no alicate da luta de torção dedo médio por dedo médio do contendor. O gaúcho velho era de ferro.

O Tifum abria continentes, dava as chaves das terras que a história universal e a história do Brasil povoariam depois. Mas antes do advento das aulas do João Ribeiro, as vozes do Mundo Antigo ecoariam nos nossos ouvidos pelo verbo do mestre de latim, o dr. Eduardo Gê Badaró, bacharel em direito, advogado no foro do Rio de Janeiro, professor do Colégio Pedro II desde 1908. Pelo Gê, diziam-no descendente de Jequitinhonha e pelo Badaró, de Líbero Badaró. Não sei se isto tem fundamento. Mas ascendência ilustre certo ele a tinha e além do mais, mineira. Realmente era bisneto do inconfidente José Aires Gomes. Verifiquei isto estudando a genealogia da família de minha mulher e fiquei encantado quando pude me descobrir, por ela, longínquo contraparentesco com o nosso Badaró. Tratava-se de um homem de conspícua cabeleira, bigodes pretos grisalhando, moreno claro, muito míope, alto de estatura, cheio de tronco, muito fino de pernas e dotado duns pés de anjo que podiam rivalizar com os do Álvaro Maia. Vestia-se dumas alpacas acinzentadas com que usava invariavelmente um colete transpassado de linho branco. Seus colarinhos e punhos eram esmaltados, suas gravatas suntuosas. Calçava sempre botina de amarrar, pelica amarela ou pelica preta. Gostava de dar as aulas, os alunos perto, cercando a mesa, ele em pé, um dito sobre a cadeira. Quando se lhe entreabria o paletó, vislumbrava-se na sua cinta a garrucha de que ele não se apartava. Que haveria? na sua vida, exigindo esse estado de defesa permanente. No colégio dizia-se que era por seus trabalhos no foro, de suas causas no foro, de suas lutas no foro e o Fórum da Cidade me aparecia assim como espécie de rinha, ringue, campo de peleja, arena, zona áspera de disputa e briga. Como todos os míopes ele lia encostando o livro nos olhos. Qualquer um dos numerosos que adotava, geralmente o Clintock — com que nos espichava. Ouçam bem! ouçam bem! E ele tomava do famoso tira-teimas, da antipática gramática, esfregava-a na própria vista e sentia-se que, às vezes, tinha vontade de esfregá-la nas nossas caras, nos nossos bugalhos, nos nossos miolos. Nós odiávamos o livrinho, a capa de percalina marrom, aquelas páginas de letra miúda — que faziam o inferno dos malandros do Pedro II desde 1880, quando Lucindo Passos impusera seu uso — em substituição à *Artinha* do padre Pereira.

O Badaró começava a tomar a lição e logo, para corrigir nossas silabadas, lia ele próprio e nessa deleitura, de repente se perdia, ia continuando levado pela cadência do idioma e pela medida. Interrompia de vez em quando o período ou o verso para chamar a atenção para o caso — vejam o caso! vejam o caso! vejam a beleza do caso! Nós não entendíamos bolacha mas achávamos linda sua dicção. Ouço ainda o sussurro de sua voz macia e bem timbrada, sua ondulação expressiva, seu alteamento nas vogais sustenidas, seu calcar nas consoantes. Sílaba breve. Sílaba longa. Lá se partia o Badaró, velas soltas, prosa afora, poema afora, falando com palavras ora angulosas *peperere*, ora curvas *insontes deinde*, ora leves *aethere in alto*, ora pesadas *perferre labores*. Aquilo era belo e incompreensível como a linguagem das missas, na infância. Entender pra quê? Quem entende? o vinho e os espíritos e os queijos e as especiarias...

> *Proxima deinde tenent maesti loca, qui sibi letum*
> *Insontes peperere manu lucemque perosi*
> *Projecere animas. Quam vellent aethere in alto*
> *Nunc et pauperiem et duros perferre labores!*

Nunca cheguei a aprender latim mas até hoje gosto de lê-lo, sem entender patavina da letra mas ouvindo sua música peremptória e profunda. Já era a mesma coisa, na aula. Essa era sempre na sala da Primeira, a que abria janelas sobre as navas de São Cristóvão. O Badaró começava a ler e eu instintivamente procurava infinitos, distâncias e largos. Olhava para fora, via sumir o Campo, as arquibancadas palmeiras cajazeiras tamarineiros jaqueiras — e percebia a configuração de perspectivas pontinas, de argólidas, o altear de olimpos, de extensões lacedemônias, nuvens empolando suas formas laocoontes, serpentárias taurinas aquilinas. Uma flora nova nascia — uma flora de árvores clássicas — acantos, loureiros faiais carvalhais. O mar, perto, guanabara, conaguava a egeus arquipelágicos e jônicos desérticos. Anos depois, anos e anos! experimentei sensação reversa porque no Foro Romano, na Cúria, no Palatino, em Pestum, em Segesta, na Acrocorinto, em Delfos, na Acrópole de Atenas eu misturava degraus frontões colunas traves à figura do meu Mestre chamando a atenção para o caso, olha o caso! olha a beleza do caso! a beleza de Roma! a beleza da Grécia! — à figura palástica e armada de Eduardo Gê Badaró surgindo do túmulo de Remo, galgando o Palatino, carregando aos ombros o arco de Sétimo Severo, outra coluna, ele, a nona, do Templo de Saturno, ele, ainda, palmilhando a Casa das Vestais, ele novamente permanente e sempre, parado e crescendo diante dos Propileus, estátua do Erecteion, deus tiburtino, mamertino, latino, délfico, olímpico e helênico — entrando as portas dos Infernos e as do templo da Mãe Deméter. Foi ele que me mostrou, traduzindo César, Virgílio e Cícero, que o Tempo era alguma coisa mais que a fatia cotidiana imprensada entre passado evocado e futuro obscuro. Ah! Pois mesmo assim divino o Badaró foi um dia alvo de minha gozação. Ousei a pilhéria. Expliquei, cinicamente, minhas dificuldades para traduzir uma frase latina e que pedia seu auxílio. Qual é a frase? Soltei. *Eamus ad montem cum porribus nostris fódere putas.* O professor olhou demoradamente para mim, manteve-se calado muito tempo e quando o riso besta caiu de minha cara e da dos colegas esperando, ele ainda me encarava. Seu olhar era de raiva não. Mais de tédio, de fartura e de cansaço. Já desconchavado, meio andré, intimidei e passei a esperar uma trovoada. Assim, surpreendeu-me a explicação vinda na fala habitual. O senhor tem razão de interessar-se pela frase citada. Ela geralmente é traduzida por — *vamos ao monte com nossas enxadas cavar batatas*. Mas ao meu ver e ao do latinista Artur Rezende (que até que está preparando livro onde essa sentença vai ser comentada) ela deve ser grafada — *Eamus ad montem cum poribus nostris fodére putea* — o que quer dizer — *vamos ao monte com nossos escravos cavar poços*. Isto é que está certo, já que *por* equivalente de *puer* — menino, escravo — tem por ablativo *poribus*. Também *puta* não é batata e sim menina. A locução refere-se ao substantivo *puteum*, poço, que faz *putea* no acusativo plural. *Poribus* e não *porribus* — como pronunciam os maliciosos como o senhor. Entendeu bem? Compreendeu bem a distância de umas palavras às outras? Oh! professor, se entendi! sua explicação foi muito clara e eu fico muito obrigado. Mas o Badaró, agora sorrindo, completou: — pois então vou continuar servindo sua educação e ensinar também a distância que vai dum professor respeitável a um aluno gaiato. Sério de repente: o senhor vai ter zero em aplicação, zero em comportamento e vou pedir ao dr. Quintino duas privações de saída seguidas. Enquanto o mestre baixava os olhos para consignar as notas más, o Eurico Mendes dos Santos completou minha humilhação com formidável cacholeta.

> Je mangeais d'un pâté de Chartres, qui seul ferait aimer la patrie.
> ANATOLE FRANCE, *Le crime de Sylvestre Bonnard*

> [...] le cassoulet de Castelnaudary, qu'il ne faut pas confondre avec le cassoulet à la mode de Carcassonne, simple gigot de mouton aux haricots. Le cassoulet de Castelnaudary contient des cuisses d'oie confites,

> des haricots préalablement blanchis, du lard et un petit saucisson.
> Pour être bon, il faut qu'il ait cuit longuement sur un feu doux.
>
> ANATOLE FRANCE, *Histoire comique*

Nosso jantar era às quatro da tarde. Depois da última aula ou da derradeira hora vaga, tínhamos rápido recreio em que lavávamos a cara, as mãos, arvorávamos os *permanentes* e entrávamos, formados, na já conhecida sala de jantar. Antes deste, uma palavra sobre o que eram nossos *permanentes*. Emprestávamos esse nome a um colarinho postiço, em pé, que o regulamento considerava indispensável para se falar ao Quintino, para os exercícios militares, para o cerimonial das refeições. Dávamos o cavaco com a obrigatoriedade do incômodo detalhe do vestuário e nosso protesto era usar sempre o mesmo, do início ao fim do ano. Ele ia perdendo a goma, amolecia, amarelava, ficava pardo, nele se escreviam quadrinhas indecentes como a do peru, peru, peru; a do porra-patrão; a das moças de toucado; a do Bocage no Campo de Santana e outras coisas do cu do conde. Pensamentos eróticos. Notas de mensuração antropológica ignoradas por Topinard, como aquela que começava no queixo e que descia: um palmo, dois palmos, três palmos, quatro dedos, um quilate, um pepino e dois tomates. No dia de mudar, amarrotávamos o colarinho limpo, atirávamo-lo na roupa suja e mantínhamos o *permanente* imundo, dobrado em quatro no bolso e logo posto por dentro da gola da farda, quando a etiqueta o exigia.

Já disse das excelências do nosso almoço. Pois aquilo não era nada comparado às virtuosidades do cozinheiro no jantar. Esse funcionário era conhecido pela antonomásia de *Urso-Branco* e realmente parecia um. Era vermelhoso de fuças, cabelos dum cobre leivado de prata, bigodeira de arame fazendo volutas sobre as faces rubicundas e mais luzidias que a superfície espelhante dos fogões onde ele fazia os bifes de chapa. Cintilava de limpeza no seu gorro branco, no seu avental branco, trafegando entre os cilindros brancos dos caldeirões e panelões esmaltados de sua cozinha a vapor. Era carrancudo e paciente, ameaçava com o facão, mas não negava aos alunos o aperitivo de pedacinhos de carne, ou de paio, ou de linguiça. Deleitava-se na injúria pachorrenta e carinhosa: sempre que chamávamos — *Urso-Branco!* — ele em vez de responder que era a puta que o pariu!, retorquia, delicadamente, que era a mamãe. E fazia-o no mesmo tom, na mesma cadência, na toada da provocação. Fazíamos grupo, no recreio, sob sua janela (gradeada que nem jaula) e cada um dizia de um modo. Alto e bom som: URSO BRANCO!. Baixinho: Urso Branco. Arrastado: Uúúúrsu braaaannnco... Ternamente: Ursinbranquiiii-nhooooo... E ele sem raiva mas com brio, estabelecia logo o diálogo cantoflauta: É A MAMÃE! É a mamãe. É a mamãããiii... É a mamãeziiiinha... O nosso *Urso-Branco*, como não podia deixar de ser, era português daquém e dalém-mar. Cercado de acólitos, ele oficiava dentro da sua cozinha e servia jantares prodigiosos. Que saudade! de sua carne assada com molho de ferrugem e batatas douradas por dentro, cor de pau-brasil por fora; do seu movediço arroz, de seus ovos de clara tostada e gema fluida, de suas almôndegas, das empadinhas de galinha-e-palmito ou de camarão-e-palmito e sempre com azeitona preta; dos seus croquetes de bacalhau, dos seus peixes, de sua carne-seca com pirão — picada em cubos ou desfiada em madeixas antes de fritar, meu Deus! Do seu feijãozinho trivial e bem refogado — manteiga, branco, mulatinho, chumbinho e fradinho — o fradinho mesmo, o fradinho sacramental do acarajé da Bahia e do bolinho-de-feijão de Minas, cuja única diferença está na sua tomada de santo — o primeiro pelo exu-vermelho-dendê, o segundo pela nossa banha-de-porco-branca-iemanjá. Saravá! Mas tudo isto e mais as sobremesas de banana, laranja, tangerina, maçã, das clássicas *adas* (marmelada, goiabada, bananada, pessegada) com o indispensável queijo curado das Gerais — tudo isto era criança de colo diante do carro-chefe do *Urso-Branco*: sua feijoada completa semanal.

 Com licença, um parêntese. No meu *Baú de ossos* referi, repetindo Noronha Santos, que a feijoada completa é prato legitimamente carioca. Foi *inventado* na velha rua General Câmara, no restaurante famoso de *G. Lobo*, cujo nome se dizia contraído em *Globo*. Grifei, agora, o inventado, para marcar bem marcado seu significado de *achado*. Realmente não se pode dizer que ele tenha sido criação espontânea. É antes a evolução venerável de pratos latinos como o *cassoulet* francês que é um *ragout* de feijão-branco com carne de ganso, de pato ou de carneiro — que pede a panela de grés — *cassolle* — para ser preparado. Passando os Pireneus, é ainda com o feijão-branco, com um toucinho imaculado e com ebúrnea pele de porco que os castelhanos urdem suas judias-à-la-bretona. O nome mesmo mostra que o acepipe veio de fora e das Gálias. Seguindo o caminho das invasões ele atravessa Tui, Ciudad Rodrigo, Badajos, Huelva — ganha Tavira, Elvas, Guarda e Valença do

Minho para espalhar-se em Portugal na forma do guando cozido com porco e paio. Mestre Lobo da rua General Câmara tomou dessa muda europeia, plantou e ela pegou aqui, no tronco da feijoada-completa-hino-nacional. Suas variantes brasileiras radicam principalmente em usar o feijão mais comum na região e em juntar ao porco ritual outras carnes, miúdos ou os legumes encontradiços nos locais. A falação é a mesma, só difere o sotaque. Conheço essas recriações de gênio. A maranhense e piauiense, que saboreei na casa de *tio* Ennes e de *tia* Eugênia e que reencontro na fabulosa cozinha de Nazaré e Odylo Costa, filho. A cearense, de minhas tias paternas e de minha prima Rachel de Queiroz. A pernambucana, de d. Maria Augusta e do seu José Peregrino Wanderley Cavalcanti — pais de meu irmão Joaquim Nunes Coutinho Cavalcanti — o sempre bem lembrado. A baiana, da tia de minha mulher, d. Elvira Couto Maia Penido, com a suntuosidade de sua rabada; dos anteparos de sua costela de vaca; do seu arco-íris de louro, açafrão, gengibre, cravo, coentro, cebola, salsalho; e com seu fogo de artifício pimenta-malagueta curtida no dendê. A mineira, de minha Mãe; a paulista, de d. Luísa Novo Rodrigues. As ecléticas, fazendo aliança Pernambuco-Minas-Rio, como a de Maria do Carmo e José Nabuco, ou só Minas-Rio como a de minha casa, na Glória, por obra e graça de artistas exímias, como Adélia Maria da Conceição e Rosalina Ribeiro; ou como novamente as da casa de minha Mãe, já no Rio, quando ela abjurou o feijão-mulatinho para converter-se ao preto, ao bom, ao feijão de Uberaba. Louvo a todas, louvo essa irmandade toda, saravá! mas peço perdão de dizer que a melhor — mas a melhor mesmo! ainda é a ortodoxa, católica-apostólica-romana, a carioca de Gêlobo-Globo — sacramento que comunguei na cozinha egrégia de meu tio Heitor Modesto de Almeida! na cozinha insigne de seu Maneco e d. Isaura — respectivamente seu pai e sua madrasta.

Ninguém para preparar o grande prato como meu citado tio Heitor. Ele próprio ia escolher o feijão mais igual, mais preto, mais no ponto, grãos do mesmo tamanho e do mesmo ônix. Ele mesmo é que comprava o lombo, a carne de peito, a linguiça e os ingredientes de fumeiro com que ia compor e orquestrar. A couve mais verde, a farinha mais fresca e o torresmo mais escorregadio. Seu grande truque era cozinhar sem esmagar um só grão e depois de pronto, dividir em dois lotes. Tomava de dois terços e tirava seu caldo, peneirando. Um terço, esse sim! era amassado, passado, livrado das cascas, apurado e esse caldo grosso é que ia ser novamente misturado aos grãos inteiros. Era assim que em sua casa não se via a desonra da feijoada aguada. Toda a carne fresca, a seca e a de fumeiro eram cozidas no caldo mais ralo tirado da primeira porção. Só o lombo era sem contato, desobrigado de outro gosto senão o de sua natureza, o da vinha d'alho em que dormira e o das rodelas de limão que o guarneciam. Quando havia enfiada de feriados, o Modesto preferia preparar de véspera porque, sustentava, a feijoada dormida e entranhada era mais saborosa. Foi ao estro de sua mesa que pus em dia a melhor maneira de degustar a imensa iguaria. Prato fundo, já se vê, de sopa. Nele se esmagam quatro a cinco (mais, menos) pimentas-malaguetas entre verdes e maduras, frescas ou danadas no vinagre. Tiram-se-lhes carocinhos e cascas, deixa-se só a linfa viva que é diluída no caldo dum limão. Esse corrosivo é espalhado em toda a extensão do prato. Então, farinha em quantidade, para deixar embeber. Retira-se seu excesso que volta para a farinheira. Sobre a crosta que ficou, vai a primeira camada do feijão e mais uma de pouca farinha. Edifica-se com superposições de couve, de farinha, de feijão, de farinha, das carnes e gorduras, e do respaldo mais espesso cobertura final de farinha. Espera-se um pouco para os líquidos serem chupados, aspirados, mata-borrados e come-se sem misturar. Sobre o fundo musical e uniforme do feijão, sentem-se os graves do fumeiro, o maestoso do lombo, as harmonias do toucinho e os agudos, os álacres, os relâmpagos, os inesperados do subsolo de pimenta. E só. Um prato só. É de boa regra não repetir a feijoada completa. Um prato. Um só porque o bis, como o deboche — é reprovável.

A polivalência, a adaptabilidade do feijão permitem sua combinação com tudo quanto é legume, com todas as carnes, todos os peixes, mariscos, crustáceos e até as massas como provou Joaquim Nunes Coutinho Cavalcanti, com suas famosas macarronadas-ao-feijão, que deitaram raiz nas cozinhas ítalo-brasileiras do Oeste Paulista. Essa versatilidade dos feijões é que permite a combinação das feijoadas regionais brasileiras a qualquer farinha. A grossa, *farinha-de-pau do Maranhão*. A fresca ou a torrada. Simples ou com farofa de ovo ou de torresmo, ou dos dois. A farinha de milho seca, na sua pasta de angu, ou na pulverulência úmida do cuscuz de sal. Meu tio Modesto aconselhava a de mandioca, simples, sem torrar ou então a de sal grosso, folha de cebola miúda, embolada na hora com água fervendo. E fora disto, só couve. Isso de feijoada completa com arroz ou com laranja é heresia: o primeiro abranda e a segunda corta o gosto. E este deve ser conservado dentro da exuberância e do exagero da sua natureza barroca. Barroco — eis o termo. Porque como obra de arte (e levando em conta que "...*Baudelaire avait bien dit que les odeurs, les couleurs et les sons se répondent...*") a Feijoada Completa Nacional está para o gosto como os redondos de São Francisco de São João-del-Rey, a imobilidade tumultuária dos Profetas de Congonhas do Campo e a Ceia de Ataíde, no Caraça, estão para os olhos. Ainda barroco e mais, orquestral e sinfônico, o rei dos pratos brasileiros está para a boca e a língua como, para o ouvido — as ondulações, os flamboaiantes, os deslumbramentos, os adejamentos, a ourivesaria de chuva e o plataresco dos mestres mineiros de música sacra e do *Trio em dó maior para dois oboés e corninglês* — *Opus 87* de Ludwig van Beethoven. Filosófica, a feijoada completa pelo luto de sua cor e pelos restos mortais que são seus ingredientes é também memento. Depois dela, como depois da orgia, a carne é triste. Não a do prato, a nossa, a pecadora. Patriótica, ela serve tanto à unidade nacional como essa língua assim "dulcíssona e canora" que Portugal nos ofertou. É por estas razões que me excedi falando da feijoada. Todas as vezes que dela como — volto à que nos era servida uma vez por semana no internato do Colégio Pedro II, volto a minha adolescência e ao mundo mágico que a cercou. Devo esse traço de cultura (que ficou sendo escravo de minha memória involuntária), à virtuosidade culinária do nosso *Urso-Branco*. Tenho pena de não saber seu nome de gente para colocá-lo na minha gratidão, ao lado dos de João Ribeiro, Silva Ramos, Floriano de Brito, Badaró e Lafayete Rodrigues Pereira, de quem me veio outra nutrição — a do espírito.

O grande recreio de depois do jantar teria sido ocupado só com as correrias, os jogos habituais e mais os comentários entusiásticos sobre as primeiras aulas se fato extraordinário não tivesse polarizado a atenção de todos. O internato estava, praticamente, ao completo. Só faltava chegar um bicho, matriculado na última hora e que deu entrada no colégio justamente no último recreio. Era um menino todo carnudinho e rosado, muito branco de pele, cabelos pretos e apartados ao meio, ar entre infantil e epiceno, tímido, pudibundo. Vestia branco. Cândida era sua gravata de laço à borboleta; alvas suas meias; níveos seus calçados. Assim todo da cor das neves, lembrava os edelvais, os lírios, os casulos do bicho-da-seda, as larvas ainda longe do âmago, as virgens, as noivas. Os trotes já tinham abrandado — gastos pela própria violência dos primeiros dias. O mocinho veio se adiantando recreio adentro, sorridente e envolto em prata. Não houve cacholetas, não houve bolo-humano. Só o *Papai Basílio*, deslumbrado, veio chegando com o seu grupo. Perguntou o nome do ganimedes, porque não tinha vindo nos primeiros dias, se já estivera interno, e mais isto, mais aquilo e convidou o garoto para irem se sentar numa espécie de cercadura de pedra que circundava, perto das cajazeiras, um grande jambeiro. Foram. Curiosos, fomos nos aproximando mais uns nove ou dez malandros, de modo que o novato e o *Papai Basílio* ficaram com uma plateia de quase vinte meninos. O veterano começou longa e confusa explicação sobre certas praxes do colégio, que deviam ser obedecidas à risca. Que *eram*, note bem! obedecidas à risca. Mencionou cerimoniais iniciáticos referentes aos dormitórios, ao refeitório, às aulas, à instrução militar e aludiu, por fim, a certa tomada de medidas, feita ao acordo de duas partes ajustadas, para a menos bem dotada submeter-se completamente ao arbítrio do favorecido pelas proporções. O bicho, sem pestanejar, sem escândalo, até que mostrou-se muito interessado por esse tipo de aposta e à solicitação do *Papai Basílio*, aceitou competir. Todos aplaudiram aos gritos, pedindo exibição imediata dos documentos. O veterano, esperando vitória fácil, nem se preparou e sacou, sem massageá-la previamente, peça macrocefálica, fina, de arraigada forma triangular e respeitável. O novato certificou-se bem, examinou bem e de repente, rindo e já com outra expressão no rosto canalha e despido da máscara de donzel, mostrou a todos uma desconformidade só comparável àqueles enrolados de presunto e toucinho de fumeiro que os italianos chamam capiola. Triunfante, exigia o pagamento da aposta, que ele fazia questão, que podia ser sábado, na quinta, no porão da casa dele, onde o quisesse um *Papai Basílio* atônito, fracassado, desbaratado, rabo entre as pernas, corrido, já em fuga e perseguido pelas chufas do colégio inteiro. Logo o novo ganhou apelido que iria enriquecer o grupo zoológico das focas, ratazanas, saracuras, dos ratos, micos, touros, cavalos, gorilas, ouriços e bois-da-zona já existentes no colégio. Seria do primeiro ao último ano o Jumento. Mas já o Gaston chamava e nossas últimas gargalhadas foram morrendo quando formamos duas filas cada divisão na tarde que caía e o que eu vi varreu de minha alma todo resto de corrupção. Um metal prodigioso que luzia como espelho, refletindo bocados de azul e púrpura, era o céu do outro lado do Campo, dos lados vertentes do morro de São Januário, dos atrás dos praléns do fundo da cidade, da baía, do mundo. Cada minuto, cada segundo ia embaçando as lâminas da tarde onde se cravavam e ficavam vibrando as flechas das palmeiras imperiais. Uma sombra, aos poucos adensada, ia dissolvendo o contorno da árvore gigantesca que tinha o perfil da cabeça cortada de São João Batista e os cascos guerreiros das cúpulas do observatório — cujas cimeiras eram formadas pelas trapeiras, onde os telescópios corriam do zênite ao horizonte. O ar da tarde, pesado de ouro e liquefeito pelo zinir das cigarras, era respirado que nem éter sutil. Subia à cabeça como vinho. Ficávamos ali na fila, parados, tontos de mocidade, normalizando nossos pulsos, nosso ofegorresfolego dando lugar à respiração normal. Íamos apagando aos poucos, como brasas, como o dia. Esperávamos o carrilhão da sala de jantar. À sua primeira pancada respondia o som duro do tímpano grande do colégio. Seis horas. À direita volver! Ordinário marche! Começava o grande estudo da noite.

    Naquele dia não cabíamos na novidade, pulávamos dum livro para o outro, tentando preparar as lições do Silva Ramos, do Badaró, do Tifum. Não o fazíamos direito, numa ânsia, baralhando tudo, esperando ainda, esperando as aulas que não conhecíamos. Elas vieram no outro dia: desenho e francês. O nosso mestre de desenho era Benedito Raimundo da Silva. Esse sábio ilustre, dobrado de desenhista e pintor, foi o maior estudioso de nossas borboletas, tendo legado a obra perfeita sobre os lepidópteros brasileiros. Além do texto, ele foi autor das ilustrações do livro, algumas das quais vi em esboço* quando, seu aluno, ia à sua acolhedora casa de São Cristóvão. Eram feitas numa cartolina

---

* Devo ter visto os esboços e pinturas da segunda parte nunca publicada da obra *Lepidópteros do Brasil — Contribuição para a história natural*. Rio de Janeiro: Imprensa Nacional, 1907, contendo 33 Tábulas (BR *pinxit*, cromolitografadas por J. L. Goffart, em Bruxelas).

especial, a óleo, copiadas do natural, com exatidão fotográfica, com precisão não atingida em nossa iconografia científica antes nem depois dele. Ali estão como se estivessem vivas as borboletas multicores de todo o Brasil. Cada aluno que morava no interior ou nos estados longínquos recebia de Benedito Raimundo uma rede de filó verde com a respectiva armação de arame, os invólucros em que deviam ser trazidos os bichinhos e mais as instruções de como comprimir-lhes o segmento torácico ainda dentro das redes, sufocando-os de jeito a eles não se debaterem e não estragarem o colorido prodigioso que a natureza dera a suas asas dos três reinos: eram animais, pareciam folhas vegetais e tinham faiscações preciosas de metais amarantes, lápis-lazúlis, prata-cinza, ouro-em-pó. E logo depois do pedido do sábio, o conselho do homem bom — que não trouxéssemos mais de uma de cada tipo para não matar inutilmente. Era para ir buscar essas redes de caça que eu entrava na casa do nosso mestre antes das férias. Foi assim que lhe trouxe exemplares apanhados nas matas da Caixa de Areia, nas encostas da serra do Curral e quando fui ao Ceará, em 1919, os colhidos nas chácaras do meu tio Meton de Alencar, da *Vila Nous-Autres* do seu João Albano e à beira da Pajuçara, no sítio de seu Adolfo Sales.

Nascido em 28 de setembro de 1869 e falecido a 22 de maio de 1943, Benedito Raimundo foi nosso professor ainda moço, nos seus quarenta e seis para quarenta e sete anos. Parecia-nos, entretanto, muito mais velho porque, apesar dos cabelos apenas grisalhos, tinha os bigodes e a barbicha *à la Royale* — completamente brancos. Usava óculos grossos, tinha olhos castanho-claros, trajava decorosamente, geralmente fraque, e aumentava a estatura à custa de altear um pouco os saltos das botinas sempre de verniz preto e cano de pelica do mesmo escuro. Era benevolente, tinha a fala muito branda, irradiava bondade. Dele me ficou a convicção de que o professor é quem faz o comportamento do aluno — do mesmo modo que cada sociedade fabrica os criminosos que merece. Nunca vi o nosso *Bené* (era o jeito carinhoso como o tratávamos) aplicar um zero em comportamento como jamais vi bulha e desordem nas suas aulas. Ele sabia ocupar nossa atenção do primeiro ao último minuto. Admirávamos a beleza de sua assinatura no livro de aulas e principalmente o fabuloso jamegão que ele traçava abrindo ao máximo a Mallat e obrigando suas pontas a trabalho diverso: uma riscava o papel de quase cortá-lo e a outra, adiantada e um pouco mais alta, deixava cair a cauda espessa da tinta, desenhando como que uma folha muito longa sob o nome caligrafado. Outra sorte sua: traçar à mão livre, no quadro-negro, um círculo e marcar o centro sem hesitação. Conferíamos a compasso: perfeito. Estou a vê-lo entrando para a aula — rápido, o passo elegante, o ar atento dos míopes e um jeito como quem estivesse assoviando, do hábito de orbicular os lábios, forçando-os sobre arcada um tanto dentuça. Só uma queixa conservamos do nosso querido *Bené*. Sua insistência em nos distribuir papéis marcados com verticais e longitudinais formando retângulos cuja altura era o dobro da base, para neles reproduzirmos os frisos e as gregas cujos modelos eram feitos em negro sobre quadrados azulados destinados a orientar o traço do copista. Não acertávamos, aberrava tudo, saía sempre diferente. Também que importava? Por pior que fosse o trabalho, por mais porco e mais raspado — a menor nota era seis.

Sempre que missas de defunto me levam à Candelária, procuro ficar olhando para Benedito Raimundo da Silva. Sua figura está no teto, um pouco à direita, onde ele mesmo pintou seu retrato em roupas de santo. Isso quando colaborador de João Zeferino da Costa, na decoração da velha igreja.

> Je me sens issu de la culture française: m'y rattache de toutes les forces de mon coeur et de mon esprit. Je ne puis m'écarter de cette culture qu'en me perdant de vue et qu'en cessant de me sentir moi-même [...].
> ANDRÉ GIDE, *Journal* — 1942-9

Essa declaração de amor à França pode ser subscrita por toda minha geração, salvo, está claro, poucas e aberrantes exceções. Em mim, esse estado de espírito, melhor, esse modo de ser derivam de Antônio Salles, de Floriano de Brito. Mais tarde seria completado pelas companhias e pela influência literária de Aníbal Machado, Milton Campos e Carlos Drummond de Andrade. Além deles, trabalhou no mesmo sentido o espírito da época em que me integrei nas humanidades: em tudo se sentia a presença da França. Não foi só pela gramática de Jean-François Halbout e pelos outros livros adotados pelo Floriano de Brito que eu e meus colegas vivíamos naquele país admirável. Mesmo nas outras disciplinas estudávamos textos franceses, em livros franceses. Nas matemáticas figurava outro Jean François, o Callet, com suas *Tables de logarithmes* (*On y trouve, avec sept décimales, les logarithmes des nombres jusqu'à 108.000*). Que grande chato! *Quel emmerdeur!* Dava-se o mesmo com a geografia, a física, a química — com as páginas de Crosselin-Delamarche, Ganot e Manouvrier, Troust e Péchard, Remy Perrier, Pizon e Aubert. A maioria dos meninos do meu tempo, se não dominava a língua, pelo menos a arranhava o bastante para entender esses tratadistas.

O nosso mestre, Floriano Correia de Brito, bacharel da Casa, primeiro fora interino de matemáticas e português. Era catedrático de francês desde 4 de agosto de 1903. Quando entrei para o colégio, ele era deputado federal, de modo que dava apenas meia dúzia de aulas no princípio do ano e logo retomava seus fuxicos parlamentares. Foi assim que mal o vi no primeiro e no segundo anos e que ficamos em ambos os períodos letivos com Adrien Delpech, substituto em exercício. Este era um homem muito claro, olhos cor de aço, cabelos louros entremeados de fios brancos, muito crespos, abertos de lado, fazendo topete petulante e caracolado. Não ria nunca. Tinha um ar militar e renardino acentuado pelos crocs do bigode de oficial de cavalaria. Era inflexível, nunca voltava atrás nas suas notas. Zero dado era zero dado, acabou-se e o *senhorr vássassantarr sinon além do zér daplicaçon tem o zér de comportament'*. Logo o réu via que era inútil ficar se arrastando em torno de sua mesa, gemendo, chorando e pedindo clemência. O Delpech, que nós chamávamos o *Deopeche*, era seco, esbelto, musculoso e tinha a rapidez de movimentos que, quando li Proust — me fizeram sincretizá-lo a Saint-Loup. Eu simpatizava com ele porque sabia-o concunhado do dr. Duarte de Abreu: ambos tinham se casado com senhoras da família Weguelin — gente suíça, com seus foros de nobreza. Seu sistema de ensino era muito simples: tantas páginas do Halbout, para saber de cor e salteado. À menor hesitação, zero. Conjugação de verbos regulares e irregulares de fio a pavio. Ao primeiro erro, zero. Aquilo parecia taboada e seguia sobre trilhos feito trem de ferro. *Je suis tu es il est nous aimons vous aimez ils aiment*. Os descarrilamentos eram nos obstáculos em *oir: devoir je dus, nous dûmes; pleuvoir il pleut, pleuvant, plut; déchoir je dechavais... Ah non et non! pas d'imparfait, o senhorr vássassantar*. Zero. Ai! de mim que fui me sentar no primeiro ano de cara ardendo e olhos chorando — *déchu*. Nas leituras das estórias do *petit* Paul, do *brave* Martial e das fábulas de Florian, o Delpech pouco ligava à tradução mas fazia questão da pronúncia. Nós entrávamos com nossa tendência *petit-nègre* e aquilo era zero a torto e a direito. A exigência do *Deopech* quanto à nossa pronúncia do francês era um tanto descabida num professor que morava havia anos no Brasil, que conhecia bem nossa língua mas que era absolutamente incapaz de enunciá-la à moda da casa. Seus RR faziam espuma de garganteio e suas elisões criavam, para nossa admiração, surpresas vocálicas e invenções verbais que rogavam o mistério da poesia. Ele se exprimia em português corretamente, mas com um ar tenso de equilibrista na corda bamba e, assim, ficamos bestificados vendo a *naturalidade* com que ele conversava em francês com um nosso colega ou com sua progenitora. O menino chamava-se Jean Paranhos do Rio Branco, era neto do barão e tinha nascido na França. Estava na nossa turma e se exprimia num português tão laborioso quanto seria o nosso francês se tentássemos falá-lo. Para nosso gáudio, *pain beurré*, na sua boca, virava pão borrado. Pobres tartinas de Carlota! Tinha um arzinho de gato espantado, uns olhos muito azuis. Era de convivência fácil, divertido de conversa, muito bem-educado e valente como as armas. Provocado, não via o tamanho do contendor e atirava-se de unhas e dentes, socos e pontapés — só raramente sendo derrotado porque, o mais das vezes, enchia. Apesar de pequeno, era respeitado por sua pugnacidade. De cara, era o retrato de sua mãe, d. Clotilde Rio Branco, que fascinava o colégio inteiro quando vinha visitar o filho. Só o filho? A visita era para todos nós, porque ela não ficava no Salão de Honra. Vinha entrando, atravessava as salas, ia ao fundo do recreio dos grandes, até os muros da Academia do Juventino e as escadas do *Stand General Faria*; aos limites do nosso, até o jambeiro, a jaqueira, os muros do Clube de São Cristóvão. Cercávamo-la como abelhas, hipnotizados pela corola-desmedida-umbela dos seus chapéus de plumas desfraldadas, pelos veludos pétalas brocados ramagens dos seus vestidos prodigiosos, pela altura da sombrinha cheia de rendas que era como a entrefechada flor do hibisco dobrado de onde emergisse tal insígnia real — o cetro — estilo em que Ela se apoiava para trocar os passos divinais que a saia entravê diminuía. A todos ela estendia a destra que cada um queria tocar. Cheirávamos depois nossa pata que ficara impregnada do aroma de violeta e sândalo e bergamota que habitava suas luvas de canhão modelando os braços e que faziam de suas mãos ora tulipas negras, ora rosas peônias, ora lírios capetos, corimbos de todas as cores ou malvas ou trevos ou folhas de todas as estações. Era linda a d. Clotilde! Não ria nunca senão com o brilho dos olhos que cintilavam na sombra das pálpebras azuis e dos cabelos riçados. Sua vista e sua exalação lembravam coisas oceânicas e palavras preciosas aljôfares âmbares pérolas-meleagrinas. Como tivesse passado sua vida em França, mal falava o português e era sempre acompanhada por um Delpech transformado em satélite gentil intérprete. Era quando mais o admirávamos.

Mas 1918 chegou e deixamos Martial, o *petit* Paul e o Delpech nos anos passados de 1916 e 1917. Veio o terceiro da matéria e o Floriano, derrotado nas eleições, reassumia sua cátedra bradando contra as instituições e fervendo num ódio de morte contra Nicanor do Nascimento. Do rival, dizia, em aula, pior que Mafoma da carne de porco. Aos primeiros contatos conosco ele foi logo declarando o que aprendêramos com o Delpech como coisa *nulle et non avenue*. Esquecêssemos tudo porque agora é que ele ia mostrar como é que num ano ele nos poria sabendo francês ou nos estourava de zeros em aplicação e comportamento. Chamou-nos cancres, declarou-nos a vergonha do colégio e introduziu no nosso relacionamento a bela palavra de Cambronne que ele urrava em vernáculo — merda!, ou hurlava em francês — *merde!* Mas antes de mostrar o Floriano como mestre, mostremos um pouco como ele era fisicamente. Logo chamava a atenção sua miopia. E não usava óculos: eram pincenês ora sem aro ora com o dito e o semicírculo alto da mola como podemos ver nos retratos do dr. Bernardes. Através dos vidros grossos vinha o filete do olhar ofidiano que, ao cenho contraído, dava a seus olhos e sua testa um ar de severidade imóvel, que contrastava com o do andar inferior de sua cara. Ao contrário do de cima esse ria festivo e se movimentava numa mímica prodigiosa de artista, mais acentuada pelo bigodinho à Carlito. Tinha a boca saudável e bons dentes. Nenhum cabelo branco, que o homem era moçarrão, ali pelo meio da quinta década. Era o tipo acabado do brevilíneo atlético, baixote, dotado de força prodigiosa e, como o Tifum, era atreito a ir ao recreio medir-se com os alunos mais hércules, na queda de braço, na da munheca, ao tranco, aos socos no peito estufado e na barriga de aço. Muito limpo, sempre escanhoado, gostava de vestir-se de casimiras finas, de alpacas acinzentadas ou puxando a cor para o gonçalves. Geralmente paletó-saco. Raramente o fraque — para ele, ingrato. Suas gravatas eram objetos que não se usam mais: laço armado, gancho para prendê-la à abotoadura e a pequena cremalheira para colocá-la no colarinho. Eu já conhecia essas peças, hoje de museu — eram as adotadas pelo Major. Antes da admiração que ele nos inspiraria como mestre, o Floriano nos enfeitiçou com seu gosto pela palavra suja, pelos *merde merde merde* merda merda merda que lhe enchiam a boca, que transbordavam e faziam estremecer de indignação o decoroso Badaró. Ele entrava em aula gingando feito campeão no ringue. Tinha sempre uma porcaria a contar, a propósito de nomes, de coisas. Sobre Custódio José de Melo, ele repetia pilhéria do tempo da Revolta. Custódio! que nome mais triste: começa no cu e termina no ódio. Sobre o marechal e sobre seu próprio ele dizia sempre: Floriano! Floriano! que nome tremendo — começa cheirando e acaba fedendo. Ríamos. Isso mesmo: flor e ânus. Ou, variando, recitava a quadrinha inteira que atribuía a Álvaro de Azevedo Sobrinho:

> Começa com uma flor,
> O nome do Marechal:
> Mas o nome do Almirante
> Principia muito mal.

Aplaudíamos suas chalaças, replicando em coro com versinhos da seção em francês macarrônico da *Careta* — chamada *La Carète Économique*, de que ele era pseudocolaborador com a assinatura *Florian de Brit*.

> *Je désirais être boeuf ou vache*
> *Ou vaquette de tambour,*
> *Pour donner un grand bèrre,*
> *À la porte de mon amour!*

> Maledictus homo, qui spargit semen suum super terram.
> *Maldição atribuída a são Paulo*

Esse era o crime que o Floriano atribuía a todos seus alunos e, muitas vezes, com carradas de razão. Dentro das ideias da época, ele considerava a autogratificação sexual fisiológica e normal como crime sem perdão e vício danoso. Fulminava do alto de sua cátedra. No menor erro, em qualquer lapso, engano, confusão, ímpar, desacerto ou inexatidão — logo ele via os resultados do hábito funesto. Aprendemos, graças a suas invectivas, uma fabulosa sinonímia que passava em saraivadas rasantes sobre nossas cabeças cinicamente abaixadas e a cujas faces já não chegava mais o rubor do pejo. Calejados. O Floriano tonitruava. Fazia cara de nojo para gritar. Seus onanistas! seus quiromaníacos! seus manualizadores, mastupradores! masturbadores! Seus porcalhões solitários! Seus fazedores de sacana, bronhistas, punheteiros! Seus *corpos de bombeiros*, seus tocadores de *flautim-de-capa*! *Misérables, tas de cochons, cancres! Pauvre collège de Pierre Deux!* Vaticinava morte próxima, horrenda, à nossa espreita. E enquanto não vinham as prometidas anasarcas, as etisias, os estupores, os embrutecimentos, as paralisias e a demência — ele nos enchia de zeros em aplicação e zeros em comportamento. Ficava tudo privado de saída e entregue a sábados e domingos de libertinagem solitária... Nosso professor perdia literalmente a cabeça com certos erros elementares em que éramos reincidentes. Ele repetia em cada aula. *On ne dit pas* l'*yatagan mais le yatagan. On ne dit pas* l'*onze mais le onze. Pas d'élision non plus pour ouate et ouistiti. C'est le ouate et le ouistiti. Compris?* Em vão. Na primeira oportunidade, relapsos, afrontávamos o Floriano com nosso erro iterativo. Era *liatagan, lonze, luáte* e *luistiti*. O mestre não se continha e clamava, bramia que aquilo era bosta! Meleca também! Merda também! Outro motivo de sua fúria: ouvir traduzir *pourquoi* como porque, *depuis* por depois e *pourtant* como portanto. Sapateava e desfiava o rosário que tenho de cor até hoje. *Pourquoi* nem sempre é porque, *merde!* porque *depuis* não é depois, *merde!* e porque *pourtant* não é portanto, *merde!* Se *pourquoi* fosse porque, *depuis*, depois e *pourtant*, portanto — besta era bosta e *trempe* era trampa nesta terra onde a pita abunda e abunda a pita, seus grandicíssimos pitas! Estourávamos de rir. Que batuta mais igual! o nosso professor. Lá ia ele. Não sejam a vergonha do colégio traduzindo as palavras pela simples parecença. Caricaturava com a versão fictícia. *Cependant la Soeur de la Charité s'arrêta...* Já sei como é que os *depuis*-depois vão traduzir. *Cependant* — este pendente / *la Soeur de la Charité* — a senhora do charuteiro / *s'arrêta...* não vale a pena traduzir porque é imoral. Nos rebolávamos com o arreitamento da senhora do charuteiro ou da freira, ah! como nos casos de Bocage. Nos deleitávamos e o Floriano subia como foguete nos céus de nossa admiração. Com que a propósito, com que brio ele dizia — merda! A linda palavra servia sua linguagem como um curinga do vocabulário: era sim, não, protesto, exclamação, aplauso, desprezo. *Merde!* Não ficava só nisto e o Floriano nos fazia ver o vocábulo em roda e nos besuntava com seus derivados. Resvalávamos em *merder, merdeur, merdeuse, merdier, emmerdeur, emmerdeuse...*

Mas desbocamentos à parte, que fabuloso professor! Logo nos apontou as deficiências dos dois volumes do Halbout e completava os capítulos julgados omissos dando-nos cópia de trechos da *Gramática francesa* que estava escrevendo. Esse legendário livro seria publicado depois e adotado por longos anos no Pedro II. Obra de paciência, todos os exemplos eram demonstrados na frase dum clássico. Assim seus alunos aprenderiam, quando nada, os nomes de Rabelais e Ronsard, de La Fontaine e Pascal, de Racine e Boileau, de Molière e Voltaire, de Rousseau e Beaumarchais. E mais os de Chateaubriand, Stendhal, Lamartine, Balzac, Hugo, Musset, Flaubert e Mallarmé. Um instante de pausa. Um passo mais e os que tinham gosto entravam em cheio por Verlaine e Rimbaud. Empurrados por Floriano, o Grande. Em 1918, quando ele reassumiu a cátedra e quando, depois de nos sabatinar, verificou que não íamos muito além do *petit Paul avec son arrosoir à la main* — resolveu adotar medidas drásticas. Decretou estado de sítio e cominou a pena de morte. Doesse a quem doesse, cada lição, além da gramática na ponta da língua, constaria da leitura de quinze versos do *Théâtre classique*, dilatáveis até ao ponto final; dos verbos irregulares contidos no trecho; de sua tradução potável sem aquela merda de *depuis*-depois e *pourquoi*-porque — PARCE QUE! ao primeiro erro — o zero em aplicação doravante inseparável do zero em comportamento pois, terminava ele, *mal traduire c'est mal se conduire!* Aquilo foi um deus nos acuda. Ele só, ele Floriano, superlotava, sábado e domingo, as galeras do Quintino. Praticamente deixamos de ter saída, mas aos poucos, os mais capazes foram entrevendo, vislumbrando, adivinhando, percebendo, entendendo, compreendendo, traduzindo e vendo "...que o céu se rasgava para a maravilhosa aparição..." da incomparável linguagem.

Assim como o Badaró encheu o campo de São Cristóvão de imagens antigas, o Floriano também o povoou das figuras pretéritas que eu via refulgirem junto às velhas estátuas alegóricas que adornavam o logradouro. Estátuas que lá continuam, testemunhas do passado, depois do aviltamento do seu jardim e da construção do hediondo palhabote que substituiu a pista gramada, devorada pelos reformadores. Não sei se são de bronze ou ferro. Em frente ao atual *Adegão* está uma, togada, coroada de louros, sustentando escudo oval debruado em cujo campo, tracejado de azul, desenha-se feixe lictor posto em pala. Representa talvez a *União*, talvez a *Concórdia*. Diante da escadaria de granito que subíamos para ganhar o colégio fica a *Justiça*, mostrando mais a enormidade de seu gládio que as balanças miúdas, dobradas e como envergonhadas. Não usa a venda clássica, antes encara firme e duramente com olhos descobertos. Perto da *Escola Municipal Gonçalves Dias* — a *Liberdade*, de lança na mão. Ah! Liberdade, Liberdade! por que? essa aguda arma... A quarta é a *Fidelidade* com seu magro cão. Esta traz um timbre: Val d'Osne. Autor? Fundição? Pois, como eu ia dizendo, do mesmo tamanho dessas alegorias, majestosas e como se fossem outras estátuas, eu via se corporificarem as figuras do Teatro Clássico: umas, cheias de galanteria (*Rodrigue, as-tu du coeur? Tout autre que mon père/ l'éprouverait sur l'heure*); outras, de orgulho (*Ma fille, il n'est plus temps de répendre de pleures;/ il sied mal d'en verser où l'on voit tant d'honneurs*); aquelas, de inflexibilidade (*Mourez, mais en mourant ne souillez point ma gloire*). Ah! vultos de Polyeucte e Néarche, Stratonice e Pauline, Esther e Mardochée! Ah! cadáver de Jezabel no dente dos cães, fúrias de Athalie *pendant l'horreur d'une profonde nuit...* E o esgar de Voltaire transparecendo nas caras de Mérope — viúva de Cresphonte e de Isménie — confidente de Mérope. Ah! personagens rompentes, gestos nem a mais nem a menos, medida, cadência, máscaras de Tragédia usando a de Comédia, nomes prodigiosos da humanidade de Molière: Alceste, Oronte, Éliante, Acaste, Arsinoé, Clitandre... Pois toda essa grandeza comportava, às vezes, descaídas, como no dia em que foi — chamado à lição o nosso *Cagada Amarela*. Estou vendo sua figura lamentável, estou ouvindo seu balido de carneiro à hora do sacrifício. O pobre lia o ato v, cena vi do *Britannicus*, nas falas de Narcisse. O Floriano ouvia enojado a pronúncia marselhesa do colega cônscio de que *les létres ontetê fétes purétre prononcês*. Nós ouvíamos tudo longinquamente, embalados pela cadência babujada (entretanto vencedora) do verso suntuoso e pelo zinir lá fora fora fora de cigarras chegando chegando sét sét sét sêtêeeeeiimbro...

> *Hé! Seigneur, ce soupçon vous fait-il tant d'outrage?*
> *Britannicus, madame, eût des desseins secrets*
> *Qui vous auraient coûté de plus justes regrets.*
> *Il aspiroit plus loin qu'à l'hymen de Junie:*
> *De vos propres bontés il vous auroit punie.*

O *Cagada* falava *supiçon, utrági, regrétis, aspiróite* em vez de *aspirrét* e *auróite* em lugar de *orrét'*. Mas dir-se-ia que o Floriano estava em dia só de flor, disposto a tolerar tudo *à tout avaler par la douceur sucrée de ce temps de printemps*. Mas, também, já estava ficando demais, até para nós, e num dado momento o mestre fechou a torneira. Chega! Vamos agora à tradução. Foram. Fomos. Ela foi indo, se arrastando, mancando até o momento em que a cara do colega avivou-se, ar entre velhaco e cúmplice — mirando o professor com um olhinho esperto para traduzir (sic): *ele cheirava de longe o hímen de Júnia*. Vendo o aspirar virado em cheirar, o himeneu em membrana cabaço e a infâmia assacada contra o defunto Britannicus — o Floriano pulou. Esmurrou a mesa. *Assez! Assez! misérable...* Mas a cólera cedeu lugar à vastidão do desânimo e da náusea. Foi quando ele mandou sentar. O escorraçado esgueirou-se, fuzilado pelos nossos olhares, dentro de silêncio só cortado, ao longe, pelo ruído de palmas nos corredores vazios: era o Oliveirinha que as batia, escorraçando, chô! revoadas imaginárias de alunos-pássaros. Como quem acompanha bola de tênis dum lado para o outro, virávamos para o colega, para o professor, para o colega, para o professor — esperando o que ia acontecer. Foi quando o Floriano deixou correr seu desprezo. Desgraçado, você nem zero merece! Fique-se na sua infâmia, seu resto de clister que o cu rejeita, seu *Cagada Amarela*! A gargalhada foi unânime quando verificamos que o mestre estava por dentro, ciente do apelido escatológico e nunca seu prestígio foi tão grande como à hora dramática em que ele deu a aula por finda, curvado sobre a mesa, testa na mão, ombros descaídos, jeremiando sobre as ruínas do internato ilustre: *N'ai-je tant vécu que pour cette infamie? Ah! mes enfants, vous me voyez plongé dans la desolation... Pauvre Collége de Pierre Deux...* Levantou-se, quebrou teatroclassicamente contra o joelho a flecha de apontar o quadro-negro, atirou seus pedaços ao chão, e foi-se embora... Lá fora cigarras zirzinindo lá fora... Quando chegamos ao recreio, nossa indignação transbordou. Aquilo era a desonra da classe e o Atahualpa Garcindo Fernandes de Sá tocou as trompas do halali. Brocha! Brocha, ele, gente. Caímos a uma e o *Cagada* foi literalmente desfeito às cacholetas e por fim esmagado em grandioso *bolo humano*.

Para terminar com o Floriano e mostrar seu interesse pelo ensino, quero referir o que ele fez quando resultou, da gripe, a esculhambação do decreto 3603 — que concedia a ignaros certificados de quatro preparatórios mediante simples requerimento e pagamento de taxas! Além da indecência, aquilo era um caça-níqueis... Pois o mestre exemplaríssimo foi de casa em casa dos melhores alunos pedindo que fosse nosso protesto — o fazermos os exames — dispensando o favor escandaloso e demagógico. O meu tio Modesto ficou a seu lado, estimulou meu brio e lá parti para a secretaria do externato disposto a declarar que queria prestar exame de francês. Consternado ouvi do funcionário que nesse caso, eu teria de me submeter aos de álgebra, latim e português — em suma, de todas as cadeiras finais do terceiro ano. Era assim mesmo: tudo ou nada. As equações algébricas? As declinações latinas? Os anacolutos e haplologias? Jamais! Isso, não! Era arriscar muito. Voltei e disse a um Modesto desenxabido que ia me aproveitar do decreto e que viva! o governo.


De comporta em comporta o fabuloso barco navega o Tempo. Sobe e desce a corrente do Tempo. Assim ascendemos a 1918, à gripe e aos exames por decreto. Mas temos de abrir os diques, deixar fluir, voltar aos níveis de 1916... Afinal, depois do domingo de preso que já contei, veio o sábado-que-vem, meu primeiro de saída. Depois da última aula e do *guardar-livros*, éramos conduzidos aos dormitórios onde, por artes mágicas do Ferreira (egrégio) e do Meio-Quilo, encontrávamos sobre nossas camas e ao pé delas, roupas e uniformes de saída, os calçados impecáveis que dentro em pouco iam pisar as ruas disparadas e livres da leal cidade. Era fantástico, lembravam formalidades da Marinha Inglesa, cerimoniais da Corte d'Áustria — o ritual, a pragmática, a liturgia de nossa saída semanal. No alto, depois de lavados, penteados, mudados e prontos — éramos passados em revista pelo inspetor: estaríamos dignos da presença do Quintino. Muitas vezes um ou outro era passível de retoque. O senhor volte para enxugar a gola da roupa. O senhor vá aprumar os colarinhos. Ou abotoar completamente a túnica. Ou pentear os cabelos com mais cuidado. Descíamos ao saguão central, formávamos, seguíamos pelo corredor ao lado da Primeira e do poço de ventilação, pelo vão obscuro do telefone (lembram? era *187-Villa*) e das escadarias da frente. Estacávamos petrificados, à porta do Salão de Honra, todo aberto àquela hora, suas janelas dando no dia no céu no roldão das nuvens — paredes suprimidas, exatamente como naquela sala da *Ceia* de Salvador Dalí, onde a mesa é oceano de que os apóstolos emergem e o Tronco e a Divina Face e as Mãos da primeira Eucaristia. Era todo branco, tinha galerias de retratos dos presidentes da república e dos ministros da Justiça. Nunca esquecerei as fisionomias de Afonso Pena com seu pincenê nem a de Tavares de Lira com seus bigodes e a covinha no queixo gordo. Nem a mobília escura, assentos e encostos de couro. Nem do móvel central a um tempo sofá ao redor e suporte de jardineira ao centro (junto dele, mostra Melo e Souza, é que desabou, para morrer, o diretor d. José da Silveira — fulminado pela insolência parricida de um aluno). Nem o grande óleo representando nosso segundo imperador e patrono nos *papos de tucano*: a roupagem da Coroação e da Fala do Trono, cetim branco bordado a ouro, bofes de renda, manto verde, a destra enluvada segurando o cetro bragantino encimado por dragão hiante e cauda enroscada — tal e qual os das argolas de guardanapo de tia Alice e tio Salles; a mesa ao lado, também coberta de verde-brasil, com almofadão sobre o qual colocava-se a alta coroa de nossos Pedros. Ficávamos imóveis naquela porta aberta para as claridades e víamos sair da direita baixa um Quintino trazendo um maço de cartões. Era outro homem, sorridente e próximo, o que nos estendia, primeiro o impresso, depois sua direita para a despedida até segunda-feira. Descíamos a escada de quatro em quatro e chegávamos à mesa do Faria — outro Faria, um transfigurado Faria, um Faria de bigodeira rossa em guirlanda festiva, que tomava o bilhete-viático que lhe trazíamos e apontava a porta escancarada Sésamo aberto pela virtude de palavra gravada na cartolina. Era assim — verbatim.

Internato do Colégio Pedro II

# EXEAT

O Diretor,
*A. Lima*

*Exeat. Porque hoje é sábado.* Quando a chancela do Araújo Lima foi substituída pela de Carlos de Laet, esse achou melhor traduzir. Em vez de *Exeat* ficou *Sahida*. Mudou a palavra mas não mudou o ouro do dia — porque hoje é sábado! nem mudaram nossos corações forros e nossa alegria solta — porque hoje é sábado! Era essa alegria que nos espalhava na rua e nos fazia reagruparruar na ruarrua. Subíamos e descíamos os degraus escadaria de cantaria, cavalgávamos a amurada de pedra, íamos voltávamos bebíamos sem sede na biquinha de bronze do nicho de granito dourado pelo tempo, montávamos o leão de mármore cuja cauda foi arrancada por um de nossa turma (ele — o leão — agora se encontra, rabo restaurado, na Estrada Nova da Tijuca — é o mesmo), corríamos nos separando novamente embolando nos atropelando como revoada de pássaros, bando de terriers saltando dando cambalhotas gambadando camba gamba pulando-carniça batendo canhão-vovó. Para sempre fixei desse lance — como incorruptível chapa fotográfica — a figura toda terninho claro do Aluísio Azevedo voando para sua casa do outro lado do Campo; a roupazul do Siqueira Durão que cabriolava e corria tanto que seus joelhos pareciam juntas de encaixe (como a do ombro, a da anca) capazes de circunduções malabares que se somavam à flexão e à extensão. Ah! pobre Siqueira! logo interrompido na carreira miriapódica, acertado em cheio pela seta da Morte. Mas outras turmas saíam e seguíamos aos bandos para a Quinta, para o Museu; enxameávamos no *São Januário*, no *São Luís*. Rumo às ruas de São Cristóvão, rumo à praça da Bandeira, à ponte dos Marinheiros, Mangue, Central, Uruguaiana, Carioca, Tiradentes, largo de São Francisco, Cidade. Saudade...

  Naquele primeiro sábado saí sozinho para o centro: errei subi desci perguntei e achei comovido *As Quatro Nações*, a casa famosa de confecções onde se cosiam os uniformes de quase todos os colégios do Rio de Janeiro. Ficava numa das esquinas de Buenos Aires e Ourives (o Álvaro Maia sempre corrigia para *Ourívizes*) exatamente diante do comércio rival de *À la Ville de Paris*. Das oficinas dessa última saíam fardas que diferiam do modelo oficial — como falsificação de objeto autêntico. Era assim a primeira do Dibo, que em vez de marinho era azul-pavão. Eram assim as terceiras do *Cagada Amarela* e do Paulino Botelho que, em vez de cáquis, eram tonalidade gema de ovo. Nossos uniformes eram de um a três. O primeiro era do mesmo tom e casimira do fardão da Armada. Túnica fechada, tendo bordados a ouro, simetricamente, nos dois lados da gola, ramos de carvalho folhas e bagas. As frentes desse dólmã tinham, para dentro, largo debrum preto acetinado seguido paralelamente por sutache semelhante. Essa barra orlava igualmente toda a borda inferior do paletó, mais os falsos bolsos, os canhões dos punhos, a costura externa das calças e a cercadura do boné. Só oito botõezinhos dourados tendo em relevo a esfera armilar realenga que a República esqueceu nas Armas do Colégio Pedro II: dois em cada manga, dois em cada falso bolso. Botinas de elástico. Boné do mesmo pano do uniforme, armado, como os russos, por cercadura metálica de meio centímetro de largura, logo substituída por aro simples. Tinha como florão o mesmo distintivo dos botões — só que bordado a similor sobre flanela amarela e guarnição de lã celeste com as estrelas nacionais. Jugular de verniz preto como o da pala. Fiel dourado com dois nós-direitos. Para formaturas, o forro do boné mudava para linho branco — como o das luvas de algodão e o das polainas de lona. Isso já não peguei. No meu tempo, nas paradas, usávamos o segundo uniforme. Este era cáqui, roupa habitual dos alunos do externato e de saída dos do internato, nas semanas mais quentes do princípio e fim do ano. Dólmã fechado, tendo de cada lado da gola, em fundo de tré, um ramo de carvalho de metal branco. Do mesmo tré ou mescla de fios azuis e brancos eram as guarnições da costura lateral das calças, da frente das túnicas, dos bolsos, das mangas, das passadeiras dos ombros (que os oficiais alunos substituíam por platinas de cáqui com galões e laçada simples de sutache preto). Os botões eram de massa negra e os alfaiates ora os forneciam com a esfera armilar e a cercadura de estrelas ora com uma torre e sobre ela estrela única. Esses botões eram aparentes, na frente, nos bolsos e para desgraça nossa, na parte posterior da túnica. Nesse ponto eles guarneciam ornatos que figuravam abas de falsos bolsos fronteiros, de modo a ficarem três de cada lado. Eram, pois, seis e deles derivava o apelido que nos davam nossos rivais do Colégio Militar — *Seis no Cu*. Como eles tivessem no boné de formato francês um florão onde se enlaçavam o C e o M, iniciais da instituição, revidávamos com a alcunha — *Cachorro Matriculado*. Um ódio de morte separava os *Seis no Cu* dos *Cachorros Matriculados* e seus encontros de rua geralmente cumulavam no pugilato. Só em grupo muito grande ou sem farda é que nos arriscávamos a passar na rua São Francisco Xavier, praça Saens Peña, praça Afonso Pena e rua Mariz e Barros — zonas de influência dos *Cachorros Matri-*

*culados*, assim como eles tinham sempre os mesmos cuidados para trafegarem nas vidamias dos *Seis no Cu*, que eram a quinta da Boa Vista, o largo da Cancela, o campo de São Cristóvão, a rua Figueira de Melo e, no centro, a confluência de Marechal Floriano, Camerino e Passos. No resto da cidade — armistício. Os bonés do nosso segundo uniforme eram iguais aos do primeiro, só que de cáqui e tré. Também armados com o aro interno, retirado pelos protestatários que ainda puxavam para a orelha o forro mole e tornado grande demais. Assim os bonés parecidos com o do czar da Rússia tomavam aspecto de casquetes de apache. Quando havia formatura, vestíamos, com o segundo, luvas brancas e perneiras de amarelo-avermelhado. Essa última peça, como as anteriores, não eram individuais. Eram escolhidas na hora, as primeiras, na rouparia, e as últimas, na Sala de Armas. No externato havia requintados que usavam culote e altas polainas pretas. Lembro, nesse apuro, as figuras de Prado Kelly, de Nascimento Gurgel, de Pedro de Castro e de Prudente de Morais, neto.

Vamos agora ao nosso terceiro uniforme, roupa de presidiário que só o internato conhecia. Era todo cáqui, tendo de tré os canhões das mangas, a gola do dólmã e uma guarnição de dedo de largura cercando o gorro redondo. Era sinal de protesto usá-lo para a nuca e sempre com a costura posterior descosida. Assim guardo até hoje o que usei no meu último ano de colégio. Também as botinas difeririam. As do primeiro e segundo uniforme eram pretas, inteiriças, de elástico. As do terceiro, sempre inteiriças e de elástico, mas dum couro cru, cor de pelica branca ou dum amarelo cadaveroso — que era bem pintar com a tinta azul dos tinteiros e brunir depois com graxa preta. Que mais lembrar? Das nossas roupas de colegiais. As meias anêmicas de fio grosso? Nossas camisas de peito duro? A pelerine azul de botões dourados? servindo só para a saída e a Cidade. Porque ninguém ousaria envergá-la no recreio, fizesse o frio que fizesse — havia perigo de senti-la de repente enrolada à cabeça e um festivo bolo humano logo se constituía sobre paciente cego e meio sufocado. Porque macho não sente frio...

Páginas atrás deixei um eu normalizando a respiração, reduzindo o ritmo do pulso, vendo o sol cair, árvores cabeças degoladas capacetes torres do Observatório nadando em sangue, esperando as marteladas da campainha grande do colégio para entrar no estudo com os companheiros. Esse um dos meus tantos eus (Ai! de mim que sou trezentos, sou trezentos-e-cinquenta) é que quero seguir, com ele atravessar o pequeno corredor lateral, dar no saguão central, contornar sua coluna de ferro e entrar na Quarta Divisão para o estudo da tarde. Ele ia de seis às oito da noite. A agonia de sua solidão imensa (feita de saudade e pressentimento) é que me aguçava e fez-me gravar para sempre o aspecto de salas desaparecidas que reconstruo quando mergulho no tempo e me sinto entaipado (nas paredes dele, tempo? nas das salas de estudo?). As da Quarta Divisão eram passadas de tinta a óleo entre cinza e azulado e recobertas pelos mapas de minhas circum-navegações. Vejo suas seis filas de carteiras cujo banco levantava e baixava feito tampa de latrina. Suas janelas laterais que davam para a parte alta de área ajardinada e fechada pela parede cega do prédio vizinho ao colégio — morada do da Portaria, fero Faria. Sobre a parte baixa e de canteiros pobres, abria, mais clara, a Terceira Divisão. Nela, os quadros representavam figuras geométricas — certezas de cubo, frustrações de cone, ritmo ascensional dos cilindros, todas as fantasias da esfera e os ignotos do círculo, os da parábola, os da reta, do ângulo, do arco, e da projeção cicloide do ponto que toma o ar e volta ao chão acompanhando um giro de roda imaginária... Lá ia eu também, cabeça para cima, cabeça para baixo... As carteiras da Terceira eram cômodas, tinham um banco funcional que saía da frente da mesa do colega de trás — as duas partes fazendo corpo e descrevendo um S. Quarta Divisão, 1916. Terceira, 1917 e 1918. Nunca fui da segunda, sala avermelhada, cuja tinta descascava formando longas geografias desconhecidas que substituíam os mapas ausentes de seus muros. De suas janelas via-se a fachada da casa do Quintino e o ramalhar das copas das árvores do recreio — verde macio e veludoso do tamarineiro, o mais claro e aguçado das cajazeiras, o adoçado e fosco do jambeiro, o metálico e polido da jaqueira. Essas frondes, como pulmões respirando ou como esponjas se nutrindo, jamais paravam. Às vezes disparavam e sua corrida era sempre contrária à das nuvens no alto. Saltei a Segunda Divisão porque de repente meu corpo deu um pulo e cheguei de umas férias tão rapaz que me mandaram para a Primeira. 1919 e 1920. Ótimo! porque fui para a mais linda sala de estudos do internato, toda clara e pintada de bege, com barras imitando mármore ondeado e a tonalidade marítima das esmeraldas. Suas janelas abriam-se largamente sobre o fabuloso campo de São Cristóvão.

É óbvio dizer que no estudo se estudava. Nem sempre, nem todos... Bem que havia a minoria zelosa — puros anjos, caxias, cus de ferro — com direito cativo aos *bancos de honra* distribuídos bimestralmente pelo professor de cada disciplina. Detentor de quase todos, na minha turma, era o Robespierre Moreira Dezouzart. Também era de vê-lo nas quatro horas dos estudos da noite e da manhã. Sentava, metia a cara nos livros, garatujava seus cadernos, tomava notas e tinha arrumados na cabeça os rios do Mundo, os estados do Brasil, as Guerras Púnicas, a lista dos Césares, as dinastias de França, as rosas d'Inglaterra, Cromwell, Danton, Marat e o xará cortador de cabeças — que ficaria sem a própria, no 10 Termidor. Mais. Os problemas vertiginosos da *Aritmética* do Thiré, as equações, as épuras, os triângulos. As declinações e um latim de Cícero, os verbos irregulares e um francês de La Fontaine, os plurais e um inglês de Shakespeare. Ainda, toda a física, a química, a biologia, a botânica, a geologia e o que nos ensinavam de espanhol e Cervantes, de italiano e Dante, de psicologia, lógica e história da filosofia. Era um privilegiado, o Tifum tratava-o de *Memória-de-Anjo* e os colegas, carinhosamente, de Piezinho. Além do mais sábio, ele era a doçura em pessoa e a prestimosidade. Interrompia frequentemente seu estudo próprio para atender a bilhetinhos angustiados das bestas que pastavam nos capinzais da ignorância. Guardei vários exemplares dessa correspondência dos estudos do Pedro II e lá está um acudindo minhas agonias de véspera de sabatina em que o informante dava a lista dos pontos e suplementava escrevendo quais as páginas dos livros onde encontrá-los. E embaixo, sua assinatura caridosa: Robespierre, o *Santa-Casa*. Era mesmo, portas abertas, coração aberto, providência dos vadiaços, auxílio dos madraços, misericórdia dos vagabundos. E não se veja nele um desses estudiosos cafardentos — cara de enguiço e dorso de corcunda. Não: além do cérebro ágil, ele era o dono das pernas mais lépidas do nosso futebol e rivalizava nesse terreno com o Florentino, o Siqueira, o *Foca*, o *Cavalo* e o *Jeannette*. Morava na Piedade. Saudade.

Variante do estudo e talvez mais penosa, era a preparação das colas — tarefa que, além do esforço, exigia arte e paciência. Eram tão difíceis de confeccionar que, ao fim, o ponto nelas copiado ficava sabido. Isso mostraria sua inutilidade a outros menos empedernidos que os viciados, em cujo número eu figurava. As minhas colas (como era de moda no Pedro II daquele tempo) eram feitas em tiras cortadas de fora a fora numa folha de almaço dobrado; tinham de quarenta e três a quarenta e seis centímetros de comprido por quatro de largura; nelas fazia-se uma dobra a cada dois e meio centímetros, obtendo-se assim uma *sanfona* que cabia na palma da mão e era sustentada entre a emitência tenar e a dobra dos dois últimos dedos. Funcionais, ficavam invisíveis e podia-se gesticular na cara dos mestres sem que eles vislumbrassem a palma de nossas almas. Pelo menos assim o pensávamos... No verso e anverso dessas tiras copiávamos ipsíssimo, cada capítulo de cada matéria e transformávamos, por exemplo, o cartapácio do Veiga Cabral em sanfonas elegantes que nem faziam saliência nos bolsos dos uniformes. Era preciso pena finíssima, tinta pouco fluida, para essa transcrição chinesa que pedia mais tempo para seu acabamento que seria exigido para meter na cachola cada capítulo assim laborado. Mas não adiantava pensar nisso, não: o que queríamos era roçar o perigo, esgrimir com a morte e oh! volúpia, às vezes sermos esmagados pelo flagrante. Cada cola era uma obra d'arte em miniatura. Servia apenas individualmente porque só o autor lia a própria letra microscópica e ninguém mais decifraria as abreviaturas personalíssimas que cada qual inventava à sua moda.

Outra atividade dos estudos — a elaboração literária. Prosadores, poucos. Poetas, muitos. Românticos como o Massot. Épicos como o Ari Teles. Elegíacos como o Eduardo Carlos Tavares. Simbolistas como Ovídio Paulo de Menezes Gil. Parnasianos como Afonso Arinos e Luís Nogueira de Paula. Esse excelente colega, depois engenheiro ilustre e professor da Politécnica, pelos olhinhos orientais e pelas maçãs salientes era chamado por todos — o *China*. Pois o nosso China era dos poetas mais fecundos, mais contumazes e produzia cerca de soneto e meio por estudo (três por dia), quase todos inspirados por certa musa de Rezende chamada Elvira. Ele vivia no zero (por Ela!), era o último da classe (por Ela!) — que seu tempo, pouco para cantá-la — não podia ser malbaratado com as matérias do curso, *ara!* Seu esforço poético era também físico porque compondo, ele mexia-se no assento, falava baixo, suspirava, ruflava na tampa sonora da carteira, contava sílabas de mão no alto ou percutindo a larga testa. Em suma, perturbava o estudo, provocava risos e besouradas — até que um Goston, um Pires ou Nelson de paciência exausta, pedia o Livro de Partes e acabrunhava o vate. Inútil. Mártir da literatura, da poesia e do amor, ele prosseguia na produção intarissável de baladas, cantilenas, madrigais, hinos, epitalâmios, lais, odes, triolés, ditirambos, tautogramas e sonetos e sonetos, mais sonetos sonetos sonetos. O Antero Massot, também num soneto, descreveu-o nessa lufa-lufa poética. Lembro até hoje uns pedaços, versos, dois tercetos desse perfil.

> Nervoso, neurastênico, elegante
> Solto o cabelo ao bel-prazer do vento [...]
> ...................................................................
> ...................................................................
> Quando eu o vejo de perfil, sentado,
> Revolto, pensativo, principesco,
> Produzindo sonetos, agitado,
>
> Dá-me a impressão exata e repentina
> De um verdadeiro poeta quixotesco,
> De uma figura exótica da China!...

Toda essa onda de poesia que brotava do estudo do nosso internato era canalizada e vinha a lume numa publicação chamada *A Primavera*, editada em Rezende, zona eleitoral do pai deputado e propriedade jornalística do próprio China. Possuo recortes de número ilustrado por mim. Na capa, entre águas e arroios (ao longe) sobre um campo de margaridas e malmequeres (perto), desliza a figura da Elvira bem-amada — envolta em gaze, áurea coma desnastrada, pés-descalços-braços-nus, despetalando rosas semimbriagando-se ao calor do sol olor dos lírios. Elvira!

Além de estudar, preparar colas, produzir sonetos, agitados! além da leitura de um Herculano, um Camilo, um Castilho tomados emprestados à Biblioteca e confiados só a alunos de responsabilidade e com mil recomendações do Bagre; além da gratificação dos livrinhos de putaria, dos Nick Carter, dos Sherlock Holmes, dos Buffalo Bill — restava-nos ainda o recurso de não fazer nada, de olhar para o tempo, para as caras uns dos outros, de fazermos psiu! e quando o companheiro chamado atendia desprevenido, arredondar o dentro! em sua direção. Fungávamos de rir quando um bestalhão caía. Ora cavavam-se silêncios profundos, pausas de imobilidade. Staccato. Ora havia estalos de várias carteiras ao mesmo tempo, um murmúrio passava como vento leve. Andante. Sem razão chiavam os arrasta-pés. Largo. Enchiam-se os órgãos a todo com as besouradas. Allegro maestoso. Às vezes o deserto enorme era invadido pela tromba das chulipas passando. Bradava o ferido de dor, quando atingido pelo projetil certeiro: era um pedacinho de papel benissimamente enrolado, dobrado ao meio sobre palmo e pico de elástico. As pontinhas eram seguras com os dentes, esticavam-se os pedaços da borracha e quando a pontaria estava ajustada, entreabria-se a boca e lá voava o ângulo cruel que percutia mais duro que chumbo, uma nuca, melhor ainda, orelha apanhada de fininho. Eram formidáveis nesse arremesso o Mário Fernandes Guedes, o *Fogareiro*, o *Virosca*, o Atahualpa Garcindo Fernandes de Sá e o *Cagada Amarela*. Outros se distraíam tocando berimbau-de-botina numa pena Mallat com um bico partido, o cabo embrechado num pé de carteira (rudimentar) ou no salto do outro calçado — o que dificultava o flagrante. Os mais bem aquinhoados pela natureza punham-se em estado e entregavam-se a exibições por baixo das carteiras. De tanto mostrar, revirar, puxar e esticar, havia alguns a quem nem dava tempo para ir lá fora e que tinham de afogar o relâmpago num lenço sacado às pressas. Outra inspiração do régio, nédio Tédio era olhar e reolhar o que faziam os inspetores encarapitados sobre o estrado e na sua mesa coberta do feltro verde rendado pelas traças e manchado por cartografias abstratas da tinta e das águas entornadas. Vejo-os como num velho filme. O Nelson fumegando, o Pires atento, o Salatielzinho assoviando, o Leandro cochilando, o Goston escrevendo, o Lino — sentinela! alerta! — o Menezes se manicurando e o Candinho nas suas múltiplas tarefas: cortar fósforos de fora a fora, fazendo dum pau, dois; picar fumos e raspar a palha para seus cigarrinhos; elaborar suas listas de jogo de bicho através das tabelas de uma martingala cheia de somares e diminuíres. Ele não perdia a esperança: a Borboleta dar-lhe-ia um dia a casinha cercada de árvores e de pássaros em Jacarepaguá. Rompiam claras palmas lá fora corredores afora. Era o Oliveirinha espantando bandos imaginários lá fora corredores afora. Xô! passarinho.

Cedo descobri minha distração. Logo fiquei fiel a quatro amigos que me valiam na hora em que eu não tinha vontade de estudar. Sonhava com eles. Me acompanharam o curso todo. Foram *Os lusíadas*, o *Théâtre classique* de Régnier, a *Antologia nacional* de Fausto Barreto e Carlos de Laet e o irreal, o inimaginável *Atlas* de Crosselin-Delamarche. Camões — nem lembro como o li primeiro. Parece que à noite, depois da lição do Raminhos, retomei o episódio do Adamastor, segui com outros monstros — Dorcadas, Hárpias, Fúrias e Megeras — lendo noites e noites até ao "sem à dita de Aquiles ter inveja". Voltei. Tomei das Armas e recomecei a percorrer o livro assinalado. Ia embarcado no peito do Poeta e nas proas do Gama, ao lado dos Barões, de Guido, Belisário, Giraldo e Leonardo — o que era gracioso e namorado. Vimos com os olhos ou mostrados pelos Deuses o Tauro, o Olimpo, águas correntes do Guadiana, do Sanaguá, águas paradas do Meotis — que não encrespam os Áfricos, Boreas, Austros e os Sirocos soltos sobre as terras de Chersoneso e Mandinga, Mombaça e Narsinga; sem peias sobre Bacanor, Dardânia, Ítaca e Babilônia, sobre sabeas costas e adriáticas Venezas. Seguíamos — prosperamente! — braço dado com Baco e Ramnúsia, com Opis e Saturno e investíamos, por fim, contra os reinos de Netuno — afrontando perigos incógnitos do mundo, dando o corpo a naufrágios, a peixes, ao profundo... Ah! mais prodigiosa ainda era a viagem que eu fazia no Verbo, guiado pela imensa mão marmórea de Luís Vaz. Era como se eu estivesse sendo arrastado no azul zaum dum empíreo sempre igual em que súbito surgissem — astro depois de outro — certas estrofes que cortavam como relâmpagos. À sua luz, palavras secas, como frauta; rascantes, como agreste; descoradas, como avena; e áridas, como ruda, atraíam-se e refulgiam da beleza nova transmitida duma à outra e então tinham sentido nascente quando vinham aos pares em *agreste avena*, *frauta ruda* ou nas combinações trinas da *fúria grande e sonorosa* e *da tuba canora e belicosa*. Era faísca pulando clara e imediata, do roçar de dois calhaus; eram palavras se fecundando reciprocamente como óvulos e células machas e o verso se gera e salta alegre e vivo *qual campo revestido* de boninas; e junta-se a outros, forma a teoria das estâncias e desenrola canto por canto o poema que avulta tanto — que só de compreendê-lo naquela noite, naquele estudo — tremi do medo da terra, da vida e de ser um *bicho* tão pequeno — naquele primeiro ano imenso do internato.

  No mar tanta tormenta e tanto dano,
  Tantas vezes a morte apercebida:
  Na terra tanta guerra, tanto engano,
  Tanta necessidade avorrecida!
  Onde pode acolher-se um fraco humano,
  Onde terá segura a curta vida,

Que não se arme e se indigne o Céu sereno
Contra um bicho da terra tão pequeno?

Largava o volume encourado de *Os lusíadas* e passava para a edição verde-veronese (capa) e verde-esmeralda (lombada) do Hachette, com o *Théâtre classique* de Régnier. Abria o livro e era como se abrisse prodigiosos batentes, os panos de boca purpurinos de cena mágica onde agissem o Fado e as Idades. O Tempo. O Destino. Num passo solene e cadenciado marchavam os coros, chegavam os séquitos, as coortes, guardas, levitas, turbas. Todas as classes, todos os homens, todas as mulheres; as infâncias, as adolescências, as maturidades e as velhices despencando no roldão da tragédia como nas representações antigas da "Dança macabra", multidões sujeitas às setas certeiras da morte laboriosa e indiferente. E os dramas se desenrolavam no seu aparato, na sua pompa, na sua suntuosidade. Reis bíblicos, tiranos helênicos, soberanos latinos, imperadores romanos, monarcas hispânicos desfilavam com príncipes, herdeiros, heróis; com amas, lacaios, confidentes; libertos, centuriões e cavaleiros. Tutores e pupilos. Conjurados e lictores. Triúnviros e senadores. Os apóstatas, os sumo-sacerdotes. Minha imaginação fervendo, vestia-os. Os bíblicos, como na minha *História sagrada*, ostentavam camisolão e manto de santo. Os gregos e romanos o dito camisolão e mais a toga. Foi preciso muito cinema, muito álbum de pintura antiga, muita representação histórica para que eu saísse da simplicidade desses trajes e fosse aos poucos cobrindo meus personagens da magnificência, do luxo, do esplendor que lhes competia e fazendo coruscar nas suas cabeças os louros a fosforescência das pedrarias e dos esmaltes e dos louros e dos florões de suas coroas diademas tiaras. Até hoje, quando retomo a leitura do *Théâtre classique*, visualizo meus personagens primeiro na simplicidade esquemática e de linho branco que eu lhes dera na minha adolescência desinstruída e só depois é que os vou paramentando das dalmáticas, dos mantos, das sedas e veludos chatoaiantes que as figuras, os livros, as pinturas, as estátuas, as frisas, os baixos-relevos, as rondeboças, os museus e as ruínas que eu vi — ensinaram que lhes pertenceram no decurso das Idades. Ao fundo os Coros se destacando, silhuetas entre colunas e pórticos contra horizontes crepusculares. Desfilam diante deles os personagens saídos da Messênia, da Judeia, da Babilônia e de Roma. Suplícios antes de Cristo, martírios depois de Cristo. Atália de prata e negro: só as mãos tintas do vermelhão do sangue derramado. Escoam-se os séculos. Chimena de início, toda de verde, depois toda de negro, no fim toda de branco. Levanta-se o Campeador na sobreveste tauxiada como dragão de escamas reluzentes. Mais centúrias fluem e são as cabeleiras construídas e os sapatos de salto vermelho como os da tela de Rigaud onde Luís XIV aparece em sua glória. Ah! eu estava ganhando, se estava! quando pensava estar roubando as horas pertencentes ao Halbout, quando as dissipava atracado a *Mérope, Horace, Esther, Cinna, Britannicus, Polyeucte, Le Cid, Le Misanthrope*... Ah! mas meu carro-chefe era *Athalie*. Eu lia arrepiado o Sonho! via as matilhas dilacerando o corpo desjanelado de Jezabel — *pompeusement parée*. O sopro de Baal sobre a viúva de Jorão fazendo correr os rios de sangue finalmente engrossados com os das próprias veias da rainha que eu tinha ganas de estrangulegorger. Finalmente chegou o dia da ira, aquele dia! em que me juntei aos matadores para espostejá-la.

> *Qu'à l'instant hors du temple elle soit emmenée,*
> *Et que la sainteté n'en soit point profanée.*
> *Allez, sacrés vengeurs de vos princes meurtris,*
> *De leur sang par sa mort faire cesser les cris.*
> *Si quelque audacieux embrasse sa querelle,*
> *Qu'à la fureur du glaive on le livre avec elle.*

> Estrela brilhante do Sul, formosa província de Minas — por que desmaias no céu de nossa pátria quando ela precisa que cintiles com toda tua pureza antiga? Berço das ideias liberais, formosa província de Minas, que deste os primeiros mártires à causa da independência nacional: tu, que tiveste por largo tempo a primazia no paço dos Césares e nos comícios do povo — por que te aniquilas na indiferença e no desânimo?
> ............................................................................................................
> Onde estão os teus filhos?
>
> FRANCISCO OTAVIANO DE ALMEIDA ROSA, *Minas*

Minha *Antologia nacional* (que era da sexta edição de 1913) já abria sozinha na página 60 e era abrasando meu coração ao verbo de Francisco

Otaviano que começava minha viagem prosa e verso língua nossa. Via a estrela azul, longamente considerei-a estrela e doía meu peito cheio de Paraibuna e de Arrudas conjeturar seu desmaio e acompanhá-la rolando como bola de cinza dentro de espaços federais mortos também. Um dia foi o alumbramento e a serenidade quando substituí de mim para mim *desmaio* por *afastamento* — afastamento sempre provisório porque Minas é *no céu da nossa pátria* o prodigioso cometa que vem infalivelmente, passa perto, tudo inflama com sua cauda de fogo e depois vai, perde-se no infinito, transpõe Altair, ultrapassa o Centauro, os megastros que ficam para o sol como plesiossáurios para a pulga lá na fímbria de expansão, lá no reduzir-se a vácuo a nada. Pronto! sumiu, não volta mais: Minas acabou! Engano — ela resiste reconcentra sua matéria reentra no caminho gravitacional. Vem de novo, torna a passar. Vem irregularmente, mas vem. Não falta nem faltará. Veio em 1720 quando Felipe dos Santos foi arrastado num chão de ferro por não sei quantos cavalos-vapor; em 1792 com Tiradentes na ponta duma corda; em 1842, em 1930... Minha *Antologia* dava Minas de novo, quando Joaquim Norberto relatava os mistérios e os terrores da conspiração, quando mostrava Alvarenga, Cláudio, Gonzaga, Toledo e Rolim tragando nossa flâmula e escolhendo sua divisa. *Libertas aequo spiritus?* Não! *Aut libertas, aut nihil?* Também não! *Libertas quae sera tamen?* Esta, sim! Ótima! ainda que tarde. Passará o Barbacena, passará a Justiça Régia, passará a Alçada, passarão os grilhões e a mão larga, espalmada, ossuda e salgada do Tiradentes ficará para sempre fazendo sinal de esperar, de aguardar a volta do cometa... Iracema e o Guerreiro Branco, d. Antônio de Mariz, Ceci, Peri — surgem como símbolos dum povo nascendo e criando o sertanejo que é antes de tudo um forte, que é o herói de bronze misturado aos outros — brancos e pretos — que Ouro Preto descreve matando e morrendo em terra, nas águas do rio heroico, sobre navios em chama e sangue, sob o sol que nascera radioso naquele Domingo da Santíssima Trindade, para Marcílio e Barroso, Hoonholtz e Eliziário, para Coimbra no *Iguatemy* e Garcindo a bordo da sua *Parnahyba* — todos sob a gritaria, o clamor, os estrondos, as balas das barrancas, os baques dos navios, o estraçalhar dos cascos, o berreiro lampejante das abordagens na batalha anfíbia. Eu erguia olhos aflitos para ver como estava naquilo tudo o nosso Garcindo — Atahualpa Garcindo Fernandes de Sá — neto do herói, no convés de sua carteira e lendo também a *Antologia*. Chamava baixo.

Psiu! Atahualpa? Ele já olhava rindo, olho vivo, dente branco, muito moreno, cara de sertanejo. Era aquilo mesmo: o sertanejo é antes de tudo um forte. E lá pulava eu para a página de Euclides. Adiante: Timandro nos ensinando a falar mal dos governos. Ainda: Pedro I, olhos exorbitados, os cabelos bastos desordenados, tomando os escaleres da *Warspite*, puto por não ter encontrado cem latagões com a disposição dele para descerem o porrete naquela gentalha que manifestava no Campo de Sant'Ana junto a juízes de paz facciosos e a uma soldadesca sem disciplina. "Antes abdicar. Antes a morte." Não entregou os pontos. Não se deixou castrar. Foi-se. Saiu daqui macho inteiro — como mostraria muito breve ao mano Miguel.

O amor da terra — não guerreiro mas nas doçuras da paz — com Macedo na evocação de Itaboraí; não na diplomacia belicosa de Rio Branco, mas na vida idílica de Nabuco no Engenho de Massangana; no ceticismo, na frieza e na forma marmórea de Machado — a inteligência brasileira chegando ao apogeu, desde seu início com o estalo de Vieira; na tristeza da "Noite histórica" de Pompeia, vultos escuros e marulhar de ondas como nas tragédias venezianas onde ocorriam os parricídios. O amor da terra nas lendas de terror de Franklin Távora, na "Cruz do patrão" — seus assombramentos, estudantes mortos, enganos judiciários, fuzilamentos, neófitos de feitiçaria iniciados na noite mais longa do ano, o Diabo como um bicharrão fantástico cheio de chamas, estourando junto com um bundão de negra e virando na Coroa Preta do Beberibe.

Era todo o Brasil amorimenso, povoando o estudo com figuras trazidas pela mão dos nossos escritores. E quando estávamos cheios de índios, negros, luares, engenhos, mangues, mares, jangadas, frutas, das luas, dos sóis como não há e que Rocha Pita deixou em testamento para os porquê-me-ufanistas, via-se chegar mais gente e compreendíamos que o começo não era 1500, mas que vinha de mais longe, que ia até ao pastor Viriato. Lá estava ele em Pinheiro Chagas, nas falas do João da Agualva (que reponta tanto no Malhadinhas que estabelece vínculo do seu autor com Aquilino Ribeiro). Lá se fala mal, lusamente! do castelhano inimigo pois d'Espanha, nem bom vento nem bom casamento. Herdamos isso também, além da religião, além do idioma. Líamos e lá íamos desentocando nossas fortes raízes em Portugal. Que maravilha de troço saber que falávamos a mesma língua de Castilho, Latino Coelho e João Batista da Silva Leitão de Almeida Garrett — cujo nome o Silva

Ramos nos proibia de pronunciar *Garré*, afrancesando e que nos fazia dizer *Gârrétt'* com dois, se possível com três ou mais TT. Justificava dizendo que assim costumava fazer o escritor. A prova? Seu habitual encaminhamento nos processos burocráticos — em verso e rima.

>Vá a quem compete.
>Almeida Garrett.

O gigante Herculano em pé no meio do Atlântico com um braço cutucava o Brasil e com o outro ia apontando o também nosso Alcácer, a nossa Coimbra, a nossa abóbada, nosso mestre Afonso Domingues, nosso bom sr. d. João I. Onde está ele? d. donzel, onde é que está el-rei? Depois, Joaquim Pedro nos contando de d. Sebastião e de Camões; Camilo, nos fazendo chorar com a aflição da marquesa de Távora e abominar Pombal per "o que foy José Maria". Rebello dispara os touros de Salvaterra, joga por terra o pobre corpo do conde dos Arcos, firma a espada do marquês de Marialva e mostra-a sumindo até os copos na nuca do animal que apalpa o sítio para expirar. Nunca tal tourada saiu de minha mente e quando fui vê-la ao Campo Pequeno de Lisboa, quem passava galopando diante de mim cabeça abaixada e rabicho — não era o cavaleiro Manuel Conde, mas o conde mesmo, o conde dos Arcos — *ele e o cavalo, numa só peça, repetindo o Centauro antigo*. Tampouco o *Espada* era o sensacional Paquirri mas o marquês — *aparando a marrada a descoberto peito lusitano*. Logo o mestre-escola Oeiras querendo acabar os toiros — o que seria um pouco, como acabar com Portugal. Finalmente Eça, na ascensão virgiliana de Tormes. Que beleza!

Quando eu saía da prosa era para mergulhar na poesia. Novamente Camões abrindo os mares do Adamastor, da Tromba; fazendo transbordar o Mondego, com as lágrimas e o sangue da Inês de Castro; acendendo as iras do caso dos Doze de Inglaterra; enchendo os ares das lanças arremessadas e dos calhaus do Martírio de São Tomé; e abafando as notas prodigiosas da sinfonia do Epílogo dentro das neblinas daquela *austera, apagada e vil tristeza...* Eu fazia, sozinho, o concurso do mais lindo verso da *Antologia*. Primeiro lugar: empate de Raimundo da Mota com Mota Azevedo, Azevedo Corrêa e Raimundo Corrêa. Como seria possível escolher a melhor? entre "Esbraseia o Ocidente na agonia", "Raia sanguínea e fresca a madrugada", "No azul da adolescência as asas soltam", "A lua a estrada solitária banha". Toda aquela seleção de poesia luso-brasileira entrou de mim adentro como um aterro. Ficou decorada, mas sem ordem. Verso daqui, outro dacolá, o mais das vezes só o primeiro do poema. Declamados um depois do outro, aos catorze, muitos me serviram para sonetos Frankenstein, aos tempos em que nos bailes de Belo Horizonte ouvia-se o convite odioso. Vamos! Seu Sá Pires, agora um soneto de Bilac. Alberto de Oliveira, seu Cavalcanti. E o senhor, seu Nava, nada? Nós, geralmente penetras, tínhamos de agradar e nos executávamos. Eu tinha sacado aos poucos da memória uma peça de resistência, verso dum, verso doutro, metros diferentes, nenhum sentido, ausência de rimas, mas, curioso! guardando restos de beleza como os que ficam nos fragmentos martelados de pedra preciosa. O meu boneco era soneto e fazia furor o último terceto — que eu declamava cinicamente.

> Vai longe a noite, e o sonho se esvai,
> Inda uma corda estala, e geme ainda:
> Nitheroy! Nitheroy como és formosa!

Havia um clamor. Lindo! Lindo! De quem é? Seu, Nava. Com o maior descaro eu dava o autor. Casimiro Fagundes dos Guimarães Varela. Mas às vezes, exausto de Camões, dos personagens do teatro clássico, da antologia, de toda prosa, de qualquer verso, da mosca azul, dos guerreiros da taba sagrada (curto ritmo tarantam-tantantam-tantantam me fazia rir lembrando o boré e as inúbias do Velho Pajé) — o que me apetecia era viajar. Abria oceanos céus continentes do Crosselin-Delamarche. Ia. Primeiro eu respirava o ar do livro, a qualidade ora acetinada ora veludosa do papel. O mais liso, das tricromias. Outro, macio, poroso, doce ao tato como pele de gente — era o da maioria dos mapas litografados. Que finuras de pedra unida e polida para obter aquelas letras ora cheias ora vazias, sempre duma nitidez que fazia da menor que fosse — coisa capital e legível. E o colorido dos mapas com países róseos como a rosa, alaranjados como laranjas, verde-esperança, amarelo de jambo e azul de metileno. Tudo diluído, deslavado, transparente como se cada cor tivesse sido temperada em leite luminoso esguichado da Via Látea. Eu ganhava primeiro os espaços do Sistema Egípcio. Terra, seus satélites solilua, o segundo, da noite, o primeiro, do dia — coroado pelos giros de Vênus e Mercúrio. Marte e Júpiter. Nas alturas de Saturno eu rolava me esbaldando nos planisférios, deixando correr entre meus dedos abertos Eridan, a Baleia, a Lebre, o Grancão, Corvo, Balança e Serpentário. Depois de viajor austral, eu era boreal e desfolhava Ramo, Flecha, a Licorne, Orion, a Coroa, Lince e a Lira e de Berenice — a cabeleira chamejante. Pulava para as escadas do Sistema Ptolomaico e ganhava mais céus: os das Estrelas Fixas, os dois cristalinos, o Primo Móbile, o Empíreo das Almas Felizes — onde todos os deuses são possíveis. Os alados em forma de touro. Os cornudos como Baal. Os marechalais como Jeová. Meu Divino Salvador e Sua Mãe admiradorável. Virgílio já ficara para trás, o próprio Dante e a sombra de Luís Vaz. Mas vi almaminha no assento etéreo e num último alumbramento a outra surgia para mim, também para mim, pobre de mim! para meus olhos mortais — *sovra candido vel cinta d'uliva/ [...] sotto verde manto/ vestita di color di fiamma viva*. Assim, Fêmina, Exclusogâmica, Impoluta, Prematerna, Amante — *Donna* apareceu! Beata Beatrix! Nasciam folhas e galhos dos seus ombros, desciam rios correndo de seus flancos e o Verbo pentecoste! flamejava em sua boca dourada. Então — doido de tanto sol! — é que eu olhava para baixo. Via a Terra nas várias caras que lhe deram. A de Estrabão que tinha dois Atlânticos. A de Ptolomeu em que o Índico era mar interior e onde o Mediterrâneo abria vastamente no Oceano Exterior. Virava as páginas e iam surgindo os primeiros nomes mágicos terras espantosas. Ibéria. Britânia. Trácia. Hircânia. Itália. A Etiópia, a Líbia ardente, as duas Cítias cortadas pelo Taurus. Tudo se resumia depois num imenso Nilo e eu povoava o país arbitrariamente, corrompendo sua visão passada com minhas vagas experiências cinematográficas. Só compreendia o Delta com as trirremes da Batalha de Actium do filme do Velo — Marco Antônio e Cleópatra (que eu pronunciava *Cleopátra* e vira sob as banhas da atriz Giohanna Terribili-Gonzalès). Misturava em Mênfis e Gizé, em toda a Heptanômida as dinastias mais distantes, como povoava a Tebaida de Santos, Eremitas e Anacoretas de todos os tempos. Com eles eu peregrinava à Terra Santa. Harpa de Davi. Justiça de Salomão. Furor de Herodes. Aonde ir? agora. A Tiberíades? na Galileia. A Salém? na Samaria. A Salém, ou a Jerusalém? na Judeia. Decidia e entrava a Porta Dourada, dupla e inda não murada. Templo, Ara de fogo, Acra, Torre Antônia, Bezeta, Piscina Probática, Sião...

    Vinham outras terras, a velha Grécia, de que o melhor era só dizer o nome das regiões representadas por palavras sápidas: com gosto de amêndoas, como Argélida; ácidas como Acaia; sabor como do estragão, dando a um tempo sensação olfativa e palatal — Ática; Paros e Naxos rebentando como bolhas de espuma mas deixando na boca que as pronunciou a impressão conjuntamente tátil e gustativa do algodão de açúcar comprimido pela língua e que vira em mel e calda. A viagem frenética de Alexandre marcada em vermelho desde a Macedônia — matando, no Egito, violando, na Babilônia, incendiando na Assíria; levando a fome, o desassossego, a fuga e o pânico até a Índia d'aquém Ganges e ao país dos ossadianos, até aos bactrianos e aos limites da Cítia Asiática. Outro mapa e as idas e vindas de outro louco, Aníbal, flagelando a Itália e pisando a Lucânia, Lácio, Úmbria, Etrúria, a Gália Cisalpina. Terceiro demente, César e a carta de França tão riscada de idas e vindas nas suas *partes tres* que é como se um lápis de menino tivesse tomado a peito destruir o desenho das terras dos galos: celtas, armoricanos e belgas. Mas já alvorecia no Crosselin-Delamarche a aparência de Lutécia e a barra do dia de Paris, da França. A Europa Romana. A Europa Bárbara como um casulo onde tudo se desmancha mas vai reagrupar-se num organismo completo: a Europa onde se sentou no trono Carlos Magno, três coroas na cabeça e atrapalhado para segurar só com duas mãos os três gládios, os três cetros e as três esferas de ouro. A Europa depois da sua morte e onde — limitado pela Galícia, Leão, Castela e o Reino dos Árabes — aparecia Portugal inteiro, de Braga a São Vicente e mais o desenho Tago-Tejo — amarelo barrento em Toledo, verdalga em Lisboa de cujas águas voariam asas velas abertas as caravelas velozes do Gama, para as Índias; as de Cabral, para costas rutilantes como sua madeira impregnada do Sangue da Vera e Santa Cruz. Chegava já adormecendo: Porto Seguro. Era o Brasil. Não na sua expressão apenas gráfica, geográfica — mas na viva, da sua continuidade. Eram aqueles meninos de várias cores se amalgamando na fraternidade do Colégio. Eram garotos usando os nomes com trezentos, duzentos, cem anos de nossa história — nomes da Colônia, do Império, da República — que eles iam passar para adiante. Mas que estavam ali, igualados, nas carteiras, que juntavam-se ao completo, nas formaturas militares do internato e do externato — com Ataliba Muniz Nabuco, Benjamim Pena, Aarão Reis, Francisco Ernesto Pais Leme, Prudente (José) de Morais (e Barros), neto, Antônio de Morais Austregésilo, Francisco José de Souza Soares de Andréa, Mário Aderbal de Carvalho, Luís Nascimento Gurgel Filho,

Pedro Jaguaribe Maldonado, Waldemar e José Carlos de Lima e Silva, José Joaquim de Sá Freire Alvim, Nilo Soares de Souza, Atahualpa Garcindo Fernandes de Sá, Welf Santos Duque Estrada Bastos, Roberto Álvares de Azevedo, Marcelo Miranda Ribeiro, Romeu Braga Nogueira da Gama, Arcanjo Pena Soares de Azevedo, Jean Paranhos do Rio Branco, Afonso Alves de Camargo Filho, Aluísio Azevedo Sobrinho, Aguinaldo Navarro da Fonseca, Francisco Pizarro de Oliveira Gabizo Coelho Lisboa, Afrânio e Afonso Arinos de Melo Franco, Adolfo Bezerra de Menezes Neto, Floriano Peixoto Neto. Foi com esse sentimento de segurança dado pelo Brasil ameno de ao meu redor que ostentei (para indignação do Trindade), na última página do meu Crosselin-Delamarche, nome, endereço e minha situação cósmica. Cartão de visita para dar a marciano eventual.

> Pedro da Silva Nava
> Internato do Colégio Pedro II
> Praça Marechal Deodoro, nº 125
> São Cristóvão
> Rio de Janeiro
> Distrito Federal
> República dos Estados Unidos do Brasil
> América do Sul
> Terra
> Sistema Solar
> Universo

O estudo da noite era interrompido por três rituais imutáveis e com hora certa. Exatamente às seis e meia da tarde passava pelos corredores e saguões a figura bojuda do enfermeiro do internato e soltava às portas das divisões o seu pregão — Enfermaria! Terminada sua volta, tomava as escadas e nem olhava para o rebanho que o acompanhava. O nosso Cruz era pai dum colega, o Coracy de Oliveira Cruz, e de um inspetor, o seu Djalma Cruz — um dos tipos de carioca mais completos que já conheci. Como eu dizia, o Cruz era acompanhado pelos escalpelados nas quedas e lutas do recreio — tratados a tintura de iodo em cima das feridas previamente lavadas a água oxigenada. De chiar. Um segundo grupo era o dos que queriam dar sua voltinha para desengurdirem as pernas, saírem da chateação mortal das salas, subirem para a prosinha escada acima, puxarem fumaça extra no saguão das pias — tudo à custa de doencinha inventada. No princípio o Cruz mordia a isca e tratava as dores de cabeça, os reumatismos, as dores de barriga e as cólicas imaginárias com Eurythmine Dethan, bicarbonato e beladona. Depois desconfiou daquele despropósito de gente toda noite na enfermaria e adotou o que em sã verdade se poderia chamar de medidas drásticas. Quando se chegava acima, seu auxiliar, um alto e delicado demais de portuga, já tinha preparado uns trinta copos de solução reforçada de sal amargo. O senhor?, perguntava o Cruz. Dor de cabeça. Tome então um copo daquele remédio. O senhor? faíscas nos olhos? então purgante. E era assim afora para torcicolos, pontadas, língua seca, azedumes, pruridos, comichões, assaduras, resfriados, catarreiras, palpitações, dores de barriga, prisão de ventre, flatulência, diarreia, tonteira, flato, esquinência, vágado, frieiras, dor de garganta, dordolhos e nariz entupido. A panaceia era o sal amargo em posologia cavalar. E tínhamos de tomar mesmo gute-gute-gute porque o Cruz não brincava e tinha acesso aos Livros de Partes e uma dele também nos levava ao Quintino e à privação consequente de meia ou de saída inteira. Antes a maçada do corre-corre e da pendenga com o Chateaubriand. Esse era o apelido do nosso *latrineiro* — porque havia esse cargo no internato. Ele era implacável e só dava a cada candidato três folhas de papel higiênico. Em situação normal, com muita economia, com esmero e dobrando cada folha duas vezes — eram três limpadelas vezes três nove e estava certo. Mas nos dias de Cruz e diarreia aquilo só dava para princípio de conversa. E era inútil argumentar. Mas seu Chatô, eu estou doente, preciso de mais dois caderninhos. *Não pód' não xinhoire!* Jamais soube a razão por que esse lusíada careca, rubicundo, mal-humorado, vesgo e parecido com Ben Turpin — recebera como alcunha o nome do visconde, do precioso autor das *Beautés*, que era um dos nossos livros de francês. Para acabar com o pobre homem, digamos que sua intransigência era a causa de mais um *mercado negro* do colégio: a barganha, a venda a preço exorbitante, pelos precavidos, das folhinhas de papel avaramente economizadas. Voltando ao Cruz: era um brevilíneo obeso e lembrava um cepo, um toco, uma rolha. Era, da cabeça aos pés, da mesma grossura. Morenão, bigodão, a cara franzida de poucos amigos que ele só entreabria num meio riso para os verdadeiros doentes, que faziam tratamento com prescrição médica. Esses eram bem acolhidos.

Desde os tempos do Seminário de São Joaquim, idos de 1749, contam os cronistas da Casa, os meninos eram assistidos por cirurgião-barbeiro e por boticário. Com o tempo eles foram virando no nosso médico e no seu Cruz. Nos meus dias de aluno o arquiatra que atendia no internato era um velhinho muito doce e simpático, sempre de preto, fraque e suíças brancas, lembrando as do Açu e as do visconde de Ouro Preto. Parece, não lembro bem, que se chamava o dr. Luís Alves. Alves? Mesmo? Do Luís tenho certeza porque lembro do L majestoso com que ele abria o nome na assinatura das receitas e cuja perna de baixo engrossava e fazia jamegão. Receitava devagar e com cuidado. Assinava que era uma beleza e destacava o recípite picotado cujo canhoto era o registro clínico de cada menino consulente. Esses *caderninhos* eram guardados pelo Cruz. Menino fraco e adolescente nervoso — frequentava assiduamente as consultas e tenho até hoje a lembrança do que ingurgitei de Iodalose Galbrun, Vin de Vial, Sulfate de Quinine de Pelletier, Eukinase Carrion (a simples ou a Pancreato-Kinase), Biophorine, Tussol e toda a gama das preparações magistrais do nosso curão. Às minhas mazelas dessa época, especificamente a uma sapiranga, devo ter conhecido o famoso dr. Moura Brasil. Fui consultá-lo com tio Salles, ele não quis cobrar, comovido de me ver — ao filho do amigo íntimo de seu filho Zeca, recentemente falecido. Lembro dele baixinho, mais moreno dos cabelos e barbicha brancos, troncudo, de poucas falas, fisionomia muito trabalhada pela vida — que só não devastara sua expressão bondosa. Receitou lavagens oculares com oxicianureto de mercúrio, enxugar depois com um algodão estéril. Era um algodão elegantíssimo que saía pela fenda duma caixa de papelão, como fita de neve sobre fundo, outra, de papel azul e passar depois pomada de óxido amarelo. Bateu muito tempo no meu ombro, dizendo que em vinte dias eu estaria curado. Em vinte dias fiquei curado mas há cinquenta e seis anos penso bem do excelente velho, cada vez que passo à porta do seu consultório: era no largo da Carioca, 8, 1º andar — no prédio onde foi depois a casa Catran. Munido, das drogas do Moura Brasil, entreguei-as ao Cruz e mercê delas podia frequentá-lo sem perigo de ser purgado. Os meninos doentes do internato iam para a *Enfermaria*, fundos do corredor do andar de cima. Era como um dormitório comum, mas dotado do luxo de banheiras e banheirinhas para abluções gerais, parciais, escalda-pés e semicúpios. Além dessas divisões hidroterápicas havia a maior, ensolarada e clara, onde o dr. Luís Alves dava suas consultas matinais.

Já que tratamos das consultas médicas, passemos a outras *consultas*, parte também dos rituais dos estudos grandes. Eram as que havia entre aluno e aluno. Dois da mesma turma para resolverem caso difícil — equação complicada, tradução intransponível — ou pelas mesmas razões um menor indo consultar aluno mais adiantado, de outra turma ou de outra divisão. Ou às vezes um grangazar aparecendo para oferecer seus bons ofícios a uns menores. O Papai Basílio, por exemplo, se desdobrando de filólogo, latinista, algebrista, euclides, filósofo e sabichão da Grécia. No caso de alunos da mesma classe, da mesma divisão os inspetores se contentavam com meia fiscalização. No caso de pequeno indo buscar luzes com um maior ou dum maior vindo trazer as ditas a um menor — os bedéis dobravam de vigilância e geralmente vinham andar por perto da dupla ou mesmo acompanhar de ao pé aquele estudo cochichado de dois na mesma carteira, coxa contra coxa, relentando juntos aquele azedo do *cáqui*, do suor e baforando *quiquaequods* na mesma emissão de hálitos. O Quintino marcara o prazo dessas consultas como da duração máxima de um quarto de hora. De sete às sete e quinze. O Nelson, suspicaz, só as admitia de dez minutos. O Candinho, mais desconfiado ainda, só cinco e não deixava os dois marmanjos ficarem juntos no que ele chamava carteira-de-solteiro. E vinha de charutinho e ar matreiro, a lista de bicho na mão, ver se aquilo era mesmo só teorema de geometria. Cambada de safadinhos! ah! mas com ele, não...

    Terceiro ritual: ir lá fora. Não precisava pedir licença. Ao bater das sete no carrilhão ouvido em todas as salas, o inspetor logo comandava. *Os primeiros, ir lá fora!* Eram os que estavam abancados na carteira da frente de cada fila. Estas eram seis na quarta e na terceira e cinco na segunda e na primeira. Assim, às sete em ponto, vinte e dois meninos saíam para as latrinas. Mesmo sem vontade, cada um fingia que queria borrar, mijar e com isto arrancar suas três folhas de papel higiênico do Chateaubriand. Ou borrava mesmo, ou dava sua mijadinha, ou chupava seu cigarrinho. Íamos às latrinas e voltávamos o mais devagar possível, rendendo aquele tempo, retardando a queda no tédio do estudo. Os inspetores de corredor que eram o Oliveirinha e o Militão, nos harcelavam batendo palmas e gritando — vamos! Íamos. Quando retomávamos nossa carteira, o de trás saía sem pedir licença. Aquela ordem era sagrada e tinha de ser rigidamente cumprida. Todos daquela época nos lembramos de um pedido urgente do *Gorilão* que queria sair logo, logo, naquele instante daquele dia, mas às sete menos cinco. Acordou para isto o seu Leandro que, mal-humorado, fê-lo sentar-se. Espere sua hora! E para não ser impertinente, será o derradeiro! Quando chegou sua vez, já não precisava mais: ele estava sentado sobre o macio da poia que lhe escapara e fedentina de merda fresca empestava a sala inteira.

Fora destes três acontecimentos, quando nada mais tínhamos a fazer, deixávamos passar a maré das cacholetas, soltávamos virotes de papel enrolado nas orelhas dos colegas ou nos jornais abertos dos bedéis — acompanhando a Guerra Europeia de suas mesas. Tentávamos arrasta-pés ou besouradas que morriam pela sua própria imotivação, íamos escarrar rrrrráááááá — bem puxado! — procurando bispar o que o inspetor escrevia. Aquela bosta podia muito bem ser minuta de parte e sempre era bom ficar por dentro. Ou pedíamos tinta ao bedel. Este premia a campainha e surgia a figura marcial do Esteves, outro lusíada da famulagem do Pedro II. Era cor-de-rosa, dava aflição de tanta saúde, de dentes tão perfeitos, tinha nada de servente e tudo de um oficial de cavalaria. Ao chamado do tímpano ele aparecia, topete ereto, os bigodes retorcidos tão bem colocados na face, como seus pronomes o eram nas curtas frases que ele dizia. Aparecia e esperava. Tinta! Apostrofado assim, ele ia buscá-la e trazia-a num bule de ágata. Servia carteira por carteira e como um garçom de boa casa, nunca deixava de limpar o bico do recipiente para que não caíssem pingos azulpretos sobre as carteiras, sobre nossos livros, sobre nossos cadernos, sobre o chão.

Mas aí, então, tinha chegado a hora de deitar. Formávamos, os de cada divisão do lado de fora da sua respectiva sala, todos de frente para o centro do prédio. Ouvia-se a voz fanhosa do Pires-Ventania ou o tenorino implicante do Salatiel-Mirim. Esquerda volver! Ordinário marche! Passava a Primeira Divisão para o Refeitório. Abriam briosamente, os menores dos maiores: Martiniano e Lott. Cerravam as filas os enormes irmãos Brandão — Augusto e Dídimo. Logo troavam os comandos do Nelson ou do *Fortes-Corcovado* e a Segunda Divisão rompia, tendo à frente Perdigão e Pederneiras. Agora o outro lado. À direita, volver! Lá vinha a Terceira, puxada por Locques e Marcelo, dirigida ora pelo Candinho, ora pelo bravo Lino. A Quarta, com Andréa e Bello à vanguarda, sob o olho vigilante do *Caturrita* ou do Menezes ou do recente Djalma. No vazio dos corredores e saguões apagando, o Oliveirinha e o Militão gritavam vamos! e batiam várias palmas. Sentados, era o chá-mate já contado, o pão de tostão escamoteado para reforçar o cafezinho a seco do dia seguinte. Depois as placas de metal amarelo de cada degrau da escada do saguão do centro (I.C.P. 11) eram polidas até ao ouro vivo pelas quatrocentas solas dos duzentos meninos subindo para dormir. Não tinha esse negócio de escovar dente não. Íamos diretos para a cama e deitávamos pensando besteiras. Onde estava? onde? o tempo do com-Deus-me-deito... Começava então, o mundo lunar dos dormitórios. Já contei o da Terceira que era o mesmo da Quarta. O da Segunda dava para o pátio de trás e visavisava com as janelas da enfermaria. Nunca dormi nele. O da Primeira era amplo, espaçoso, ficava por cima do Salão de Honra e comunicava com o dormitório dito do Estado-Maior — situado no ângulo direito da frente do prédio. As janelas dos dois abriam largamente sobre terras, montes e mares de São Cristóvão. Essas janelas e mais as da sala de estudos, embaixo, da Primeira Divisão, não faziam limite fixo com o bairro. Oscilavam entre o real e o irreal: ora nossas carteiras e camas iam até ao Campo e ao mar ora eram os ares, as águas e os lugares que entravam de roldão nas dependências onde dormíamos e líamos e começávamos as primeiras cismas, as primeiras negativas. Não, não e não!

No dormitório da Terceira — foi de leve. No da Primeira, onde ardi em 1919 e 1920, tomei, mais fortemente, conhecimento das bestas que me dominaram pouco a pouco. Começando tão de manso... Pelos meus anos trinta de idade, um tico mais. Maré montante, invasão, nos quarenta, nos cinquenta. Dando arrocho no peito, a partir dos sessenta. Um dos monstros é mole, lívido, cadavérico. O outro é verde-negro, máquina e ferro. Chamam-se Insônia e Pesadelo.

> [...] au cours de ces périodes passagères de folie que sont nos rêves [...].
>
> MARCEL PROUST, *Albertine disparue*

O rio do subconsciente não para de correr como não param a circulação, a respiração, as funções misteriosas da regulação da economia. Aquele curso subterrâneo aflora às vezes em sonhos ora brandos, ora duros — geralmente duros. Flui refletindo no seu bojo líquido nuvens e estrelas que ficaram: impressões do aparentemente esquecido mas incorporado para sempre. Suas águas sem compromisso independem do modo de ser do consciente vígil que só pode ser — sendo em tempo e espaço. Existir como representação é *ser* coisa cronológica. As outras águas, as fundas, ai! de nós, que não... Quando sobem no vulcão marinho dos sonhos e pesadelos, abrolham misturando alhos e bugalhos, são capazes de todas as aposições oposições posições, de sequências tão imprevisíveis e arbitrárias como as dos números adoidados de um jogo de dados sem face cubos súcubos feitos de ovoides viscosos abafando na paralisia claustral que explode acordando no longo e difícil urro do maior horror. Entretanto essa coisa hedionda conserva ganchos e amarras que à falta de expressão adequada — chamarei duma certa lógica. Sim, porque ninguém sonha que é telefone, agulha, um objeto um lingote. Um homem não sonha que é mulher nem mulher que é homem. Há uma vis conservadora do ego que impede esses trocadilhos, esses quadros de Bosch, que mantém dentro do ilogismo e do pânico onírico — como que um plano, rota em busca dum acontecimento funcional cujo termo e razão nos escapam nos turbilhões de uma ignorância que roça a poesia das poesias. Pânico onírico, foi dito. Mantenho. É hediondo imaginar o que leva a nossa nave de bagagem de terrores latentes e monstros emagazinados que podem irromper e serem mais nefastos para a razão que uma célula cancerizada (e não rejeitada) para o corpo. E tudo vem de nossa experiência. Olhando, cheirando, gostando, ouvindo, tocando, amando — estamos colhendo o material que vai ser decomposto nos círculos infernais do subconsciente para ser refeito em demônios, talitiqual como quando as voltas das vísceras desmancham proteínas em aminoácidos que vão ser reconstruídos adiante, no puzzle de outras albuminas da gente. E o sobrante é trampa. Isso no plano físico. Mas na elaboração das profundas psíquicas, não ficará? também? um resto merda! Será tudo apenas sublimado, apenas recalcado ou o que é isto? meu Deus!

que vem misturado às rosas, aos lírios e às violetas putrefatas do sonho que nos oferece um vícolo romano no Rio de Janeiro, a deambulação dos mortos, as imolações maternas, a corrupção da figura potâmica do pai e os anacronismos inacháveis nas associações de ideias. Porque há absurdos só realizáveis em sonho, pesadelo e inacessíveis à vigília desarmada de *órgãos* adequados. Uma bexiga jamais digere... Em tudo isso nosso ego só fissura, se dissocia, se expande até as últimas porosidades permitidas à matéria. Entretanto não se perde — habite o EU o estado de pânico da presa sendo comida viva ou seja o EU envultado pelo nosso inseparável chacal — na sua vez de rasgar e beber do sangue. Desejo, ânsia, autopunição, intuito do canibalismo e incesto — tudo vem. Vem de trapulhada numa simultaneidade, e numa ubiquidade que é como se tivesse havido um oitavo dia para o Senhor ter dito — Não haja tempo! Não haja espaço! e Satã rejubilar-se vendo que era tão bom como tão bom e que ele precisava de inventar o ácido lisérgico, não! Besteira! Um pouco da prova do que estou dizendo? *O sonho de laboratório* — o estado criado pela emanação experimental do um segundo e que acorda ele mesmo, imediatamente, o paciente *que levaria horas* para poder contar o filme seriado do pesadelo que lhe foi cominado e não durou relâmpago. Como no provocado, o natural depende de estímulos específicos de cada víscera, de cada tecido, de cada célula que disfunciona e manda seu SOS às nossas camadas psíquicas mais pré-cambrianas que libertam o material onírico, cuja propriedade é não tê-la, é diferir do pensamento harmônico e indiferir de suas leis.

    Eu tenho um sonho que vem de minhas mais longínquas entranhas que se conturbam. É assim. Primeiro vou descendo a escada confortável de largos degraus baixos — como os dos palácios de Veneza. Pouco a pouco, imperceptível mas inexoravelmente, eles vão perdendo em profundidade e ganhando em altura. Já neles mal cabe o pé como nos das Pirâmides Mexicanas que não são de subir nem de descer e só servem para que por eles rolem, sem possibilidade de ficarem engastalhados, os corpos espostejados nos sacrifícios humanos. Meu ritmo de descida que era sereno, vai sendo esporeado pela pressa e aguilhoado pela angústia e vai tomando velocidade de fuga tanto maiores os passos e tanto mais sete-léguas, quanto menor é o apoio dado aos pés que se derrobam sob pernas querendo vergar. O voo final é queda raspando lisa tarpeia que acaba sumindo, fica só o vácuo, em que caio de chumbo e morremorrendo para me estatelar sobre a máquina de costura Singer de minha Mãe. Acordo queimando num terror e respirando o ar de chama que raspa na sua entrada. Ponho o termômetro: precisamente trinta e oito graus centígrados e dois décimos — o calor que me jogou daquela escada abaixo que conheço desde minha primeira invasão gripal. Escada que tem de poço e pêndulo e inevitável como no conto de Poe. Sempre sonhei esse termômetro que há de ir até a última febre que esquentar meu corpo.

Mas até a época que quero contar, que é a do dormitório da Primeira Divisão — eu sonhava relativamente pouco. Nessas eras começaram conflitos de que ainda não me dera conta e que me levaram a longas incursões nos círculos do Inferno, nos desvios do Purgatório, nas capas de vidro dos Céus cristalinos. Alguns eram representados pelo que os britânicos chamam pudicamente *wet-dreams*. Tinham como contrapartida de seu êxtase fulgurante a elaboração do remorso que remói os sonhos áridos em que somos atenazados por verdugos experientes. O Desejo. A Angústia. O Medo. Mais: a catarse da autoconfissão que é o cara a cara com o nosso Mister Hyde; a obtenção agora almejada da Punição; a autocominação da Morte "nos possíveis suicídios...". Nesses pesadelos acordam restos infantis porque seu terror impele às situações desarmadas e às só reações possíveis à infância: o grito, o choro, o movimento desabrido. Tem também a coisa lívida. Lá habitamos restos de antes, meios de águas uterinas onde boiam as mórulas e as gástrulas ou dos dantes dos dantes quando flutuávamos partículas cósmicas projetos de braços, gestos, cabeças, ideias e coração batendo. EU CAIO! Às vezes esses lêmures nem sobem à consciência de modo completo. Mal se mexem no porão. Captamo-los pela desconfiança de que buliu alguma coisa — tão imprecisa que dela não lembramos apesar da certeza, ao acordar, de que acabamos de sonhar. Com quê? Sei lá... O que sei é que fica na memória, não vê? uma coisa incompleta, como o que seria para um cego de nascença a idealização de formas objetivas palpáveis mas não descritíveis: as de um colchete, por exemplo. Outras vezes as lâmias se mexem tão de leve, tão sutilmente que já não é a desconfiança de sua presença que sentimos ("Que barulho é esse na escada?") e sim o cansaço deixado por sua marola-taco-a-taco com o aniquilamento oblivion das bruxas untadas com gordura de anjinho, voando peladas em cabos de vassoura; sofregozando as penetrações bifálicas dos sabás e dando beijo no olho-do-cu de Belzebu. Tem noites que o pesadelo mostra só a ponta do dedo, cotovelo, um pé — e depois de acordados é que nossa memória (já na sua) os reconstrói nos detalhes e retoca as figuras do quadro. O meu sonho com a Velha do Rio Comprido chorrilhando sangue nos meus pés. Eu teria visto? mesmo? que ela era preta e com a cabeça enrolada num pano, num lenço ou *para poder contar o sonho e pô-lo em palavras* é que terei tido de construir imagens que corporificassem o inimaginável? Nesse época do Pedro II eu era frequentemente visitado por um pesadelo. Na sua ação dramática, eu estava indo a pé de Haddock Lobo para o colégio, via praça da Bandeira, Senador Furtado, quinta da Boa Vista. Pois quando descia a rua do Matoso, ao seu fim, no lado esquerdo — eu divisava de repente rua transversal jamais percebida naqueles caminhos e neles inexistente. Era, não obstante, a rua Machado Coelho (que diabo fazia ela? ali). Eu era compelido a tomá-la e seguir em direção ao Mangue mas, para meu terror! as palmeiras não apareciam mesmo não e depois de andar andar andar num crescendo de pânico cidade vazia, tinha o alívio de ver os trilhos conhecidos da estrada de ferro, divisar os portões da Quinta, a paragem de São Cristóvão e logo, a uns poucos metros desta, a antiga, a ex, fechada e servindo do depósito — a que em tempos imperiais fora a estação Duque de Saxe. Agora era só atravessar a linha, entrar na Boa Vista, vará-la e bater pique no meu São Cristóvão. Mas quem disse? que isto era possível se já entre o outro lado e eu levantara-se o embolamento daquele cemitério de roça que era, como eu reconhecia, o de Matias Barbosa — o mesmo onde o dr. Candinho mandara jogar os ossos dos nossos parentes que dormiam em São Mateus. Num terror eu identificava o fantasma de minha avó Maria Luísa — gordo e parecido com a *Morte* do Giotto di Bondone — resmungando, xingando e catando restos de cova em cova...

Além dos colegas dormindo, das avantesmas dos pesadelos — outra companhia começou a andar comigo no dormitório da Primeira Divisão. *Je lui dis madame!* e curvo-me ao seu poderio. Seu nome é Insônia. Ela é rainha, imperatriz, papisajoana. Só os rudimentares podem considerar essa besta fera sem garras, toda teia de aranha, no seu sentido etimológico *in*, *enna*, *non*, carência, privação, falta de sono. Nada disto. Sono é um estado. Vigília, outro. Insônia, o terceiro. Não é não dormir, não! é um horror! outra coisa, uma brusca regressão no tempo, queda nas indefesas de menino, nos seus terrores, na presença dos gatunos debaixo das camas, dos assassinos atrás das portas e do *Zorelha Gorda* se materializando sem parar no lado do quarto para que nos viramos. O trem é diferente; é uma solidão de chorar das solidões, uma tomadalmacorpo, um envultamento, uma prenhez gelada, um encosto, um abraço podre de Chicharro. É o que — se Mário de Andrade estivesse escrevendo isto — é o que chamar-se-ia o *Bicho Insônia*. Ele é ralo, ilógico, regressivo, catinguento, obsessivo que nem o Pesadelo. Isto! a insônia é um pesadelo acordado com lesmas e minhocas encostando, subindo — onda a mando da danação. *Vaderretravemariacheiadegraçossenhoréconvosco...* Adianta não! Não há reza, esconjuro possível, exorcismo, nem Água Benta, nem Água de Lourdes, nem Água de Lagoa Santa. Vem um pinçamento no peito feito angina e a gente já sabe que não vai dormir. Vezes, tão exaustos, o sono quase molha, vai descendo em cachoeiras, mas evapora antes de bater no chão nosso do nosso corpo como aquelas chuvaradas do sertão descritas por Euclides da Cunha que não chegam à terra gretada bocaberta — repelidas pelo ar hálito em brasa... Antes, não! Hoje, eu tenho para essas covas, essas valas o recurso de fechá-las com carroças de diazepina, com caminhões de secobutabarbital. Se a insônia for, como suspeito, defesa do consciente contra o remorso-mor mostrado no pesadelo, fica tudo atendido. Sob o aterro do carus medicamentoso os cadáveres não fedem. Nem sonhos há. Pedro, tu és pedra.

Toda essa volta e esse divagar sobre insônia, sonho e pesadelo foi para poder dizer o que fiquei devendo a eles, quando esses danados tomaram conta de mim. Sim, devendo! pois esses filhos dos infernos (como demônios a quem eu tivesse vendido minha alma em troca de poesia) é que fizeram dos dormitórios da Primeira e do Estado-Maior, zona irreal — meio avernal, meio paradisíaca — visitada por imagens que atormentavam ou consentiam — segundo a natureza pesadelo ou sonho erótico que as invocava. As janelas de tais dependências (como embaixo as do Estudo da Primeira) deixavam sair livremente meus olhos que procuravam as imensidades ou deixavam entrar o bairro, seus morros, suas praias, sol de suas manhãs, luares de suas noites, o claro, as estrelas, o negrume. Todo o ângulo anterior direito do prédio era como se fosse de vidro e se continuasse pelo campo de São Cristóvão ou subisse no seu lado oposto às destinações de General Argolo, Santa Catarina, Morro do Observatório, Senador Alencar, Bela... Noite de insônia eu deitava de lado, virava de outro, barriga pra cima, braços esticados, dobrados atrás da nuca, joelho encolhido, joelho espichado, direito, esquerdo, via o dormitório ir morrendo aos poucos, ouvia as respirações, de uns, violenta, de outros, mansa, a orquestra dos fungados, suspiros, tosses, assopros, roncos e traques em maré vazante. Depois era o quase silêncio só vaivém de ar de tantos peitos e mais nada sob a luz lunar das lâmpadas azuladas. As janelas constelavam-se de estrelas. Eu esperava que o *Morcego* chegasse, seu relógio a tiracolo. Onze e meia. A chave ficava pendurada numa corrente à porta do Estado-Maior. O pobre homem dava corda. Descia as escadas. Ia ao primeiro, ao térreo. Dava corda na portaria. Depois, longe, na cozinha. Retornava ao Salão de Honra. Corda. Despensa e ucharia, gabinete do Quintino, dormitório da Terceira, biblioteca, sala da Primeira. Cada canto do colégio, cada corredor, sempre pelo caminho mais longe, norte a sul, leste a oeste, cima para baixo, baixo para cima. Cada andança completa durava exatamente três horas e só às duas e meia os chinelos cansados se arrastavam até à chave no nosso dormitório. Eu tinha, assim, cento e oitenta minutos para procurar o sono nos corredores tenebrosos que cercavam o poço de ventilação e errar de janela em janela: na frente do nosso dormitório, à frente e ao levante do Estado-Maior. Primeiro eu ia com passos de gato até ao balde. Mijava levantando e abaixando, apertando e soltando, tirando assim, do latão de cima, notas altas ou graves, glissandos valquirianos ou gotas cadentes de prelúdio — para ver se tudo dormia. Parava, sentidos alerta, esperando perto da porta. Nenhum estalo de cama dentro do biombo. Tudo dormia — colegas, Salatiel, Pires Ventania. Pé ante pé eu saía, experimentava meu pavor nas barrancas da escadaria — que súbito vórtice parafusava em trevas abissais. Ia debruçar no abismo do Poço de Ventilação. Embaixo, o sino de bronze. Foi como tive a ideia de fazê-lo mugir a pedrada e disso resultou (já o contei no meu *Balão cativo*) ver aparecer, lá embaixo, a Sombra Augusta de d. Pedro. Até que nessa noite voltei tiritando para minha cama, dormi, tive o sonho da escada e no dia seguinte fui internado na enfermaria todo eriçado e pegando fogo. O dr. Luís Alves percutiu, mandou trinta e três, trinta e três, trinta e três, mais alto, mais alto, devagar trinta e três, agora cochichado, outra vez, outra vez e diagnosticou congestão-doença de Woillez. Como foram tantos! tantos! meus pervagares no dormitório... Dava nó nas calças dos colegas, apertava fazendo fincapé nas barras e puxando os cós com força, mijava em cima para a vítima, sentindo umidade, não tentar desamarrar com os dentes. Era mal pisando, voando que eu passava perto das camas do *Bracinho*, do Paiva Gonçalves, do Florentino — leves de sono. Ouvia, orelha encostada no biombo, a respiração dos bedéis. Estava ritmada e regular: era de sono e eu ia para a janela. Tinha reparos horários. À meia-noite e meia passa o *Cascadura* direto. Era o último para aquele subúrbio e fazia trajeto extraordinário que era aquela curva por São Cristóvão, pela Cancela, por São Luís Gonzaga. Vinha a nove pontos, era dotado duma sereia lancinante, duma lanterna poderosa que nem farol de trem e que transformava aquele bólide num monstro ciclópico. Parecia o Comboio Fantasma da lenda — seu maquinista era o Diabo e sua composição acesa, cheia de defuntos, rodava o Mundo sempre de noite, velocidade às avessas da do Sol. Depois era o silêncio noturno. A iluminação a gás do Campo era de um azul santelmo. Uma ou outra janela acesa vermelho; uma constante, no observatório. Um passante ou outro. Zigue-zague de bêbado apostrofando as estátuas e mandando as fachadas à puta-que-o-pariu. Batida de solas apressadas de buscar médico, de abrir farmácia. Marcha vagarosa de boêmios sombras com violão, cavaquinho, sanfonas, risos e cantares. O guarda apitando nos quatro cantos. Eu respirava o ar — ora gelado, ora ardente. Tomava chuva na cara, na camisola e aquilo era amigdalite certa. Tomava às vezes luar em cheio. Lembro as nuvens finas que passavam fazendo o balão ora mais sumido ora mais chegado às vezes tão limpo, tanto, que comia as estrelas do céu de São Cristóvão. Olhando para a esquerda era luar do sertão sobre o casario que se continuava pela rua General Argolo; para a direita era luar de Ferrara sobre as ameias sangrentas do Clube; mais para longe, sempre à direita, era luar de Veneza tremeluzindo sobre a laguna, além do *campanile* da igrejinha que era então à beira-mar nas noites de lua cheia. O carrilhão da escola (ou da matriz? ou do observatório? ou o de dentro de mim? que sempre tive a prenda de saber que horas são sem precisar relógio) batia o sexto quarto contado depois do *Cascadura* direto. Alerta! Eu corria para a cama. Esperava imóvel. Às duas e meia, entrava o *Morcego* e eu o ouvia raspar a corda do relógio a tiracolo. Escutava seu voo concêntrico mergulhando nas escadas. Era a última ronda. Outro quarto. Eu ia agora esperar o dia pular as janelas do Estado-Maior. Geralmente só, último vivente num mundo morto e quando sentia por demais essa garra fincada, mendigava companhia, chamava baixinho os dois amigos. Ei! *China!* Ei! *Boi-da-Zona!* Poetas. Ficávamos ali, juntos, cochichando de raro em raro para não dar rebate ao Pires ou ao Salatiel — que o crime que estávamos perpetrando, de janelar de noite, era coisa de parte grossa e de enfiada de privações de saída. Diminuía a noite — afinal! — para os lados do dia. Os colegas começavam a acordar, havia pedaços de conversa, afluência aos baldes. O *Boi-da-Zona* transportado já não se continha e começava a declamar os próprios versos. Nunca mais esqueci o fim de certo soneto de sua lavra (Larva ainda — só larva da poesia borboleta dos depois).

> Mais tarde dissipou-se um mundo de ilusões...
> E fenecendo o sol, em rútilos clarões,
> Veio a noite encontrá-lo em pranto e agonia.

Mas era o contrário. Os *rútilos clarões* vinham lá, mas do crepúsculo matutino. O dia nascia, o dia. Esse dealbar começava mesmo em Niterói — Niterói como és formosa, espalhava-se qual camada de azeite louro sobre as águas da baía, chegava à Praia, ao Campo, ao bairro de São Cristóvão. Eu o via primeiro das janelas de cima, as do Estado-Maior. De lá enxergava-se a parte da praça para os lados do Clube, da Escola Pública, da rua Figueira de Melo. À medida que o céu clareava, iam-se desenhando a torre da igrejinha e as plumas vizinhas de uma palmeira imperial. Subitamente toda a rua se apagava, mas já o dia chegara e o mar espelhava como chapa de metal branco sobre que ondulassem molemente embarcações de bronze. Ancorados naquele fundo de baía eu via leves esquifes e balancelas, ágeis caíques, gôndolas, urcas e patachos, galeões e galeotas, as caravelas de Cabral e do Gama, trieras de Salamina, navios de Barroso, as vedetas rápidas e os piróscafos pesados e os transatlânticos titânicos. Vibrava a campainha, as naves levantavam ferros, descíamos para o café e depois (com a supressão do recreio dos cajás, da antemanhã) íamos diretos para o estudo. Quando eu passei para a Primeira Divisão e para a vista de suas fenestras — a mesma das do Estado-Maior, no andar de cima — era delas que eu continuava a acompanhar a fabulosa progressão da manhã. Uma névoa dourada tinha se adiantado com a maré montante e o mar transformara o nosso Campo numa calanga onde corriam os carros nacarados de Poseidon. Ouviam-se seus gritos, os dos Tritões, os de Nereu, o troar das buzinas de conchas que guardavam todo o apelo oceânico de repente despertado, o raaahhh dos hipocampos esverdeados das algas e das águas. O mar voltava, ia-se embora, mas deixava aquela pasta de âmbar e de névoa dentro da qual continuava um espumejar e um marulho de cascos no chão; depois, de bufos, relinchos, cornetas de comando e de repente o pleno dos clarins tocando marcha triunfal em compasso ora de volta e vira-volta, ora de marcha, cabriola, alta-escola, rodeio, piafê, trote e galope final. Aquilo era o Primeiro de Cavalaria fazendo exercício dentro da cerração do Campo. Quando os cavaleiros passavam na margem da neblina tornavam-se distintos e viam-se silhuetas agora de cavalos terrestres (não mais marinhos), as barretinas, os vermelhos da farda e da flâmula, brilhos dos metais dos arreios e chispas da ponta da lança de Osório. Aquele carroussel ao som de clarins era o princípio de nosso dia, principalmente em agosto, quando o Primeiro treinava para o Sete de Setembro — cuja parada era assistida pelo presidente da república, pelos ministros, pelos membros dos outros poderes, suas famílias e pessoas gradas, das arquibancadas do pavilhão do campo de São Cristóvão. Desfilavam todas as tropas — exército, marinha, polícia, bombeiros, tiros de guerra, batalhões escolares — mas o encerramento, a chave de ouro — eram os manejos, as academias, as cavalhadas do Primeiro. Número derradeiro: o regimento postava-se do lado oposto das tribunas — centauros imóveis como os cavalos de bronze do Doge Dandolo. A um toque de corneta as estátuas levantavam a pata como a montaria de Bartolomeu Colleoni. A outro, tomavam o galope enchevetrado do baixo-relevo de Annibale Bentivoglio — naquela carga furiosa disparada pelos trons dos clarins que de repente paravam e toda a tropa parava em linha perfeita de espadas e lanças em continência a um metro da grade onde o bando dos *casacas* tinha tido de fazer das tripas coração para não cambulhar pra trás pulando bancos arriba. Os tenentes se entreolhavam rindo dentro dos bigodes... Então, no silêncio suspense que se fizera — um silêncio enorme! — estalavam palmas rastilho de palmas claras. Os clarins deicendo agora uns dos outros, se multiplicando se redividindo por cissiparidade e mitose — mil, mil de mil de mil clarins retomavam a todo peito e a atmosfera inteira era retalhada. Uns faziam suas notas subirem até além das nuvens, rasparem a ogiva celeste como projetil procurando saída, irem ao zênite, descerem pelo ladelá da parábola. Outros despediam sons rasantes como se fossem foices querendo ceifar jarretes. Entre bandeiras ruflando o Primeiro deixava o Campo, lentamente, a Marcha Triunfal da Aída em ritmo de passo.

Assisti dessas paradas. Tomei parte numa delas, marchando um, dois, um, dois, sob o comando do bravo capitão Batista e aos acordes do *Três-com-Goma* (de que logo se falará). Mas beleza mesmo, era assistir seu preparo das janelas do estudo quando o dia se misturava aos clarins fazendo aquela emulsão dourada, aquela turvação dentro da qual o sol se esfarelava como vinho louro dentro de uma jarra de Murano. Às vezes o Campo parecia um aquário entre luzente e turvo. As tropas sumiam na névoa e voltavam à periferia, nascendo do opaco como o vertigris e o argênteo de peixes e escamas saindo de grutas, chegando ao vidro, voltando às profundas da luminosidade — tão estompantes de contornos como as ditas dos escuros... Nulo, o Tempo se estilhaçava aos clarins: eu estava na Guerra do Paraguai com meus parentes Alencares — Tristões, Leonéis e Franquilins — nas cargas fulminantes de Monte Caseros e das Lomas Valentinas.

Peculiaridades diferençavam os estudos da manhã dos da noite. Havia a questão dos banhos e depois o famoso *trocar livros*. Aqueles distinguiam-se em de *primeira* e *segunda hora*. Saíamos correndo do dormitório e era mal entrouxados na roupa que descíamos as escadas, atravessávamos o barracão dos maiores àquela hora ainda escuro e subíamos de três em três os dez ou doze degraus do chalé dos banhos onde tudo estava pronto: as lâmpadas acesas, os pedaços de sabão de coco, as toalhas limpíssimas empilhadas nos bancos corridos, a água imóvel do tanque refletindo as luzes e as paredes e logo nossos corpos. Éramos de toda qualidade. Obesos e magros, atletas como o Marcelo Miranda Ribeiro, hércules como o *Xico* Coelho Lisboa, escanifrados astênicos como o *Cagada*, pernaltas, *borra-baixinhos*, joelhos varos e valgos, pés chatos como os do *Baco* de Miguelângelo ou arqueados como os do *Édipo* de Ingres, todas as anatomias ali se confundiam: desde as mais raras onde se podia vislumbrar ora o braço desfechante do *Apolo* do Belvedere, ora o esterno-cleido do *Davi* da Academia, a panturrilha do *Discóbolo* de Miron, os maléolos do *Aurige* de Delfos — até às mais numerosas, frolando o disforme, os aplásicos, os grotescos e os quase patológicos que Charcot e Richer foram buscar, também, nas galerias dos museus. Todas essas fábricas humanas direitas ou oblíquas, glabras ou peludas, funcionais ou inaptas pulavam na água funda — uns de pé, outros de ponta-cabeça, os que tinham medo do frio, descendo, nome do padre, degrau por degrau, até a ânsia e a respiração cortada por aquele abraço da água gelada. Começavam as braçadas alegres, os narizes assoados sem cerimônia no banho de todos, as lutas subaquáticas, os longos caldos nos bichos e nos desprevenidos que emergiam tossindo, engasgados, convulsos e semissufocados. Mas os inspetores apressavam, batiam as palmas e subíamos ao patamar onde nos ensaboávamos ruidosamente, rindo, deslizando, gritando e ebruando como cavalos novos. Remergulhávamos para enxaguar e aí já ninguém queria mais obedecer nem sair até que os bedéis impacientes davam nas manivelas e abriam os vazadouros. O nível da água, em minutos, dava na cintura, nas coxas, nas pernas, nos pés e precipitávamo-nos escada acima para mal nos enxugar, vestir correndo e sair para o melhor cafezinho da nossa vida de manhã. Entrávamos nos estudos como deuses adolescendo e éramos recebidos de cara pelo sol e pela fanfarra dos clarins. Essa delícia do *banho de primeira* era vez por semana para cada Divisão. As outras eram chamadas no decurso dos estudos de cedo para o dito *de segunda* — banho de segunda hora. Também tão bom quanto o outro. Todo o teto do chalé era ocupado por chuveiros como nunca vi iguais, que seriam talvez cem, cento e vinte, colados uns nos outros, que se abriam e fechavam a um só tempo aos movimentos de manivelas acionadas pelos inspetores. Abriam. Era aquela catadupa prodigiosa, de afogar, tanto os fios d'água se entrecruzavam. Cascatas iguais eu só reveria em Tívoli. Chofre, o jato cessava. Sabão e espuma no corpo todo. Novamente vertiam as cataratas e ressurgíamos nas nossas cores — morenas, claras, pardas, quase pretas — polidos e lavados do branco da espuma. E na parede do fundo do tanque nunca cessava nunca de jorrar e atirar-se unida, lisa, espessa, transparente, sem bolhas, língua fresca, lâmina líquida cuja curva lembrava as dos serrotes instrumentais de aço puro percutido nas orquestras de jazz. Só as fontes de Roma possuem jatos como aquele — os dos rios alegóricos da Piazza Navona e os das cortinas de cristal da Fontana di Trevi. Bandeira foi buscar para essa maneira de água correr, o vocábulo "espadana" que Drummond também viu que era bom. Agradeço aos dois poetas a ressurreição dessa palavra, tomo espadana e a aplico ao jorro do nosso banho — àquela pura e dura descidadágua na sua quedaedespenque.

Que mais contar? de nossos banhos. Os porcos, os imundos que davam sempre parte de doente para não tomá-los? Eram chamados com nojo — Seu *Couraça*! Seu Cerol! Mas eles preferiam o conforto do opróbrio à água e fediam semana inteira. O dia em que quase matei o meu querido Dibo? Ele estava a um metro da beira do tanque, fazia frio, ele tiritava e hesitava. Vim por trás, dei-lhe o empurrão, ele deslizou no cimento escorregadio e cheio de sabão: caiu nágua mas batendo com a nuca na beira de concreto. Afundou mole e pulei lívido para repescá-lo meio afogado e todo tonto. Me desculpe, Dibo! Me perdoe, Dibo! Mas antes deu dizer ele ria e já tinha visto que fora senquerê. Outra? Essa a pior de todas porque podia ter acabado em morte. Era num fim de ano de grandes calores e o Fernando Fernandes Guedes, o Celestino Rodrigues Moreira, o Paulo Burlamaqui, o Afraninho de Melo Franco e o *Bastião Maluco* resolveram dar um mergulho na caixa-d'água do colégio, à hora do recreio da tarde. Essa caixa-d'água ficava mais alto que o chalé dos banhos, entre este e as edificações da linha de tiro, já na subida do morro do Barro Vermelho. Tinha forma octogonal e telhados baixos como os da torre da igreja bizantina de Dafne. Desprovidos de chave, os meninos penetraram no reservatório por efração de suas venezianas. Lá dentro, esgueirando-se na beirada estreita viram que o nível da água ficava mais de metro abaixo daquela borda e que um deles tinha de ficar de fora para pescar com o cinturão um colega e pular depois. Quando o plantão tocou ao nosso Bastião, esse, simplesmente, despiu-se e mandou-se também. O Afraninho até hoje mal contém o susto de há cinquenta e sete anos quando repete esse caso. A caixa não dava pé, eles não podiam galgar a parede lodosa e a pique, não adiantavam os gritos que se diluíam no berreiro dos outros, no recreio. Eles estavam mesmo é fodidos! iam afogar ali, como ratos. Mas continuaram nadando à roda (como ratos), nadando à roda à roda, boiavam para descansar, nadavam à roda, boiavam e de repente sentiram o silêncio dos colegas formando lá fora fim de recreio. Aproveitaram para pedir o último socorro, uníssono, num berro que o pavor tornava estentórico. Graças a Deus! foram ouvidos pelo Pires-Ventania que foi pescá-los com o Militão. Os dois levaram para a enfermaria aqueles náufragos enregelados que não se tinham nas pernas. Livro de Partes. O Quintino foi inflexível. Mesmo resfriados, um, pior, de pneumonia e mais o mentecapto — os réus ficaram logo cientes da pena: depois de curados, três privações completas de saída e como agravo maior — informara um Quintino irônico — iam depois repousar em casa, suspensos por oito dias. Foi quando as venezianas da caixa-d'água foram reforçadas e receberam por dentro o acréscimo de tela de arame grosso como de galinheiro.

    Ao bater da sineta, oito horas em ponto, já estávamos — compêndios arrumados, cadernos, lápis, penas, borrachas — tudo em ordem, para o *trocar livros*. É que éramos quatro divisões administrativas no colégio. Quarta: meninos de onze, doze, treze anos; Terceira — os de doze, treze, catorze; Segunda, os adolescentes de catorze, quinze, dezesseis; Primeira — os barbudos de dezesseis, dezessete, dezoito. Esse agrupamento por idades não correspondia aos letivos e viam-se grangazares como o *Machacaz* no mesmo ano do *Mico*; as barbas cerradas do *Boi-da-Zona* vizinhando a carteira do *Inocente*. Assim, depois do estudo da manhã, cada qual corria para ocupar com seus pertences a carteira que lhe competia na sala onde o respectivo ano teria suas aulas. Geralmente os três primeiros (turmas efetivas e suplementares) ocupavam as salas do andar médio acrescidas de outra, onde fora o refeitório dos professores. Os dois últimos anos tinham todas as disciplinas ministradas no térreo, nos gabinetes de física e de história natural. A hora do *trocar livros* era assim a de imensa confusão no saguão central, onde todos se atropelavam e onde batiam palmas gratuitas o tambor-mor Militão e o Oliveirinha no seu flébil fraque. Foi dessa balbúrdia e dessa congestão de trânsito — duzentos alunos correndo e se atropelando dentro de uma superfície de menos de cem metros quadrados, subindo e descendo escadas — que servi-me, já o contei, para meter o bico de minha botina nas gemursas sensíveis do excelente Militão. Não sei por que ficou-me desse saguão imagem inseparável da de meu colega João Pinto Fernandes. Não posso pensar nessa área, na sua coluna central pintada a purpurina prateada, nas escadarias para o andar de cima, no trono e na mesa dos inspetores dos corredores — sem ali ver, pervagando, a figura aérea daquele menino, sempre sério, jamais sorrindo, sempre paciente, jamais colérico. Era o único que mudava os livros sem nenhuma pressa, trocando lentos passos que mal tocavam o chão — como que sabendo que não havia razão de correr porque todos chegaríamos onde tínhamos de chegar. Ele era magrinho, elegante, moreno. João Pinto Fernandes.

Outras recordações desse *trocar livros*. A primeira amável, a segunda odiosa. Uma, a de Afrânio de Melo Franco Filho — que tinha suas aulas na sala da Quarta e sentava-se na minha carteira. Sempre pedia que eu arrumasse seus volumes organizados e milimetrados de baixo para cima e dos maiores para os menores, do Dicionário de Valdez às *Orações* de Cícero, com o esmero que ele punha em tudo: seu penteado, sua roupa, suas palavras e suas maneiras. Um dia perguntou se eu não tinha sido do Anglo. Disse que sim, até que assistira suas vias de fato com o Jones. Ele riu e retomamos nossa amizade. Até hoje. A outra — a recordação odiosa — a da atenção que eu era obrigado a prestar nas carteiras minadas onde ia ter minhas aulas. Os colegas haviam descoberto meu horror, minha repelência, minha idiossincrasia, meu nojo de vômito pelas larvas da borboleta que o nosso Bené explicara um dia serem do *Artocarpus brasiliensis*. Essa lagarta, cuja preferência alimentar são as folhas de jaca, abundava no nosso recreio. A graça era vir com uma na ponta da vareta e investir contra mim. Eu fugia com o coração aos saltos daquela coisa viscosa, movediça, veludo molhado anéis alternantes pretos e verdes, as hediondas ventosas abdominais. Os sacanas punham-nas em caixinhas de fósforos na minha banca. Desprevenido eu abria e quase desmaiava de ver surgindo os hemicéfalos vermelhos da sua extremidade anterior. Colocavam-nas debaixo de meus travesseiros, sub-repticiamente nos meus bolsos, no meu ombro, na minha gola. Eu ficava a perder os sentidos, frio e suado com aquela perseguição. Esse suplício durou anos até que um dia, no recreio dos maiores, apareceram os costumeiros algozes com as roscas em ponta de galho. Numa de minhas desesperadas reações (elas demoram mas vêm) nesse dia não corri: avancei sobre o bicho frio, tomei-o meio ensandecido, esmaguei-o com toda a força, como quem aperta uma bexiga para esguichar e cego de ira fui sus aos meus assaltantes para esbofeteá-los com a mão cheia dum caldo verde, de restos murchos de pelanca de lagarta e mais duramente espalmada que um anátema. Então, eles é que fugiram — e sem rir. Nunca mais.

> Le passé m'attire, le présent m'effraye parce que l'avenir c'est la mort. Je regrette tout ce qui s'est fait, je pleure tous ceux qui ont vécu; je voudrais arrêter le temps, arrêter l'heure. Mais elle va, elle va, elle passe, elle me prend de seconde en seconde un peu de moi pour le néant de demain.
>
> GUY DE MAUPASSANT, *La chevelure*

Ah! As horas exemplares — horas horas minutos segundos que eu tinha vontade de captar como quem colhe uma flor, fazendo um ato presente entre dois nadas. Ah! instantes de perfeita felicidade nas ruas do Rio, nos dias de saída do colégio, naqueles sábados cheios de meninos entre os quais as figuras dos dois companheiros. A sua, Aluísio! — Aluísio Azevedo Sobrinho. A sua, Leo! — Leo Monteiro. Com o primeiro eu vi principalmente a cidade, seu centro e na sua companhia fui me penetrando de sua eternidade — eternidade da cidade! a que me permite encontrar o seu passado apesar de tudo, num resto de muro, num beiral que escapou, numa tampa de esgoto e rejuvenescer-me ao contato destas velharias que devolvem meu passado menino. Éramos vários mas lembro-me mais particularmente do Aluísio, de nossas descidas pelo *São Luís Durão*, pelo Jockey Club e pelo *São Januário* até ao centro da cidade. Saudade. Até ao largo da Carioca com seu poste central alegórico e as águas frescas do seu chafariz ainda. As velhas bicas jorrando do paredão amarelo. O nosso *Cinema Íris* com a serralheria de suas escadas de Jacó conduzindo a arquibancadas firmamentos abertos sobre os filmes fabulosos de Eddie Polo. E mais o *Ideal* fronteiro onde éramos companheiros de plateia de Afonsinho Arinos, Rui Barbosa (o próprio), Sílvio de Carvalho, Antero Massot e sincopávamos nossos corações à medida que rolavam as bandas sagradas de *Judex*, dos *Vampiros*, do *Mascarado risonho*, da primeira versão da *Ilha do tesouro* e do *Último dos moicanos*. Quanta grandeza! Quando estávamos em acaso de opulência, íamos aos espetáculos do Centro: *Pathé*, *Cine Parisiense*, o *Odeon* orquestral, o *Avenida* orquestral, com música nas salas de espera, com fontes policrômicas caindo em aquários cheios de peixes versicolores e ostentando os primeiros posters — Constance e Norma Talmadge em retratos coloridos de tamanho sobrenatural. Lembro. Rua da Carioca, nosso mundo, Uruguaiana, nosso mundo. Mais a galeria de vitrinas douradas e luzentes de Gonçalves Dias. Fabulosa rua! Com os espelhos submarinos da *Colombo*, os azulejos em relevo da *Glacier* e lá longe, ao fundo, nos depois de Ouvidor, a *Livra-*

ria *Braz Lauria* onde admirávamos as revistas da Guerra antes de irmos nos saturar com os sorvetes do *Pérola* vizinho. O Aluísio e eu degustávamos em taças prateadas (por que não dizê-las de prata? naquele tempo de ouro) as pirâmides verde-abacate, verde-pistache, vermelho-cereja, vermelho-framboesa, brancas de coco, terra-de-siena de chocolates, amarelas de manga, cremes de creme e arco-íris aurora-boreal dos mistos. Duzentos réis! Tomávamos um, dois, três, até doer o céu da boca, o nariz, os fundos da testa. Até ficarmos roucos — renovadamente rindo da figura pintada na parede (que era ver a de nosso mestre Arthur Thiré) e da legenda que a ilustrava. "Aonde vais, Lulu? Vou ao *Bar Pérola* tomar um sorvete sem igual!" Sorvete sem igual, sorvete sem igual, idade sem igual. Eu e o Aluísio. Ele claro, eu moreno, os dois rindo rindo rindo, explorando a rua, explorando a vida até então sempre sem igual. Ah! vida, vida... Depois é que viraste, porca de vida! na dura mestra, madrasta cruel sempre de chicote armado para as surras que me deste. Mas como tiamei tiamo tiamarei até o último sopro na moléstia que me deres como última lambada. E beijarei o nó da peia: esquecido das longas dores por via de pequenas alegrias como aquelas, Aluísio! do *Íris*, do *Ideal*, das revistas da *Braz Lauria* e dos sorvetes multicores dos nossos oito *Pérolas* que os anos não trazem mais.

    E não era só isto. O Aluísio e eu tínhamos outros itinerários. Jamais poderei esquecer nossas explorações na *Galeria Cruzeiro*. Justamente na ponta da perna que dava para Carioca, ficava o melhor *caldo de cana* do mundo. Servido em copos enormes, como os de chope duplo. Como este espumejante, fresco, daquela doçura especial diluída e captada com outros gostos da fibra e delicioso para ser tomado com sanduíches de presunto, de queijo, de presunto e queijo. Era o nosso lanche e quanto... Outra revelação do amigo. A velha rua do Riachuelo, o caminho machadiano de Mata Cavalos, *o da Bica que vai para São Cristóvão* examinado em toda sua extensão e na surpresa dos afluentes que se despejam nessa torrente e cujo enunciado é como que canto de música carioca: ladeira de Santa Tereza, rua do Lavradio, Inválidos, Resende, Senado, Monte Alegre, Costa Bastos, Silva Manuel, travessa do Torres, ladeira do Castro, ladeira do Senado — com sua prodigiosa população de famílias modestas, pequenos funcionários, frescos, rufiões, malandros, *filles folieuses*, senhores sós. Pensões familiares, pensões de mulheres-damas, casas de cômodos, cortiços, quartos à hora, quartos independentes de solteirões. Foi a um destes, no atualmente 303, que o Aluísio me levou para visitar e conhecer o insigne carapicu José Luís Cordeiro — o famoso *Jamanta* dos carnavais de antanho. Maravilhado ouvi do amigo que ele era o seu irmão materno! que estávamos no prédio onde residira o general Osório! Encontramo-lo de saída e foi com orgulho que comboiamos à cidade sua figura elegante e séria. Usava nesse dia chapéu-coco, trazia escanhoada a mandíbula forte, era de traços distintos e vestia terno de gabardine bege, colete altamente fechado, colarinho duro, gravata-borboleta. Calçava verniz preto. Parece que já era, a essa época, ex-folião e o austero chefe de seção da central de polícia — de que fala Luís Edmundo.

Se a do Aluísio me lembra as idas à cidade, os bondes — a companhia do Leo Monteiro me traz à lembrança o próprio bairro e nossas travessias da quinta da Boa Vista. Ele morava em Senador Furtado e éramos companheiros de ir a pé para casa. Eu o deixava na dele e continuava até Haddock Lobo. Que lindo itinerário! Geralmente íamos primeiro a um sorvete de casquinha ou a um caldo de cana, no largo da Cancela — abertura para os subúrbios e para a zona tão carioca de entre Central e Leopoldina. Por ele ou pelos caminhos existentes no seu lugar, nosso primeiro Pedro entrou na cidade, vindo de São Paulo e do grito do Ipiranga. Ao seu centro um lindo abrigo metálico, criminosamente destruído em 1972. Bem considerando, foi melhor a demolição que a reforma inepta por que passara antes a obra-prima de serralheria. Tinha sido restaurada como se faz a barracão de zinco em fundo de quintal. Um dos nossos grandes jornais noticiando as obras de há dois anos e aprovando os vândalos comentava — que o que interessa é o sentido prático. Que lhes aproveite. Cancela... Casas velhas, residência em cima, comércio embaixo. Tudo que o bairro precisava. Carvoarias conjuntas ao comércio de galinhas. Aves e ovos. Vendas. Botecos. Quitandas. Mercearias. Papelarias. Armarinhos. Padarias com seu cheiro de trigo e de torrado se misturando ao do café moído na hora. Cafezinho puro. Simples ou com leite? À inglesa. Sentado. E aqueles copos especiais com creme puro ou creme de chocolate e canela — sobre os quais enxameavam moscas, nuvens de moscas. Confortados o Leo e eu fazíamos torna-viagem. Ele era um menino miúdo, cabeça muito grande, muito falante, sempre cheio de histórias para contar. Eu morria de rir com suas anedotas de Bocage no Campo de Santana, de Bocage com a

Senhora-Dona-do-Toucado-já-que-teve-a-mão-tão-certa... Parece que era filho único — lembro sua mãe viúva, ainda moça, com quem ele se parecia de pele, cabelos, cabeça, olhos vivos. Sempre a esperá-lo na janela da casa de Senador Furtado. Ela e uma velhinha, parece que sua tia-avó que tinha tanta ternura pelo Leo que vinha uma vez por semana namorá-lo na grade do recreio. Trazia bolos e quindins que o menino dividia com os do peito. Eu estava nisto — entre outros, com um primo e antítese do Leo. Esse era alto e louro. Sílvio Alves Catão. Mas... estou adiantando, ainda nem atravessamos a Quinta. Tomávamos por Fonseca Teles, pela rua do Parque (onde morara o *dr. Canudo*) e víamos no alto da colina, outrora chamada Olimpo Imperial, o velho paço de São Cristóvão. Museu Nacional. Às vezes íamos até lá para apreciar o meteorito do Bendengó — com lasca cortada e sempre oleada, para mostrar a natureza metálica do seu miolo; os megatérios na sala da esquerda; aos minérios, em cima; aos índios, suas bordunas, arcos, flechas, cocares, tangas de miçangas; as múmias do Egito. Descíamos a rampa apreciando os lagos, admirando a ínsula com ruínas gregas, o pescador debruçado ao canto das sereias, a sucuri de bronze desenroscando-se e emergindo, a água limosa. Olhávamos o portão de ferro abrindo em Pedro Ivo, dávamos uma volta pelo outro lado, pelos bambuzais umbrosos e que pareciam falar quando estalavam à aragem. Saíamos pelo portão de São Cristóvão em frente às estações encostadas — a nova, deste nome e a velha, com o do Duque de Saxe. No fim do curso colegial eu gostava de parar um pouco e olhar para a casa do diretor da Central, sobrado construído num terreno triangular formado pelas ruas José Eugênio, Francisco Eugênio e Almirante Baltazar, procurando os lindos olhos e os cabelos de sua sobrinha — que eu conhecera numas férias em Belo Horizonte. Essa história virá depois... Atravessávamos com segurança as linhas, só de raro em raro usadas por um trem que vinha apitando para se sair da frente. Ganhávamos Senador Furtado (antiga rua do Souto), eu soltava o Leo na porta de sua casa pequena e de entrada lateral, dava boa tarde à mãe, à tia e apressava os passos em direção a Mariz e Barros (velha rua Nova do Imperador), desembocava na amplidão da praça da Bandeira, subia Matoso, virava, à direita, parava diante do cartaz do Velo para ver o que hoje tem! e chegava à pensão dos tios. Olhe, que era um percurso. Cansava não. Treze, catorze, quinze, dezesseis, dezessete anos. Podia ser o dobro, o triplo... Hoje essas passagens, esses trajetos seriam quase impossíveis. O local mudou, ganhou o viaduto, o Maracanã e a avenida Oswaldo Aranha. Tudo intransponível, milhares de trens, de ônibus, de automóveis, de caminhões, de motocicletas. Mudou a zona, mudou — mas não mudei eu e quando passo lá recoloco tudo nos seus lugares, reassumo minha adolescência, recupero o amigo para quem a Vida foi avara e curta, para quem a Morte veio pronta e sôfrega — pegando-o antes dos trinta anos e apenas formado em medicina. Era o Leo. Leo Monteiro.

Esses sábados e domingos de cidade e bairro fizeram de mim um homem sobretudo centro e zona norte, um *carioca* amador, das freguesias de Santana, Espírito Santo, Engenho Velho e São Cristóvão. Por aí é que eu rolava meus feriados só ou com meus tios. Sábado à noite, *Velo*. Era sagrado. Com tia Bibi, tio Heitor, nossos amigos Briggs. Eu já tinha admirado de tarde os cartazes onde, além das cenas e nomes dos filmes, vinham os dos diretores fabulosos daquelas obras-primas: Zukor, Grifith, Ince, Fox, De Mille. Creio que data dessa época o desenho animado — mal saído das lanternas mágicas de menino para ser aproveitado pelas grandes câmaras. Tenho a impressão que Mutt e Jeff são desse período e que seus dois tipos e temperamentos concorreram para o aparecimento posterior do *Gordo* e do *Magro* — que são a continuação constitucional, caracterológica e biotipológica daqueles desenhos. Lembro também a série admirável de — *Os pesadelos de milord Carapetão* — sequências não lineares mas de quadros pintados em claro-escuro e meias-sombras. O herói, sempre de sobrecasaca e cartola, tinha costeletas brancas que nem as de Mister Pickwick e estava sempre vivendo pavores ingleses. Em castelos mal-assombrados, em ruas de fog cheias de monstros e assassinos, em docas de bruma e águas de tinta, em subterrâneos de esqueletos, ratos, pó e teias de aranha. Nos *graveyards*. Lembro, num desses antepassados das películas de terror, cena com fantasmas num cemitério ao luar cuja beleza pungente gravei para sempre. Quais teriam sido os inventores desses filmes? Tirante Mutt e Jeff que passaram para as histórias de quadrinhos — quem? se lembra dos desenhos animados da fase pré-disneiana. Já descrevi o *Velo* mas deixem-me recordar mais uma vez a tensão que eu sentia, sentado, medusado, diante do retângulo branco de *pano*, a luz apagando, a música rompendo, a porta de prata abrindo-se (espelho de Alice) e de repente o País de Maravilhas com a supressão imediata do Espaço e do Tempo...

Às vezes os tios ficavam em casa aos domingos e eu com eles. Era ótimo aquele ambiente de algodão que eles faziam uns para os outros e para mim. Tia Alice tinha cerimônia com a irmã. Tio Salles com o cunhado. Essa impedia que eles abordassem certos assuntos explosivos — guerra, por exemplo. O primeiro era aliadófilo, como convinha, enquanto tio Heitor, dizendo-se pela França, pela Inglaterra — mas nunca esquecido de sua formação mavórtica e dos tempos da Escola Militar, no fundo, era um germanófilo. E dos que tio Salles abominava — os *encapotados*, como se dizia então. Sobre a mesa do segundo, sempre bem-arrumada, entre as canetas bem dispostas e os lápis zelosamente aparados, viam-se pequenas bandeirinhas da França, da Itália, da Bélgica, da Inglaterra. Puro embuste. Hoje dou mesmo fé de que ele admirava o militarismo alemão e que suas opiniões pró-aliados vinham sempre acompanhadas de elogios cavilosos aos impérios centrais. Daquele mesmo jeito adotado pelo barão de Charlus que era primeiro pela França, certo! mas que gostava de ser justo com Francisco José, Ferdinando e com o Kaiser. Tio Heitor nunca elogiava o Marne e Verdun, sem insinuar qualquer coisa sobre Hindenburg e a vitória dos Lagos Mazurianos. Gabava as asas de Guynemer e do nosso Virginius Delamare mas lá vinha a contrapartida de que, como submarinistas, os alemães eram imbatíveis. Que diabo! dizia ele. Convenhamos... Tio Salles não convinha não! e propunha mudar de assunto. Para a política. Logo divergiam a propósito do Marechal, do Pinheiro, de Irineu, de Rui, do Wenceslau. Novamente tio Salles recuava, considerando o assunto menos interessante. Vamos a coisa melhor, dizia, citando a frase de Huysman que ele repetia sem cessar, quando referia a sub-humanidade daqueles "*...seulement accessibles à cette basse distraction des esprits médiocres, la politique...*" Isso à parte, eram os melhores amigos do mundo, minhas tias idem e o resto da prosa era sempre agradável à hora das refeições e durante os longos domingos. Se chovia, então, que delícia! ficar ali — filho único de tios únicos — aprendendo como praticar e tomando gosto por essas coisas estupendas que são boa conversa e boa companhia. Era conversa viagem fim de século passado primeira década do Vinte. Encilhamento. Revolta. Custódio. Floriano. O vulto ourescarlate de Saldanha da Gama em sangue — varado no mar das cochilas. Casos do Tesouro: nunca ninguém soube quem debulhou de mansinho a Coroa Imperial. Parece que era melhor abafar... Casos da Escola Militar: Realengo, Praia. O do galego parecia mentira, o do galego que vivia defendendo as filhas contra os rapagões que passavam fardados. Coitado! Chegou seu dia, levaram-no, era noite fechada, pro cemitério, mas os coveiros deixaram o enterro para amanhã. Hoje fica no necrotério. Ficou. Alta noite o defunto acordou. Estava morto não: catalepsia. Pois agora o verás. Bigodeira aos ventos de general Polidoro ele voltou para casa espumando de raiva, ainda algodão nas narinas, todo respingado de cera e pétalas, deu o flagra nas três meninas sendo consoladas nos braços de três cadetes. Pôs na rua, bateu nas moças, na ex-viúva — furioso, safado, puto da vida com o prejuízo do funeral e do jaquetão rasgado fora a fora nas costas. Mais casos: Exposição, inauguração da estátua de Cabral. Oswaldo. Passos. Frontin. Água em seis dias. A Revolta da Vacina e o fim da febre amarela. Posse de Pena, morte de Pena — que pena! Nilo, Rui, Hermes. Ah! Rio rio, Rio de Lima Barreto e das gestas de meus tios... Que cidade! Saudade.

Vinham as visitas antigas e os parentes que iam a Aristides Lobo. Alguns. Outros tinham morrido, sumido, trocado de interesses, portanto de amizade. É incrível a série de mudanças que em cinco ou seis anos se processam nas rodas familiares e grupos afetivos que pareciam cimentados e eternos. Entre os que continuavam eu destacava muito as figuras de Da Costa e Silva e Américo Facó. Quando o primeiro vinha sozinho eu ainda tinha coragem de fazer sala, de aproveitar o *bonde* mas, se d. Alice o acompanhava — lembrado do papelão que fizera em sua casa de Belo Horizonte — eu sumia de terra adentro. O Facó que me reaparecia em Haddock Lobo tinha trinta e um anos e era, sem tirar nem pôr, o que eu conhecera em Malvino Reis, moço de vinte e seis. As mesmas calças listadas, os jaquetões com debrum, as botinas de verniz, polainas, colarinhos ponta-virada, os plastrons furta-cor (com alfinete de pérola ou de pepita d'ouro fino) e ora chapéu de palha, ora coco, ora lebres peludos. Eu reencontrá-lo-ia nos vinte — eterno e indestrutível — com a perenidade do sorriso e da indumentária impecável, como amigo de Sérgio Buarque de Holanda e Prudente de Morais, neto. Perdi-o de vista uns tempos. Recuperei-o em 1945, idêntico, sem corrosão, nos fins de semana que passávamos com Gastão Cruls no Alto da Boa Vista. E daí em diante, graças a Deus! foi para sempre e ele passou a vir jantar em nossa casa da rua da Glória. Nunca deixava de trazer seu ramo de flores, sua caixa de bombons. Era cerimonioso, inteligente, fino de observações, malicioso de intenções e limpo de boca. Tinha a arte perfeita de desfiar a anedota mais porca, o caso mais escatológico, a história mais terrivelmente pornográfica sem usar um termo chulo. E nem por isso elas perdiam o grosso chiste. Seu linguajar era perfeito e ouvi-lo era como ao gorjeio escorreito do Silva Ramos saindo da boca de boneco de ventríloquo. Cultivei sempre sua companhia e só comecei a notar erosões naquela sua mocidade que parecia insusceptível ao Tempo, por volta de 1952 quando li, aterrado, na sua fisionomia, as seis letras amarelas da doença inominável. Fui dos médicos que o assistiram e um dos que com Gastão Cruls lhe vestimos pela última vez a calça listada e o jaquetão de cerimônia naquela noite desolada da rua Rumânia. Morto, ele encurtou, diminuiu, encolheu e ficou parecendo um menino morto. Guardo a Cabeça de Cristo que estava na sua cabeceira. Gastão dali a tirou e trouxe-a para minha casa. Você foi muito dedicado ao Facó. Falei com os primos. Eu e eles queremos que essa pintura vá para seu quarto, lembrança dele. Guardei. Hoje é lembrança dos dois.

Às vezes saíamos para fazer visitas. Eu gostava das da zona sul e nascente Copacabana. O mar era entrevisto de longe, logo que se desembocava nos altos do Túnel Velho. Lá íamos visitar grande amiga de tia Alice, solteirona e rica, que a todos impressionava pela dignidade de sua presença, pela miopia e pela peruca que usava aberta no meio da testa e esculpindo dois bandós simétricos de cabeleira de santo de pau. Sua vida era austera e piedosa: sempre condenava as fraquezas e escorregões da carne. Assim atravessou mocidade, a segunda mocidade, ficou madura, mas ao galope dos quatro cavaleiros do apocalipse da menopausa — arranjou seu Landru. Não a matou — mas foi roendo aos poucos seus prédios, suas apólices, suas joias, suas ações, suas pratas, seus cristais, suas porcelanas e quando já não havia o que cardar, plantou a *noiva* de tantos anos. Morreu abandonada pelo moço (que ela achava a cara de George Walsh), curtida de paixão e marginalizada pela família. Sua pobreza tornava-a mais culpada aos olhos dos sobrinhos. Eu gostava de sua casa, do seu beijo estalado, do seu sempiterno bolo de aipim e do seu convite sugestão amplidão azul. Vamos, menino! tire os sapatos e vá brincar na areia! Ia e pasmava. As ondas vinham altas, empinadas, lisas, oscilantes, como que hesitantes, como se se fossem cristalizar naquele bisel ou coagular-se naquele dorso redondo da serpente-marinha coleando do Leme à Igrejinha; paravam um instante de instante, suspensas um instante, decidiam de repente e deflagravam quebrando num estrondo barulhos luzes marulhos espumas — se procurando nos leques se sobreabrindo sobre as areias. Era mais ou menos no Posto 5 e ainda havia conchas para apanhar, tatuís para desentocar no praiol deserto e impoluído. Ou simplesmente andar, sentindo nas solas nuas a frescura da praia molhada e seu derrobamento sob os pés inseguros, ao retorno das águas. Anos depois, num inverno italiano, recuperei essa qualidade orvalho da umidade daquelas areias de ouro da velha costa do Rodrigues. Primeiro em certa gota pendurada na cercadura de pedra de um batistério e nela aderida pela própria tensão da água. Era enorme, parecia um brilhante fabuloso, um Grão-Mogol, um Culinã, um Orloff — preso em si mesmo e libertei-o tocando-o com a ponta do dedo. Ele logo correu e desceu pelo meu antebraço, entre pele e roupa, como pequena coisa serpentina e clara e inundante. Depois nos mofinos fios d'água tentando estalactites na galeria subterrânea que galga o Palatino. Em renovadas sensações onde sempre entrou o frio, como ouvir o *oêêêii* dos gondoleiros nas madrugadas de Veneza, olhar o afresco do *Triunfo da morte* nas tardes do Camposanto de Pisa ou apenas colar a mão espalmada sobre a pedra esverdeada dos palácios da Via Tornabuona ou do Lungarno Acciaioli na noite de Florença...

    Eu me lambia com essas idas a Copacabana. A partir do Jardim da Glória parecia outra cidade. O Índio acabando a Onça. O Relógio. A estátua de Pedro Álvares sobre pedestal proporcionado e não mudada para a torre onde a içaram depois. O gesto largo de Barroso abrindo o Flamengo. A Ponte dos Presidentes. Botafogo com o Pavilhão de Regatas. Túnel Velho e era novamente o céu, novamente o mar com a artilharia longínqua das ondas salvando eternamente. Meu tio Salles ministrava explicações e eu ia incorporando os elementos de sua lembrança futura à orla marinha de nosso Rio. Orla salina. Salles salino. Tia Alice conversava na sua linguagem pitoresca e pessoal, cujas frases traziam sempre os localismos, as expressões populares que ela gostava de usar. Lembro. "Ficar espritado" era ficar assanhado, excitado, nervoso, ocupando por demais a atenção alheia, lugar no espaço. "Capão de quenga" era marido avacalhado fazendo obrigação de mulher: banho em criança, mudança de fralda, remexer em panela (Antônio Penido, meu sogro, chamava a esses pobres-diabos de — "marido penico"). "Mingau das almas" era a porcaria de de noite, não lavada de manhã: ramela, catota, sopa de dente sem escova. Quando *não ia* com alguém jogava-lhe pelas costas (como o afugentador sal grosso das macumbas) seu clássico: "Seja feliz longe de mim, que seus prazeres não tenham fim". Ou mais duramente: "Vá morrer onde não feda". E este, ondulado e esquivante: "Talvez te escreva, mas não é certo". Tudo isso voz mansa e sorrindo — ou de todo ou só com seus olhos enormes e castanhos. Como eu gostava de minha tia! A doce e útil criatura, sua laboriosa modéstia, seu enorme coração. Sua recordação faz parte de mim, amalgamada no bloco de minha vida amores e ódios. Ela, amor. Meus tios Alice e Salles não tinham filhos e fizemos papel disto — eu e depois meu primo João Tibúrcio Albano Neto. Quando o arquivo de Antônio Salles veio para minhas mãos lá descobri assentamentos de cuidados médicos dados a minha tia pelo dr. Lincoln de Araújo. Era terapêutica para esterilidade. Falhou. E digo-o com vergonhosa sensação de ciúme compensado — melhor para mim, melhor para o João. O almejado primo que não nasceu, acaso não desviaria? de nós esse privilégio que foi o sentimento materno e paterno que ficamos devendo a esses queridos tios. Ainda para a zona sul, lembro de uma saída, sozinho, mandado por tio Salles, para velar meu tio-avô João Nogueira Jaguaribe. Morreu no Rio e seu enterro saiu de uma das duas casas geminadas da rua Bambina que têm hoje os números 55 e 59. Eu não conhecia ninguém, fui dando pêsames a esmo, chamando todas as velhotas de *tia Salomé* e só na décima ou décima primeira é que dei dentro. Fiquei um pouco rolando no meio de uma multidão de gente de preto, de senhoras em lágrimas, de senhores cochichando, tomando café ou escorropichando copinhos de vinho do Porto. À hora do saimento, disfarcei, deixei seguir e fui gozar a Praia de Botafogo. Jamais pude esquecer o funeral do tio João, ajudado pela lembrança das casas cujas fachadas e sacadas de ferro cada ano crescem em beleza e graça antiga. Parece que uma e outra (beleza e graça) dependem do equilíbrio dado pelo arquiteto à extensão das superfícies cheias da parede e dos vãos das janelas e portas. As casas ainda lá estão — quem duvidar que vá ver essas duas joias do século passado.

Não era só ao cemitério que eu ia com a *d. Candidinha*. Naquele tempo em que senhoras, mesmo maduras, não andavam sós, ela, às vezes, me requisitava aos domingos para irmos às matinês do Teatro Lírico. Conheci esta instituição, sua gabada acústica, suas poltronas de jacarandá e palhinha. Nos seus espetáculos tomei conhecimento de *A viúva alegre*, de *O conde de Luxemburgo* e de *A princesa dos dólares*. Árias encantadas, fru-frus, tabarins, cancãs, ligas verdes, rodejar de plumas, meias pretas, pedaços da *belle époque* em que mordi, onde estais? Onde estás? Velho teatro da Guarda Velha, todo de madeira de lei e que tinha colunas que haviam servido de mastro a caravelas. Onde está? também a palavra OPERETA que contém sons de címbalos, de trompas, de gargantas e pratos de cobre. Tia Candoca vestia nesses dias a sua grande gala: seda preta, chapéu com *aigrette*. Depois do espetáculo descíamos São José, a pé, para arejar e ir pegar o *Muda*, o *Tijuca* ou o *Alto da Boa Vista* no ponto final, fora dos atropelos do centro. Era uma cobertura sobre colunas de ferro, que ficava entre as Barcas e o mictório monumental da praça Quinze. Quando eu olhava as transversais vazias e as perspectivas desérticas de Primeiro de Março, pensava nas portas de engraxate onde se adquiriam os famosos livrinhos. Domingo, fechadas. Sábado é que era o bom. Até hoje, quando passo ali, procuro localizar a velha entrada iniciática onde o carcamano tinha sua cadeira. Havia de ser no atual 22, *Lanchonete Ganchinha*, ou no 18, *Livraria Arcádia*. Um ou outro. Mais certo o *Ganchinha*.

    Mas minhas grandes saídas dominicais eram as para a zona norte — que tal marca me deixou de carioca, pelos ambientes tão genuínos das casas do primo Cascão, do seu Maneco Modesto e do imenso dr. Ennes de Souza — o querido *tio* Ennes. O primo Cascão era Ângelo Cascão, marido da prima Duducha e genro da prima Sinhazinha — de quem já dei notícias no meu *Baú de ossos*. Vamos agora entrar na sua casa de Barão de Ubá. Número 77. Lembro que era de fachada cinzenta, de cômodos espaçosos e cheia de gente acolhedora. Entrava-se pelo lado, varanda, diretamente para a sala de jantar. A essa época o primo já devia estar doente, velho antes do tempo, sempre sentado à cabeceira de longa mesa, fumando cigarrinho depois de cigarrinho. Era calado, não lembro sua voz, mas atencioso no cumprimentar e logo a gente se sentia à vontade diante de seu olhar manso, resignado e bondoso. A prima Duducha é que conversava mais, apesar do seu ar tristonho — o mesmo que continuou na sua viuvez. Já saberia? que o marido estava por pouco. Era uma bela e distinta moça, preferida de minhas tias entre as outras primas, suas irmãs, por ser a cara de minha avó Nanoca. Nos olhos, então... Moravam com ela a mãe e a mana Fausta, noiva de Zeferino Silva. Eu achava uma delícia ir à casa da prima Duducha — pelo ambiente afável, pela companhia dos primos. O Ângelo e o Teófilo que andariam pelos dezenove e dezoito anos, me pareciam uns macróbios. Gente de respeito, como já ia ficando o terceiro, Edmundo, também mais velho do que eu e um senhor trocando as calças curtas pelas compridas. Meus companheiros eram Helena, Guilherme e Mário — que me fascinavam pela falação carioca e pelos plurais que não sibilavam como os meus ss mas que chiavam e se demoravam num decrescente de XXXxxx. Abaixo desses era a meninada que recordo mal e onde estavam duas primas hoje amigas e clientes — Lourdes e Edith. Três grupos de meninos — maiores, médios, menores. Com os médios eram as minhas correrias pelo terreno de detrás da casa, que descaía do nível de Barão de Ubá para o da margem esquerda do rio Comprido que esse tempo ainda havia de passar-lhe ao fundo pois as obras de retificação do curso d'água e da urbanização da avenida Paulo de Frontin só iam se concluir em julho de 1919. O rio fazia um S cuja barriga de cima lambia os detrás de Aristides Lobo e a de baixo, os de Barão de Ubá. Descíamos, corríamos, gritávamos, sentávamos na terra, na terra, na terra dura. Vim andando por aí e quando dei fé de mim eu era o último dos quatro companheiros de algazarra do terreiro de Barão de Ubá. Os outros três deitaram-se na terra e nela estão dormindo. Profundamente.

    Visita frequente era aos Modesto. A princípio no seu segundo andar de Mariz e Barros, depois na casa que eles alugaram em Delgado de Carvalho, número 79, a penúltima à esquerda de quem subia, vizinha do sobrado dos Simonard. Este ainda lá está, número 81, à esquina de Barão de Itapagipe, ladeado por sua bela varanda gradeada de ferro, coberta por largas folhas de vidro fosco e dando no jardim por uma escada de serralheria que tem o movimento de um manto, quando a rainha para, volta-se e o encurva. Ou de saia, na valsa, enrolando pernas da dama e pés do cavalheiro. O seu Modesto, pai de tio Heitor, era um velho musculoso e quadrado que em vez de deperecer, ficava mais rijo com a idade. Remoçava com os anos — gabava-se ele próprio — apontando com orgulho nova flora de fios pretos que, de repente, começara a brotar no meio de seus cabelos de neve, bastos, grossos e cortados *en brosse*. Usava também bigode muito rente e só deixava crescer o cavanhaque de prata que lhe descia da boca larga e entalhada. Trabalhava feito um moço e era funcionário do Banco do Brasil. Madrugava na sua carteira. Fora casado a primeira vez com uma prima, d. Elisa, irmã do médico Modesto Guimarães. Sua segunda mulher, d. Isaura, bem mais moça do que ele, dera-lhe um filho e duas filhas. Era uma senhora esguia de corpo, morena, olhos fundos muito vivos, sorriso engajante e tinha a pele do rosto toda picada das bexigas que tivera em menina. Muito ativa, trazia impecável a casa de porão habitável que o gênio hospitaleiro do casal transformava em residência dos sobrinhos do velho Maneco. Entre esses, nosso Lafayette Modesto. Ganhava-se a entrada, em cima, por escada lateral de ferro onde abria a porta da sala de visitas. Eu sempre tinha a impressão de um cômodo meio vazio, onde os únicos ornamentos, além do fusain representando o filho mais velho morto de febre amarela e das fotografias das filhas — eram um sem-número de cartuchos de cobre de canhão-revólver, de setenta e cinco e de cento e cinco. Todos primorosamente areados e tampados por projetis de madeira, envernizados de preto. Eram troféus da Revolta, guardados religiosamente por famílias de florianistas e veteranos da Armação. Havia ainda, nos cantos, umas jarras características da segunda década do século e que iam das pequenas às enormes, com quase dois metros de altura. Eram as chamadas *cegonhas*, feitas de vidro grosseiro, todo cheio de bolhas de ar — verde-claro, laranja, amarelo-desmaiado, azul-celeste. O bojo grosso, para a água, era chato e posto diretamente no chão. Pescoço fino e abertura larga para o longo cabo das rosas e dos girassóis. No seu Modesto, secas e cheias de flores de pano ou de papel. Nessa sala ficavam os homens esperando o ajantarado e depois deste, as senhoras, enquanto aqueles jogavam na sala de jantar. Nessa hora é que eram as conversas. Eu ouvia calado, primeiro a troca de receitas dos pratos fantásticos e dos doces paradisíacos; dos moldes de cortina japonesa feitos com enfiados de papel de capa de revista enrolado com goma arábica, que faziam a vez dos bambuzinhos; dos *abat-jours* de seda, guarnecidos de franjas de continhas multicores; das almofadas imensas para pôr no chão, nas cadeiras, nas camas. Lembro duas dessas obras-primas. Uma, de chão, octogonal, branca, face superior ostentando aranha enorme de veludo preto, olhos de pedra verde, palpos amarelos, espapaçada no meio da teia bordada a fio de ouro (molde da Gina do Ascânio). Outra, de cama, bola figurando saia-balão de vestido Luís xv acima da qual prendia-se o corpinho fino de boneca de porcelana com cabelos de algodão. Era para fazer madame Pompadour (molde da d. Júlia Coragem). Comentavam-se os exageros da ponta das botinas agulha, da calça colante, da parábola das gravatas e dos paletós ultracintados dos *almofadinhas* e dos *amarradinhos*. Seus cabelos laqueados, os chapéus tão enterrados quanto os das *melindrosas* — estas de cintura cada vez mais alta e saia progressivamente mais curta. Sempre, dos primeiros, a vagabundagem, a vida bordelenga, a cocaína. E as pinturas das segundas? Igual à das francesas. Pouca vergonha. De algumas donas e donzelas gabava-se francamente a beleza, a distinção. D. Heloísa, d. Berta, as Moura, as Franco, as Oliveira, as Rosso. Minha tia lembrava linda loura logo vetada pela maioria. Essa, não! Bibi, cruzes! criatura fugida com um palhaço de circo. Deus me livre! Porque exigia-se que a beleza fosse sustentada pela virtude. As escandalosas eram sempre afastadas. Discutia-se casamento para breve em que a Luth ia servir de *demoiselle*: seriam oito moças de crepe-da-china rosa e as terminações pretas. Entendiam-se por *terminações* o chapéu, luvas, bolsa, meias, sapatos. Às vezes a conversa ia caindo e um silêncio se enchia como bolha. Logo minha tia jogava perguntas para animar. E o Jejé? que não vi hoje. Fora ao Derby. O Lafayette? Tinha ido ver a matinée de *O meu boi morreu* que estava na sua não sei quantésima representação. A revista? muito boa, mas muito indecente — tinha uma pilhéria de cabelo crescido na palma da mão dum rapaz, que não sei mesmo como a polícia tinha deixado passar. Depois contavam-se maravilhas de videntes, cartomantes, extralúcidas, espíritas, de certo bruxo chamado Plínio e da extraordinária Hermínia Lacerda Nascimento Câmara — a famosa madame Zizinia. Tinha consultório na rua da Quitanda e atendia multidões de oito da manhã às dez da noite. Outro que faturava fortunas, com um pêndulo de cristal, era o faladíssimo seu Almendra. Deste me lembro porque acompanhei minhas tias várias vezes a sua tenda. Tenda? Era verdadeira mansão, casarão de sombras propícias. Creio não errar dizendo que é o palacete de número 302 da rua do Bispo — onde fica atualmente a *Casa dos Poveiros*. O charlata era um português muito míope, a que o pincenê e a barbicha davam vagas semelhanças com Machado de Assis. Ouvia muito, falava pouco, mandava a doente deitar num sofá — não! senhora, assim mesmo vestida — passava por cima dela um pêndulo fio de seda e bola de cristal, explorava suas oscilações sobre as vísceras, sobre o plexo solar, ia à mesa, receitava uma homeopatia qualquer, embolsava a nota de vinte e mandava com Deus. Abria a porta da varanda apinhada. Chamava: Outra! ou Outro! E lá entrava nova figura radiosa de esperança.

Para variar de diversão às vezes eu deixava o grupo das senhoras e ia sapear o jogo dos homens. Geralmente roda de cinco: seu Modesto, tio Heitor, seu mano Osório, o Bento Borges e o Lafayette — nos domingos em que não ia às revistas da praça Tiradentes ou ao frontão do Campo de Sant'Ana. Quando chegavam outros, formavam segunda mesa — com o Jefferson Modesto (Jejé), o Ascânio, o Abreuzinho, os colegas de Banco do dono da casa, como o vizinho Simonard. Mas habitual mesmo, era o primeiro grupo. À luz do sol, nos dias claros; ao avermelhado das lâmpadas, nos dias de chuva; à mesma iluminação no cinzento da tarde, o conjunto era impressionante. Figurava ora um Manet, ora um Rembrandt. Seu Maneco, como todo jogador de classe, parecia de pedra. Fisionomia de esfinge tivesse nas mãos um *royal* ou nada. Então, blefava e era horrível de se ver... Não mostrava satisfação nem contrariedade, ganhava, perdia, com o mesmo prazer vasto, silencioso e íntimo com que digeria o ajantarado. Outro, de granito, era o Lafayette. Impassível. Já contei que anos depois os jornais me tinham restituído sua figura com os retratos do lord Mountbatten of Burma. Quando levantarem a este um monumento de bronze ou mármore, teremos a visão estatuária do que era o nosso Lafayette — cartas de baralho em punho. Um inglês. Tio Heitor era o contrário: indignava-se, rasgava cartas, pedia outras, pedia desculpas, espalhava as fichas, deitava fumo como chaminé e descarregava sua cólera invectivando o mano Osório — que, muito surdo, não ouvia senão fração das descomposturas. Tinha uma sorte cachorra e não respondia; piscava para os outros, sorria gratificado e batia a mão na mesa — que se fosse adiante, choro não adianta, que se dessem as cartas. O meio-termo era representado pelo Bento, geralmente calmo e afetando indiferença mas não isento do rodamoinho das fúrias que o levavam a esmurrar a mesa, fazendo delendar as pilhas de fichas e desbordar os cinzeiros atufalhados de pontas de charutos babados, de fósforos riscados, de baganas mastigadas até o toco. Aí levantava-se mais grosso, cheiro de sarro que tudo impregnava — o feltro verde que cobria a mesa, as cartas, as roupas, as bigodeiras, as barbas dos parceiros. Que saudade! do Bento Borges, o nosso Bento, o *Bentão*. Que personagem extraordinária! Era vagamente parente dos Modesto, tinha sido cadete e logo quando? em plena Revolta e nos tempos do Marechal de Ferro. Justamente um daqueles jovens turcos que Lima Barreto descreve constelando-se em torno de Floriano, dentro do Itamarati. Ele próprio contava dum abraço que dera no seu ídolo com tanto arrebatamento e quamanho entusiasmo — que levantara-o do chão e quase lhe partira as costelas de franzino. Ao referir o lance, os olhos esbugalhados se lhe enchiam de lágrimas sob as sarças das sobrancelhas mefistofélicas. O mesmo quando se referia à Armação — onde se batera tal uma fera e fora traspassado de balas. Ele era magro, alto, anguloso, cabelos abertos no meio, a risca partindo do seu bico de viúva e dotado de uma força hercúlea. Não parecia feito de ossos, juntas e músculos, mas de aço, correias e engates. Seu aperto de mão era a pegada de uma prensa. Vestia preto da cabeça aos pés e professava que um homem de bem e positivista como ele não podia se afastar da austeridade desse trajar. A única nota branca de seu vestuário, ele a mostrava quando arrepanhava as calças para sentar — as ceroulas compridas de que se via a laçada do cadarço prendendo as meias. Botinas de elástico. Chapéu-coco. Já com Campos Sales tomara nojo de tudo e achava que não era esta a República dos seus sonhos. Era o melhor cidadão, o melhor chefe de família que se podia imaginar. Conhecê-lo era estimá-lo e tomá-lo como amigo. Era meu, já pelos Modesto, já por ter sido dos últimos tempos de meu Pai e de Aristides Lobo. Gostava tanto de nossa família que tinha feito dar a uma de suas netas nosso nome Nava — como prenome. Nava Borges Madeira de Lei era a graça da menina.

 Às vezes seu Modesto tinha saudade dos jogos antigos e exigia um voltarete. Voltarete francês, voltarete gaúcho. Ou sua forma arcaica — a *arrenegada*. Usavam-se então cartões especiais com ponteiros de barbatana para as marcações, mudava-se a linguagem, o próprio nome das cartas. Espadilha era a primeira, a que mata — o ás de espadas. Manilha a mais baixa — o sete de copas e o de ouros, o dois de paus e o de espadas — se não eram trunfo. Basto, o valete. Sota, a figura da dama. Dar de sota e basto. Recolher a vaza. Todas essas expressões tinham o condão de cristalizar-me numa tristeza imediata e espessa. Sobretudo a palavra vaza pela ambivalência de som que me levava a vasa e ao que nisto há implícito de resto, sedimento, depósito e lodo. Eu voltava para a sala, para a roda das senhoras. Olhava das janelas de Delgado de Carvalho, a luz morrendo para os lados da Tijuca e os estratos calmos que se estendiam como lençóis de cinza e púrpura em direção ao norte. Às sete em ponto d. Isaura levantava-se e ia tirar os parceiros da orelha da sota. Por hoje chega. Quem perdeu forra semana que vem. Ela e as filhas punham a mesa enquanto os homens discutiam os lances mais emocionantes do jogo do dia. Todos se abancavam para o bolo de domingo servido com chocolate grosso e oloroso, com café com leite, mate ou chá Lipton autêntico. Depois das despedidas — até ao próximo! — retornávamos a Haddock Lobo. Nos tempos de Mariz e Barros, por Campos Sales ou Afonso Pena. Nos de Delgado de Carvalho, tomando Barão de Itapagipe e descendo Bispo. A noite da zona norte era veludo verde-escuro nos jardins, veludo-negro-chumbo-azul-marinho todo pontilhado de prata no alto imenso. Como bola de sabão luminosa, Vésper caía nas minhas mãos e estourava sem ruído e sem vestígio. Eu suspirava, procurando...

Mas antes da conversa e do jogo tinha acontecido, em casa dos Modesto, o festivo ajantarado. Era sempre obra-prima. Concorria para isto a vocação gastronômica da família. Seu Maneco morara em Cataguases e de lá trouxera o conhecimento da elegância ática da cozinha mineira. D. Isaura, por sua vez, possuía floreados da culinária carioca. Toda a descendência do casal era de forno e fogão. Tio Heitor era fabuloso nas peixadas e moquecas. O Jorge e o Osório nos assados. A Dadá no parnasiano das aves recheadas, nas virtuosidades estoverianas do leitãozinho nonato. A Floriana e a Luth, em tudo. O velho, com o tempo, enjoara de preparar pratos de sal mas não havia quem pudesse com ele no arranjo de uma sobremesa. Seu doce de coco e seus quindins eram falados, gabados, arquibadalados. Os menus eram planejados com argúcia e discutidos durante a semana. Além dos pratos do trivial, das saladas, das entradas, das sopas — havia sempre um de resistência e lembro com saudade o desfilar dessas iguarias que tinham uma espécie de ritmo estacional, de correspondência profunda com as festas de todo o ano. A Semana Santa, por exemplo, vinha com o feijão doce de leite de coco, à moda da Bahia. Não levava quase sal mas sim uma pedalada de açúcar — empurrando no sentido do gosto natural. Vinho, entre doce e acidulado — Grandjó. Ainda do mesmo ciclo, as fritadas de camarão, de marisco, as moquecas abaciais e o famoso arroz-e-peixe criação de meu tio Heitor. A receita? Cabeça de peixe carnuda, camarões gigantes, folhas de repolho — tudo cozido num arroz graúdo, lustroso, entre leite e prata embaçada. Tinha de ficar mole, mas não molhado, pegando um pouco, mas sem embolar. Tempero, os que não dessem cor e deixassem ao prato a brancura só quebrada pelos riscos vermelhos da argola dos camarões. Tempo de frio, de santo Antônio, são João e são Pedro — lá vinham com as ilustríssimas feijoadas completas; as majestosas panelas de orelhada de porco e mais seus miúdos, no feijão-branco ou mulatinho; os cozidos enciclopédicos e a fabulosa rabada com agrião que, em casa de seu Modesto, era mijotada com mocotó de modo que o caldo em vez de corrediço, ficava gelatinoso e que quem dele provava, além de lamber, colocava os beiços que nem acontece mediante baba de abio ou de coco-de-catarro. Excetuada a feijoada completa (que só pedia o aperitivo de pinga de Campos e o respaldo, horas depois, com a cerveja gelada), as carnes eram acompanhadas dos tintos verdes ou maduros, rascantes ou veludosos, segundo o caso. Nunca vi em casa de seu Modesto a ambiguidade dos *rosés* — que não têm opinião e são uma espécie de Maria-vai-com-as-outras da bebida. Feito político do P.R.M. que combinava com carne, com peixe e afinal não era carne nem peixe. A mesa do pai de meu tio Heitor era alegre, toda clara dos talheres e trinchantes e conchas reluzentes, das grandes toalhas adamascadas, dos guardanapos do tamanho de lençóis — de amarrar no pescoço ou enfiar a ponta no colarinho. Tudo reluzia de limpeza, era azulado de anil e rijo da água de goma. No centro, fruteira *belle époque* ou pote de barro com avencas folhudas e densas. A boa comida impõe o bom bragal e este e ela exigem bons modos à mesa. Era assim que nunca vi ninguém comer mais gostoso que a família Modesto. Demoradamente. Mastigação minuciosa e técnica — quase voluptuosa. Pouca fala. Comentário, um ou outro. Esse molho pardo está o suco. Gente! esse porco está divino. Esse mocotó, do céu! Faz favor, d. Isaura, mais um pouco de tutu, sim, bastante torresmo e ovo duro. Cada um arrumava bem seu prato, tudo em seu lugar, só misturando, por exemplo, arroz, feijão, farinha, às pequenas porções e à hora de esculpir o módulo compacto sobre o garfo. Apresentação da comida, sua arrumação por cada um, seu modo de servir-se e comer — tudo isto são primores que concorrem artisticamente na participação da função visual no apetite, primeiro, na digestão, depois.

Outros almoços dominicais que rivalizavam com os ajantarados de Delgado de Carvalho eram os da casa amável e hospitaleira dos Ennes de Souza. Mas deixarei para falar depois dessa grande gente quando chegar a história do que eu vi na gripe de 18 e dos três meses em que fui seu hóspede em Major Ávila, 16, frente à igreja de Santo Afonso.

Era dessas idas e vindas à Cidade, à Quinta, Cancela, ruas de São Cristóvão, Tijuca, Engenho de Dentro e zona sul — vendo, reparando e ouvindo o povo — que cada segunda-feira eu voltava para o colégio mais penetrado dessa coisa sutil, rara, *exquise*, polimórfica indefinível (porque não é forma palpável e o que não tem de material, tem de luminosidade e perfume e vida) — que é o sentimento carioca, a alma carioca que nasce dessa paisagem, dessas ruas (oh! "A alma encantadora das ruas"), desses bairros ricos e pobres, sobretudo dos pobres, desses morros, dessa mistura de gente da terra, da do sul, do centro e do norte. Essas forças puxam para todos os lados mas sua resultante é tão forte que confere identidade a homens os mais diversos. Não há nada menos semelhante uns dos outros que Dante Milano, Alvarus, Prudente, Gastão Cruls, Marques Rebelo, Henriquinho Melo Moraes, Bororó, Di Cavalcanti, Luís Peixoto, Lima Barreto e Francisco Martorelli — esse mesmo que foi o doutor do samba, o que tirou seu anel, vestiu sua camisa listrada e saiu por aí. Entretanto se formos despojando esses homens e reduzindo-os a uma espécie de mínimo múltiplo comum, de redução de decimais a ordinárias, vamos encontrar em todos — um *quid* especial que é a essência do carioca. Que será isso? Como se preparará essa teriaga de qualidades e defeitos onde os principais simples são alegria de viver, dor de corno, bloco, clube, carnaval, trepadinha, esporte, ingenuidade, improvisação, boato, jeitinho, tirar o máximo de tudo, não dar sopa, eu? hem... aparar e dar o golpe, estar na sua, saber sua gíria, ser um pouco cafajeste ou pelo menos ter a infinita compreensão da cafajestada como arte e estado de graça. Impossível definir o que é que o carioca tem. Tem, congênito, o que apareceu por contágio nos paraenses Ovalle e Eneida, nos pernambucanos Pedro Ernesto e Luís Jardim, no maranhense Artur Azevedo, nos paulistas Chico Barbosa e Sérgio Buarque de Holanda, nos mineiros Aníbal Machado e todos os que tiveram a ventura de nascer em Diamantina e mudar para o Rio. Mas essa comparação, em lugar de esclarecer, ainda complica a compreensão do que é que o carioca tem. Vamos ver. Assim como se demonstram verdades pelo absurdo, talvez se entenda melhor o que é ser carioca pela apresentação de figuras sem o mais leve traço de Rio de Janeiro. Aponto nessa categoria gnomônica, cujo anjo foi Filinto Müller, os nomes de Artur Bernardes, Plínio Salgado e Getúlio Vargas. Esses eram mesmo de Mato Grosso, Minas, São Paulo, Rio Grande do Sul e chegaram aqui vacinados e invulneráveis à tomada de santo carioca. Mas com isso estou dando voltas e mais voltas quando o que eu queria é entrar os umbrais do Faria e voltar ao colégio depois dos sabadomingos cinema, visita e rua — que me abriam mais e mais à compreensão dos meus colegas. Com tudo que eu contei das aulas, professores, bedéis, dos longos dias e das longas noites do internato, vamos chegando ao fim do primeiro ano letivo e ao limiar das grandes férias de novembro a abril. Mas antes desse termo temos de referir duas atividades de natureza física, cívica e guerreira. A ginástica, ensinada por mestre Guilherme Herculano de Abreu — o *Bolinha*. O exercício militar, ministrado pelo bravo tenente depois capitão Batista de Oliveira.

    A ginástica que tínhamos no internato era tudo quanto podia haver de mais errado. Dada turma por turma, cada qual no seu horário, durante o dia, entre aula e outra. Excluía-se dela a alegria dos conjuntos numerosos e aquilo virava uma rotina enfadonha apesar do garbo atlético e da voz de fanfarra do nosso excelente *Bolinha*. Era um homem de cerca de quarenta anos, calvície bem começada, grisalhando, bigode enrolado *en croc*, gordote mas apesar de tudo duma leveza que punham-no sempre correndo e sempre na ponta dos pés. Para nos mostrar como era, ele abordava os instrumentos (as escadas verticais, as deitadas, as paralelas, as cordas, as barras) com uma espécie de sapateado circense de acrobata que vai começar seu número. Tinha um bom humor inalterável, desses que só nascem da perfeita saúde física e do equilíbrio das qualidades da alma. Mas seu maior charme era a voz de barítono que parecia mais de canto heroico que de comando ginástico. Ele era o próprio professor Bataillard de *O Ateneu*. Se Raul Pompeia, na cena atlética do colégio do Aristarco, roubou-me com antecipação a figura do Guilherme Herculano, eu me compenso sincretizando nosso mestre com o de Sérgio, do Egbert, do Franco e do Bento Alves. Aos poucos juntei os dois e quando releio *O Ateneu*, coloco seu vasto campo, com a Princesa e os visitantes, no recreio da nossa Primeira Divisão — com a linha de tiro, o *Stand*, a caixa-d'água, o chalé dos banhos, o vasto telheiro e o pátio tornado estéril pela batida dos nossos borzeguins. E quando leio do professor Bataillard, "enrubescido de agitação, rouco de comandar", chorando de prazer e abraçando os rapazes indistintamente — quem eu vejo é Guilherme Herculano de Abreu saltitante e correndo sobre os artelhos.

    O nosso *Bolinha* era avaro de aplausos, parece que para não tirar o estímulo e impedir sonos sobre os louros. Mesmo diante de um exercício impecável de escadas como era o do *Vituca*, como era o do *Machacaz*, nunca soltava um muito bem! Gritava, modulando, o seu costumeiro — outro, que faça melhor! e logo a aula de aparelhos prosseguia, mais competitiva, agora com a dupla prodigiosa Marcelo Miranda Ribeiro e Hilário Locques da Costa, nas paralelas. Os dois eram os melhores atletas da turma, amigos íntimos, entendiam-se em tudo e quando cansavam de correr e conversar, exercitavam-se espartanamente no tranco. Vinha um dum lado, correndo, outro, correndo, do outro lado e quando chegavam perto saltavam e chocavam-se no ar como duas locomotivas se encontrando. Que trombadas! Os dois quase me mataram, quando, por pura amizade, certa vez me induziram a fazer com eles o tremendo exercício. Mordi o pó e fiquei uma semana moído e descangotado. Mas voltemos a eles e ao seu fabuloso número nas barras paralelas. Entravam, cada qual pelo seu lado, imitando os pulinhos do *Bolinha* e levitavam-se. Seguros pelas mãos, frente a frente, olhavam-se, medindo a precisão dos movimentos que iam desencadear. Batiam os pés para a areia cair e não se derramar sobre suas cabeças à hora do *renversé*. O Marcelo, de repente, adiantava-se num mergulho e quando seus pés juntos subiam para a frente, dum lado, do outro, os do Locques voavam para trás de modo a alternarem-se no mesmo lugar do espaço a cada posição semelhante mas sucessiva que tomavam. Eles subiam e desciam com o ritmo das alavancas que moviam as rodas das barcas da Cantareira. Num último arranco ambos ficavam pés para o alto e aproximavam-se andando, com as mãos, sobre as barras. Então fletiam devagar, as coxas sobre o tronco, desciam este lentamente e um reproduzia o movimento do outro — com a precisão dum espelho. Saltavam impecavelmente, cada qual para a respectiva direita. Fim. Pois nem assim o Bolinha aplaudia. Tocava para outras ginásticas com seu costumeiro — outro, que faça melhor! Íamos então aos halteres ou às maças. Estas eram de duas naturezas: as de madeira, variáveis no tamanho e outras, enormes, pretas, leves, de papelão pintado e lembrando *magnuns* de champanha. As primeiras serviam para os exercícios de força, as segundas, para os decorativos. Porque era bonito ver seus giros harmonizados quando o professor comandava os molinetes com ambos os braços esticados ou a complicação do molinete com a direita! circundução com a esquerda! Ou vice-versa. Os atletas desempenhavam-se bem. O Robespierre, com a aplicação que punha no estudo da geografia ou do latim. A maioria, mal. Eu, pessimamente. Mas apesar de um ou outro se distinguir — por vocação especial dada pelo seu biotipo congenitamente atlético — aquela ginástica feita de botinas, calça comprida, camisa abotoada e punhos descidos — não aproveitava a ninguém. Não era culpa do Bolinha não. Era do regime escolar que fazia dos exercícios físicos aula como qualquer e dada em horário impróprio.

    Muito mais viva era a instrução militar. Em tempos fora ministrada por oficial que deixara saudades pela sua delicadeza e maneiras gentis: o tenente Amado Mena Barreto, substituído aí por 1914 ou 15 por duro *troupier* — o tenente e logo depois capitão Batista de Oliveira. Capitão Batista é como vamos chamá-lo. Estou a vê-lo. Alto, claro, corpulência de coronel, rapidez de soldado raso, à nossa direita, à nossa esquerda, lépido, ubíquo, súbito, repentino, na retaguarda e na vanguarda — espada desembainhada, conduzindo como um general. Seus gritos de comando nada tinham da música abaritonada do Bolinha. Eram rugidos de leão. Mas antes de irmos mais a fundo na pessoa do nosso instrutor, umas palavras. O Colégio Pedro II era instituição essencialmente civil, casa de humanidades nascidas dum seminário — mas aos poucos, semi-militarizada. Em 1831, Lino Coutinho manda ministrar aos alunos "o manejo da guarda nacional" para que eles estivessem preparados não só para ganhar a vida num mister honesto como, para "com as armas na mão, e como soldados da pátria (defenderem) o país e a ordem pública em caso de necessidade". É o que conta Macedo no seu *Um passeio na cidade do Rio de Janeiro*. Aos poucos esses pruridos guerreiros foram se afrouxando mas novamente voltaram a urticar quando, a 15 de janeiro de 1894, Cassiano Nascimento, ministro da Justiça, assina o decreto que criava nosso batalhão escolar. Com altos e baixos ele veio marchando até meus tempos de São Cristóvão. No álbum de 1908 vemos fotografias de sarilhos d'armas, dum batalhão de sapadores, dos rapazes se adestrando na baioneta, do soldado-ambulância que acompanhava as paradas, do Estado-Maior dos oficiais-alunos (entre os quais meu primo Custodinho Ennes Belchior Filho), da banda de tambores e cornetas, da linha de tiro e do próprio instrutor — o então segundo-tenente do Quinto de Artilharia, Amado Mena Barreto. A direção Araújo Lima revigorou nossa estrutura militar com a introdução do uso de cantos patrióticos durante nossas marchas. Lembro o *nós-somos-da-Pátria-guardas* e um dobrado que chamávamos irreverentemente de *Três-com-Goma* (alusão à maneira de se pedir, nos botequins, três dedos de cachaça abrandados por uma dose adocicada de julepo). Corria, não sei com que fundamento, que música e letra eram da lavra do ex-aluno Peapeguara Brício do Vale. Outra corrente atribuía sua autoria ao bacharel Bransildes Barcelos, ou Carvalho. Era lindo: Dó-ré-mi-fá-fáfá-fá-fá-mi-ré-dóré-reré-ré... O álbum que referimos mostra os próprios inspetores fardados. Entretanto Afrânio de Melo Franco Filho referiu-me que, por volta de 1913 ou 14, os alunos vinham para o estudo, iam para o recreio, subiam para dormir, desciam dos dormitórios e entravam no refeitório — em bando e palestrando. Quem acabou com essa esculhambação foi o inspetor Lino que, veterano de Canudos, instruíra seus colegas de como nos comandarem naquelas ocasiões correntes da vida diária do colégio. Eles logo aprenderam e começou o brio dos à esquerda! à direita! volver — prááá; ordinário marche! um, dois, um, dois, um, dois, um...

  A instrução dada pelo capitão Batista era teórica e prática. A teoria era a do fuzil e rudimentos da maneira de defender a própria vida e tirá-la ao inimigo, durante a batalha. As aulas eram guardadas com tanto mais facilidade quanto eram dadas em duplo — nosso bravo instrutor jamais enunciando uma frase sem dobrar cada palavra de seu sinônimo, de modo que sua correntia exposição era, na verdade, constante de duas exposições trilhos paralelos. Prudente de Morais, neto (Pedro Dantas) dá um exemplo dessa prodigiosa capacidade no capítulo "Paradas", de suas *Memórias*, justamente o publicado no *Diário Carioca* de 29 de dezembro de 1946. É simplesmente lapidar a frase do nosso capitão, por ele guardada para sempre — "A bala, ou projetil, sai, ou parte, do fuzil, ou arma. Quando o homem, ou soldado, ouve, ou escuta, o silvo, ou ruído, da bala, ou projetil, joga-se, ou atira-se, por terra, ou chão". Com numerosas variantes ouvi essa técnica de defesa, ou proteção, que o infante, ou praça, devia empregar ou usar, ao primeiro sibilo, ou assovio da refrega, ou combate. Era deitar imediatamente e contratacar dessa posição, tentando de todos os modos exterminar, ou matar, o inimigo, ou adversário. Devia-se mirar cuidadosamente o crânio, mandar bala no dito e se a distância era grande, não permitindo requintes de pontaria, tentar-se-ia acertar no centro, ou meio, da silhueta, ou vulto e destarte, ou assim, era certo, ou seguro, atingir, ou ferir, o abdome, ou ventre. Nestes casos o soldado era sempre posto fora de combate e morria depois — porque aquilo era peritonite certa. Forrados dessas noções sumárias, todos passávamos a nos julgar estrategos e táticos da maior competência. Principalmente porque armávamos e desarmávamos o fuzil Mauser de 1908, lixávamos o aço do seu cano, untávamos o sistema do gatilho, da alça de mira e encerávamos bem polida a guarnição do cano e o madeirame restante da culatra. No *Stand General Faria* nos adestrávamos a valer, na pontaria, ou mira, com projetis de guerra. O capitão Batista valorizava sua propriedade humanitária de penetração graças à sua forma cônica, à sua cápsula de aço e reprovava a feia traça de usar balas de chumbo entalhadas — o que as tornava capazes de ferimentos tão terríveis quanto os das dundum cujo emprego, sabíamos pelos jornais, era uma das mais conhecidas e correntes *atrocidades* alemãs. O capitão Batista dava apenas uma ou duas vezes a lição sinonímica dos cuidados que devíamos ter com o fuzil. Nossa maior instrução nesse sentido era completada pelo Caralho. Sim, senhores, *Caralho* — porque essa era a alcunha do antigo veterano, atual servente da Sala de Armas. Diziam no colégio que ele tinha sido o ordenança fiel do nosso bravo Instrutor e que salvara duas vezes sua vida em lances arriscados das campanhas do Acre e do Contestado. Não sei se era verdade mas essa era, pelo menos, a legenda fabulosa que corria no colégio. Parece que o Caralho perdera nome verdadeiro e passara a ter essa arrogante alcunha por ser cabeçudo, erecto de atitude, pescoço sempre muito teso, e por ostentar sulcos nasolabiais profundos que somados às bochechas congestas lhe davam um ar de cabeça de bagre olhada por baixo. Hoje, lembrando dele, creio que apelido que lhe caberia como luva seria o de *Parafimosis* e que não lhe faria mal um corte de tesoura na parte posterior da gola do dólmã. Os médicos que me lerem, compreenderão. Além dos fuzis, era com o Caralho que tratávamos as nossas baionetas, asticando-lhes os metais amarelos dos cabos e à custa de lixa fina pondo suas lâminas mais reluzentes que espelho. Eram uns sabres de modelo antigo, levemente sinuosos e jamais pude espancar da memória sua forma cruel, porque eles são os instrumentos que uso em meus sonhos de chacal.

> Não fui eu ou fui eu?
> Quem sabe mais de mim do que meu dentro?
>
> E meu dentro se cala
> omite seu obscuro julgamento
> deixando-me na dúvida
> dos crimes praticados por meu fora.
> CARLOS DRUMMOND DE ANDRADE, *Boitempo*

É verdade. Nesses pesadelos hediondos que me assaltaram durante anos, os sabres do Caralho tinham papel relevante e eram o meio de que eu me servia para os almejados assassinatos. O primeiro era bestial e repugnante. Imaginado em branco e preto como os filmes antigos. Um menino? Uma menina? Sei lá. Sei que tinha pelos seus cinco, seis, sete anos. Não lembro como eu tinha engabelado a criatura de Deus, para levá-la à sombra cômoda daquele lusco-fusco de fim de tarde, fim de rua, princípio de mato. Ah! como dizia o personagem de Poe — que Deus me livre, ao menos, das garras do Arquidemônio. Como é que eu tinha aquela coragem de retalhar a pequena criatura a sabre e de furá-la como a um gato para ver correr o sangue que me inundava. Logo fugia para não ser apanhado e acordava tão aviltado pela minha possibilidade de arquitetar tal miséria que tinha vontade de me matar, para matar, comigo, o pensamento maldito. Eu chorava diante do inexplicável do subconsciente que fazia aflorar à minha tona aquelas ondas subjacentes de merda e sangue. Não era só a criança. Havia outra morte, outro cadáver, não no armário, mas dentro de meu ser abjeto. De onde vinha ele? de mim? de antes de mim? e foi-me transmitido por meus pais, por minha raça, pela extensa e longínqua linhagem que atravessa as idades e vai até às culturas que admitiam a morte ritual, o sacrifício humano? Não é com a faca de pedra do troglodita, do inca, do mexica que o perpetro mas, sempre, com uma das baionetas da nossa Sala de Armas.

Agora era um adulto e eu me comprazia sentindo suas costelas rangendo e cedendo ao ferro, o ventre aberto, as vísceras dispersadas por mim, Jack-the-ripper, que exultava no inferno do crime até acordar chorando sobre o que eu fora capaz de configurar. Tão nítido, tão sensível, o cheiro tão de vida acabando — que à repetição do pesadelo cheguei a duvidar de mim e a indagar seriamente se minha personalidade não estaria se desdobrando na noite de Laranjeiras e se esses crimes imaginários não seriam mesmo obras reais de uma espécie de estado segundo do *meu fora* — levados a efeito durante obnubilação do *meu dentro*. E eu sei? Mas já o tampão ético se faz sentir no terceiro pesadelo da série. Meu assassinato reveste, então, forma simbólica e o sonho é em tecnicolor — sangue de goles. Avanço sempre armado com o mesmo sabre. Ao primeiro altabaixo o ser miserável se fendia e quando eu me rejubilava em despedaçar e abrir sua caixa do peito, ela se transformava numa imensa fruta melancia que eu estava pondo de polpa à mostra e de que espalhava o miolo sangrento enquanto acordava — agora mesmo, de mãos no peito, no meu peito e querendo rasgá-lo, para dele espancar tamanha angústia, com ela arrancando o coração malvado. Mas tudo isto é delírio, Pedro! Delírio da vida que veio. Volta à realidade passada e à experiência militar da tua adolescência.

    Nosso batalhão escolar era comandado por um coronel-aluno que formava logo depois da banda de música (a "*Furiosa*") e da banda de tambores e cornetas, junto do seu Estado-Maior composto de um tenente-coronel, de um major, de um capitão, tudo seguido de perto pelo corneteiro-mor que transmitia as ordens que ouvia por uma penetrante corneta em ré. Um pouco mais para trás vinha o capitão da Primeira Companhia que tinha nas suas esquadras um luzido grupo de tenentes, alferes, sargentos, cabos e anspeçadas. Entre a Primeira e a Segunda, o tenente porta-bandeira, ladeado por dois cabos de baioneta calada. Um pouco depois, o capitão da Segunda Companhia, a dita, a terceira e a quarta, obedecendo à mesma ordem. Contando bem o número de oficiais-alunos portadores de galões, somando-o ao mundo dos distinguidos por divisas — nosso batalhão, como o Exército Malgache, tinha quase tantos comandantes como comandados. Os mencionados oficiais-alunos eram escolhidos entre os discípulos que se distinguiam pelas boas notas, pelo comportamento exemplar, pelo garbo da estampa. Entre os membros dessa aristocracia discente insinuavam-se sempre uns espertalhões, uns partistas e uns puxa-sacos. E era extraordinária a transformação de todos. Eram colegas os mais normais possível, bons companheiros, gente de boa convivência. Mas logo que investidos na posição de comando, passavam a punir os companheiros e a levá-los às espaldeiradas. E pobre de quem se insurgisse. Já sabe — parte do capitão — parte condão de dar sempre duas privações seguidas.

Os oficiais tinham prerrogativas, maior liberdade de ir e vir no colégio, dormiam à parte e em camas melhores, num dormitório que abria no da Primeira Divisão. Também cheios de regalias eram os membros da banda de música e da banda de tambores e cornetas — instrumentistas recrutados entre o que havia de mais rebelde e mais supinamente malcomportado no internato e no externato. O pendor musical cobria-os dos castigos e era pretexto de redução da hora dos estudos — porque tinham de treinar. No meio dos ditos da manhã, da noite, ou nas horas vagas, ouvia-se dos inspetores o clássico — *os que é da música, trocar livros!* — e eles trocavam e iam, no princípio, para o pátio ao lado do gabinete de física e química e depois para os fundos do recreio da Primeira, que foram os dois lugares, onde, no meu tempo, esteve instalada a nossa Sala de Armas — sob a responsabilidade direta do Caralho. Este trazia tudo como um brinco: os fuzis arrumados nas estantes; os projetis, ou balas; as baionetas, ou sabres e num armário ao centro, o auriverde pendão da minha terra. Nessas salas heroicas ou nas suas circunvizinhanças *os que é da música* mandavam-se, treinando os dobrados, os toques de comando, os *Três-com-Goma* e a batida dos tambores. Nessa, brilhava o terceiro sargento Afrânio de Melo Franco Filho que dava o compasso rufando como ninguém, na sua caixa de ré ou tarol. Parecia um pandeiro. Quando alguém perdia o compasso, o futuro embaixador ficava uma fera e atirava, com toda força, uma de suas vaquetas certeiras e estourava a pele esticada da caixa clara ou da caixa surda culpada. Lembro a tristeza maior do estudo, quando ouvíamos aqueles sons rolantes do tambor ou um agudo isolado, de clarim, cortando o ar.

Acima do Estado-Maior (o alfa) e da banda de tambores e cornetas (o ômega) — aristocracia e truaneirada do nosso batalhão pairava, melhor, revoluteava, a figura fabulosa do capitão Batista. Sempre de culote, farda cáqui, laço húngaro, perneiras e espada ao vento. Vejo-o principalmente no *Stand* de tiro e recordo, cheio de vergonha, minha negação com o 1908, minha nenhuma pontaria e as balas que eu mandava a esmo (arriscando os vizinhos; o Açu, em casa do Seixas; os burros do Juventino; o próprio Juventino; os colegas) até que nosso instrutor cheio de furor arrebatou-me o fuzil das mãos, meteu-lhe um pente cheio, em seguida outro, mais outro e enfiou quinze balas, ou projetis, uns atrás dos atrás, exatamente no meio, ou centro, da rodela preta, ou negra, do alvo, ou mira. Acabou, atirou-me a arma (que mal consegui apanhar no ar) e invectivou-me. Tome cuidado, seu recruta bisonho! tome muito cuidado porque sua pessoa está suja, ouviu? suja, mas suja mesmo. Eu não conhecia a expressão *estar sujo* como sinônimo de estar pouco cotado e olhei com pasmo minha farda, procurando a porcaria. Foi quando interveio o *Frango*, puxa conhecido do capitão, esclarecendo meu engano. Não é sujo na roupa não, seu paspalhão! É sujo moralmente que você está e disso é que o nosso capitão está lhe avisando. Tive de tragar porque quem falava era um oficial-aluno, diante e com o assentimento do Batista. Guardei-lhe rancor que dura até hoje. E fiquei mesmo sujo durante todo o curso, com o nosso instrutor. Pela minha falta de garbo, na marcha. Pela minha incapacidade, no tiro. Por não ter nunca decorado os toques e fazer esquerda, quando a corneta mandava direita! volver. Finalmente por ser acometido de frouxos de riso aos comandos de trocar passos! ou de marcar os ditos. Ao último eu achava simplesmente absurdo e aquilo de marchar no mesmo lugar, abria as comportas do meu chiste. Que de sábados! não perdi de saída, ou folga, por parte ou queixa do capitão Batista...

    Uma vez por semana saíamos formados pelas ruas do bairro. Terceiro uniforme. Cinturões e perneiras tirados no bolo da Sala de Armas. A Primeira Companhia, a dos alunos maiores, armada do Mauser de 1908; as outras, de umas espingardinhas menores, que pareciam de brinquedo. Também os primeiros calavam baionetas de verdade e o resto, uns refles nanicos. Era com aquelas, as boas, que eu sonharia depois os meus assassinatos. Cortávamos todas as ruas do bairro mas havia três itinerários preferidos pelo capitão. Número um. Saíamos do colégio, volteávamos o Campo, descíamos Escobar até em frente às palmeiras do Hospital dos Lázaros, tomávamos São Cristóvão, depois Figueira de Melo e novamente o Campo. Esse trajeto nos permitia sempre apreciar o *Pissilão* na janela de sua casa — parece que na rua de São Cristóvão. Professor à vista, logo os comandantes das companhias davam voz de olhar à esquerda! em continência. Mas o Guilherme Afonso nem dava bola e fitava rancorosamente o desfile dos nhonhós — que era como ele tratava os alunos. Número dois. Colégio, Campo, Cancela, São Januário, José Cristino, Senador Alencar, Campo, colégio. Volteava-se o morro de São Januário, olhava-se de suas encostas um Rio que não há mais, a não ser numa ou outra fachada esquecidas pelas picaretas. Número três. Quinta da Boa Vista, Pedro Ivo, Figueira de Melo. Preferíamos este. Ensarilhávamos na Quinta, debandávamos e eu então corria e voava até ao portão da via férrea — para olhar as varandas do diretor da Central. Procurava a figura da sobrinha e seus olhos de abismo. Às vezes via, às vezes não via. Paciente, impaciente, eu esperava uma semana, duas, três, outra e então via. Mas isso era 1917, 1918... A linda casa ainda está lá. Era Francisco Eugênio, número 398. Fui vê-la há dias. Dividida em duas residências: 398 e 400.

Às vezes, em véspera de parada, para treino conjunto, os alunos do externato vinham de bonde especial para São Cristóvão e confraternizávamos como na junção de tropas aliadas — como as francesas de Joffre e as inglesas de Douglas Haig. Foi numa destas oportunidades que, sob o telheiro da divisão dos menores, puxei conversa com um menino reservado, olhos muito observadores, de mirada prolongada, dotados da extraordinária capacidade de quase não piscarem — no agudo da atenção. Podem conferir como eram porque eles continuam os mesmos, só que atrás dos óculos de Prudente de Morais, neto. O nosso próprio e inimitável Pedro Dantas. Pois foi num desses desfiles conjuntos que vivemos os momentos inesquecíveis de nossa Batalha do Itararé — a que não houve. Ao som do *Três-com-Goma* descíamos descuidados Figueira de Melo, quando desemboca de São Cristóvão e toma a mesmíssima via que descíamos, tropa em que identificamos logo as golas vermelhas e os punhos do mesmo sangue, inimigos das cores do nosso tré. Logo o capitão Batista deu suas ordens e a corneta em ré transmitiu-as. Alto! Descansar armas! E nós que esperávamos o rolamento guerreiro das caixas e o toque heroico da baioneta calada! avançar! e sangue, muito sangue nas calçadas do nosso bairro invadido. Quase simultaneamente, o corneteiro de lá atroou os ares. Alto! também. Descansar armas! também... O nosso capitão adiantou-se. O oficial instrutor dos outros também, cumprimentaram-se, começaram a conversar, a cochichar, depois a rir e a galhofar. Despediram-se, com apertos de mão, continências, chamadas de calcanhar e tilintar de esporas. Voltaram depois para a testa de seus efetivos e as cornetas começaram os comandos. À custa de sábios oitavos à direita! e de estratégicos a dois de fundo! cada grupo beligerante tomou a sua mão, renteando as casas e foi assim que prosseguimos e desfilamos — inimigos! uns passando pelos outros. E para cúmulo da humilhação de ambos os grupos, o comando de lá e o de cá ordenaram a todos olhar à esquerda! e saudamo-nos reciprocamente. Só que o oficial-aluno inimigo vinha, como seu instrutor, montado a cavalo e como o dito tivesse começado a bostear, ele fazia-o ladear e virar o traseiro em nossa direção. Engolimos mais esta... Enquanto marchávamos paralelamente, vi claramente que se batalha tivesse havido nós estaríamos no mato sem cachorro. Os meninos que desfilavam do outro lado eram, de fato, noviços de guerra e pareciam pequenos militares já isolados de todos, sobretudo de nós que mesmo com nossas baionetas, cinturões, fuzis e perneiras — conservávamos o ar desajeitado de casacas fantasiados de soldado. Recolhemo-nos sucumbidos e foi sem entusiasmo que tomamos parte na cerimônia que coroava nossas saídas: o sentido, todos de frente para o colégio, o apresentar armas, a marcha batida, enquanto o Quintino arriava, na sacada, a Bandeira Nacional que ia sendo recebida e dobrada nos braços e mãos dum Leandro contrito.

Mas veio o Sete de Setembro e nossa grande formatura, dessa vez não no Campo, mas na cidade. Desembocamos da avenida, passamos diante de palanque armado à frente do Passeio Público, e aí saudamos Wenceslau na sua glória. O político de Itajubá estava na força do homem, vermelho, sorridente, grisalho, gordote e usando cartola como se ela fosse a Coroa Imperial. Só que a tirava gravemente, a cada Estado-Maior e a cada bandeira que passava em continência. Havia notas do Hino Nacional espalhadas no ar, quando fomos tomar nossos bondes especiais entre Lapa e Arcos.

Do primeiro para o segundo ano subia-se por média. Não havia exames. Fui promovido com nota plena em português, simplesmente nas outras matérias, exceto latim, em que passei na tangente e ignorando as declinações. Logo os tios me despacharam para as férias em Belo Horizonte. Tornei a galgar nosso Caminho Novo, pela Central. Esta deve seguir uma das várias trilhas do que foi a rota dos mineradores. Provável que só fosse única, quando passava nas gargantas, entre penhascos, nas pontes, sobre as águas. Depois havia de se espalhar ao acaso da pata dos cavalos e dos burros de carga, à vontade dos sesmeiros e teria várias veredas, ora paralelas, depois se entrecruzando — de modo que hoje é quase impossível dizer, ao certo, onde era o caminho do ouro das gerais. Um ou outro trecho pode ser reconhecido por indicações antigas de restos da União-e-Indústria — mas temos de considerar, como representação do roteiro de Garcia, todas as vias que hoje vão do Rio ao centro de Minas, do asfalto das autoestradas, atuais, até aos aços da Central, que eu tomei em novembro de 1916 para minhas férias em Belo Horizonte. Naquele tempo ia-se, da capital federal à capital de Minas, em dezoito horas. Teoricamente. Saía-se de madrugada mas os trens iam atrasando, descarrilando, sendo bloqueados, ficavam esperando os que desciam, manobravam gratuitamente pralá, pracá nas estações e iam ganhando sempre mais duas, três, cinco, dez horas de retardo. Logo na subida da serra do Mar podia-se perguntar ao chefe do trem. Qual o atraso que vamos levar? Ele respondia logo: quatro horas, seis horas, mais de oito horas. Era simplesmente fabuloso de incompetência! Lembro dessa viagem em que passei tarde por Juiz de Fora, em que olhei avidamente os morros e casas de minha cidade. Veio logo a parada de Mariano Procópio, depois a escadaria da casa do Paleta, na Creosotagem, e a alta figura de minha prima Stella Paleta de Alencar, de chapéu, como quem ia descer e pegar seu *daumont* para a cidade. Em seguida cresceu a demora e já era noite fechada quando ouvi anunciar — Gagé Gagé Gagé — e logo os freios da máquina funcionando, os guarda-freios ajudando com os de mão de cada vagão e, num sacolejar de ferragens, paramos no deserto. Só depois de procurar muito, divisei umas luzinhas e como Choulette, no seu trem, frissionei de medo de morrer, de ter de descer em Gagé ou de morar em Gagé. Que diabo seria Gagé? meu Deus... Onde estaria? onde estava eu? em que Áfricas? em que Javas? Mas logo o trem partiu e continuou atrasando e apitando até a chegada na madrugada umbrosa e perfumada de Belo Horizonte. Minha Mãe estava sozinha na estação e subimos juntos para nossa residência. Era outra. O Major tinha se mudado para a avenida do Contorno, 700, uma casa rosada, parede-meia com a vizinha. Ficava num correr todo igual e propriedade do seu Raul Mendes. Falei com meus irmãos, tomei o copo de leite noturno que minha Mãe não dispensava e fui pra cama. Deitei e no escuro fiquei remoendo certas cenas que assistira no trem. Nesse tempo ainda não havia vagão-restaurante, mas adaptação de mesas num carro comum e quando, à tarde, fui ali para um sanduíche, fiquei bestificado com a quantidade de mulheres de pernas cruzadas, mostrando até acima dos laçarotes das ligas, que ali garalhavam em todas as línguas, com senhores em trânsito e caixeiros-viajantes. Eram quase todas oxigenadas e fantasticamente pintadas — sobretudo a boca, a boca, os olhos. Riam alto, davam gritinhos, fumavam por piteiras enormes e todas obedeciam cegamente às injunções de certa abelha-mestra de cabelos espichados para trás, sem pintura, pele de marfim e porte soberano. Era uma mulher bonita mas de traços cruéis que as outras chamavam *madame* ou *d. Olímpia*. Eu já tinha bastante informação, bastante Pedro II e conversa de safadeza, para saber e bem o que era aquilo. Sabia, olhava atraído e fascinado. Ainda não provara. Mais tarde eu conheceria tudo daqueles carregamentos e de como a Olímpia ia recrutar suas *artistas* nos grandes centros de caftinagem do Rio e São Paulo. Mas ainda não suspeitava esse lado-crime da prostituição e só via seu aspeto dourado e borboleta. Fui dormindo aos poucos, pensando naqueles cabelos de ouro e naqueles beiços vermelhos que de repente caíam e se arreganhavam deixando aparecer uma caveira cujos dentes riam e se embicavam na frente, como o limpa-trilhos da máquina que me trouxera do Rio.

Cedo, no outro dia, tomei posse da nova moradia do bairro, dos vizinhos e daquele início de férias. Nossa casa era simples e modesta, fachada muito lisa, desornada, pintada de róseo, varanda lateral e o que tinha de magnífico era o porão alto como construção de catedral. Era baixa, a casa, vista da avenida do Contorno, mas alta, levantada sobre colunas, por trás, devido ao declive do terreno. A rua era larguíssima, alegre, ensolarada, dando, por um extremo, nas proximidades de Curvelo, Itajubá, Pouso Alegre e outros logradouros da Floresta. Para o oposto, ainda não completa, mostrava os altiplanos onde iam se construir ou completar os bairros de Santa Teresa e Santa Efigênia. Quase em frente à nossa casa abria a rua Silva Jardim, que sete anos mais tarde seria habitada pelo poeta Carlos Drummond de Andrade. Na esquina do nosso quarteirão, para os lados da Floresta, ficava a chácara onde seu Raul Mendes cultivava e enxertava umas nas outras as mangueiras da cidade. Produziam as famosas *Mangas Raul*. Desde as clássicas carlotinha, rosa, sapatinha, espada, todas as variedades conhecidas no Brasil e mais as novas, obtidas por enxerto. Havia algumas volumosas como os abacaxis de Lagoa Santa; outras sem fibra e só feitas de polpa macia e caldo espesso, em que o caroço reduzido era do tamanho de pevide de pêssego. Todo o resto do fruto era só a riqueza daquele miolo dourado e derretendo e correndo como melado da consistência de azeite fino. Ah, mas mais lindas que as mangas do seu Raul, eram as moças da casa colada à nossa. Judith era a mais clara e de cabelos mais negros. Vivia rindo dentes brancos, fechando os olhos para rir sob sobrancelhas pretas e cerradas. Orfila, a mais morena, ria o contrário — abrindo muito os olhos castanhos e imensos, dum castanho palhetado, quase da cor de sua pele mais morena que a da irmã. Fiquei logo amigo das duas e mais do Juquinha, seu irmão. Os três falavam muito de outro, mais velho, chamado Marianinho e que vivia em São Paulo. Eram filhos da d. Marocas e do dr. Marcondes Ferraz. Ele, paulista, antigo capitão do Exército. Fora servir no Ceará, lá havia sido comissionado como coronel da Força Pública Estadual, obtivera seu diploma de bacharel em direito e casara na família Jatahy. Sua senhora era a melhor das criaturas. O casal tinha deixado o Ceará quando caíra o velho Accioly e o dr. Marcondes, que dera baixa do Exército, tinha vindo advogar, primeiro no Rio, depois em Belo Horizonte. Foi na sua casa hospitaleira, sempre aberta e cheia de moças, que conheci na ocasião e durante sensacionais passeios de charrete, minha ainda amiga Bebê Pedro Paulo, aliás Marina Pereira e depois Marina Pereira Botafogo Gonçalves.

 Se a casa das Marcondes era alegre, a nossa não o era menos. O Major andava pelo norte de Minas. Minha Mãe tinha nessa época trinta e três anos e era a representação da alegria que lhe vinha da saúde física e da saúde mental. Essa aliada àquela é que faziam dela a criatura infatigável, trabalhando de manhã à noite para manter os filhos sem pesar em ninguém. Era incrível a quantidade de meios que ela inventava para ganhar dinheiro. Primeiro a coisa mais linda que já vi — umas franjas de papel para colar nas prateleiras dos guarda-louças, guarda-comidas, bufês, nas prateleiras corridas das cozinhas. Estas eram feitas com papel amarelo, de embrulho ou com o *papel-de-pão* cinzento. As de dentro, de papel acetinado de todas as cores brandas — róseo, azul-claro, verde-tenro — e representavam um gradeado onde se trançavam galhos, flores e frutas. Esses comportavam recolagem de cerejas vermelhas, laranjas amarelas e uma ou outra folha dum musgo mais escuro ou dum acobreado de outono. Eram vendidas a quatrocentos réis o metro e não havia casa da Floresta que não as ostentasse. Tenho seus modelos até hoje e, se quisesse, poderia recortá-los com a habilidade com que ajudávamos nossa Mãe nessa tarefa. Também ajudávamos a bater sorvete na sorveteira e sentíamos quando ia ficando bom pela manivela cada vez mais resistente. O gelo picado em torno ficava ainda mais polar com punhados de sal grosso. Doía o braço, do frio e da força. Quem ajudava, ganhava um copo inteiro antes do sorvete ir ser apregoado — iaiá, nos quentes do dia da Floresta. Colaborávamos (era divertido brincar com fogo) na fabricação de um sabão líquido vegetal chamado *Aseptol*, fórmula de meu tio Meton de Alencar e — como se dizia no rótulo (que representava criança mais saudável que o Bebê Cadom), tratava-se de "poderoso desinfetante e cicatrizante/ soberano na antisepsia operatória/ o melhor e mais perfumado para a barba... preparado por Viúva Nava". A teriaga fervia em grandes latas de querosene sobre trempes, no quintal, e eu gostava de alimentar o fogo, de engarrafinhar depois, colar os rótulos e os timbres. Dava dinheiro e o arrabalde inteiro lavava-se com a milagrosa panaceia. Minha Mãe vendeu-a depois e o *Aseptol* ainda é fabricado por um farmacêutico do Ceará. Está completando sessenta anos ou mais um pouco pois vem de 1914 ou ainda dos tempos de minha avó. A bula era em quadrinhas meio quebradas. Uns exemplos?

— Queres Aristol, Salol,
Formol, Argirol, Ictrol,
Ou outro remédio em OL?
— Nada!... Basta-me o Aseptol.

O Gilberto de Alencar
Nas colunas d'*O Pharol*
Não se cansa de gritar:
É soberano o Aseptol!

Na careca luzidia
Tão brilhante como o sol,
O cabelo vem num dia
Usando só Aseptol.

O próprio fogo na guerra,
Afirmam lá do Tirol,
Não caustica, não aterra,
Usando a gente Aseptol.

Havia ainda uma indústria de toalhas de crochê feitas dum fio grosso e lustroso, fundo em que as folhas verdes, os malmequeres brancos ou os girassóis dourados, por um artifício do ponto, pareciam em relevo e soltos. Tinham uma baita saída e estavam debaixo de todas as jarras de Pouso Alegre, Januária, Jacuí, Contorno. Mas o nosso carro-chefe era a geleia de mocotó. Fervia escura, suja e impura em latas tão grandes como as do *Aseptol*. Depois do tempero com açúcar e especiarias mantidas em sigilo, aquilo era coado em guardanapos grossos, amarrados pelos quatro cantos nos pés dum tamborete virado de pernas para o ar. Ficava em cima, uma espécie de cola grossa — parecendo coisa de feiticeiro. Passava só o fio luminoso que era colhido em tigelinhas que esfriavam no sereno e a quintessência virava naquela coisa decantada e pura, cor de pele e de topázio, mais viva e tremblotante que bunda de moça e seio de menina. De noite, se o dinheiro dava, íamos ao *Cinema Floresta*, então novo em folha — onde travei conhecimento com a figura toda em curvas e toda em geleia (como a da fabricação caseira) da Bela Hespéria, numa saudável *Dama das Camélias*. A de Francesca Bertini era melhor e de tuberculose mais convincente. Passou também, na tela do *Floresta*. Ah! tempos... E Maria Jacobini? patética. E Lydia Borelli? evanescente. E Pina Menichelli serretorcendosse de amor. Se não saíamos, vinham os Marcondes, a Odete Melo, as Fafá e a casa enchia-se de cantigas. Minha Mãe retomara seu lindo bandolim de Juiz de Fora, incrustado de madrepérola e em cujo bojo, toda música virava fado. Ou sentava no nosso velho piano e tocava o furor da época, o *Tango dezesseis*. Em ritmo rápido, podia ser dançado como maxixe. Devagar, virava tango mesmo, lento e arrabalero. Tenho a impressão que essa peça era o elo perdido — *the lost link* — que poderia dar aos eruditos a chave do parentesco da dança argentina com o samba brasileiro. Ora, numa tarde em que nos divertíamos assim, chegou de repente visita de cerimônia. Era uma amiga de minha Mãe, a d. Marieta Andrade. Vinha acompanhada do pai, homem importantíssimo, o desembargador João Olavo Eloy de Andrade — porque naquele tempo moça não andava sozinha. Imaginem! E logo para aqueles descampados de Contorno... Abancaram, sumimos. Depois minha Mãe me chamou, a d. Marieta e o dr. Olavo me fizeram umas perguntas, concordaram com o olhar e disseram que estava ótimo, tudo combinado e que o primeiro ensaio seria no dia seguinte, à noite, em casa do próprio desembargador. Eu não entendia nada e nem podia avaliar, de imediato, a importância que essa visita teria em minha vida.

Logo tive a explicação daquela espécie de exame de admissão. Era para ver se eu era esperto bastante para tomar parte numa representação de crianças que d. Marieta estava preparando. Festa de caridade. Logo no dia seguinte, como anunciado, começaram os ensaios na própria casa do desembargador que era uma bela construção situada na esquina de Timbiras e Paraíba (nessa casa, digamos de passagem, morara antes o senador Virgílio e nela seu neto Rodrigo Melo Franco de Andrade viveu a ambiência de seu conto autobiográfico "Iniciação"). Íamos representar três peças. Dois sainetes — *Olhos em leilão* e *O cravo branco*. Mas o prato de resistência era um *Auto de Natal*, escrito especialmente pelo professor Carlos Góis e musicado pelo maestro italiano Paschoal Ciodaro. Nos primeiros brilharam os meninos e mocinhas mais bem-parecidos e no último é que tomei parte — de barba branca postiça, fazendo de *Velho Pastor*. Eram dois quadros. O de abertura em que os jovens zagais dormiam e eu velava, quando via uma grande estrela caminhando na direção de Belém. No seu rastro seguiam os séquitos de três reis. Assustado eu chamava os companheiros e, juntos, cantávamos perguntando o que estava para acontecer. Que prodígio? Um bem? Um mal? Oh, que Deus no-lo anunciasse, sem mais demora. Descia das alturas o anjo Gabriel também cantando, cantando e informando de que antes que raiasse o alvorecer iria nascer "supremo eflúvio de graça e amor, o Salvador". Eia!, pois, pegureiros: a caminho. Chegávamos, na apoteose, à gruta em cujas penhas pousavam serafins onde estavam o Menino, Sua Mãe, são José, o burrinho, o boizinho, os Reis adorando e onde ajoelhávamos para entoar o coro final. Choviam rosas, voavam pássaros, caíam estrelas. Lindo, lindo! Logo nos primeiros ensaios os pequenos atores se apaixonaram pelas pequenas atrizes e começaram as dores de corno dos namoros infantis. Lembro alguns papéis. Caio Libano Noronha Soares era o menino dos olhos bonitos que os punha em leilão. Entre as flores, ele tornava a figurar como Cravo Branco. Tita e Célia Neves diziam versos e cantavam modinhas. Maria Fulgêncio era um anjo, Maria Josefina de Lima (Fininha), outro, Maria José de Lima (Zezé), outro, o maior, Gabriel, que descia do firmamento para mim, para me deslumbrar e dar-me a grata nova. Paulo de Andrade era são José. Zita Campos, Nossa Senhora. Sua irmã Lalá, outro anjo. Orfila Marcondes, uma das flores, com seu físico de Rosa Vermelha. Judith Marcondes era um dos pastores; outro, Helena Cardoso — cujo coração andou também naquele palco onde representamos. Eu, de túnica, manto, bordão, barbas e cabelos brancos estrelei, já o disse, de Velho Pastor. Mas a importância que referi e que esta festa teve para minha vida, foi o conhecimento que fiz de dois amigos que o são até esse hoje! cinquenta e oito anos depois: Francisco Peixoto Filho (Chicão) e Adauto Lúcio Cardoso. O primeiro fazia o papel de Cravo Vermelho, no ato das Flores. O segundo, por ser então calado e tímido, o de simples figurante: centurião romano. Continuaram neste papel pela vida a fora — o Chicão, flor de amizade; e é o próprio Adauto quem afirma que, como deputado, presidente da Câmara, ministro do Supremo — agiu sempre e sempre como centurião. Os primeiros ensaios foram em casa do desembargador, dirigidos por ele próprio, que nos ensinava a fazer a saudação romana e a dizermos uns aos outros — Ave! Depois passamos para o Teatro Municipal que regurgitava no dia da festa. Arrebatado nos jorros de luz de todas as cores, eu fui velho, fui pastor convictamente e quando a Zezé Lima baixou à terra numa nuvem de gaze branca, eu me rojei de joelhos um pouco pelo meu papel no Auto — mas muito por mim mesmo e por minha alma subjugada. Nunca mais entendi anjo Gabriel sem os cachos negros e os olhos enormes da mocinha que o encarnou. Repudiei os louros os de asas multicores das pinturas de Fra Angélico, do Giotto, de Piero Della Francesca, Leonardo, Memling.

 Logo depois dessas festividades indizíveis, o Major chegou de Salinas. Lembro dele na casa da avenida do Contorno. Lembrança favorável: sua conversa mansa com minha Mãe, depois do jantar, quando a Deolinda vinha da cozinha com uma brasa no fundo duma colher ou com um tição estalando para ele acender seu cigarrinho de palha, seu charutinho de são Félix. Ele soprava, avivava e o reflexo vermelho nas suas barbas dava-lhe as tintas de um santo, de um frade de Zurbarán. Lembrança desfavorável: o dia em que fez-me ir com ele ao mercado e voltar carregando pelos pés meia dúzia de galinhas. Fiquei revoltado. Aquilo comigo, com um futuro bacharel pelo Pedro II. Desaforo! Pois foi numa daquelas conversas de depois do jantar que ele anunciou que estávamos novamente de mudança. O homem não sossegava! Parecia que tinha bicho-carpinteiro! Nossa...! Desta vez iríamos para uma casa da cidade. Fomos para a rua Timbiras, 1633 e vivi um quarteirão sensacional. Escrevi a tia Alice carta que releio comovido, para avivar minhas lembranças dessa fase. Nela dizia: "...agora estamos a três quarteirões do Bar do Ponto, que é o centro". Eu me referia ao centro da cidade, mas logo veria que aquilo era o centro de Minas, do Brasil do Mundo Mundo vasto Mundo...

2. Rua Major Ávila

> O quarteirão não mudou muito. Ainda é praticamente o mesmo. Nossa casa ficava em Timbiras [...]
>
> PEDRO NAVA, "Evocação da rua da Bahia"\*

NÃO VOU RETOMAR AQUI DESCRIÇÃO que já fiz desse quarteirão. Nossa casa tinha três janelas de frente, entrada lateral, espécie de corredor onde foram postas as estantes com os livros médicos de meu Pai. Esses foram se dispersando, levados para o Interior, onde o Major, entre outras prendas, exercia a de carimbamba e até a de parteiro; dados por minha Mãe ao dr. Davi Rabelo que nos tratava e não cobrava de viúva de colega; e finalmente vendidos por mim (como contarei depois) nos sebos da cidade. Foi daquele alto de Timbiras, andando para os lados do

---

\* Tomo essa epígrafe para mandar o leitor ao Anexo I deste livro, onde está a descrição de quarteirão quase o mesmo, apesar das revoluções urbanas por que tem passado Belo Horizonte. Trata-se de artigo publicado por ocasião do cinquentenário de Carlos Drummond de Andrade e cuja leitura levou Fernando Sabino e Otto Lara Resende a insistirem para eu escrever minhas memórias de Minas no mesmo tom. Esse diabo de pensamento levou anos germinando... Os responsáveis, pois, pelos meus livros são a "Evocação da rua da Bahia" e os dois queridos amigos que tiveram a generosidade de aplaudir esse esboço de lembranças.

*Castelinho* e da casa da família Amador, que completei minhas informações sobre os desertos que saíam da esquina de Espírito Santo em direção ao Calafate e sobre as distâncias paralém onde se desenrolavam rolando em banhos de ouro e sangue os crepúsculos de Belo Horizonte. Dali, desci pela primeira vez, sentindo alvorecer em mim a consciência dessa coisa gravíssima — dali desci, pois, pela primeira vez, a rua da Bahia. Virava sua esquina costeando o chalé pintado de marrom e afogado em árvores espessas, do cônsul d'Espanha — d. Leonardo Gutierrez. Geralmente ele estava saindo, sempre bem vestido, barba de ébano apenas grisalhando, em direção ao Centro. Fora passeavam seus filhos Aurora, Olga e o garoto Plácido. Logo conheci Leonardo Filho, um dos primeiros companheiros que tive na vizinhança. Os outros foram os Continentino que eu via quando tomava o caminho do crepúsculo e descia Álvares Cabral. Eles moravam numa bela casa defronte do *Castelinho* do Waldemar Loureiro e quase *vis-à-vis* do sobradinho verde onde divisei pela primeira vez o imenso Milton Campos. Descendo por Bahia, diante de um vasto casarão azulado, passeava sempre sem chapéu e de capote marrom, um velhote doce e simpático, cujos bigodes brancos o fumo ia pondo da cor do agasalho. Era o dr. Bernardino de Lima, irmão do Poeta Augusto de Lima, professor da Faculdade de Direito e o próprio pai do Anjo Gabriel. Sim! do Anjo Gabriel da festa da d. Marieta, da Zezé Lima. Tratei logo de renovar conhecimento e fui recebido na casa agradável e simples dessa querida família. Eu devia ser um chato de botas (tinha consciência disso!) mas era mais forte do que eu: não saía de lá, de dia, de noite, ouvindo as histórias de assombração de d. Ester e do Manuelito, vendo entrar e sair os filhos mais velhos, partindo com todos o pão com manteiga e o café do lanche (tudo com o cheiro do da casa de minha avó, em Juiz de Fora). O canto era talento hereditário naquela família. D. Ester cantava na Boa Viagem, as filhas em casa. Ao piano, na sala de visitas ou, se luar havia, na varanda que dava para os alicerces da futura casa de meu amigo João Teixeira. Saíam da noite os versos mais lindos do cancioneiro mineiro — modulados pela boca da Auxiliadora, da Zezé, da Fininha, cujos perfis se recortavam numa fímbria luminosa de encontro ao azul noturno que cheirava a acácia, a magnólia, a baunilha. Foi nessa casa e nessas férias abençoadas que conheci ainda Doquinha e Laetitia, as filhas do poeta, sobrinhas do dr. Bernardino. Lembro como estava vestida Laetitia — a de nome bem escolhido. Lembro seu grande chapéu de tagal com cerejas e fitas de veludo do mesmo negro andaluz de seus cabelos e seus olhos. Lembro seu vestido de nuvem rósea, sua alegria e mais a figura de sua mãe — alta, cheia, muito branca, cabelos acobreados e lindo perfil. D. Vera Suckow de Lima. Essa vestia blusa clara e uma saia de quadradinhos pretos e brancos. Lembrai-vos dela, assim? filhos e sobrinhos.

Quando se descia Bahia, depois da esquina da Caixa Econômica, se era noite deserta, logo que se punha o pé fora da calçada, no encontro da rua mencionada com Álvares Cabral e Guajajaras, ouviam-se vaias, gemidos e feias gargalhadas saindo do chão. Eram os membros mortos da família do curralense Francisco Cândido Fernandes (cuja velha casa do Cercado tinha sido derrubada para abrir passagem para aqueles logradouros da nova capital — apupando os belorizontinos intrusos). Tudo cessava quando, depois de se passar a casa de Bernardo Monteiro, se punha o pé no passeio do outro quarteirão — o do *Diário de Minas*, órgão oficial do famigerado Partido Republicano Mineiro. Descendo até a esquina de Paraopeba (depois Augusto de Lima) encontravam-se duas edificações ilustres na história de Belo Horizonte. De um lado, o Grande Hotel. Do outro, o Conselho Deliberativo. Esse palacete, absurdamente manuelino, que seria um dia cantado por Mário de Andrade, abrigava a Biblioteca Municipal que eu logo comecei a frequentar, nas tardes em que não ia encher a família do dr. Bernardino. Fora da livraria escolhida de meu tio Antônio Salles, forro, dei azo à maior capadoçagem intelectual possível. Passei-me de armas e bagagens para a literatura ambígua e porca de Paulo de Kock nas traduções vagabundas do *Gustavo* — *O estroina, O homem dos três calções, O filho de minha mulher* — cujas capas violentamente coloridas, cheias de intenções, de rameiras e bilontras em fraldas, ainda eram mais obscenas que os textos apenas *grivois* do escritor francês. Lembro não sei mais de que livro, da gorducha que conseguia subir num pau-de-sebo, que de repente escorregava deixando as saias engastalhadas no alto. Ficou ali, sem poder subir nem descer — bunda à mostra, xoxota à mostra. Era de morrer... Outro que me embeiçou: Ponson de Terrail com *Dragonne e Mignone, Os cavaleiros da noite* e as *Aventuras de Rocambole*. Deste não ficou apenas o lado crime e sangue mas um desenho das grandes *cocottes*, com a Bacarat, e dum Paris subterrâneo, noturno, cercado de subúrbios cheios de valhacoutos. Quando fui à capital da França, o passeio que fiz a Bougival foi reminiscência das leituras da Biblioteca Municipal de Belo Horizonte. Lia o dia inteiro. Só interrompia para ir à privada de sonho do Conselho Deliberativo: toda azul e vermelha da luz que entrava pelas suas janelas ogivais com vidros que se pretendiam vitrais. Nessa minha frequência à biblioteca é que prestei atenção num moço um pouco mais velho do que eu, que lá passava o dia estudando. Aquilo me humilhava, de ficar a tarde naquela literatura de segunda ordem enquanto ele lia, estudava, tomava notas e escrevia o tempo todo. Era um jovem moreno, traços finos, ar muito abstrato. Conhecê-lo-ia mais tarde. Também o Brasil conhecê-lo-ia mais tarde. Era Pedro Aleixo. Mas continuemos, descendo Bahia. Já a cidade se adensava e o outro quarteirão dava-nos o *Colosso*, onde debochados comiam e bebiam em caramanchões cobertos de palha; quase em frente, o *Café Estrela* que nosso grupo ligaria depois à história do modernismo em Minas; na esquina, no encontro Goiás, Goitacases, Bahia, fronteavam-se a *Casa Poni*, a *Casa Narciso* e o *Teatro Municipal* — hoje *Cinema Metrópole*. Finalmente era o trecho definitivo, do *Cinema Odeon*, do Giacomo Alluoto com suas cadeiras de engraxate, seus bilhetes de loteria; da casa do cônsul da Rússia, depois dos Países Baixos, o sempre amável e cumprimentador seu Arthur Haas — a cara do imperador Ferdinando da Bulgária (*Bonjour! jeune homme*) e finalmente as esquinas de Afonso Pena, Tupis, com as árvores do Parque, os seis renques das da rua, todos assassinados (dois centrais, de palmeiras, dois dos fícus (saudade), dois das calçadas, a linda Estação de Bondes com suas torrinhas, verde e seu relógio, a Sapataria Central, a Livraria (onde logo eu descobri, ao fundo, a gaveta dos livrinhos de putaria e comprei o folheto com as obras-primas de Bernardo Guimarães que são o "Elixir do pajé" e "A origem do mênstruo") e mais o "umbigo do mundo" — o famoso *Bar do Ponto*, cujo nome transbordou de suas portas e passou a designar toda uma zona da cidade. Não encerremos esse itinerário sem dizer que tinha dias que eu deixava a rua da Bahia e descia Espírito Santo para apanhar em sua casa o Chicão Peixoto. Ele vivia nesse logradouro, entre Goitacases e Tupis, no prédio onde tinham morado o Mingote, depois o coronel Virgílio Machado e onde agora o deputado Francisco Peixoto Soares de Moura criava sua prodigiosa coleção de pássaros. Eram gaiolas e viveiros de não acabar mais e tenho como lembrança do mormaço do Bar do Ponto, o sentir seu denso silêncio varado pela percussão metálica da araponga do pai do amigo.

Era um som de cobre e ouro que parecia descer do gongo sol e que desesperava os vizinhos do velho político.

O conhecimento do Chicão na festa da d. Marieta tornou-nos inseparáveis, depois, na rua da Bahia e no Bar do Ponto. Por ele entrei na sua roda de amigos, logo adotados por mim. Eram o Lourenço Baeta Neves (primo e homônimo do professor de engenharia), moço claro, levemente gago, extremamente irascível e de valentia incomum; o Odilardo Belém (Lalá), filho do seu Olindo Belém — o homem que documentou fotograficamente toda a Tradicional Família Mineira — jovem moreno, de loquacidade fácil, paciência extrema mas dono de bravura que nada ficava devendo à do Lourenço. Escudados pela força desses amigos — passamos a ousar tudo nas ruas da cidade. Eu, o Chicão e mais outros três primos entre si. Eram o pernalta Fábio Mota, o troncudo Caio Mota e finalmente, outra vez, o Olimpinho do Anglo, o meu querido Olímpio da Mota Moreira. Sempre elegante e bem vestido, como os manos Chico, Vitorino e Pedrinho. Ele era magricela, olhos enormes, cabelos muito pretos e colados e nos fascinava com a intimidade que demonstrava com Eça de Queirós e com os personagens d'*Os maias*, d'*A relíquia*, d'*O primo Basílio*, d'*O crime do padre Amaro* — de que sabia páginas e páginas de cor. Sua frase tinha os torneados da do mestre de Póvoa do Varzim. E não era só: recitava estrofes de Guerra Junqueiro, versos de Antero de Quental e falava superiormente na "ramalhal figura" do autor *d'As farpas*. Tínhamos de admirá-lo e aceitar sua liderança. Ele é que nos apontava, definia, desvendava e valorizava personalidades prodigiosas que pareciam morar no Bar do Ponto, como os irmãos Horta, o Evaristo Salomon, o Caraccioli da Fonseca, o pintor Jota Jota das Neves e o Aldo Borgatti — famosos pela amizade que mantinham com Da Costa e Silva e com o solitário Alphonsus — aquela chamazul que ardia dentro das brumas de Mariana. Com o grupo Chicão explorei "de noite e de dia" a rua da Bahia, o Bar do Ponto, a zona praticável de Afonso Pena (que ia só até à praça Sete), e os altos e baixos do quarteirão do primitivo e belo palácio dos Correios. Este ficava num triângulo demarcado por Bahia, Afonso Pena e Tamoios. Do lado da primeira, ficava o portão de entrada do *Colis Postaux* — coisa, dependência, seção dos Correios, cuja essência eu ignorava e colocava no mesmo plano de mistério e poesia do *Registro*

*Torrens*, da *Enfiteuse* e de outros enigmas que só com os anos fui resolvendo. Em frente às fachadas que davam para o terceiro logradouro mencionado, ficavam umas casas simpáticas de varanda à frente e telhados de duas águas, simétricos, à direita e à esquerda. Numa parece que morava o dr. Haberfeld e na outra, um dos comerciantes Caldeira. Justamente aquele em cujo velório o Olimpinho nos fez entrar numa de nossas noites disponíveis. O corpo estava exposto na sala da frente, de casaca, entre tocheiros e crepes, grandes mãos calçadas de luvas de pelica da mesma brancura amarelada de sua face de gesso máscara de Beethoven. Senhoras de preto e senhores de fraque cochichavam, choravam e tomavam café, dentro dum cheiro docemente penetrante de cera e de flores murchando misturadas. Entramos com o Olimpinho, que conhecia a família. Entrei um, saí outro. O eu meu que saiu — saiu pesado da carga completa de *O defunto* — de que só me aliviei um pouco, quando o escrevi nos ainda futuros de 1938: vinte e dois anos de gestação. Nunca mais esqueci aquele morto por quem rezo até hoje — como rezam os descrentes à hora em que o pânico lhes faz bater os queixos...

Outra recordação dessas férias — essa amável — a do primeiro carnaval que brinquei em Belo Horizonte. Claro que com a roda de amigos que mencionei e a que só me referia chamando seus componentes: os meus *distintos*. Lembro como se estivesse vendo o grupo dos apaches e gigoletes. Eles, de casquete, *avec des rouflaquettes et leur bout de mégot* — vestidos de negro, lenço do pescoço e cinta de cetim vermelho. Elas, escandalosamente pintadas, também preto nos vestidos, encarnado nos pequenos aventais e nos panos da cabeça. O mais bem caracterizado era o Renato Lima. Esse bloco foi duramente censurado e os moços e moças que nele tomaram parte, indexados, muito tempo, pela Família Mineira melindrada. Pudera! No Clube! de apache e de gigolete! Essa mocidade está perdida! Será que os pais não sabem? o que é uma gigolete. Todo o carnaval de Belo Horizonte passava-se entre o Bar do Ponto e as alturas do Estrela. Os setores mais animados eram as calçadas do Odeon e a esquina do Narciso. Nesta eu lembro da batalha de lança-perfumes que o Chicão sustentou sozinho contra a Gilda, a Maria Henriqueta Brandão e seu grupo — vestidas de ciganas e sequins e pandeiros da cabeça aos pés. Naquelas, de como o pérfido Chico Pires acabou me arrebatando toda enrolada em serpentinas a ingrata e volúvel Cacilda. No meu *Balão cativo* dei notícias desta piracicabana bem-amada jamais esquecida. Faz cinquenta e sete anos... Finalmente foi nesse carnaval histórico de 1917 que vi as *Noites*, as *Holandesas*, as *Alsacianas*, as *Tirolesas*, as *Fadas*, as *Castelãs*, as *Pierrettes*, as *Colombinas*, as *Flores* (todas) que dançavam decorosamente nas salas do *Clube Belo Horizonte*. A presença dos apaches e das gigoletes mereceu repulsa geral das senhoras que fiscalizavam a festa sentadas e cochichando punhaladas atrás dos leques. Até quando eles entraram no salão, o maestro Ariggo Buzzachi que dirigia a orquestra (querendo se amostrar de conhecedor de Paris e das danças do seu *bas-fond*), ensaiou ao piano as notas de uma *java* (mi-fá-mi-mi-ré-ré-dó-ré-mi-dó). Mas logo o dr. Penido, que era da diretoria do clube, correu indignado e fez parar a valsa indecente. Ah! também lá isso é que não...

Mas estavam no fim aquelas lindas férias em que fiz amigos, frequentei as casas do Chicão, do Olimpinho, do dr. Bernardino. As férias das leituras devoradoras na Biblioteca Municipal, do carnaval inaugural do Clube Belo Horizonte, da cruel Cacilda, do reencontro com o Chico Pires. As férias de Timbiras e das relações inesquecíveis da vizinhança. Reabriam-se as aulas. Meu irmão Paulo entrou num Grupo Escolar. Meu irmão José, interno, para o Colégio Arnaldo, eu embarquei para um fim de março carioca. Embarquei só, sem recomendação ao chefe do trem. Sabia me virar. Durante a viagem me desincluí formalmente da coletividade familiar — o que nunca me ocorrera como aluno do Andrès, do Machado Sobrinho, do Anglo. Até ali, mesmo interno, um comprido e esticável cordão umbilical me prendia à placenta doméstica. O contato com os colegas do Pedro II e esse, agora, com rapazes e moças, em Belo Horizonte, amalgamaram-me à gente de minha idade, solidária por pensamentos que não tinham os mais velhos, com interesses e curiosidades que eles já tinham perdido. Pensei tudo isto no trem e descobri apavorado e encantado que eu era um indivíduo autônomo destinado a viver minha própria vida e a encarar desde aquele comboio serrabaixo — a solidão que todos têm de enfrentar um dia. Assumi, ai! de mim, a minha e foi assim que desembarquei só na Central, que só, tomei meu bonde para as Barcas, carregando minha mala, que com ela atravessei a baía na manhã prodigiosa de céu azul e ouro, mar azul da água e meio dourado furta-cor de restos de petróleo boiando na superfície — que desembarquei em Niterói, tomei condução para a Praia de Icaraí. Procurei o número 325, casa de uma alemã chamada Frau Kuhl — onde meus tios Salles e Modesto tinham quartos para praia e veraneio naqueles princípios de 1917. Foi a continuação daquelas férias fabulosas. Tudo me encantava. A travessia da barca saindo do burburinho do Cais do Pharoux e o silêncio que caía sobre a embarcação logo que ela desatracava. Só se ouviam as ondas, o ruído ritmado dos braços que subiam e desciam movimentando as hélices, ou o ruído das palhetas rápidas das rodas de propulsão das mais antigas. Logo era a vista de Villegaignon, seu alto paredão, as construções de telhado vermelho superpostas às ameias coloniais, a do Pão de Açúcar, da Lage, de Santa Cruz. A barca oscilava mais forte diante das larguras da entrada da barra, um vento varria-a que vinha de longe, de Camões e do mar oceano. Niterói. Icaraí, cheia de conchas, de velhas casas imperiais e dos primeiros bangalôs como o da Frau Kuhl. Meus primeiros banhos de mar. Minha primeira queimadura com água-viva. Nossas roupas de banho. A minha, igual às dos tios: camisa de meia branca largamente cavada, calções de malha preta. A das tias, paletó comprido e calças de sarja azul-marinho até o meio da perna — tudo debruado de branco. Touca. Meias. Sapatos brancos de sola de corda e de lona onde se bordavam, na frente, âncoras azuis. Eram presos aos pés por cadarços que se trançavam na nesga de perna visível. Assim afrontávamos as ondas. As senhoras, sentadas, tomavam seu banho de areia. Tio Heitor nadava prudentemente, paralelo à praia. Tio Salles esquecia suas doenças, varava de cabeça ondas a prumo, reaparecia longe e nadava braçadas para o largo. Lá demorava boiando e depois voltava como um peixe espadarte. Eu admirava aquela capacidade que tinha meu tio de reassumir suas personalidades de cearense praieiro e sertanejo. A última, em casa dos Briggs, em São Gonçalo, quando o vi montando a cavalo. Meio deselegante de postura e descambado de jeito, mas firme nos freios, aderido à alimária e levantando-a com suas pernas secas de nortista e seus jarretes de ferro. Como vaqueiro vestido de couro e torrado ao sol.

    Outra impressão que guardo de Icaraí. A figura de Nilo Peçanha sempre cercado de outras pessoas, dando seu passeio a cavalo habitual. Ele passava bem montado, as costas um pouco cifóticas. A gaforinha pachola saía de um coco marrom e caía sobre a gola do seu trajo de montaria também marrom. Era muito moreno, tinha um jeitão simpático. Estava então no auge de sua vida política. Dono do estado do Rio. Todos tinham certeza de sua segunda presidência. No Catete. Era casado na aristocracia fluminense mas não tinha filhos. Todo seu carinho e da esposa pertenciam ao cachorrinho peludo que criavam e que era chamado *Jiqui*. Esse nome era repetido com unção pelos engrossadores que viviam presenteando o totó com coleiras luxuosas onde ele vinha gravado em plaquinhas de prata ou de ouro. Todos adoravam o *Jiqui*... Não sei se os puxa-sacos levaram ou não o *Jiqui* para inaugurar escolas rasgando com seus dentes as fitas verdeamarelas que as filhinhas adoráveis dos presidentes cortavam com tesourinhas preciosas... Isso não sei. Mas o que sei, porque tenho um, é dos postais que corriam o país com a figura do canino presidencial. O *Jiqui*.

Logo no princípio de abril voltei para o nosso campo de São Cristóvão. Foi uma entrada triunfal. Revi os amigos. Juntamo-nos para fazer com aqueles merdas dos bichos de 1917 as mesmas brutalidades que tínhamos sofrido em 1916. Surupango da vinhança. Retomei a falação carioca e pus-me a par dos progressos de sua gíria durante minha curta ausência. Digo progresso no sentido da modificação permanente da linguagem no Rio de Janeiro. Cada ano diferente. Cada classe, cada profissão, cada clube tem sua língua. Mais. Cada bairro fala a sua. Botafogo, uma; a Tijuca, outra; São Cristóvão, uma terceira e mais a cifrada, do internato — dialeto em que me surpreendo às vezes — quando encontro o Henriquinho Melo Morais ou ligo o telefone para o Aluísio Azevedo Sobrinho. Mas voltemos ao colégio. Eu tinha crescido nas férias, buçava e minha voz tinha mudado. Quando apresentei-me ao nosso Quintino, ele, depois de me manjar, de fazer anotação num papel que tinha sobre a pasta, deu-me novo destino. O senhor vai ficar agora na Terceira Divisão. Vá se apresentar ao seu Candinho. Fui.

Logo depois de me entender com o Candinho corri a ajudar os colegas que cercavam espantados bandos de bichos indecentes! submetendo-os à cacholeta regulamentar, aos cascudos, aos murros; esmagando alguns sob as pirâmides do bolo humano; levando aos arrancos os eleitos para o *suplício chinês*. Gozei prodigiosamente quando expliquei a um mais contundido, que fora se desalterar no bebedouro, as hierarquias do colégio. Que bicho não tinha a menor regalia etc. etc., exatamente com a superioridade olímpica do Santa Rosa me ministrando, há um ano, as mesmas informações. E não sabendo dar o esguicho d'água que aquele colega seringava nas caras descuidadas — terminei minha lição com um bem aplicado calça-pé que estatelou o bestalhão no cimento, como no cimento me achatara outrora, o agora meu comparte, amigo, cúmplice — o grande Andréa. À noite, no mesmo dormitório do ano passado (só que mais para perto do tabique dos inspetores e das janelas da frente, onde se agrupavam as camas da Terceira Divisão) verifiquei com agrado que continuava vizinho do Brioso e do Bastos Chaves. Deitei tranquilo, gostando de minha camisa carimbada e sem sentir, de modo algum, o cheiro de gente, o cheiro de urina que me tinham revoltado havia um ano. Antes, deleitado. Apagadas as luzes, cochichei um pouco com os amigos vizinhos, rimos da bicharada espavorida que afogava soluços nos travesseiros, de repente calamos, o sono veio chegando, meu corpo relaxou no ombro da onda que subia não quebrava e se espraiava na noite levando minha consciência diluída brandamente, noutra vaga que vinha sem ruído, na outra, na outra, noite adentro vagamente...

    Assim seria cada ano na volta das férias. Mil novecentos e dezessete, dezoito, dezenove, vinte. Sempre a perseguição aos bichos. Depois a convivência fraternal e quantos amigos eu tive de anos abaixo do meu. Já referi Antero Massot, Jorge Simão, Afonso Arinos, Ovídio Paulo de Menezes Gil, Luís Nogueira de Paula, Eduardo Carlos Tavares. Com que funda saudade lembro agora de minha convivência com Pedro Soares de Meireles, Otacílio Rainho, José da Silva Calvino, sempre rindo; José Carlos de Lima e Silva, sempre sério; Otávio Raulino Bailly, sempre de bom humor; Arcanjo Pena Soares de Azevedo, bom como as coisas boas, cada dia mais arcanjo, só faltando que sua cabeça fosse circundada pela auréola que elege a dos santos. E o então transparente Antônio Ibiapina. E o sempre vivo Haryberto de Miranda Jordão — já de óculos, já fluente de fala. Mas deixem-me abrir lugar à parte para falar de Átila Onofre de Barros, Georges Pereira das Neves, Luís Francisco Leal Filho, Sílvio dos Santos Carvalho, Mário Moreira, Francisco de Oliveira Gabizo Pizarro Coelho Lisboa e João Pinto Fernandes. Saudade.

    A gente se conhece no colégio, vira amigo, convive de irmão, de confidente. Isto é sentimento para sempre. Uns perdemos de vista. Outros reencontramos no caminho da vida, logo com a mesma afeição e a mesma confiança de amigos. Passaram anos e logo retomamos. Porque nos conhecemos e sabemos que somos os mesmos; porque cada homem bom ou mau traz dentro de si, com qualidades positivas ou negativas, o menino que nasceu assim. Nunca mais vi Átila Onofre de Barros que a enfermidade e o gênio encantador tornaram irmão adotado pelo colégio inteiro. Sei vagamente que ele foi funcionário da nossa velha Prefeitura Municipal. E Georges? com esse nome para ser cantado por Antônio Nobre. "Georges! anda ver meu país de romarias/ e procissões." Sei que estudou medicina mas onde onde? foi viver com sua cara de menino, os olhos azuis e o cabelo louro — herança inglesa do seu sangue materno. Outro médico: Luís Francisco Leal Filho. Quarenta anos sem vê-lo e foi como se o tivesse encontrado de ontem quando o recuperei como cliente, no meu consultório — para logo depois perdê-lo para todo o sempre. Onde andará Sílvio dos Santos Carvalho, o imenso *De Carvalho* que para nosso pasmo abordou Rui Barbosa no *Cinema Ideal*, sentou-se perto dele na plateia donde juntos viram e comentaram o filme que rodava. O *De Carvalho* campeão de cabeçadas no futebol e que vendo pelota, gritava logo — uma bolinha pro *De Carvalho!* — e rebatia-a com o crânio. Um dia esse foi afundado e nosso colega passou tempos na enfermaria quando, em vez de uma de borracha, das de tênis, mandaram-lhe uma de bilboquê. Mário Moreira, também médico, foi meu primeiro aluno. Ele estava ruim no inglês e o seu Oscar de Almeida, o nosso *Pastel*, amigo de seu pai e de acordo com este, contratou-me para repetir as lições do *Pissilão* com o colega mais novo. Eram duas ou três por semana. E vocês imaginam? o que o velho Moreira me pagava por mês: era a quantia nababesca de 10$000! O equivalente a cinquenta viagens de bonde, a vinte e cinco maços de cigarros Yolanda, a vinte idas ao *Cinema Velo*, a dez livrinhos de sacanagem, a um sem-número de caldos de cana na Galeria Cruzeiro, a sorvetes sem conta no *Pérola*, diante da figura de Lulu — que repetia a de Mestre Thiré. E não era só nessas dissipações e nessas orgias que eu despendia aquela fortuna. Com o primeiro ordenado comprei na *Hermany* a saboneteira metálica que desejava ardentemente e que guardo até hoje. Há muito pouco tempo, num desses almoços de confraternização promovidos pelo Florentino Sampaio Viana (onde uns velhos procuram uns nos outros farrapos restantes de infância), o Mário Moreira contou-me que o *Pastel*, quando recebia o dinheiro de seu pai, ia trocá-lo em duas notas de cinco novas em folha para me pagar com dinheirinho estalando de bonito. Ri com o Mário. Depois, em casa, pensando nessa delicadeza do *Pastel*, senti de repente um arrocho na goela e uma espécie de umidade nos olhos que a vida desacostumou das lágrimas...

*Xico* Coelho Lisboa — com X mesmo, como o escrevia o legendário Francisco de Oliveira Gabizo Pizarro Coelho Lisboa — estou a vê-lo. Muito claro, a pele transparente de tão fina plaqueava-se aqui e ali da vermelhidão e do ardor do velho sangue que lhe corria nas veias. Era filho de João Coelho Gonçalves da Silva Lisboa, paraibano de valorosa estirpe que ficou na política e no magistério, com o nome encurtado para Coelho Lisboa. Senador Coelho Lisboa. Professor Coelho Lisboa. Ensinava geografia no externato. Por sua mãe, d. Luzia Alta de Lamego e Costa Pizarro Gabizo de Coelho Lisboa, filha do lente de botânica e zoologia da Faculdade de Medicina João Pizarro Gabizo, neta paterna do visconde de Gabizo e materna do segundo barão da Laguna — o nosso colega era primo terceiro de João Joaquim Pizarro, o catedrático de clínica de moléstias cutâneas e sifilíticas; sobrinho não sei em quantos graus de monsenhor Pizarro — o mesmo das *Memórias históricas do Rio de Janeiro*. E esse Pizarro do nosso *Xico* não era só o desses figurões: upa! meus amigos. Vinha nem mais nem menos do seu antepassado homônimo, o conquistador do Peru, o matador de Atahualpa — que pereceu ao ferro de Juan de Rada. Pois o neto desse homem fero era o mais cordato dos companheiros. Dotado de força de touro, procedia sempre como cordeiro. Dono de coragem leonina, jamais brigava. Onde havia bulha e desordem ele logo chegava para separar com mão de aço os contendores. Gostava de mostrar a rigidez dos ombros, cotovelos e punhos, desafiando para a queda de braço os mais fortes do colégio, rojando-lhes o dorso da mão um a um e depois chamando-os aos dois, aos três, aos quatro, em cacho — para vencê-los em conjunto. Parecia o Hércules Farnese e como na sua figuração latina de Heracles, era tutelar e protetor. E alegre, generoso, mãos abertas. Onde estava, pagava ele o caldo de cana, o café e o sorvete. Era a veracidade em pessoa e a lealdade. Não passava o pente nos cabelos. Depois do banho de primeira ou de segunda, assanhava as repas com os dedos e seus fios negros secavam cacheando e dando-lhe à cabeça o aspecto revolto da de Don Juan Bautista Muguiro, no retrato pintado por Goya, ou da de Baco, em *Los borrachos* de Velázquez. Lembrava o Bento Alves de *O Ateneu* — mas só no lado heroico, paladino e tirando-se deste personagem a brutalidade da briga com o Malheiro e a bipolaridade do seu sentimento de amizade ansiosa e do icto de ódio ao descuidado Sérgio. Nada disto: o *Xico* era o menos complicado e o mais sadio dos homens. Gigantesco, todo em peitorais, grandes dorsais, bíceps, tríceps, antebraços e manoplas, o nosso colega quando andava parecia se encolher como a não querer ocupar espaço demais com sua pessoa. Era bom como as grandes águas dos oceanos e das chuvas, modesto como delas a menor gota. Bravo sem arrogância, generoso sem ostentação — seu brio era seu orgulho. Tinha coisas de távola-redonda, de Roldão e de Dom Quixote. Morava à rua Paissandu, num da série de sobrados geminados, pintados de róseo vivo, perto do que era residência do *Tifum*. Foram quase todos derrubados mas o seu ainda está de pé. É o número 354, onde habita seu irmão, o embaixador João Coelho Lisboa. Fui várias vezes a essa casa. Entrava-se pelo lado e à esquerda da porta da sala figurava um óleo representando a figura do conquistador Pizarro com a gargantilha espanhola do século XVI e a couraça tauxiada. Lembro da vez que vi numa estante vários romances de uma escritora inglesa ou americana então muito lida. Não juro mas parece que seu nome era Elynor Glyn. Pedi um, emprestado ao *Xico*. Com sua conhecida franqueza ele recusou. Não era dele, era da irmã, não podia. Saí de lá, fui a um cinema e à noite, quando cheguei em casa, havia um embrulho para mim. Abri. Eram todos os volumes da escritora com uma carta de Rosalina Coelho Lisboa dizendo que os livros não vinham emprestados mas como presente dela ao amigo do seu irmão. Fiquei logo escravo dessa senhora. Vi-a um dia na Garnier e fiquei bestificado com sua beleza. Ela trajava de negro, estava viúva de pouco e não tinha vinte anos. Impossível comparar sua pele ao marfim, ao leite, às magnólias de impenetrável opaco. Era alguma coisa de brancura transparente e permeável lembrando a cerusa ortorrômbica, a iridência das conchas mais alvas e o translúcido das opalinas mais puras. Seus cabelos também não eram aproximáveis da noite mas das negruras azuladas que faíscam como as penas do pombo marinho, da graúna, da clivagem romboidal do antracito e da quina lampejante que aponta da lapidação do diamante negro. Achei Rosalina pouco para ela porque seu tipo de camélia, sua altura e seu riso tinham relações shakespearianas com o nome de Cordélia. Só vim a conhecê-la aí pelos cinquenta, em casa de minha prima afim Maria Eugênia Celso. Recordei-lhe os livros dados de presente a um menino. Ela riu esquecida (alvorada). Falei-lhe do nosso *Xico*. Ela escureceu, lembrada do irmão gentil-homem, tão cedo levado da vida (noturno). Outro caso que me ocorre a propósito dos Coelho Lisboa é o da roupa de Pizarro. Ouvido ao *Xico*. Por um destes caprichos de zelo e sorte, uma roupa de Corte do conquistador do Peru viera de geração em geração guardada desde os 1500. Essa seda dura que resistira ao tempo e varara quatrocentos anos, desmanchou-se num carnaval carioca. Um dos dois, ele ou o irmão, resolvera sair fantasiado de *Pizarro*. Pois o folião quase fica nu porque aos movimentos do primeiro bloco que passava (Ai! Filomena...) tudo se fez em tira e pó. Aí pelos anos 1920, encontrei, na avenida, o Massot e o Coelho Lisboa. Fomos à *Brahma* recordar o colégio — passado tão próximo e que já nos parecia tão longe. Foi a última vez porque a essa época a morte já se aproximava com sua foice para ceifar aquele "trigo de Deus" que se chamou na vida Francisco de Oliveira Gabizo Pizarro Coelho Lisboa. Ser de retidão e bondade. Saudade.

> Está curado de todas as suas enfermidades; o Rei Unas está a caminho do céu. Garça, evolou-se nos ares como uma nuvem. Abrangeu o céu como um falcão. Encheu o céu como a nuvem de gafanhotos que obnubila o sol. Galgou as derradeiras fumaças da atmosfera. Pássaro, ala-se e pousa num lugar vazio do grande navio do deus-sol. Rema para o céu em teu navio, governa teu navio, ó deus-sol!
> ..............................................................................................................................
> O Rei Unas está a caminho do céu — como o vento, como o vento...
> *Adjuração do rei morto* — em KURT LANGE, *Pirâmides, esfinges e faraó*, tradução portuguesa de Oscar Mendes

A nossa turma de cinquenta e sete alunos no primeiro ano reduziu-se, no segundo, para quarenta e dois. Estes foram acrescidos de mais dezesseis figuras — quatro transferidas do externato e doze de repetentes.
    Ficamos assim num total de cinquenta e oito, divididos em duas classes: efetiva e suplementar. Eu fui para a segunda e lá encontrei, como repetente, o João Pinto Fernandes. Ele encompridara de corpo e afinara mais — adolescera leve e aéreo; não parecia andar, dir-se-ia que de suas costas iam brotar asas repentinas, que ele ia voar, ganhar o ar. O *Tifum* tratava mal os repetentes acentuando essa qualidade e juntando

a ela o agravo da repelência. Seu patife! seu repetente-repelente! Mas poupava, como numa premonição, ao Pinto Fernandes. E nós também. Não havia nenhum capaz de fazer uma brutalidade, de dizer uma aspereza ao colega brando e vago cuja presença mal sentíamos, tão pouco ele falava. Ouvia impassível as conversas mais cabeludas mas delas se ausentava pela expressão do seu rosto donzel que não aprovava nem reprovava. Era simples e bom. Recuava sempre para dar o passo às bestas-feras à hora das pias. Não tinha respeito humano e, ao deitar-se, fazia simplesmente e sem a ostentação de alguns o seu nome do padre e sinal da cruz. E ficava quieto, olhos abertos que varavam o forro e viam a passagem dos anjos no céu de São Cristóvão. Tão discreto, tão modesto que nem atentamos na sua ausência depois da segunda-feira em que ele não voltou ao colégio. Nem durante uma semana inteira, dez dias, quinze. E de repente aquele recado terrível. Morrera dum pleuris que lhe aguara e inchara tanto o peito magro que sua fardinha azul teve de ser rasgada nas costas para ele levar o nosso primeiro uniforme para debaixo da terra. Já estava enterrado quando nos chegou a notícia. Foi aí que demos por falta do mais delicado de nós. Vimos sua carteira imensamente vazia. E sua cama, com a plaquinha dourada ostentando um número de mais ninguém. Porque seu número, seus números agora eram outros — o da quadra e o do carneiro no Caju. Tínhamos de ir lá, ver onde era, ver onde era que ele ia se desmanchar em pó, se evolar em gases fogos-fátuos. Foi quando o *Pastel* revelou-se a grande figura que todos passaram a reconhecer. Como verdadeiro técnico em pompas fúnebres, delineou nossa homenagem. Missa com música na igrejinha de São Cristóvão. Coroa luxuosa levada ao cemitério, em charola, depois do ato religioso. E tínhamos de avisar a família enlutada. Adotamos sem discussão a proposta de seu Oscar, já previamente aprovada pelo Quintino. Fizemos o rateio e o nosso querido inspetor encarregou-se de tudo: padre, coroinhas, todas as velas acesas, altar-mor florido, convite aos parentes, encomenda da coroa. No dia da homenagem tivemos Missa às nove horas duma manhã tão límpida e radiosa como o Pinto Fernandes. O orgãozinho parecia o de um templo de roça e seu cântico juntava-se ao das ondas vaivemarulho do mar, marulhar de mar — pois não houvera ainda os quilômetros de aterro e a vaga quebrava defronte. A família mandou como representante um sargento naval, primo do morto. Era um rapaz gigantesco e fazia-se acompanhar de companheiro menor de altura, mas retaco. Acabado o ofício organizou-se o cortejo. À frente, chapéu na mão, o nosso Oscar e os dois militares. Depois uma espécie de andor de procissão coberto de panejamentos de luto e sustentando a coroa de flores roxas e enormes fitas pendentes. Seguravam suas varas os menores da turma. Tenho ideia que eram o Hélio Gonçalves Pinto, o José Beltrão Cavalcanti, o Leo Monteiro, o Gilberto Vale de Araújo. Atrás, a massa — nós. Chegamos ao pórtico do cemitério e o naval assumiu o comando das operações de dó. Levou-nos à direita — direitos a uma cova rasa, com número em placa de ferro que terminava uma haste, parecendo flecha fincada numa espécie de canteiro do comprimento dum corpo de menino-e-moço. O chão estava alteado como se o levantasse o peito do nosso colega — seu pobre peito engrossado pelas águas. Nuvens de moscas pousavam nessa elevação porosa e entravam de terra adentro. Outras saíam — douradas, azuis, rápidas, fartas e varejeiras. Guarnecemos a cova com o andor e a coroa. Ficamos quietos ao sol, esperando. Foi quando o segundo militar desembrulhou sua corneta e deu o toque de silêncio. Eu não lembro da cara de ninguém. A minha estava toda molhada. O mundo ondeava à minha frente. Eu sentia um vago relento de ranço e manteiga, de fezes e das nossas flores (Mais tarde compêndios de medicina legal me falariam na fase de fermentação butírica e nos cadáveres que retomam suas formas — só que verdes, arroxeados, azuis, mordorrês e furta-cor). Voltamos para o colégio cada um trazendo em si um pouco da substância respirada naquele ar onde se evaporava alguma coisa dum corpo caído em plena mocidade. Saudade. Adeus! menino, moço para sempre liberto! Adeus! garça voando a caminho do céu com o vento, com o vento.


Retomamos as aulas de português, francês, latim e corografia com os imutáveis Raminhos e Álvaro Maia, Delpech, Badaró e Paranhos de Macedo. A novidade do ano foi a entrada em cena de matéria nova e novo professor. Aritmética, dada por Thiré. Arthur Thiré era francês e viera para o Brasil, em tempos imperiais, contratado para lecionar na Escola de Minas de Ouro Preto. Posteriormente transferiu-se para o Rio e era professor de matemáticas do Colégio Pedro II. Ensinava no internato e acompanhava a mesma turma do segundo ao quarto ano — ministrando-lhe conhecimentos de aritmética, álgebra no terceiro — e finalmente geometria e trigonometria. Assim ele alternava seu mestrado com o terrível Costinha, conhecido por sua severidade e pelas reprovações em massa que cominava às suas turmas. O nosso Thiré, ao contrário, era um pai-da-vida, perdido sempre num sonho de números, lecionando com um zelo e uma pontualidade que tornavam inexplicável a ignorância em matemáticas da maioria de seus alunos. Parece que ele via logo os que tinham a bossa, dedicava-se a essa minoria de eleitos e o resto que ficasse atolado nos vácuos do *a quo*. Graças a Deus tivemo-lo e não ao Costinha. Tivemo-lo e com ele a certeza das boas notas no ano inteiro, média que somada às notas más dos exames finais e tudo dividido por três ainda dava para o outro três, vírgula, fração acima de cinquenta — o bastante para uma vergonhosa tangente. Quando minha turma pegou o excelente mestre ele devia ir pelos seus sessenta e muitos anos mas o encanecimento fazia que ele parecesse um Matusalém aos nossos olhos. Era alto, desempenado, pisava bem, vestia sempre um fraque preto que lhe alongava o talhe concorrendo para sua elegância espetral. Aliás esse espetral vai aí para a elegância porque, de cara, ele era mais que corado, avermelhado por qualquer coisa de pele como um eczema ligeiro ou uma psoríase discreta. O dorso de suas mãos, as asas do nariz e suas orelhas viviam descamando. Seria por isto que ele só raramente aparava os cabelos que era para serem curtos em torno à careca e no bigode. O cavanhaque ele o usava longo e prolongando harmoniosamente o rosto. Ele só raramente aparecia assim porque o mais do tempo ia tudo crescendo e espinhando em torno ao crânio e à face. Não tinha bons dentes e afligia um pouco, enquanto falava, pelo fio espumoso de cuspe que aumentava e diminuía sem arrebentar, fazendo uma estalactite elástica presa a estalagmite extensível, lábio a lábio, na caverna de sua boca. Nessa descrição dos seus sinais negativos parece que estou descrevendo um feio velho. Pois era muito antes o contrário. Salvava-o a curva da testa, a qualidade da sua dolicocefalia, a pureza ariana do seu nariz e a beleza não destruída de seus olhos azuis, de um azul-claro, de louça, de porcelana e que luziam nas suas arcadas e suas olheiras como duas bolas de ágate dentro das *búracas* do nosso jogo de gude. Assim o nosso Thiré era um belo ancião e vê-lo era contemplar o Greco de *Un caballero* ou o Santo André em *La última cena*, de Juan de Juanes. Caminhando para seus quarenta anos de Brasil, seu português era fluente mas carregado de RR e só lá de vez em quando ele usava expressões inadequadas que faziam nosso deleite. Lembro de um dia de balbúrdia e besouradas em sua aula, que ele querendo conter sem conseguir, teve de chamar *à la rescousse*, o nosso inspetor, gritando da porta da sala: oh! seu capataz! *fásfavorrr*, seu capataz! Mas qual capataz, nem meio capataz! quem surgiu do chão, foi o próprio Quintino que nos medusou. Três dias consecutivos sem recreio. Seu sotaque era divertido e imitá-lo era arte em que nos aperfeiçoávamos. Excelia nisto o Hilário Locques da Costa que um dia, chamado à pedra pela primeira vez, dera toda sua lição com o mesmo sotaque, talqual! do Thiré que o ouviu imperturbável. Só que ao fim, explicou ao aluno, até então triunfante: non sê si o senhorrr fal' como falou ou se estav' mimitand. Só dig' que se non falarrr semprrr assim daqui prrra diant' vai terrr zérrr em comportament' e aplicaçon en tod's as aulas. E em cada uma chamava o nosso Locques que aguentou o repuxo umas duas semanas — gozado por nós e pelo Thiré. Um belo dia não pôde mais e deu uma excelente lição com seu belo falar de carioca. Num suspense esperávamos o duplo zero. O mestre demorou, escreveu na lista, no livrinho de assunto de aula. Anunciou por fim: Seu Hilarrr Locque' da Cost' — grrrau dez. Estávamos domados. Entretanto abusávamos e foi para nos coibir que o Thiré realizou abstração matemática até então desconhecida — dividir o zero em duas partes. Realmente, à primeira infração da disciplina ele dava ao réu meio zero em comportamento. Se havia mostras de contrição e bom proceder até o fim da aula ele não completava a nota má e anulava o arco do seu início. Em caso contrário, fulminava o sursitário, fechava o círculo e já se sabe — privação de saída.

    Apesar da benevolência conhecida do nosso professor, às vésperas de ponto difícil, de sabatina mensal ou de *concurso* bimestral, éramos às vezes tomados de pânico e tremíamos pensando no dia seguinte. Cedo descobrimos um truque infalível para pôr o Thiré xeque-mate. Era provocar o assunto Guerra. Ela ia acesa naquele 1917 e seria terrível em 1918, tempos porvindouros da álgebra e do nosso terceiro ano. Levamos ainda dois anos nisto. Lição mal sabida, incerteza sobre as escritas e interpelávamos nosso mestre, de entrada, sobre a conflagração europeia. O homem esquecia tudo e em vez de números dava-nos preleções sobre os Estados Unidos declarando guerra aos Impérios Centrais, sobre as consequências da Revolução Russa, da abdicação do czar, do Tratado de Brest-Litowsky, os ataques britânicos em Artois, a ofensiva do Chemin-des-Dames, a primeira batalha de carros, Verdun, o terror do desmantelamento total do front russo e sua consequência — setecentos mil homens atirados sobre a nossa França. A reação com o comando único entregue a Foch, as vitórias na Palestina e na Macedônia, a previsão da derrocada final, do armistício! O Thiré transportado falava a hora inteira, batíamos palmas, dávamos vivas, fazíamos um berreiro infernal e ele sorria sem pensar em pedir socorro do, em chamar o *capataz*... Eu por mim, quando ia à pedra, saía da carteira ostentando no peito um enorme laço tricolor. O cinismo foi adotado por todos. Aperfeiçoávamos. A cada batalha ganha ou a cada batalha perdida, manifestação ao professor — ora de júbilo, ora de magoada solidariedade. Fazíamos discursos e ele respondia olhos rasos, garganta embargada. Nossas notas subiam vertiginosamente e as médias eram sempre de oito, nove, dez por bimestre. Só havia seis *bancos de honra* — a distinção suprema nas matérias ensinadas e o nosso Thiré tinha dificuldade em selecionar entre tantos alunos distintos os merecedores da elevação.

Terminadas as aulas, ele nos convocava por pequenos grupos semanais à secretaria do colégio. Dava a cada um seu cartão de visita que devíamos entregar no sábado de saída, a um certo dr. *Gonsalves*, no clube de Engenharia. Grifei o *Gonsalves* porque quando me tocou a vez de ir, tomei nota, num papel, do nome *Gonçalves*. Logo o Thiré me fez corrigir e escrever a graça do seu amigo não com Ç: mas com S. Muit' cuidad', muit' cuidad'! é prrreciz' fazer muit' atançon'. O *Gonsalves* dele é com S porque meu amig' é positiviste. Francamente, achei sibilino e não entendi as razões comtianas da mudança do Ç pelo S. Mas lá fui eu com outros colegas ao *Clube de Engenharia* e fomos recebidos pelo dr. *Gonsalves*. Ele chefiava uma espécie de bureau pró-aliados e fazia a distribuição das revistas, volantes e impressos de propaganda. Assim juntei à minha *coleção de guerra* tirada dos jornais e revistas daqui, as séries das publicações que vinham da Europa para invadir o mundo. Eram números da *Illustration Française*, de *Les Annales*, de *O Espelho*, de *La Guerre*, *La Guerre Illustrée* logo virada em *Guerra Illustrada*, do *Sphere*, do *The Illustrated War News*, de suplementos com títulos sugestivos como "Mãos à Obra!", "Da Fábrica ao Campo de Batalha" e "A Sentinela dos Mares". Nessas publicações nossos espíritos se repastavam de imagens guerreiras, de lances heroicos dos aliados e das famosas *atrocidades alemãs*. Dos nomes idolatrados do Rei Alberto, de Joffre, Foch, Pétain, Gouraud, Mangin, Pau, French, Rawlinson, Douglas Haig e Pershing. Que heróis admiráveis! Dos execrados do Kronprinz Imperial, do Kronprinz Ruprecht da Baviera, dos vons Hindenburg, Lundendorf, Kluk, Arnin, Mudra, Bülow, Einem e Gallwitz. Que miseráveis canalhas! Vibrávamos à enumeração dos lugares sagrados empapados de sangue francês e sangue inglês — sangue do De Capol, sangue do Carlyon — Marne, Somme, Artois, Soissons, Meaux, sobretudo de Verdun, onde durante dez meses, sem parar um minuto, o clarão dos obuses e seu ribombo tinham feito um dia permanente de raios que se seguiam e trovões subentrantes. Por essas revistas dadas pelo dr. *Gonsalves*, tínhamos ideia da vida hedionda das trincheiras — no meio da merda, da lama e dos restos cadavéricos; dos assaltos, das tomadas e retomadas dum mesmo buraco, dos campos mais cheios de crateras que cara de bexigoso, das defesas de arame farpado, dos sacos de areia; das cidades destruídas, das igrejas derrubadas, das catedrais assassinadas, dos cruzeiros partidos; da vida nas caves; das linhas convergentes das cruzes nos cemitérios militares, das ondas do mar se cruzando sobre as vítimas dos torpedeamentos e das batalhas navais. Do Lusitânia. Do capitão Fryatt. Da resistência nas retaguardas. De Edith Cavell. Dos hospitais em barracas. Das enfermeiras. Do esforço feminino. Dos uniformes russos, anzacs, escoceses, belgas, sérvios, poilus, lusitanos e do chapéu de quatro mossas dos soldados ianques quando eles acorreram com Pershing, pagando dívida antiga. *Lafayette, nous voici! Lafayette! nous sommes ici*. Dos pesados navios ingleses ao lado dos americanos de torres metálicas, parecidas com os postes de alta-tensão dos arredores do Belo Horizonte. Dos combates nas neves e nos calores da Mesopotâmia e de Salônica. Ainda nestas revistas os desenhos dramáticos de Charles Dixon, Christian Clark, Léon Fauret, Sabattier, Hudgson, Montague Blak e os do insuperável Matania, no *Sphere*. Os retratos a óleo de Gonal — fabulosamente reproduzidos na *Illustration Française*: Rei Jorge, Rei Alberto, Allenby, Lacaze. Os primeiros aeroplanos e Guynemer — nada inferior ao nosso Virginius Delamare. Os primeiros tanques esmagando tudo — homens, trincheiras, cidades, a Alemanha, a Áustria, a Bósnia-Herzegovina, a Bulgária e aquela porqueira da Turquia.

Meus tios Alice e Antônio Salles continuavam na pensão Moss e era com eles que eu passava meus sábados e domingos quando um zero em comportamento, uma parte dos inspetores ou condenação do capitão Batista — ai! de mim — acontecimentos frequentes, não me entregavam ao tédio das privações de saída. Sobretudo nosso instrutor militar para quem eram intoleráveis os meus frouxos de riso aos comandos de oitavos à direita e à esquerda, aos de marcar passo e a suas aulas em pauta dupla. Ele logo fulminava. Seu recruta bisonho! sábado ajustamos contas! E ajustávamos à minha custa... Mas quando eu tinha fim de semana livre o divertimento agora era maior pois a família entrara em período de euforia com as boas notícias vindas do Norte. Minha prima Maria de Luna Freire tinha sido pedida oficialmente, logo após chegava do Ceará com d. Candinha e um mês depois desembarcava no Rio de Janeiro o noivo, Joaquim Antônio Viana Albano. As funções familiares deslocaram-se para a rua São Francisco Xavier. Essas funções eram musicais e literárias. Muitíssimo boa música. Com Haendel, Bach, Haydn, Mozart, Beethoven, Schubert, Mendelssohn, Chopin, Liszt e Wagner. A irmã mais velha de meu Pai alternava-se ao piano com sua filha e tia Bibi às vezes acompanhava-as com seu violino. Mas o que hoje considero coisa sensacional é ter sido dos primeiros a admirar o talento de Walter Burle Marx ao piano. Ele aparecia sempre em casa de minha tia com seus pais, d. Cecília Burle Marx e seu Willie Marx. Acompanhavam d. Vanju, irmã de d. Cecília e mãe da grande amiga de minha prima — a doce e pensativa Maria Augusta Burle Lisboa. O Walter, que tornar-se-ia o compositor notável e o concertista de fama internacional, era por essa época um mocinho meio gorducho, moreno, muito míope e muito pouco extrovertido. Devia ir pelos seus quatorze, quinze anos mas, apesar de rapagando, usava sempre ternos de calças curtas, meias compridas, gravatas escocesas atadas num grande laço diante do colarinho infantil à Chiquinho do *Tico-Tico*. Lembro bem da família Marx. O menino, como descrevi; d. Cecília, mais baixa que d. Vanju e mais clara; seu Willie gordo, atarracado, óculos muito grossos, bigode e cavanhaque curto. Curioso é que não tenho nenhuma recordação de Roberto Burle Marx nessa ocasião — só vim a conhecê-lo pessoalmente, aí pelos sessenta, em casa de Maria do Carmo e José Nabuco.

Disse que as reuniões familiares promovidas por tia Candoca eram, além de musicais, literárias. Porque, como era moda então, o recitativo era coisa obrigatória. Dele se encarregava Alpha Rabelo Albano, esposa de Ildefonso Abreu Albano, primo-irmão do Joaquim Antônio. O casal aparecia sempre e geralmente acompanhado por Mercedes, ou Maria Júlia, ou Carminha — uma das irmãs solteiras do Ildefonso. Este era moço e tinha nessa época exatamente trinta e dois anos. Era alto, elegante, moreno, cabelos e bigodes muito pretos, olhar sereno e firme. Parecia um belo árabe. Conversava admiravelmente, ria pouco e jamais perdia sua linha cerimoniosa de homem perfeitamente bem-educado. Tinha sido prefeito de Fortaleza e o futuro reservava-lhe ocupar novamente esse cargo, representar seu estado na Câmara Federal e, como seu vice-presidente, terminar o mandato de Justiniano de Serpa. Publicista e escritor, sua obra de mais voga seria *Jeca Tatu* e *Mané Chique-Chique* — ensaio polêmico e otimista respondendo ao pessimismo de Lobato nos *Urupês*. Sua esposa Alpha, filha do coronel-presidente Marcos Franco Rabelo, era clara, alourada, olhos enormes, vivos, muito escuros, dentes muito brancos — fisionomia agradável e expressiva. Era comunicativa, inteligente, dotada de magnífica voz e de grande talento cênico. Isto fazia-a *dizer* (era a expressão da época) notavelmente os versos e trechos de prosa que recitava. Lembro da minha emoção de catorze anos ouvindo-a na dramaticidade de "O cura Santa Cruz" — o conto de Daudet posto em poema vernáculo por Gonçalves Crespo. Conhecem a história? Era coisa espanhola e bárbara, revelando as façanhas de

> O implacável carlista, o Cura Santa Cruz,
> Que em nome do seu rei, e em nome de Jesus,
> Da Navarra febril leva do sul ao norte
> O ódio, a perseguição, o incêndio, o estrago, a morte.

Um dia cai nas mãos do fanático um jovem republicano. Impõe-se-lhe o fuzilamento ou o viva ao rei. O moço escolhe a morte mas quer se confessar e quer a absolvição. Decerto. E o cura senta-se para ouvi-lo. Perdoa seus pecados.

> E em meio da febril convulsão da batalha,
> Enquanto rompe e rasga os ares a metralha.
> Viu-se o Cura depois de abençoar, ligeiro,
> A fronte juvenil do heroico prisioneiro,
> Pegar de uma clavina, e dando um passo, ao lado,
> Varar tranquilamente o crânio do soldado.

Era sinistro. Palmas das mãos suando frio, eu armazenava os versos, juntava-os aos de Guerra Junqueiro ouvidos ao Chagas, no Anglo e começava a socar tudo junto nos alicerces de meu anticlericalismo. Mas logo a emoção era outra radiosa e clara nascida da graça da palavra da Alpha, recitando as poesias de seu legendário cunhado o poeta José Albano. Eram joias da língua e eu ouvia lembrando o sotaque do Silva Ramos. Primeiro, as Coplas

> Quem me roubou o amor cego?
> O sossego.
> E esta vida triste e escura?
> A ventura.
> E o fado cruel e iroso?
> O meu gozo.
> Destarte vivo entre a gente
> Magoado e saudoso,
> Desque perdi juntamente
> Sossego, ventura e gozo.

Essa poesia docemente me empurrava, me empurrava para o século XVI, para Luís Vaz que o poeta chamava "claríssimo" na "Canção a Camões" — Camões que parecia falar por sua boca na "Ode à língua portuguesa".

> Quanta e quamanha dor me surge e nasce
> De nunca ouvir aquele antigo estilo,
> Mas eu fiz que ele aqui se renovasse,
> Para que o mundo enfim pudesse ouvi-lo.
> E com todo poder d'engenho e d'arte
> Foi sempre o meu desejo
> Ver-te qual te ora vejo — a celebrar-te.

Ah! poder mágico que a alma nos força e que acomete a mente... Poesia — gládio e lança, flamberga e adaga, venábulo e jáculo — dardo de acerada ponta, de acerado corte sempre virados e prontos para ferir todos que têm "...fogo no coração e água nos olhos...". Eu sentia o incêndio no peito e a lágrima subindo à força da palavra, da sílaba, da letra. Quantas vezes para quase chorar, mesmo chorar — prescindia do sentido. Bastava o som, a música, se deles dependia a vida do verso. Seu acorde. Exemplo? *Hão de chorar por ela os cinamomos...* é como escreveu Alphonsus num dos mais lindos cantos da sua lira. Cinamomo — *Laurus cinnamomum* — é a árvore que dá a canela — caneleira. Se estivesse — *Hão de chorar por ela as caneleiras...* ia-se tudo que Marta fiou, acabava a poesia. Compreendem? está no sentido do verso, na árvore, no choro da árvore, no chorar por Ela — mas é sobretudo em CINAMOMO, nas ogivas dos seus NN e MM, nas suas duas últimas sílabas orquestrais de palavra gótica e catedralesca que floresce a poesia. Mas... para que especular, Pedro! volta às reuniões de tua tia e ao noivado de teus primos. Pobres deles! Noivado naquele tempo é o que estou contando — reunião coletiva da família, dos amigos e os noivos tinham de dar tratos à bola para um aperto furtivo de mãos ou rápido beijo na face furtado entre duas portas. Descontavam com os longos olhares, as famosas *greladas* em que os namorados e prometidos de minha época de menino pareciam se hipnotizarem e ficavam de olho fixo e vidrado um no outro — que nem jacaré chocando os ovos na areia.

    Os pais de meu futuro primo Joaquim Antônio Viana Albano eram João Tibúrcio Albano e d. Inês (Inezita) Viana. O primeiro, filho do comerciante José Francisco da Silva Albano e de d. Liberalina Angélica (que lindo nome!) da Silva Albano — respectivamente barão e baronesa de Aratanha, título com que foram agraciados a 3 de dezembro de 1887. A baronesa era das famílias Teófilo, Costa e Silva e irmã do ilustre regionalista cearense Juvenal Galeno — sendo assim, prima paterna de Capistrano de Abreu e materna de Clóvis Beviláqua. Os irmãos de João Albano chamavam-se Maria de Jesus, Júlia (morta numa viagem dos pais à Europa e lançada ao mar nas proximidades da Madeira), Antônio Xisto e José que foi o pai do poeta José Albano (Albaninho). A mulher de João Albano, d. Inesita, era filha de Joaquim Antônio Viana, poeta e engenheiro-agrônomo formado nos Estados Unidos, e de d. Amância, filha de d. Estela e de Romualdo Franco de Sá — senhores de sobrado na velha Alcântara do Maranhão. D. Inesita e sua irmã Maria Gertrudes (Santoca) tinham sido educadas na França, em Verrier, no colégio das *Soeurs Fidèles Compagnes de Jésus*. Estou entrando nestes detalhes para acentuar na gente materna e paterna de meu futuro primo esse traço tão comum às famílias abastadas do Norte. Conheciam melhor a Europa que o sul e a capital do seu próprio país. É que a Europa era mais perto e não tinha febre amarela. Para mostrar como o Velho Continente ficava ali mesmo, na ponta do beiço, basta referir que o barão de Solimões, avô de meu colega Waldemir Salém — mandava engomar, em Lisboa, os colarinhos e punhos e camisas de peito duro que usava em Belém do Pará.

Dos membros da família de Joaquim Antônio, conheci quase todos aqueles de quem fui contemporâneo. Guardei memória imorredoura da extraordinária figura do Antônio Xisto antes citado e que era nem mais nem menos que o famoso d. Xisto Albano — que foi bispo de São Luís do Maranhão e depois titular de Bethsaida (a que fica a noroeste de Genezaré e onde Cristo tirou as escamas dos olhos do cego). D. Xisto, que os sobrinhos chamavam reverentemente de "Tio-Bispo", era um homem alto, hercúleo, dotado de barbas mosaicas e dum nariz aquilino que lhe davam semelhanças ao retrato que Palma, o jovem, fez do papa Paulo IV Carafa. Só que d. Xisto era mais saudável, de perfil mais judaico e à primeira vista, espantava aquela figura de rabino na veste violeta dos bispos católicos. Trajava admiravelmente e todas as suas alvas, sotainas, capas, casulas, solidéus, estolas e paramentos vinham dos costureiros do Vaticano. Sua Cruz Peitoral e Anel Pastoral eram obras d'arte em que cintilavam as ametistas que lhe competiam. Eram dos mestres ourives da place Vendôme. Quando o conheci, ele tinha cinquenta e oito anos, pois nascera em Fortaleza a 6 de agosto de 1859. Estudou cânones no *Collège de Saint-Sulpice*, tendo recebido ordens das mãos do cardeal François Richard, então bispo de Paris. Depois de muito viajar, esse padre rico, inteligente, elegante, mundano, amigo de prelados romanos; esse sacerdote galicano íntimo de aristocratas franceses; esse gentil-homem que não desprezava trocar a batina pela casaca — veio para o Ceará ser professor do colégio estadual e foi, depois, para o Maranhão como bispo de São Luís. Com seus hábitos, com sua personalidade, com sua concepção aristocrática da religião, era fatal que d. Xisto desagradasse à padraria tacanha dos lugares onde andou, às outras autoridades eclesiásticas e ao beatério ignaro em geral. Começou pela barba. Ele gostava de usá-la inteira e os outros reverendos queriam vê-lo de cara raspada. Não conseguiram. Intrigaram-no com Roma, depois com a Maçonaria. Diante das agressões (geralmente estúpidas), ele próprio foi ficando de paciência curta e dizem que implicou com o ritual de macumba que a negrada de São Luís misturava à devoção de são Benedito. Atribuíram-lhe certo sermão em que ele insistia para que todos se prosternassem primeiro diante do altar-mor onde a lâmpada acesa indicava o Santíssimo exposto. Depois sim, fossem se esfocinhar diante do santuário lateral de são Benedito porque, teria ele dito, fazer o contrário é como querer um favor do dono da casa e pedi-lo por intermédio do cozinheiro — porque, são Benedito, meus amados irmãos! não passa dum negro e negro cozinheiro do céu. Em nome do Padre, do Filho, do Espírito Santo, amém. E retirou-se para a sacristia deixando a nave da matriz toda cheia de zum-zuns indignados. É evidente que tudo isto deve ter sido invencionado. Mas o fato é que d. Xisto, farto, acabou resignatário e, a 1º de março de 1906, deixou o palácio episcopal que ele reformara à sua custa e passou a viver entre a Europa e o Rio com o fausto e a dignidade que lhe permitiam o espírito largo, os vastos cabedais, e sua consciência de homem de bem e de sacerdote regular e piedoso. Morreu em Fortaleza a 22 de fevereiro de 1917 quando fora àquela cidade realizar o casamento de minha prima com seu sobrinho Joaquim Antônio. Seu bragal e suas alfaias foram dispersados pela família. Avalio seu requinte pelo cálice de cristal que está em mãos de minha prima Maria Augusta de Luna Albano. Traz, admiravelmente gravados, sob o chapéu episcopal e sua coroa de conde romano, o brasão, ladeado pelos báculos pastorais sob o qual se desenrola a divisa que ele foi buscar no Salmo 115 (113B): *Non nobis, Domine, non nobis, sed nomini tuo da gloriam...* Fiel a sua divisa e a Deus, d. Xisto glorificou sempre Seu nome.

 Desses Albanos, tive contemporaneidade com um que lamento profundamente não ter conhecido pessoalmente — o fantástico José Albano que considero não como um dos maiores poetas do Ceará e do Brasil, senão como um dos maiores clássicos da língua portuguesa. Tenho sua efígie em vários retratos mas prefiro a desenhada por Floriano Teixeira e que está nas *Rimas*, edição da Imprensa Universitária do Ceará. Olhando a magnífica figura a gente não sabe se está vendo um *dandy* da época dos pré-rafaelitas (o monóculo quadrado), um *condottiere* da Renascença (o olhar de César Bórgia na tela atribuída a Giorgione), um *hippie* (os cabelos e as barbas) ou o próprio Nosso Senhor Jesus Cristo (a luminosidade aureolar que emana da fisionomia sonhadora e forte). Humanizo essa imagem acompanhando sua prima Inah Albano quando esta o descreve no seu caderno de recordações, numa reunião de família. "Lembro-me do seu porte, da sua expressão recolhida e enlevada a recitar os versos de sua autoria." E ela menciona quais. São os das quadras de um de seus sonetos mais altos.

>Poeta fui e do áspero destino
>Senti bem cedo a mão pesada e dura.
>Conheci mais tristeza que ventura
>E sempre andei errante e peregrino.
>
>Vivi sujeito ao doce desatino
>Que tanto engana mas tão pouco dura;
>E inda choro o rigor da sorte escura,
>Se nas dores passadas imagino.

>Vraiment le bleu connaît la couleur d'orange [...].
>PAUL CLAUDEL, *Art poétique*

Uma coisa fabulosa que fiquei devendo ao noivado de minha prima foi a excursão que fizemos ao Pão de Açúcar nos bondinhos aéreos inaugurados em 1912 e 1913. Tinham quatro para cinco anos e eram uma novidade que o Joaquim Antônio queria comparar com os que vira na Europa. Combinou-se o passeio e ele próprio me incluiu no grupo dizendo que "mestre Pedro vai conosco". Éramos ele, eu, a noiva, tia Candoca e a Mercedes Albano. Para essa coisa meio esportiva que era a ascensão que ia ser feita, vesti meu terno número um, o Joaquim Antônio colarinho duro de pontas viradas, a Maria e a Mercedes grandes chapéus e vestidos escuros, a futura sogra sedas, veludos pretos e uma *toque* alta de pluma póstero-lateral. Exatamente, pois possuo os retratos tirados nesse dia inesquecível. Lanchamos na Urca — chá, torradas, sanduíches, mineral e para mim, tudo isso e o céu também — gasosa! Subimos depois para o pôr do sol e o acender das luzes da cidade nas alturas do Pão de Açúcar dos ventos uivantes. Não sei dos outros. No cocuruto eu desci um pouco no declive que dá para o maralto, sentei no granito e olhei. Jamais reencontrei coisa igual senão quando, em Capri, subi à casa de Axel Münthe e no dia em que sobrevoei Creta para descer em Heraclion. Estavam presentes todas as cores e cambiantes que vão do verde e do glauco aos confins do espetro, ao violeta, ao roxo. Azul. Marazul. Azurescências, azurinos, azuis de todos os tons e entrando por todos os sentidos. Azuis doces como o mascavo, como o vinho do Porto, secos como o lápis-lazúli, a lazulite e o vinho da Madeira, azul gustativo e saboroso como o dos frutos cianocarpos. Duro como o da ardósia e mole como os dos agáricos. Tinha-se a sensação de estar preso numa *Grota Azzurra* mas gigantesca ou dentro do cheiro de flores imensas íris desmesurados nuvens de miosótis hortênsias — só que tudo recendendo ao cravo — flor que tem de cerúleo o perfume musical de Sonata ao luar. Malva-rosa quando vira rosazul... Aos nossos pés junto à areia de prata das reentrâncias do Cara-de-Cão, ou do cinábrio da praia Vermelha, o mar profundo abria as asas do azulão de Ovale e clivava chapas da safira que era ver as águas das costas da Bahia. Escuro como o anilíndigo do pano da roupa que me humilhava nos tempos do Anglo-Mineiro. Mas olhava-se para os lados de Copacabana e das orlas fronteiras além de Santa Cruz e o metileno marinho se adoçava azul Picasso, genciana, vinca-pervinca. As ilhas surgiam com cintilações tornassóis e viviam em azuis fosforescentes e animais como o da cauda seabrindo pavão, do rabo-do-peixe barbo, dos alerões das borboletas capitão-do-mato da floresta da Tijuca. Olhos para longe, mais lonjainda — e horizontes agora Portinari, virando num natiê quase cinza, brando, quase branco se rebatendo para as mais altas das alturas celestes azul-celeste *azur* só possível devido a um sol de bebedeira derretendo os contornos as formas e virando tudo no desmaio turquesa e ouro e laranja dos mais alucinados Monets Degas Manets Sisleys Pissarros. Mas súbito veio o negro da noite acabando a tarde impressionista. As luzes se acenderam em toda a cidade mais vivas na fímbria orlando o oceano furioso. Eu nem lembro como vim rolando Pão de Açúcar abaixo aos trancos e barrancos daquele dia vinho branco...

  Mas a vida continuava e no dia seguinte, colégio. O ano continuava e as matérias vedetes eram a aritmética do Thiré e a do nosso *Tifum*: geografia, corografia do Brasil e noções de cosmografia. Eram as duas de exame final e tremíamos de pensar nesses dias de juízo perante as bancas, à rua Larga, no casarão do externato. Em outubro o nosso Paranhos arrebatou-nos para os infinitos, ultrapassou o Sistema Solar, levou-nos à Via Láctea, a Altair e deu-nos a vertigem do minuto-luz, da semana, do mês, do ano-luz, entremostrou-nos ainda cintilando no céu estrelas mortas há milhões de anos. Falou em trilhões de planetas, quintilhões de sóis. Já o nosso Thiré rojou-nos no chão de espinha quebrada, com o famoso *problema dos burros* que era o epílogo do seu compêndio. Era horrível de difícil. Sua solução era coquetel compósito em que entravam as quatro operações, as frações ordinárias e decimais, o máximo divisor comum, o mínimo múltiplo comum, a regra de três e outros penedos intransponíveis ao meu raciocínio. Só o enunciado da charada ocupava página inteira de letra atochada e miúda. Eu me sentia dentro da coisa como um deles, um dos burros e um dos mais zurros, porra! Entretanto tinha certeza de passar. À custa de muita cola nas sabatinas, minha média em geografia era oito. Graças ao laço tricolor e ao meu entusiasmo pelos aliados, em aritmética, era nove. Impossível não fazer mais quatro pontos em uma, três na outra matéria e completar os doze divididos por três igual a simplesmente quatro. No último sábado de outubro foi a derradeira saída do ano. Ninguém privado. O Quintino estava magnânimo. Começava a *parede* de novembro. Logo depois de Finados entrei a cavar para os exames. De manhã, casa do tio Ennes que acabou conseguindo me fazer resolver o caso dos burros. À tarde era Geografia lida e relida na sala de visitas da Pensão Moss que eu elegera em gabinete de estudos. Lia quinze minutos e olhava Haddock Lobo quarenta e cinco. Isso uma, duas, três, quatro, cinco horas. Decidi me matar, se fosse reprovado. Tinha pesadelos com o *Tifum*. Às vezes tio Salles vinha, fazia uma pergunta, saía consternado com a inépcia de minhas respostas. Os dias corriam, dezembro chegava. Mas eu estava pronto para os exames. Minhas colas de geografia estavam prontas. Era uma *sanfona* para cada país, uma para cada estado, uma para cada planeta. A aritmética...

> Dies irae, dies illa [...].
> TOMÁS DE CELANO (?), *Canto dos ofícios fúnebres do missal romano*

Afinal chegou o dia, aquele dia. Os jornais davam, de véspera, a lista dos chamados e apresentávamo-nos, cadavéricos, antes de oito da manhã, diante das portas do externato. Lá estava ele, imenso, com seu teto de ardósia, de castelo francês, seu renque de dezesseis janelas de cima cerradas como as correspondentes de baixo e as quatro portas de madeira e serralheria e vidraças. Elas ainda lá estão. São esculpidas, apresentam no topo figuras aladas, corpo de leão, cabeça draconiana. As ferragens representam uma esfera armilar e sobre seu campo, composição onde se vê um diploma enrolado, um livro fechado e uma seta. Ai! de mim. Aquilo era o símbolo do meu destino. Os livros que eu não abrira, o diploma que eu não teria e a pontuda flecha que cravar-se-ia na minha ilharga de vagabundo. E os dragões? Lembravam, esfinges — ou, tu me adivinhas ou eu te devoro. À oitava badalada foram se abrindo todas as janelas e as duas portas mais centrais. Apareceram os bedéis. Dentro do ar cinzento da manhã chuvosa e quente, estabeleceu-se um silêncio de sepultura. O primeiro arauto berrou de cima das escadas: Geografia!, e acotovelamo-nos o bando duns quarenta, que seguíamos o homem até a uma sala do fundo, à esquerda das varandas do pátio central. Sentamo-nos. Começou a chamada dos Pacíficos, Pancrácios, Pantaleões, Pascoais, Patrícios, Paulos, Paulinos. Era dia de P. As outras letras do alfabeto já tinham passado pelas forcas nos dias anteriores. Hoje, nós. Os Pedros que seríamos inseparáveis nos dias de terror, até o quinto ano: meu primo Pedro Jaguaribe Maldonado, com seu pincenê de trancelim; o meu caro Pedro José de Castro, já míope, e que o destino faria novamente meu colega de profissão médica e meu colega de Assistência Pública; Pedro da Silva Simões e eu, misérrimo, também Pedro, também da Silva, mas só que Nava.

Quando acostumei meus olhos à penumbra da sala vi, à minha frente, comprida mesa e solene. Sentado à sua extremidade direita um moço de figura proconsular — era o jovem professor Fernando Raja Gabaglia, conhecido como verdadeira fera. Era irônico, divertia-se com os pobres examinados como gato com rato, ria, gozava, levava no deboche e zás! bomba. Ao centro, de preto, neve de cabeleira revolta, olhos negros e serenos, a figura augusta do presidente da banca — era o professor Coelho Lisboa. À extrema esquerda, a massa apoplética do *Tifum*. Estávamos perdidos... A primeira trovoada veio justamente desse lado. De repente o nosso Paranhos levantou-se, fendeu sobre um candidato e convidou-o a tirar o capote. O moço recusava, que estava doente, que tinha muita tosse, que estava resfriado, a garganta... O professor insistiu e quase arrancou o agasalho que exibiu, virado pelo avesso, aos nossos olhos atônitos. O pano estava coalhado de páginas do Lacerda e do Veiga

Cabral pregadas com alfinetes. O desgraçado foi posto fora da sala, a toque de caixa. Eu estremeci porque em cada bolso do meu segundo uniforme, os quatro da túnica, os quatro grandes e os dois pequenos das calças e dentro do cano das meias, eu colocara em ordem perfeita os países dos cinco continentes, os estados do norte, nordeste, centro e sul do Brasil, os globos, os sistemas, as constelações, as galáxias. Lembro bem que entre o cano da botina de elástico e a pele transida do meu pé direito eu tinha, a queimar-me, o sol e planetas de sua órbita. Numa tonteira ouvi o enunciado do ponto: França, Espírito Santo, Saturno. Os mestres cochicharam um minuto e o moço Gabaglia escreveu no quadro-negro: 1) Rios da França; 2) Pontos extremos e limites do Espírito Santo; 3) Ordem numérica de Saturno na sequência dos mundos, a partir do Sol; seus anéis e satélites. Consultei mentalmente meu esquema. Bolso alto esquerdo do paletó da farda, Europa. Disfarcei, tossi, abaixei-me e escolhi a *sanfona* da França. Bolso grande direito da calça, Espírito Santo. Pé direito, muito trabalho e arranquei Saturno. Serenei, comecei a escrever, olho no Gabaglia e olho no *Tifum*. Porque o Coelho Lisboa, imóvel, não saía da mesa, fatigado e dispneico. Hoje, pensando na sua cor lívida, faço o diagnóstico retrospectivo de uma insuficiência aórtica. Chego a ir mais longe — arterial. Os outros dois é que não sossegavam. Em minutos o Gabaglia deu quatro flagrantes e o Paranhos sete. Tudo fora da sala. Estranhamente sereno, eu manobrava minhas *sanfonas* como verdadeiro prestidigitador. Quando um dos feras parou perto de mim, tomei atitude meditativa e comecei um esboço dos anéis de Saturno. O moço chasqueou. Cuidado, menino! a prova não é de desenho, é de geografia. Foi andando, me gozando, prelibando. Voltei vertiginosamente às *sanfonas*. Era uma volúpia a cola, o perigo... Era como entrar em jaulas, jogar tudo numa parada única de roleta. Acabei, entreguei as páginas escritas e saí para a rua Larga. Aí veio a *frousse*. Tremi como as varas verdes. Deu aquela vontade de vomitar, de ir esvaziar e corri para o Café Vista Alegre, que ficava à esquina da rua Larga e avenida Passos (exatamente onde estão as colunas e o vão do arranha-céu numeroso como o 7 do último logradouro). Imaginei um dos inspetores me acompanhando, temia ser apanhado com a boca na botija — ainda todo recheado de *sanfonas*. Corri às latrinas do fundo do boteco, vomitei, fiz o resto e joguei todas as colas dentro do vaso. Só me senti seguro depois que repetidas descargas levassem de cambulhada, esgoto abaixo, o mijo abundante das emoções, o que expelira por cima e por baixo, o corpo de delito alestado dos bolsos. Então, alvo, puro, branco — candidato — fui investigar o quarteirão. Dei a volta ao colégio. O lado de Camerino tinha metade da fachada já reformada e afrancesada mas a outra, conservando a dignidade antiga e conventual do Seminário, era pintada de cor de tijolo. Dez janelas em cima e nove no andar de baixo, todas cercadas de granito. Já a fachada de trás, a que dá para a atual Leandro Martins, ainda hoje muito simples e pouco ornada, deixava sentir na sua lisura caiada e nos seus alisares de pedra o velho aspeto freiral do edifício. O quarto lado fazia parede-meia com as construções que iam até Vasco da Gama, cujo rodamoinho prostibular eu vi pela primeira vez. Fiz aos trambolhões o percurso da Prainha à rua Larga no meio dum quadro de personagens de Roberto Rodrigues: fuzileiros escarlates, marinheiros azuis, soldados de túnica zulmarinho calça garance e putas putas putas de todas as cores, em camisa, rebocadas, mostrando e chamando no meio daquela confusão de pentelheiras, papagaios, rótulas e bocetas. Voltei ao boteco mais próximo da portaria do externato, almocei camarões recheados e pensando na rua da Conceição, ousei uma cerveja gelada. Voltei leve, leve para a nossa sala da manhã, ardendo por defrontar-me com o Gabaglia e com o *Tifum*. Desabusar aqueles dois sacanas... Às duas em ponto a banca abancou-se e começou o massacre. Quando chegou minha vez, sentei-me arrogantemente diante do Gabaglia — forte de minha impunidade quanto às colas não descobertas e forte da cerveja ingurgitada. Arrotei e esperei. O senhor — começou a fera — o senhor, que estava desenhando os anéis de Saturno e seus satélites diga-me lá o que é satélite. Aquela pergunta era uma safadeza; eu nem tirara ponto e sem cola, sem *sanfona*, não era nada e olhei fascinado os colarinhos de bunda virada cobertos pela papada bem principiada daquele busto de Caracala. O que é cometa? O que é afélio? E periélio? Neris. Estou satisfeito. Passei para o *Tifum*. Ele recebeu-me às gargalhadas. Hoje vamos ajustar o velho e o novo, seu patife! Tire o ponto. Dezenove. China. Eu estava literalmente fodido. O homem riu mais e perguntou com doçura qual era o lago mais vasto da China, depois o rio mais longo, depois a montanha mais alta, o porto mais importante, a capital. Pequim! Respirei e resolvi contratacar cinicamente. Eu sabia que o *Tifum* gostava de etimologias (e lembrado de conversa que me impressionara, do tio Salles, e do *tio* Ennes), perguntei, de arguido passando a arguente. Ah! Dr. Paranhos, tinha uma coisa para lhe perguntar em aula e esqueci. Posso perguntar agora? Ele anuiu, gozando. Foi quando enunciei minhas perplexidades. Queria saber se *haven*, de New Haven, *hagen* de Copenhague, *hampton* de Southampton, *horpe* de Mablethorpe, *haire* de Dun-Laoghaire, *hus* de Aarhus e *havre* do Havre, mesmo eram palavras de origem igual — significando porto, angra, enseada, abrigo, recôncavo, ancoradouro. Joguei-lhe ainda por cima a Haya, Cork-Harbor, Harboöre, Söderhamm, mais as possibilidades de Livorno, Cantábria, Cezimbra... O mestre me olhou longamente e seu riso de mim passou a ser riso para mim. Respondeu agradado que algumas, sim, outras, não e que ia me dar grau quatro pela curiosidade inteligente.\* E musque-se logo, seu patife! Zero do Gabaglia, quatro do *Tifum*, oito na escrita colada — igual a doze, dividido por três igual a quatro. Quatro mais a média anual oito, igual a doze. Dividido por dois plenamente grau seis. Voltei triunfante para Haddock Lobo e à noite tive um *Velo* apoteótico.

Ao contrário da manhã nevoenta da geografia, nascera radioso o dia da aritmética. Mesmo cerimonial da outra vez. Atravancávamos a rua Larga até ao meio, nesses tempos de tráfego ralo e de bondes escassos. Presentes todos os uniformes dos colégios civis do Rio de Janeiro que faziam preparatórios conosco pois só eram válidos os realizados perante as bancas do instituto oficial. Lá conheci meninos de letra P do externato, do Pio Americano, do Paula Freitas, do Aldridge, dos estabelecimentos de ensino dos subúrbios, dos cursos particulares, do grupo dos moços denodados do comércio, das profissões manuais e dos mesteres humildes que estudavam sozinhos e vinham chancelar seu difícil saber perante as bancas do Pedro II. Havia heróis que tiravam os doze prepa-

---

\* Às vésperas de escrever este capítulo, querendo retificar minha memória, fiz a Antônio Houaiss a mesma pergunta que outrora usara como golpe no *Tifum*. A resposta desse querido amigo, sábio patrício, humanista incomparável, reencarnação de João Ribeiro — veio numa carta citando as raízes do velho norueguês, do islandês, do dinamarquês, das línguas germânicas, do latim, do céltico, do frisão, do gótico, do mais... Deixou-me literalmente achatado. O zero que não tive em 1917 conquistei-o, moralmente, em 1974. E merecido...

ratórios em três anos — quatro de cada vez. Só era exigida uma sequência lógica. Para fazer história do Brasil era preciso ter feito anteriormente história universal. Esta vinha depois da geografia e da corografia. Geometria e trigonometria seguiam álgebra e a aritmética. Português primeiro, latim depois e as outras línguas — francês, inglês ou alemão. A história natural coroava os exames de física e química.

Pois a manhã da aritmética estava refulgente e às oito em ponto abriram-se as portas do matadouro. Começou a gritaria dos inspetores. Geografia! Lá foi o bando para as garras do *Tifum*. Aritmética! e senti-me arrebatado com outras quarenta vítimas para a primeira sala da direita de quem entrava e que abria para o saguão. A banca estava a postos atrás da mesa solene, coberta dum pano verde borlado de amarelo, com a esfera armilar bordada a similor e ostentando copos reluzentes e moringa majestática. Primeira extrema, o terrível Costinha — de seu nome todo, Henrique César de Oliveira Costa. Segunda, o paternal Thiré. Ao centro uma figura bojuda e de olhar incerto, tipo grosso de cima até embaixo, pescoceira atarracada, lombada redonda, ventre ovante, bundudo, coxudo — um verdadeiro *cagalhão-de-rasga-cu*. Logo correu seu nome. Professor do externato. Ensinava outra matéria e era tido como reprovador temível até três horas, reprovador assim assim até quatro, benevolente até às cinco e verdadeira canja quando os exames excediam esse horário. Hão de perguntar: por quê? Ele só examinava naquela sala de onde com assovio ou psiu alertava copeiro amigo do Vista Alegre fronteiro. O tal de garçom era chamado de vinte em vinte minutos e três vezes por hora, atravessava a rua quase deserta empunhando os chopes duplos cujo acúmulo ia amansando a besta-fera. A coisa chamou atenção, um jornal publicou verrina a propósito daquela cervejada. Dizem que o Laet trouxe às falas o Gambrinus que logo pediu desculpas, até reconheceu seu erro e perguntou se podia tomar chá durante os exames. O diretor pô-lo logo à vontade. Ora esta! senhor professor. Nem precisa pedir licença. Chá à vontade. E em vez dos copos do duplo o moço passou a trazer de meia em meia hora, vasta xícara e bule de ágata azul de respeitáveis proporções. O conteúdo, gelado, aljofrava a vasilha e espumava bico da dita afora. Pelas quatro e meia o mestre arranca-toco ficava compreensivo e benevolente.

Desamparado, sentei numa carteira vizinha à do Pedro José de Castro, moço do externato que eu conhecera no dia da geografia. Tiramos o ponto. Dito e feito: problema dos burros! Tudo que eu tinha na cabeça a respeito e penosamente colado a cuspe pelo *tio* Ennes, evaporou-se. Numa aflição pedi socorro ao xará. Ele magnânimo e piedoso fez com a mão sinal para que eu esperasse, calma! companheiro. Simulei estar fazendo cálculos laboriosos no mata-borrão até que ele depois de terminar sua prova, passou-me o rascunho, ao retirar-se. A sala se esvaziara aos poucos e fui dos últimos a sair depois de copiar com boa letra a cola ministrada pelo colega. O presidente da banca já ia a esta hora pelo seu quarto bule de chá. Fui para a rua, circulei novamente o colégio para rever a bela rua Vasco da Gama, estendi meu passeio um pouco, pela avenida Passos então deserta e desembocando livremente na rua Larga, sem aquele mastodonte do monumento a um Bernardo Pereira de Vasconcelos marchando magro e rápido em direção à casa que beneficiara. Traz inscrição dizendo que é homenagem do Colégio Pedro II e o nome dos catedráticos que compunham a congregação quando se levantou o troço. Então? meus caros professores... Acaso não sabíeis? que o mineiro ilustre era paraparético das pernas, que não andava e que merecia pelo menos uma cadeira de bronze igual até que deram ao Alencar e ao visconde do Rio Branco. Além de sentada, sua iconografia mostra sempre a figura de um homem gordo. Mas voltemos a 1917... Estendi meu passeio até ao Itamarati, voltei escolhendo um café para o rápido almoço de empadinha, coxinha de galinha, pastel ou sanduíche. Os principais eram os três rememorados por Pedro Dantas no seu "Acre sabor": o Café e Bilhares Bussaco, a Leiteria Minas e Rio, o Café Vista Alegre. Era o mais cheio de meninos com o nosso segundo uniforme e nele entrei. Foi um pão inteiro de duzentos réis com manteiga e mortadela, e um copázio de sifão. Voltei ao externato, esperei minha vez circulando na varanda dos condenados à morte e vindo, a cada volta, olhar à porta. Quando chamaram meu primo Pedro Jaguaribe Maldonado, ruí na primeira carteira, pernibambo, sentado mole como Bernardo Pereira de Vasconcelos falava no Parlamento. Ao nome de Pedro José de Castro, fiquei lívido. Agora era eu. Nem me lembro de como me vi diante do Costinha, logo escramuçado e nem como fui à pedra a convite do Thiré. Errei tudo e erro evidente, branco no preto, giz fosforescente no quadro-negro. Estonteado vi-me no saguão olhando os dois lances de escada, degraus de metal trabalhado e patamar de mármore. A sala de exames fechou-se sobre um bedel e os três juízes. Vi entrar o último bule.

Aquilo demorou mas, finalmente, o inspetor saiu com a lista dos nomes. A maioria não tinha nota escrita, só um traço vermelho. Eram os reprovados. Certo eu estava entre eles. Suicídio decidido. Quando eu esperava o grito de Justiça! Justiça! que o senhor conde de Laet manda fazer na pessoa do infame réu Pedro da Silva Nava, pensei estar sonhando quando ouvi a voz do *Virosca* proclamando meu nome, fazendo a parada de regra para o suspense e logo depois cuspir enojado — simplesmente 3,93. Era uma *tangente* escrotérrima... Aquilo havia de ter sido química do santo do Thiré, manipulando a escandalosa média nove que ele me dera durante o ano. Mandei a vergonha às urtigas e respirei fundo. Estava terceiranista do Colégio Pedro II. Voltei leve para a rua Haddock Lobo, descendo Marechal Floriano, vagando, vagando, pegando o Campo de Santana, atravessando o maravilhoso parque para tomar o meu *Tijuca* em frente ao Corpo de Bombeiros. O Mundo era meu... Nessa noite, até tia Alice e tio Salles juntaram-se aos Briggs, aos Modesto, a d. Julinha e ao seu Antônio Augusto para uma festiva sessão cinematográfica. O *Velo* era meu... Dois dias depois subi o nosso Caminho Novo. Abracei — franco de lágrimas — tio Salles e tia Alice que iam de mudança para o Ceará.

Quando cheguei a Belo Horizonte, para as férias, encontrei minha família instalada na Floresta, à rua Jacuí, 185, exatamente a primeira casa onde nos hospedáramos com o Júlio Pinto. Este terminara a sua, a nova, a da esquina de Januária e o Major alugara a deixada pelo cunhado. Por muito pouco tempo, pois ele também tinha acabado de construir na Serra, em longínquo terreno que comprara na rua Caraça. Cartas escritas nesse período a tia Alice e que depois de sua morte voltaram às minhas mãos me fazem reviver essas férias. Dou notícia de minhas idas à Biblioteca Municipal para devorar, dessa vez *Os três mosqueteiros*, *Vinte anos depois*, *O visconde de Bragelonne*. Mais: *O conde de Monte Cristo*, *A dama de Monsoreau*, *Os quarenta e cinco*, *As memórias de um médico* e sua sequência. Obrigado, velho Dumas... Informo a viagem de minha Mãe, a 5 de fevereiro de 1918, para levar meu irmão José, interno, ao Colégio Dom Bosco, em Cachoeira do Campo, e descubro a data certa de nossa mudança para a rua do Caraça, 72: 5 de março desse mesmo 1918, que ia ser um dos anos mais ricos de experiência de toda minha vida.

Ganhava-se a Serra — nesse tempo serra virgem — pela rua Cláudio Manuel e depois, Chumbo. Aí o bairro começava a tomar seu caráter. À esquerda as casas do dr. Cícero (azul, dentro da mata) e a do desembargador Siriri (verde dentro da mata). Ainda à esquerda, a touceira de bambus e os atalhos que seriam a rua Bernardo Figueiredo. Logo depois, à direita, a fachada fechada dos Goulart. Outro pulo para defronte e começavam os muros e as colunetas da chácara do Estevinho. No Ponto do Bonde, olhando o nascente, viam-se no meio da copa das mangueiras, os telhados e as vidraças dos Gomes Pereira e olhando o poente, mais mangueiras, toda uma densa aleia de mangueiras e no fundo, a casa de d. Carolina. Ainda havia continuação de rua até em frente ao sobrado branco e misterioso do dr. Aleixo, mas daí para diante, eram atalhos abertos entre matagais e barrancos, cheios de poeira nas secas, cheios de lama nas águas, passando defronte do Zé Rizzo, do seu Abras, da bodega do Albertino e chegando finalmente às veredas que configurariam, com o tempo, a rua Caraça. Nessa esquina, mirando à direita — o espigão que levava aos Chalés das Viúvas e, à esquerda — o ladeirabaixo que ia a nossa nova casa. Em frente, o aprumo gigantesco muro serra do Curral. Toda a estrada — até nossa residência, sob o azul prodigioso de um céu que repetia o da Úmbria, era dominado pela cor da poeira que escurecia as paredes, enferrujava as árvores e tingia as pessoas, suas mãos, seus cabelos, a face, a roupa, os sapatos. Fina e fofa como pós de arroz, ela subia à menor aragem e a qualquer movimento — fazendo pequena nuvem em torno dos bichos e das pessoas. Os largos ventos levantavam-na em cúmulos espessos, os ventos em rodamoinho faziam subir colunas escuras em cuja base se entrechocavam, crepitando, galhos secos, folhas secas, pedaços de papel, restos, pedrinhas miúdas e toda a lixaria leve do bairro. A esse capricho dos ares, todos se persignavam porque era sabido que o Diabo — mesmo de dia, mesmo com sol — vinha no fuste daquelas trombas de ciclone. Na pulverulência finamente tamisada eu reconhecia com agrado a que provocávamos nas nossas excursões do tempo do Anglo — a ferrugem sutil, o óxido tênue e vaporoso do chão de ferro de Belo Horizonte. Ah! chão prodigioso, tinto de todas as gradações! partindo dos graves de trombone do marrom até às clarinadas amarelouro *du petit pan de mur de Vermeer de Delft* que é como chama de nastro ardente e ondeado de cabeleira pré-rafaelita ou, então, cintilação posta pelos mestres venezianos no penteado das doggarezzas. Às vezes some essa iridência e o *giallo* clareia, fica triste, feio, de um plácido deslavado de osso seco mas que logo se adensa — palha, depois camurça, bege, cromo, camomila e um ouro tornado implacável pelas faíscas de mica. Cada palmo de terra difere e cada beira de barranco risca-se de alaranjados que alumbram, de açafrões terebrantes, de cobres travosos. E mais: os amarelos que os pintores põem em escala (como as notas simultâneas e quase iguais tiradas duma cornamusa) — os amarelos ditos de Paris, de Cartamo, de Nápoles, de Verona, o de Cassel, o de Turner que logo se empinam na cor vegetal do nerprum e do urucum, de repente do cádmio, do ocre vermelho, acaju, ralé, café, biochênio, castanha e novamente no escuro dominante da terra de Siena a que os caprichos da hora e do crepúsculo emprestam lampejos do roxo versicolor das ametistas. Mas é só um instante: logo vem a noite e apaga as pequeninas chamas do dorso das pedras metálicas.

Quando desci pela primeira vez a rua Caraça, chutando seus calhaus de crisopaco, vermelhão, aço e ferrugem — fui ouvindo aos poucos o ruído de águas despencando que ia aumentando. De Chumbo, Caraça descia em rampa suave até aquele córrego, um dos muitos que serpenteavam nos mundos indescobertos da Serra. O que eu ouvia, separava nosso terreno do lote vizinho. Descia das encostas do Curral, das sesmarias do Arquimedes Gazzio, passava nos fundos dos latifúndios do Zé Rizzo, do dr. Aleixo, recebia a afluência de outro que descia da Caixa de Areia e atravessava a rua do Ouro, seguiam mutualmente engrossados por dentro das terras do Gomes Pereira e viravam no corregão maior que banhava as glebas do Estevinho. Seguia ora a descoberto, ora debaixo de túneis, dando braços que se juntavam a outros riachos. Acabavam todos no Arrudas, depois no rio das Velhas velho, depois no marroeiro São Francisco, depois no Mar Oceano. Ao atravessá-lo, paramos no meio da pinguela que o Major mandara construir com duas grossas tábuas. Ele marulhava entresseixos dois metros abaixo, mas o ruído grande vinha de uma cascata que olhamos deslumbrados. A límpida língua d'água — límpida mesmo, mais límpida que uma chuva de brilhantes — saía de dentro de plantas agrestes, da vegetação ribeirinha, onde predominavam tufos de samambaias e de avencas gigantescas — como esguicho parabolando do fundo das barbas lodosas de um mascarrão de mármore preto. Atirava-se dentro dum banheiro natural cavado por sua força — mas de que seu jato não turbava a transparência das águas que já ferviam no fundo mineral de cascalho lavado e relavado. O riacho descia dentro de leito inteiriço feito de ganga de ferro, estrondava naquele ponto, borbulgalava e descia. A visão só tinha três cores — o negro das pedras, o branco das águas de prata e o verde varvertarial das ramagens que se sacudiam fazendo sim e não, sim e não, impulsionadas pelo ar deslocado pelo ímpeto da linda despencada. Atravessada a pinguela, subimos os dois lances do barranco agora a pique, que seria, tantos anos, o calvário de nossa Mãe. Chegamos ao alto e olhamos a casinha recém-terminada pelo Major e que tanta importância teria na vida de nossa família. Apesar de apenas construída, já ostentava a barra barrenta que as chuvas faziam em todas as edificações da Serra — barra dum avermelhado ardente e profundo, como se o vaivém dum pincel palindrômico a tivesse tingido de *henê*. Era uma linda construção e sua beleza vinha da simplicidade. A fachada era passada de um azul muito claro realçado por saliências tonalidade sorvete de creme. Tinha uma pequena varanda lateral cujas colunas de madeira logo seriam enroladas pelo caule flexuoso dos estefanotes plantados por minha Mãe. Dois enormes quartos, sala da frente, refeitório de convento, copa, banheiro, cozinha. Logo depois o Major construiria mais dois quartos e posteriormente o Nelo outros dois, mais a garagem encimada por pérgola e uma espécie de apartamento independente, adaptado do porão. O encanto da sala de jantar é que era peça central, fazendo alcova e por isso seu pé-direito era duns sete metros — para que os altos do cômodo excedessem os telhados dos circunvizinhos e fizessem receber luz e ar por altas janelas de vidro e venezianas. Logo minha Mãe dispôs os móveis e estou vendo o guarda-comidas no seu canto, o *buffet-crédance* com os restos dos cristais e das pratas da Inhá Luísa, a mesa patriarcal, a cadeira de balanço, as cadeiras austríacas. A mobília clara da sala, com os dois dunquerques, as jarras de Juiz de Fora e um *mancebo* do *Bom Jesus*. Sabem o que é? Em Minas dá-se o nome de *mancebo* a cabides de haste torneada que sustentam suportes para chapéus e capas e capotes. Tem três ou quatro pés e ficam nos vãos de porta e cantos de parede. Os quartos com as pesadas camas, os toaletes e as cômodas do tempo do Halfeld. Do tio *Halfeld*, como dizia minha Mãe, como diziam suas irmãs, referindo-se ao primeiro marido de minha avó. Os quadros — alguns da rua Direita, como os retratos de tia Matilde e o do visconde de Jaguaribe.

Ainda não havia jardim, nem horta, nem pomar. Logo nasceram os canteiros e os caixotes rasos para os craveiros e cravinas. Havia gabirobas nativas de pele translúcida, polpa adocicada e carocinhos hostis à cárie dos dentes. Da ribanceira que dava para o córrego — como a aguentá-la nos seus ombros gigantes — levantava-se árvore venerável e imensa. Vinha da terra escura de perto da cachoeirinha, subia mais alto que o barranco, mais alto que o nível da rua, mais alto que o telhado da casa — pau-carga, pau-caixão, indestrutível jequitibá. E começou nossa vida na Serra, parecendo vida de fazenda, tão longínquo era aquele canto de bairro do centro de Belo Horizonte. O futuro veria pelas mãos de minha tia Risoleta a reprodução da chácara da rua Direita, pé de árvore por pé de árvore. Cada viagem sua a Juiz de Fora, era uma busca de sementes e de mudas. Mas à época que fomos para a rua Caraça todo o terreno encheu-se da festa dos pés de mamona com suas folhas parecendo de papel recortado e inseridas nos troncos, por tubinhos cor de púrpura. A mamona era o último sonho do Major e ela me leva aos seus longos monólogos depois do jantar, na sala de visitas ou na varanda, aberta às aragens e aos bichos noturnos.

O major Joaquim José Nogueira Jaguaribe nascera a 11 de maio de 1850 e andava pelas vésperas dos seus sessenta e oito nestas férias da Serra. Não há negar que meu avô era um esplêndido velho. Em lugar de enfeá-lo, os anos tinham aumentado sua beleza de machacaz. Ostentava pele magnífica, livre de pequenas rugas, só vincada pelos sulcos duma vida bem vivida. A careca despojara-o dos cabelos como que para mostrar melhor a forma bem-feita do crânio — cuja dolicocefalia desmentia a *cabeça-de-bolão* atribuída a todos os cearenses. Olhos rasgados e sorridentes, belo nariz judaico e aquelas bigodarramas, e aquelas barbaças abertas ao meio, dando-lhe os traços do são Pedro de Mantegna na "Dormição da Virgem". Só que em vez de auréola, usando impecável *cronstadt* à Félix Faure. Alto, espigado, magro, elegante — sempre de preto, de fraque e de botinas de pelica fina. Longas mãos peludas e bem tratadas. Voz agradável, colarinhos de esmalte. Era assim que ele descia para a cidade, pisando tão de leve e tão bem — que não imundava os calçados no poeirão de Caraça e rua do Chumbo. Em casa, até à hora do almoço, usava um chambre de flanela ramalhetado de florinhas, punhos, gola e faixa duma espécie de brim cáqui. Chinelos, jamais sem meias. Barrete de fustão branco que lhe dava ora o aspecto dum médico ora o dum rabino. Ficava assim, até à hora do almoço. Antes tomava uma talagada de abrideira — um martelo só. Nestas férias ele tinha uma pinga com gosto e cor avivadas com raspa de carvalho antigo. Ele próprio tirava essa fina lâmina de madeira do pedacinho quebrado duma velha cantoneira francesa que deixava dentro do frasco em que só ele tocava. Era um que viera das idades e que representava o busto de d. Pedro II — corpo transparente, barba e cabeça foscas. Essas garrafas, hoje objetos de antiquário, continham uma aguardente purificada, engarrafada e vendida por Fritz Mack & Co. Como fosse uca desprezada, tida como bebida ordinária — o nome *Fritz Mack*, como o *Roskoff* dos relógios, passou a designar tudo que era coisa de segunda, trem ordinário, *marca barbante*. Reminiscência dessa frase feita ouvi numa discussão da sinhá Risoleta com minha Mãe. Já na Guerra de 1939-45. A primeira, mulher de italiano, era muito fascista. Como minha Mãe se mostrasse aliadófila, foi, no calor duma disputa, posta pela outra de "inglesa fritismaque". Mas voltemos à garrafa. Era privativa de meu avô que nela colocava os destilados que trazia do norte de Minas e de que degustava diariamente sua marteladinha. Depois de almoçado, descia para os Telégrafos, pois estava lotado, a seu pedido, no distrito de Belo Horizonte. Tenho a impressão que essa tentativa de fixação na capital coincidiu ao fim de seu grande romance amoroso com deleitável senhora sertaneja que cheguei a conhecer numa de suas viagens a Belo Horizonte. Foi também por essa época que o Major começou a falar em passar-se a segundas núpcias e só não desposou, então, a bela e madura concubina de parente nosso falecido, atendendo às ponderações das filhas em lágrimas. Nem sei como elas ousaram tanto — submissas e obedientes como sempre tinham sido para minha avó e o eram para meu avô. Mas nesse caso, o negócio era demais...

 O acatamento das filhas a meu avô eu o apreciava principalmente em minha Mãe, no fervor com que ela bebia as palavras do Major nas longas conversas que seguiam os nossos jantares. Depois da sobremesa e do cafezinho, meu avô acendia, no tição trazido pela Deolinda ou pela Catita, um dos charutos especiais que recebia de São Félix. Eram feios, escuros mas tinham a particularidade de serem dos enrolados em cima de coxa de mulata ou de negra. A última folha do envoltório era torcida na ponta e formava nozinho parecendo cocorote de penteado de mulher. Sua cinza era pura e branca, seu cheiro delicioso. Pois o nosso Major mordia um, cortava o pitó com a serra da dentadura dupla, acendia auxiliado pelas negrinhas e levantava-se. Íamos todos atrás. Ele abancava-se na sala iluminada cruamente pelo lampião de carbureto que acompanhava o dono da casa nos cômodos ainda sem luz elétrica. E aí, ele começava a contar. Primeiro os casos antigos do Pau Seco, de d. Bárbara e do 1817 — que ele reuniria depois em modesto folheto.* Depois o 1824, a chacina do Jardim, a casa-grande do seu Dão incendiada, a dispersão da família, sua avó grávida, fugida nos matos, escondida num fundo de lagoa, respirando por um tubo de taquara, até tudo silenciar. Saiu dali transida, para ter, no chão, a filha que esperava. Veio se arrastando a pé, que nem retirante, comendo dado, até Fortaleza, onde foi recolhida pelo cirurgião Santiago. Por isso é que a menina nascida assim, a mãe do Major, a futura viscondessa de Jaguaribe, tinha se chamado Clodes Alexandrina Santiago de Alencar. Aquilo, na nossa sala, era o eco das conversas que o Major escutara de sua mãe e que esta ouvira da sua. Era a mesma voz vinda do Ceará, passando pelo Rio reboando agora na serra do Curral... Vinham depois as gestas do Paraguai, não as dos compêndios — heroicas e convencionais — mas as vividas, as do sangue, das degolas, dos massacres — dos estupros, dos saques, dos incêndios, do aniquilamento — chegadas pela boca de meu bisavô que fora auditor de guerra em Assunção e pelas dos primos José Martiniano Peixoto de Alencar e Carlos Augusto Peixoto de Alencar, irmãos de carne e de armas, respectivamente os Voluntários da Pátria números um e dois no alistamento. Tinha retrato dos três no álbum da sala. O futuro visconde numa farda larga como um pijamão. O primo Zé Martiniano de olhos mansos e o primo Carlos de bigodeira, feroz. Minha mãe ainda o conheceu na sua infância do Juiz de Fora. Meu avô guardara os casos todos da Guerra do López, na sua memória de mocinho de quinze anos feito os da Primeira Grande Guerra ficariam na minha. Depois eram as lembranças do pai ministro do gabinete Ventre Livre, de Rio Branco, de João Alfredo, Teodoro Machado, Duarte de Azevedo, Saião

---

* Joaquim Nogueira Jaguaribe. *Acontecimentos de 1817 — Dona Bárbara*. Fortaleza: Impressão do autor, 1922.

Lobato; da festa até o dia raiar, que fora em sua casa, no 28 de setembro de 1871; dele, carregando a pasta do velho nos dias de despacho em São Cristóvão ou no paço da Cidade. Os ministros reunidos, em pé, longe da mesa e o imperador fazendo-se esperar exatamente quinze minutos depois da hora marcada. Chegava cumprimentando nominalmente, sem parar, os moços em fila e curvados nas antessalas e nas varandas. Sr. Paranhos, sr. Jaguaribe, sr... O Major impava contando esse seu roçar ao monarca que ele nunca chamava de d. Pedro ii nem de imperador. Só falava em Sua Majestade — que ele dizia *suamajistade*. Levantava, imitava o andar de *suamajistade*, fazia sua voz fina, nasalada e dinástica, saudando a ele, ao Juca Paranhos, aos outros carregadores de pastas — filhos, sobrinhos, primos dos ministros. Contava depois de Juiz de Fora nascente, das pessoas de lá, jamais de minha avó. Se minha Mãe trazia o nome da dela à baila, o Major puxava fundo do charuto e mudava de assunto. Falava muito do sertão, do norte de Minas. Referia o fantasma dum moço que ele vira com aqueles olhos que a terra havia de comer, sol a pino, atravessando a mata entre o córrego do Cipó e o da Marambaia, caminho da Pirapora. O rapaz ia pelos seus quinze anos, era muito moreno, ria de dentes muito brancos, vestia só camisa e calça, e corria descalço à frente do Major — só que não corria na estrada mas em cima da crista dos galhos dos pés de pau — que seu peso não vergava. Parava se o Major parava. Parava e chamava. Corria se o Major galopava. Corria e ria sem barulho. Foi quando meu avô vislumbrou o velho cercado dum curral, passou para dentro, segurou numa manjedoura carcomida e chamou por Nossa Senhora. Aí o moço riu mais, já de esqueleto, cuspindo dentes de brasa e gritou — ah! Major salvou-te esse resto de presépio! e sumiu numa touceira seca que logo começou a fumegar. Pior, muito pior era o caso que acontecera ao padre Porfírio, da Diamantina. Ele tinha ungido e sacramentado a tal dona. Pois não é que depois de tê-la levado ao cemitério, de ter-lhe dado a absolvição final na beira da cova — tinha tornado a ver a defunta? No dia seguinte, antes da missa das cinco, ainda escuro, a enterrada compareceu ao confessionário do Reverendo e indicou-lhe a parede de sua casa onde estavam entaipados os oiros e as pedras que ela deixava para os pobres. Pediu outra vez a absolvição e sumiu. Tinha casos de Arassuaí e do coronel Franco. Fora curão naquelas zonas sem médico, fizera partos, cosera tripas postas ao léu, dilatara leicensos, encanara muito braço e muita perna. Acudia às maleitas com quinino, primeiro, arrenal, depois. Nunca se separava, em viagem, do estojo de cirurgia e partos de meu Pai e nem do Chernoviz, nem do Langaard. Que livros! Trazia sempre no bolso a pedra de chifre de veado que curava picada até de urutu, até de surucucu.

Fui adquirindo experiência do Major e dobrava de interesse pelas suas histórias quando ele tirava os óculos. Era hora de saque... Grupos dissolvidos a bordoada, depois da tentativa de ir às boas, sicários desbaratados, o topar seu de cada dia com onça, jacaré, jiboia e sucuri. Com as aparições da noite e do sol, de mata e de rio, as de cerrado, de charco, de poço, de lagoa. As de quaresma. As de sacudir punho de rede. Aquele cheiro de roseiral que o intrigara, vindo da água atravessada. Descera do animal e fora ver. Embaixo da ponte, só um musgo grosso. Só um musgo mas dele é que nasciam rosinhas do tamanho duma cabeça de alfinete e que davam aquele olor que lhe entrou nas barbas e que o acompanhou viagem toda... Punha os óculos, suprimia os mundos de névoas e reassumia a verdade do cotidiano. Era apreciador do czar da Rússia, não acreditava na sua morte e esperava que ele reaparecesse em qualquer lugar da Sibéria. Prometia-nos dias melhores, abastanças futuras. Bandeirante, possuía roteiros de minas. Mostrava as coleções dos cristais de Goiás que pretendia explorar, as sementes de plantas cultiváveis e industrializáveis. Falava no futuro da mamona, do óleo de mamona! o único que não congelava, minha gente! aos frios de oito, dez, doze mil metros de altura. Porque os aeroplanos vão subir até lá... O curioso é que tudo era profético. Mas o Major perdia uma fábula de dinheiro por não colocar na hora certa sua visão divinatória do que ia acontecer. Fora assim com o que ele chamava a integração do nosso estado... Ele não se conformava de sair de Belo Horizonte, ter de vir ao Rio, passar pelo Espírito Santo, tomar a Bahia e só então pegar o trem para Teófilo Otoni. Não senhores! Era preciso ligar o centro de Minas ao seu norte. Imaginou uma via férrea que da Diamantina descesse, fizesse um arco, passasse por Peçanha, Figueira e pegasse Teófilo Otoni por Itambacuri. O Instituto Histórico e Geográfico aplaudiu. Para concretizar tal plano, o Major agrupou sonhadores como ele, meteu o Nelo no negócio e fizeram a Companhia. Não contavam com os interesses dos maiorais do norte de Minas, dos coronéis, dos presidentes de câmara, dos deputados estaduais e federais — que coincidiam com os da Bahia-Minas. Para tudo eles encontraram barreiras, de certos lugares saíram salvando só a rica pele e nessa estrada de ferro fantasma ficaram os últimos tostões do Major, a herança todinha de minha tia Risoleta. Só muitos anos depois é que Minas se comunicaria com Minas por todos os lugares e surgiriam (como o Major adivinhara) os rios de leite e mel das terras de Governador Valadares. Mas pensam que essa última ruína impressionou meu avô? Nada. Ele juntou-se ao Tilly, à d. Ernestina e ao dr. Cornélio Vaz de Melo, a tia Berta e ao Bicanca e saíram para a demanda que lhes daria a justa posse das sesmarias, das glebas, dos condados, das golcondas do velho Halfeld. Era coisa líquida e meu avô queria vencer na Justiça, na legalidade. Tinha seu arquivo, o direito de posse garantido por residente pago por ele, um certo Amaro Pedrinha, e haviam todos de enricar. Lembro de certo incidente ligado a esse caso e de meu avô pondo portas afora uma espécie de belga ou de luxemburguês, um estrangeiro que lhe oferecia dinheiro por toda a papelada do Halfeld. O que ele queria era desarmar os litigantes de suas peças e assim conquistar as sesmarias por simples ocupação. Ação judiciária, depois, impossível. Baseado em quê? Cadê prova? O Major explicou que não — que isto poderia ser lucrativo para ele e seus descendentes diretos mas lesivo para sua enteada e para os outros herdeiros do Comendador, representados por seus netos Tilly Halfeld, sua irmã d. Ernestina e pelo marido desta, o dr. Cornélio Vaz de Melo. E o senhor, disse ele ao gringo — não me volte com propostas destas e ponha-se de minha casa para fora. O Nelo estava presente, olhos muito abertos, ar muito atento, como sempre que ouvia ou falava de negócios...

Ah! noites fantásticas da Serra. Nenhuma iluminação na rua. Só um ciciar indistinto que era folhagem arfando; o cri-cri dos grilos; o pingue e o pongue dos sapos martelando. A cachoeira rasgando a seda da noite, o Major falando sem parar dentro do escuro. Sim, do escuro, porque nas noites amenas íamos para a varanda. Havia um negrume que logo se esgarçava e como que diminuía quando os olhos da gente iam se acomodando aos poucos, captando aos poucos luz de início invisível, luz dos estrelumes que faiscavam no alto e que atravessava a noite como raio impressentido, só tornado real e sensível ao bater nos objetos, nos cabelos, nos dentes, nas pupilas, nas unhas das pessoas: então faiscava como pedra preciosa no veludo da treva. Dentro desta, estrela maior caída, Marte vermelho, astro pulsátil — a brasa do charuto de meu avô — mais viva, mais morta, mais viva, mais morta... E sua voz que não parava. Meio século de Minas não tinha conseguido arredondar as arestas do seu sotaque cearense. Abria bem as *vógais*, escandia, emitindo não palavras mas tudo sílaba por sílaba — esta agora, balda, não regional, mas familiar. Fala de Jaguaribe que meus primos do Ceará, de Minas, do Rio e de São Paulo conservam intacta e imutável como peça de brasão. Às vezes não eram só as estrelas, o que de estrelas! enchendo a noite. Ela branqueava da luz de um sol de prata subindo como balão no céu sem nuvens e sem ventos. Ou vinham os dois e sentia-se nos altos estalar dobras de sudários, longos uivos das almas penadas e os festões de renda negra franjada de fios argentinos passarem puxados pelos ventos de Minas. Em direção oposta, a lua voava. Nossa Mãe gostava de cantar. Nesses tempos a vida era eterna... Ah! manhãs da Serra no alvorecer de Belo Horizonte... Carroças de leiteiros com grandes tambos de metal branco cada um de vinte canadas. A abertura de suas tampas complicadas e o leite passado para as vasilhas de casa pela grande concha do leiteiro. Era branco, cremoso, grosso e trazia boiando grandes gotas de gorduras ou pedaços de manteiga. Os matos acordavam molhadinhos e o mesmo orvalho de brilhantes cobria as folhas e as teias em funil das enormes aranhas de ônix mosqueadas de coral e de berilo — correndo do fundo de seus cartuchos de seda para empolgar a presa. Os banhos na cachoeira. Senhoras e meninas de camisola. Meninos de calça velha. O Major com longas ceroulas patriarcais. Depois de fartar-se do jato ele subia e ia sentar-se em cima, na corredeira, ruisselando das barbas e do corpo de velho seco e forte — imagem que forneceu-me material para sonho que tive com ele muitos anos depois. Vi-o deitado de lado, como nas representações estatuárias do Tibre e do Nilo nos museus do Louvre, do Vaticano e das Termas romanas, símbolo potâmico, paternal e fecundo — ostentando um pinguelo enorme e por ele mijando um riacho mais profuso que o que corria e descia terra vermelha da Serra adentro Serra abaixo.

    Não sei por que do pino do dia de sol, no bairro, só me ficou a lembrança das lavadeiras romeiras que desciam dos altos mais limpos do riacho. Passavam ora com roupa acabada de lavar e quarar em rolos molhados nas cestas que elas iam pôr nos varais dos seus barracões. Ora trazendo roupa pronta e cheirando a alfazema que entregavam de porta em porta. Desfilavam em longas teorias como figuras negras num fundo branco ou vermelho de vaso grego. Eu esperava a nossa. Era uma crioula chamada Cecília... Tinha o pixaim todo arrumadinho, dividido em duas massas pela risca do meio da cabeça. Olhos enormes e mansos de ovelha. Um riso de marfim. Roupa imaculadamente branca, saia arrastando. O peso da cesta ou o da bacia endurecia sua espinha, arqueava sua região lombar e fazia empinar sua bunda enorme de Vênus hotentote. Eu gostava de vê-la subir até a esquina de Chumbo, virar à direita e sumir dentro de uma pulverulência vermelha que era terra do chão e luz do sol. E já vinha o crepúsculo de Belo Horizonte — servido que era numa bandeja em frente e à esquerda de nossa casa. Uma enorme bandeja pratazul cheia de taças de ouro se entrechocando, se emborcando, se derramando e empapando o horizonte do seu vinho de sangue.

Mas estou falando sempre de tempo bom, quase esquecendo os dias de chumbo e as noites más em que chovia sem parar com a insistência e a continuidade do meteoro de endoidecer que Somerset Maugham pôs em *Rain*. Eram longas cordas d'água perpendiculares desabando implacavelmente durante um, dois, três dias, uma semana, no ar quente e parado de março. Ou então a chuva vinha com os ventos desabridos da serra do Curral e atirava-se às lufadas, às mangas, aos potes, aos cântaros, que juntavam seu ruído contínuo de metralha batendo no chão metálico ao *tambour roulant* da trovoada de Belo Horizonte e ao urro do enxurrão do nosso córrego virado torrente. Às vezes o aguaceiro parava na tarde escura; um instante o vento se imobilizava. Mas continuava a água a correr de serra abaixo nas encostas, nas vertentes, nas ladeiras — abrindo sulcos profundos, abissais, caprichosos como negativos das colunas torsas do baldaquino de são Pedro. Seu chiado não cessava. Escurecia e continuava dia noite adentro, dia aceso em prata pelos relâmpagos se pegando uns pelas caudas dos outros dentro da batida espaçada de mil caixas surdas e do rufo vitorioso de milhares de tambores em ré que replicavam juntos, em coro, junto com timpanões, tarolas, junto com tímbalos. E mais e mais, em ré, em ré... Sumido no escuro ou cabeleira de demônio acesa pelos raios, o nosso jequitibá ramarafarfalhava vasta vastaralha vastamente vastaralhamente...

Nesse fim de férias eu trouxera os amigos das anteriores para tomarem conta comigo dos domínios da Serra. Ocupamos o Cruzeiro, seu campo de futebol, sua caixa-d'água cercada d'araucárias, escalamos Curral de todos os modos possíveis, subimos ao Pico, invadimos as cercas do Bambirra, talamos a chácara do Arquimedes Gazzio, roubamos manga-rosa no Estêvão Pinto, manga-espada na d. Carolina Figueiredo e arriscada empresa! jabuticabas da casa da d. Dudu Goulart. Éramos quatro os meliantes: Odilardo Belém (Lalá), Francisco Peixoto Filho (Chicão), Paulo Gomes Pereira, eu. O que fizemos naquela Serra... Mas o melhor foi quando nos associamos aos filhos do seu Zé Rizzo, ao Rubinho da sá Delminda, ao Nonô do seu Silvério, ao Albertinho do seu Abras, ao Antônio e ao Geraldo do Amaro da sá Adelaide e a outros elementos autóctones para construir o nosso *banheiro* no curso d'água que descia da Caixa de Areia. A escolha do local foi feita pelo Lalá, ponto represável logo abaixo dum rápido com cachoeira; o risco foi de minha lavra; a direção dos trabalhos coube ao Chicão. O material de pás, enxadões, picaretas, malhos e alavancas eram do patrimônio do Major e do coronel Gomes Pereira.

    Risquei uma grande bacia oval. Num dos extremos, a cachoeira. Começávamos a cavar grande buraco fundo duns dois metros e o detrito terra era lavado levado de água abaixo. Já com os pedregulhos íamos construindo paredão duns oitenta centímetros de largo, ajeitando e engatando os monolitos uns nos outros pelo seu formato e entre cada camada de calhaus íamos fazendo leito de jornais velhos, ramos de árvores, tufos de capim, entulho de folhas largas. Olhávamos a jusante: onde surgia fio d'água tampávamos a montante com retalhos de saco, cisco, estopa, papelada e pano velho. O curioso é que esse modo de represar dava certo. No fim, todo o entulho auxiliar apodrecia e sumia mas a água oleosa, rica de cascalho e terra vermelha, já tinha soldado as fendas com um triturado metálico que, onde enganchava, enferrujava e essa ferrugem constituía-se numa tal ganga que nossa muralha acabou ficando que nem as dos castros romanos de pedra empilhada e de intervalos entupidos com estanho derretido. Com quinze dias de trabalho estava pronto o nosso *banheiro* e o tempo se encarregaria de reforçá-lo ferrando uma pedra na outra do paredão construído. E passávamos o dia dentro d'água nadando o arranco clássico dos rios de Minas Gerais, o famoso *ti-bum-bum* que, no Anglo, punha o Jones fora de si. Eu nadava bem esse caçanje da natação e mais o nado indiano, o *à la brasse*, a braçada elegante. E nadava como os companheiros, centenas de metros. Sabem como? dentro daquela pequena bacia d'água. Apenas nos colocando bem diante da cachoeira, dando ao nosso corpo a mesma velocidade da correnteza: assim, fazíamos metros às dezenas, às centenas, sem sair do lugar. Aquele banho começava de manhã, era interrompido pelo almoço, retomado sol a pino e só saíamos do riacho quando avisados pelo *sol cujo disco declinava*. Como pequenos deuses aquáticos escorríamos na margem, nus em pelo e íamos vestindo devagar nossas roupas que o astro tingia de púrpura. Amanhã...

Mas de repente aquele sonho água e ar livre foi interrompido. Março acabava e o Pedro II se reabria no primeiro dia útil de abril. Meu tio Salles tinha voltado para o Ceará e eu deveria ficar no Rio, na companhia de meus tios Modesto. Como eles estivessem numa estação de águas, recebi carta de tio Heitor instruindo-me que seguisse para o Rio e que me hospedasse em casa do pai dele, o velho Maneco, à rua Delgado de Carvalho, número 79. Já descrevi essa casa aonde cheguei, depois de viajar de rápido, dia 31 de março de 1918. Essa jornada ensejou-me reflexão que me fez compreender muitas coisas do nosso prezado Brasil. O banco de palhinha suja, fronteiro ao meu, no vagão, ostentava um rasgo feito a canivete, por onde herniava o forro claro do acolchoado. Parecia ferimento em barriga, desses ferimentos que dão vontade à gente de abri-los mais e acabar logo com o desgraçado que merece a segunda facada só pelo crime de ter tomado a primeira. Eu desci a serra da Mantiqueira, passei na Garganta de João Aires, em Juiz de Fora, comecei a rolar a serra do Mar e vinguei a baixada fluminense desatento à paisagem, mal degustando minha matalotagem e o queijo de Vassouras que tinha roubado de um tabuleiro quando o trem tomou velocidade. Atraía-me o rasgão do banco, tão pequeno, tão tímido, lanho de dez a doze centímetros. Pensava nele nos subúrbios e à hora em que o trem entrou badalando sino na velha estação da Central. Deixei os passageiros se precipitarem à minha frente. Peguei bem minha capa, enterrei o boné da farda, mala na mão esquerda e canivete aberto na direita. Quando fiquei bem para trás no vagão se esvaziando — vibrei o golpe de misericórdia e eventrei a palhinha com um lanho completo e eficaz como o dum haraquiri. Desci seguro de mim, impune e pisei como dono os ladrilhos quadriculados da plataforma, o asfalto da rua, o chão de minha terra agora minha.

Esse gesto sem explicação aparente não me deixou dormir à noite. Entrei em depressão semelhante à de quem matou um inocente pelo prazer de matar. Aos poucos fui recalcando mas só consegui espancar o remorso depois que uma longa observação do Brasil apaziguou meu arrependimento e finalmente justificou e legitimou meu assassinato. Porque anos e anos de vida nacional deram-me a oportunidade de verificação que terminaram dando sentido lógico àquele meu gesto apenas instintivo de fazer depredação gratuita num carro de estrada de ferro, de estrada de serventia pública onde eu estava viajando de graça com um *passe* que minha Mãe arranjara no Palácio. Aquele rasgão na palhinha do banco abriu um, igual, na minha consciência, só aos poucos se cicatrizando e demorando a deixar desaparecer sua marca. Desapareceu porque se eu já pensasse como penso hoje, não ficaria só na aberta: poria fogo na composição inteira. E por quê? Só por causa do complexo colonial inseparável do retrato psicológico do Brasil. O governante é dono e senhor e o governado, sem vez, se quiser que vá se queixar ao bispo. Nossa administração republicana veio intacta da imperial, que saiu imudada da colonial. O povo sente vagamente que não tem nada com isto, que não é ouvido nem cheirado e que em vez de administrado e governado é apenas enquadrado e curatelado pelo Barbacena, pelo Assumar, pelo Lavradio. Uma vaga suspeita dessa verdade faz de cada pobre-diabo um Inconfidente. O mal-educado que cospe e atira cigarros acesos das janelas de um arranha-céu chama-se Tomás Antônio Gonzaga. O moleque que escreve versos pornográficos no corredor da repartição é o poeta Cláudio Manuel da Costa e o malfeitor que abriu a barriga daquele banco do carro do trem e que por isso merecia a forca, não se chamava Pedro da Silva Nava, aluno 129 do internato do Colégio Pedro II. Tinha outro nome: Joaquim José da Silva Xavier. Era o Alferes. O próprio alferes dono da "prenda de tirar dentes".

Na casa hospitaleira dos Modesto eu passava os sábados e domingos de saída me empanturrando com os tremendos ajantarados de fim de semana e acompanhando as partidas de domingo. Nessa época era tempo de besigue e piquê. Seu Maneco era imbatível nesses jogos antiquados a dois e a quatro. Mas o melhor de minha estada em Delgado de

Foto de Pedro Nava em 1920.

Pedro Nava (figura 3) com grupo no Carnaval de 1922.

Desenho "Orquestra", 1º de junho de 1926.

Querida mamãe  Ceará 30

Rio – 13/1/19

Recebi hontem o lenço e a medalhinha de S. Geraldo que agradeci á tia Bertha hoje, por carta quanto á tia Yayá vou agradecer pessoalmente.
Embarco amanhã isto é dia 14 e o navio toca em S. Salvador, Maceió, Recife, e Fortaleza. Espere cartas destes portos. Como vão os meninos?
De lembranças minhas á todos ahi e aceite um abraço o filho saudoso

Pedro

Rua Barão do Rio Branco 160
Fortaleza Ceará

Carta de Pedro Nava a sua mãe, datada de 13 de janeiro de 1919.

17) A Mesa
18) Porta para patamar
19) janela

6

Esquema da [...] dos Ennes
1) Consolo preto [...] jornais, revistas
2) Quadro ma[...] material p/ to
   tartaruga e [...] cabelo
3) Guarda lou[...]
4) Pequeno aparador
5) 6) Barro ou madeira senão representando janela aberta-
   num uma velha noutro um o elho de cachimbo
7) Porta
8) Retrato de tio Antonio Ennes Belchior (fusain)
9) Coração de Jesus ("meu bondoso Cristo")
10) Aparador grande
11) e 12) Jarros - laranjas e bananas
13) Porta da copa
14) Cadeira de balanço austríaca do tio Ennes
15) Tamón alemão - botinas e sapatos de madeira
16) Espreguiçadeira (aqui, ali, na varanda)

Desenho e planta baixa do interior de casa.

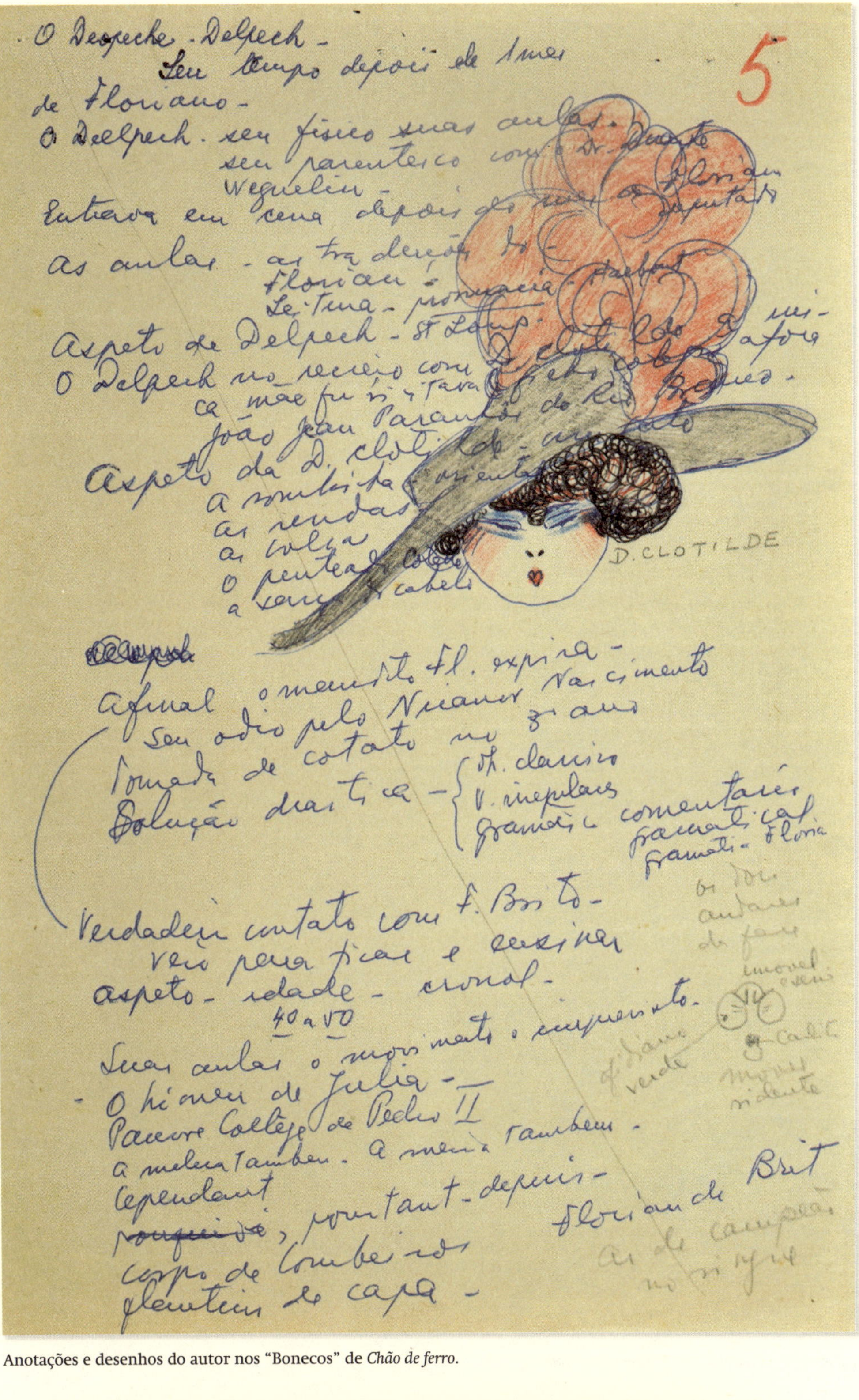


Anotações e desenhos do autor nos “Bonecos” de *Chão de ferro*.

Desenhos dos detalhes do uniforme do Pedro II do Rio de Janeiro.

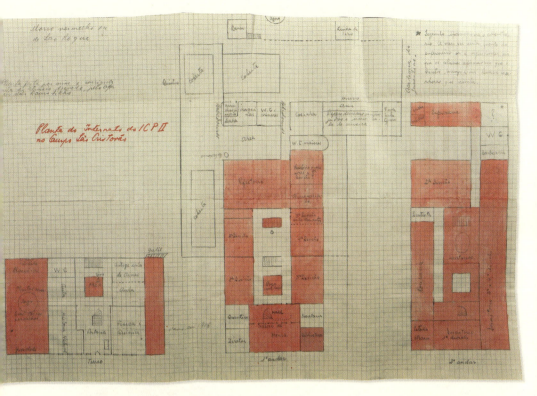

Planta baixa do internato do Pedro II em São Cristóvão, Rio de Janeiro.

Caricaturas em página dos datiloscritos de *Chão de ferro*.

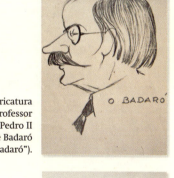

Caricatura de professor do Pedro II Eduardo Gê Badaró ("O Badaró").

Caricatura de professor do Pedro II Benedito Raimundo ("O Bené").

Desenho do rosto de mulher (Aurora).

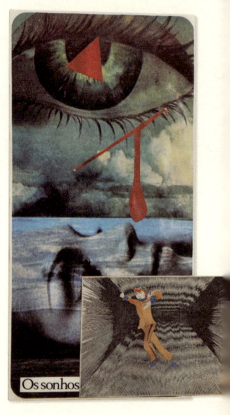

Colagem "Os sonhos" em página dos datiloscritos de *Chão de ferro*.

Caricatura e colagem em página dos datiloscritos de *Chão de ferro*.

Carvalho foi que d. Isaura armou para mim uma cama de vento no quarto do Lafayette Modesto e eu pude penetrar um pouco as ideias desse amigo a quem devíamos tanto. Já descrevi seu físico que seria repetido depois pelo do lord Mountbatten of Burma. Era magro, grisalhava, tinha olhos claros e bons, gostava de conversar de noite adentro. Comentava as notícias do dia e dizia sempre mal do governo, da política e dos políticos. Achava isso tudo uma bosta, tinha na parede retratos de Vaillant, de Émile Henry e do menino Ierônimo Caserio Santo. Justificava a bomba, o punhal e o assassinato anarquista à moda de Meyrueiz e Chapuliot. Antes de dormir tinha longas divagações sobre a supressão da propriedade e dos governos. Ministrou-me para ler *A grande revolução* de Kropotkine e ensinou-me que o apogeu da Revolução Francesa, a Convenção, o Regicídio, o Terror — já eram uma contrarrevolução. Nas discussões sobre guerra, achava Kerenski uma besta. Ninguém levava a sério suas convicções e o Bentão morria de rir das "atitudes do Lafayette". Alguma coisa dentro em mim fazia que eu acreditasse no que ele dizia e tomasse em consideração suas opiniões. Guardei muitas delas e muitas fecundaram meu espírito. Mal sabia eu que nossas conversas noturnas na rua Delgado de Carvalho seriam as últimas que teríamos. Tenho de adiantar um pouco, fazer subir o nível da comporta, para contar o fim desse excelente amigo. Ele era funcionário do Banco do Brasil, sempre preterido, sempre esquecido. Um belo dia, lá se foi, transferido para o interior. Creio que para Goiás. Ficou anos vegetando nesse sertão até a noite em que a cidade entrou em pânico, invadida por uma ala da *Coluna Prestes*. Todo mundo se trancando ou pirando. Ele não. Foi direto aos três grandes daquela tropa que eram o próprio Prestes, Juarez, Miguel Costa e conversou com eles. Ninguém sabe o quê. O que se sabe é que ele largou tudo para acompanhar o resto daquela marcha que durante seiscentos e quarenta e sete dias circularia 24 mil quilômetros nas veias do Brasil. Soldado, cabo, sargento, alferes, tenente com cujos galões ele aparecia num grupo fotográfico que chegou muito depois às mãos de meu tio Heitor Modesto. No fundo do nosso interior ele acabou sua vida heroica, de morte anônima. Foi abatido em combate não se sabe direito se em São Romão de Minas nas margens do São Francisco ou em Santana das Antas no mato grosso de Goiás. Meu tio tinha outra fotografia. Esta mostrava uma queima de cadáveres, duma lixaria de fêmures, tíbias, costelas e dum montão de crânios. Um destes era o de

Lafayette Modesto.* *That skull...* Tivera uma língua, tivera. Cantara. Pregara. Falara. Protestara. Mas isto ainda estava por vir quando chegassem os anos loucos dos 20. Temos de continuar em 1918 e retomar o nosso Colégio Pedro II...

Como no ano anterior, cerimônia idêntica da readmissão no internato. Primeiro, a perícia do Quintino. Parece que não me achou muito crescido pois foi logo dizendo que eu continuaria na Terceira Divisão e que fosse me apresentar ao inspetor Cândido Gomes da Silva. O próprio seu Candinho. Ele continuava em dupla com o Lino e mais um ano viveríamos sob a fiscalização do segundo (Alerta! o Lino, Alerta! o Lino.) e as eternas histórias do primeiro, rememorando os tempos em que enquadrara a cambada como subchefe de disciplina que fora até aí pelos 1908 ou 1909. Nas nossas eras esse lugar pertencia ao Leandro.

Assim retomei um ponto no tempo 1918 aparentemente semelhante ao 1917 que eu tinha vivido e que era como se fosse reviver. Tinha mesmo passado um ano? Tive nesse limiar a noção da fuga irreparável. Passado... Presente... Que presente? Se ele já vai virando passado só porque está acontece/tecendo/teceu! Só está ligado à realidade, como no breve instante em que uma estrada sai da treva noturna iluminada pela passagem dum automóvel cujos refletores estivessem virados para trás. Passado... Presente — fração semprentrante num futuro desacontecido logo feito farrapo de passado — esse, ah! sempre acontecendo na memória pois essa condição — acontecer — é indispensável à noção do passado e do presente. A simples tomada de consciência deste já é lembrança, já é memória, já é o moto-contínuo de fabricação do passado. Será que poderei tornar menos obscuro o que senti repetindo assim 1917 em 1918 — com uma figura esquemática? Fugafugafuga bachiana? Losango mágico de que a primeira diagonal é também PRESENTE e a segunda faz ETNESERP que parece um dos nomes da Morte e que virada às avessas mostra novamente tempo PRESENTE.

---

* Estas fotografias foram entregues, a meu pedido, por minha tia Maria Nava Modesto d'Almeida, a Paulo Pinheiro Chagas, quando ele reunia documentos para escrever seu livro sobre o brigadeiro Eduardo Gomes.

PRESENTE
PRESENTE
PRESENTE
PRESENTE
PRESENTE
PRESENTE
PRESENTE
PRESENTE

Dentro dessa engrenagem é que caí nas fauces do Terceiro Ano Suplementar. Nossas aulas eram na sala clara da Primeira. Vejo-a povoada pelos colegas entre os quais minha lembrança ilumina os mais chegados: Agnaldo Navarro da Fonseca, Aluísio Azevedo, Ari do Vale e Ari Teles, Atahualpa, Elcídio Trindade, Esberard, Florentino, Paiva Gonçalves, Haroldo, Hilário, Raimundo, Beltrão, Robespierre. Uns tinham barbado durante as férias e munidos da licença dos pais e do Quintino, tinham ficha para frequentarem a barbearia do colégio — eram o Constantino Magno, o Quadros, o *Machacaz*, o Nery, o Simões, o Amador, o Luís de Freitas Valle Aranha. Os outros estavam ainda em ritmo de espera, entre adolescentes e homens meio feitos. Os meninos, esses tinham acabado. Nossas idades iam de catorze a dezesseis anos. Já conhecíamos o bem, o mal, a merda nossa de cada dia. Já tínhamos formado amizades e repulsas que durariam vida afora. A pequena amostra do internato nos informara da humanidade. Esse ano marcou, para mim, uma grande convivência. A dum baiano crescido demais para o primeiro ano e que ligou-se logo ao nosso grupo. Tinha o sotaque simpático e meio nasalado da Boa Terra, cantava nos recreios batendo compasso nas pernas, dançava o coco ritmado às palmas, era duma alegria contagiosa e possuía um riso epidêmico. Chamava-se Aguinaldo de Almeida Americano, bicho logo tomado sob a proteção de todos em atenção ao luto pesado de que chegara vestido. Era saudavelmente malcomportado e foi ele que me arrastou a uma sociedade secreta de alunos destinada a angariar fundos para adquirir cigarros clandestinos para os privados de saída. Cedo esse tipo de *maquis* foi rastreado pelo Lino e dissolvido pelo Quintino à custa de privações de saída sem número. Meu comportamento descera a tudo que havia de mais baixo e eu contava pelos dedos os sábados livres. Passava, às vezes, mês inteiro privado. Parte do Lino. Parte do Candinho. Iniciativa do Quintino. Ordem de prisão emanada do capitão Batista. Usava o boné sem sua armação metálica, rebatia-o cafajestemente sobre a orelha direita, fazia parte do pior grupo do colégio e rejubilava-me com a camaradagem dos réprobos da banda de tambores e cornetas. Por intermédio e influência do Afraninho desejava ingressar nesse bando de malfeitores. Minha aspiração máxima era ser caixa surda. Treinava a soco, nas carteiras. Tum — tum — tumtumtum/ tum-tum-tumtumtum/ turumtum-tuuum-tum... O ouvido desconfiado do Lino logo surpreendia de onde vinha o compasso e interrompia-o com uma campainhada. Aparecia o servente. O senhor faça o favor de trazer o Livro de Partes da Terceira Divisão. Eu já nem ia escarrar na tentativa de surpreender meu nome na escrevinhação laboriosa do nosso inspetor. Sabia de antemão. Lá estava em todas as letras o meu Pedro da Silva Nava. Entreolhava os colegas. Piscávamos uns para os outros. Ríamos. Uns faziam o *dentro*. Felizes, galés e contentes. Dentro!

As aulas seguiam imutáveis. Português, com Augusto Guilherme Meschick; latim, com Eduardo Gê Badaró; francês, com Floriano Corrêa de Brito; desenho, em épuras cada vez mais complicadas, com são Benedito Raimundo; álgebra, geometria plana e guerra europeia, com Arthur Thiré; ginástica, com o grande *Bolinha*. Tudo como nos outros anos. Só uma grande novidade — inglês, com a *Estrada suave* de James E. Hewitt, certa *A short history of England*, parece que de Green, os dois tomos do dicionário de Michaelis, *O inglês sem mestre* proscrito pelo colégio mas adotado oficiosamente pelos alunos devido a sua magnífica lista de verbos irregulares, a odiosa gramática de Jacob Bensabat — e, principalmente, com a figura extraordinária do professor Guilherme Afonso — o famigerado *Pissilão*.

> O conselheiro Vilela, ou, melhor, o conselheiro Tieitch, uma instituição! [...] Na banca de inglês, há uns anos, reprovava a todos... Como não? dizia; se erram escandalosamente no *tieitch*! Muito depois apanharam-no consultando o Tautphoeus: Que diabo, barão, é este célebre *tieitch* em que tanto se erra?
>
> RAUL POMPEIA, *O Ateneu*

  Guilherme Afonso de Carvalho era fluminense de boa cepa, filho de Pedro Afonso de Carvalho e d. Luísa Helesa de Carvalho; sobrinho do conselheiro Alexandre Afonso de Carvalho e afilhado do conselheiro José Severiano da Rocha. Pedro Afonso de Carvalho Franco, barão de Pedro Afonso, médico de péssimo gênio e ilustre memória, era seu irmão mais velho. O nosso Guilherme Afonso também era formado em medicina e sustentara sua tese a 15 de dezembro de 1873, na augusta presença de Sua Majestade o imperador d. Pedro II. Como estudante, na Praia de Santa Luzia, fora preparador do gabinete anátomo-patológico da Santa Casa de Misericórdia. Fizera seus preparatórios no nosso colégio, de que era bacharel em ciências e letras do ano de 1867. Se clinicou, deve tê-lo feito por pouco tempo pois em 1880 estava fazendo concurso para a cadeira de francês do internato, com a tese *De negação; sinônimos, homônimos e parônimos; figuras de gramática*. O barão, seu irmão, era de 1845, os bacharéis da nossa casa saíam da mesma aos dezessete anos e podemos pôr, assim, o nascimento do nosso Guilherme Afonso aí pelos 1850. Tinha pois cerca de sessenta e oito no ano em que começou a nos lecionar inglês. A nós ele se afigurava como uma espécie do centenário. Nunca chamava o I grego de *ipsilone* mas sim de *pissilão* e *Pissilão* ele ficou sendo para os alunos do colégio. A estes ele tinha o costume de dar o tratamento de *nhonhô* — como está em Machado do Assis no jeito de chamar os mocinhos, dum modo já cerimonioso mas ainda condescendente. Não era o *senhor*, o *mister* da língua que ele ensinava mas nela tinha seu equivalente no *master* que se dá aos rapazolas. O nosso *Pissilão* não era nada popular entre os *nhonhôs*. Não sei por que dizia-se que ele tinha horror de tudo que era jovem e se essa rivalidade de velhice e mocidade ele a possuía, os meninos do Pedro II tinham-na farejado e davam-lhe de troca sentimentos equivalentes à falta de tolerância, simpatia e bondade com que ele nos tratava. Agora junte-se à sua rabugem ferruginosa o que ele possuía em matéria das desgraças físicas que tornam a velhice tão repulsiva — ai! de nós — aos olhos dos que vão ficar como nós, se chegarem até aqui. Pois o nosso *Pissilão* era horrendo, em roda. De frente, impressionava logo sua cara amarrada, a cabeça quadrada, a pele morena e oleosa, o largo nariz cortado de lado a lado por velha cicatriz exuberante. Conservava as sobrancelhas e o bigode quase pretos e tingia mal mal os cabelos e o cavanhaque que ficavam de um amarelo sujo depois de passados por uma dessas loções apregoadas para caspa e revigoramento do couro cabeludo mas que no fundo servem para disfarçar as cãs da velhice envergonhada, coitada! traída, como no caso do nosso mestre, pela testa *boursouflée* de pré-cadáver, em cada lado da qual enrolavam-se as serpentes simétricas das artérias temporais mostrando que a sentença estava lavrada e o dono daqueles vasos contado, pesado e medido. Sua boca funda e desornada tornava impossível o seu *tieitch* e os *that, those, this, the* — viravam lá nele em *zét, zôze, zis, zi*. Em vez de ele nos perseguir, como o conselheiro Vilela, nós é que o escarmentávamos pronunciando com capricho as linguodentais que ele não conseguia emitir. De pura safadeza pedíamos que ele nos explicasse a sentença corrente *I tell you that that that that you see here is a pronoun* — para vê-lo zezaiá-la de modo penoso *zétzétzézét* — numa chuva de perdigotos e películas de charuto. O velho arfava num sorriso lívido. De suas pálpebras de mandarim vinha o fiapo dum ódio negro. Sabia mas não podia mostrar que sabia porque, sendo, tinha de se olhar de frente no espelho que nossa malícia lhe apresentava. Disfarçava. Mas, também, não nos poupava! e estava sempre de boca pronta para gritar: zero! e zero, agora bem pronunciado, gostosamente dado. Aos nossos repelões de mau humor, olhava por cima dos óculos. Dizia: olha, nhonhô, eu aqui *enchino ingleix*; educação é em casa, com a mamãe. Percebia-se o puta--que-o-pariu recalcado. Com a mamãe. E descomprimia-se mais, juntando o zero de comportamento ao zero em aplicação. Visto de julavento e barlavento ele era um velho curvo e incaracterístico. Já de popa era coisa inesquecível. A cabeça aparecia como a de um cogumelo sobre os ombros possantes e arqueados. Por trás, os cabelos eram completamente brancos pois a pintura deslavada que havia de ser feita pelo dono, só pegava em cima, dos lados, onde ele enxergava. Não havia pescoço. Um fraque escuro, *tête-de-nègre*, cujas abas quase arrastavam no chão. Dos lados deste, como patas de guaiamu, saíam braços e pernas — estas tão arqueadas para fora que pareciam ir quebrar ao prosseguimento de sua marcha. Seus passos, dificultados por esses joelhos varos e mais pelos joanetes, deviam fazê-lo sofrer a cada movimento da marcha que lembrava a de uma velha senhora e a do peru saltitando sobre chapa aquecida. Lá ia ele pelos corredores, lá vinha ele para o refeitório dos professores e para as aulas. Parecia uma bruxa de Goya, um Daumier dos mais duros, ou o evadido duma *masquerade* de William Hogarth. Devíamos ter pena, entretanto não o poupávamos. Nem ele a nós. Suas notas iam do zero (frequente) ao seis (raríssimo). Acima disto nunca marcara valores mais altos em toda sua vida de professor. Nos exames reprovava sessenta; simplificava trinta e nove; dava plenamente seis no restante de cada lote de cem. Caberia a mim romper esse tabu com o inglês que eu trouxera do Jones, do Sadler e que ia se tornando lendário no internato. Foi logo nos nossos primeiros contatos com o *Pissilão*. Ele surpreendeu-me passando adiante uma *chulipa*, deu logo zero em comportamento e quis agravá-lo com o de aplicação. Chamou-me à pedra. Eu pedi dispensa, que a aula, professor, está quase no fim. Não tem importância não, *nhonhô*, faltam dez minutos e temos tempo de sobra para uma versãozinha. Vamos a ela, tomando como ponto de partida a sua alegação. Escreva na pedra: a aula está quase no fim mas meu mestre ainda tem tempo de me dar o duplo zero que é a ordem de minha privação sábado próximo. Aquilo era o cúmulo da má-fé. Início de aulas e jamais ele tinha ensinado a passar uma só palavra, a menor sentença para o inglês. Inda mais de improviso! Era mesmo para me achatar. Sob seu olhar maldoso peguei o giz. Rindo, o *Pissilão* encostou-se na cátedra para gozar melhor. Escrevi. *The lesson is nearly over* (olhei, vi o suspense dos colegas e o homem começando a recolher o riso) *but my master has still time* (tornei a olhar e bati nuns bogalhos arregalados e numa bocaberta de estupor) *to give me the double 0 that will be a writ to arrest me next saturday* (remirei e para completar o pasmo do homem, para puxar-lhe bem o saco, voltei à pedra, apaguei o M minúsculo e substituí-o por um maiúsculo na palavra *Master*). Tiniram as campainhas, a aula terminara, mas o *Pissilão*, subjugado, bateu com a mão na mesa, restabeleceu o silêncio, pediu-me explicações daquele inglês, sobretudo daquele *writ to arrest* que o empolgara. Modesto, mandou-me restabelecer a minúscula de *master*, anulou meu zero em comportamento e pela primeira vez na vida deu um grau dez em lição de aluno. Fiquei logo favorito e abusei disso fazendo do mestre o que queria e o que queriam os colegas. O homem ficou benevolente. Adiava sabatinas. Passou a dar sete e oito. Repetiu o meu dez, deu-o a outros. Quando eu me chegava para interceder ou para postular ele ria (o *Pissilão* rindo!) e me chamava de advogado de porta de xadrez. Uma corrente de simpatia estabeleceu-se entre ele e os *nhonhôs* e minha turma, deu calor de afeição àquele coração de velho até que ele parou — isto já no fim do nosso quarto ano, creio que em outubro de 1919...

Em 1918 nossas tardes de sábado eram passadas não mais na quinta da Boa Vista, na cidade, nos seus cinemas, mas no nosso velho campo de São Cristóvão. Sua grande atração eram os marinheiros da esquadra norte-americana que patrulhava no Atlântico sul. Ia-se a Niterói, pelas barcas da Cantareira, para ver mais de perto as imensas belonaves do tio Sam fundeadas na baía, ao lado dos nossos gigantes, o *Minas Gerais* e o *São Paulo*. Impressionava a todos o sistema de mastreação substituído, nos navios de guerra estrangeiros, por complicadas torres de metal de onde sempre saíam sinais luminosos e em cujos topos não paravam as bandeirolas dos sinaleiros. Vinha-se a São Cristóvão para ver as pugnas esportivas daqueles latagões do norte que enchiam a cidade com a elegância, a qualidade de seus uniformes de calças largas e a novidade de seus gorros de aba virada para cima, muito puxados para os olhos, descendo quase até a inserção do nariz. Admirávamos tudo neles. O fumo dourado que mascavam. Os cigarros caros que ofereciam em roda. Suas tatuagens a duas cores. Seu ar bem-educado. A paciência com que aguentavam nossa ânsia de falar com guerreiros *aliados* e de praticar inglês com eles. Mas apreciávamos sobretudo a agilidade que mostravam e a bravura nos seus grandes esportes nacionais. A brutalidade e o vale-tudo do seu *foot-ball rugby*, diante do qual o nosso *association* parecia um jogo de meninas. E o *base-ball* com seus estranhos uniformes, os catchers de máscara de aço e couraça acolchoada protegendo o peito, a barriga e mandando um prolongamento que, quando o jogador agachava, fazia anteparo de defesa para os culhões e a piroca. Os maceiros rebatendo a pelota antes que ela fosse atracada e facultasse a correria dum canto para o outro. Se nos aproximávamos, logo vinham os fiscais de linha nos afastar e para nos explicar que uma bolada daquelas na cabeça era morte certa. Íamos admirar dos confins do campo ou das arquibancadas e nunca entendíamos as regras daquele diabo de competição. Ficávamos no campo até escurecer vendo aquelas maravilhas e admirando aqueles jogadores que amanhã, semana que vem, dentro dum mês poderiam estar mortos, dormindo no fundo das águas. Porque a guerra submarina ia terrível. Era o espasmo final da Alemanha agonizante.

  Eu ia para casa, sempre em Haddock Lobo, mas não mais à *Pensão Moss*. Com a ida de meus tios Alice e Antônio Salles para o Ceará eu passara a morar com os meus tios Bibi e Heitor Modesto. Quando os dois chegaram das águas deixei a rua Delgado de Carvalho e fui habitar com eles a *Pensão Maurity* — assim chamada por funcionar no palacete que pertencera ao herói de Humaitá, o denodado almirante Joaquim Antônio Cordovil Maurity. Ficava no lado ímpar, chegando à esquina de Matoso e tenho quase a certeza de que ocupava com seu jardim lateral e terrenos do fundo, a área onde estão hoje os prédios numerados de 131 a 137. Creio não errar dizendo que era o então 135. Que bela casa! tão típica das grandes residências do fim do século passado e início do atual. A construção estava admiravelmente bem tratada e só há muito pouco tempo seria moradia coletiva pois seu dono morrera recentemente, em 1915, aliás ainda não muito velho pois era de 1846. Todo o lado direito de quem olhava a casa era cego e corria parede-meia com a vizinha. Entrava-se pela esquerda, por largo portão de ferro encimado por florões com o M do dono da casa. Rodavam sobre vastas pilastras de granito cada uma sobrepujada por cinco granadas acesas, símbolo do artilheiro que ali habitara. Fora disto o resto da habitação respirava a paz e o conforto das grandes edificações cariocas da época. Pelo portão ganhava-se um jardim cheio de altos canteiros plantados de roseiras e cercados de grama. Suas aleias eram irregulares, sinuosas, cheias duma areia branca de cascalho moído que crissava sob as solas — dando a um tempo o ruído e as sensações táteis que recuperei em 1969, quando visitei Illiers e entrei na casa de Tante Léonie — pisando com as botas de Charles Swann. Esse jardim continuava-se sem demarcação, com as mangueiras, os abieiros, os jambeiros, os pessegueiros, as goiabeiras do quintal. Havia o indefectível repuxo e o delicioso caramanchão de alvenaria imitando galhos, bambus e o colmo de palha. Essa falsificação vegetal legitimava-se por ser envolvida em todas suas abertas pelos galhos flexuosos de trepadeira sempre florida. Dentro, sombra verde e fresca, o ruído da vara d'água tombando perto e os dois bancos *vis-à-vis*. Ao longo da casa, uma larga varanda toda gradeada de serralheria ornada e prateada e envolvida pela galharia de mais trepadeiras. Quando chegavam o escuro e a hora das estrelas, o jardim recendia a grama, rosa, cravo, estefanotes e dama-da-noite. A varanda dava entrada a um hall e este a um corredor largo como galeria, correndo da sala de jantar à de visitas de paredes forradas de brocado cor de vinho, preso pelas molduras de filetes dourados. Ambas as grandes dependências tinham tetos ornados do estuque colorido, grandes portas almofadadas com luxuosas maçanetas de cristal onde aparecia o M de Maurity, cercado de símbolos navais e artilheirais — cordas e bombas e âncoras. Nessa galeria e na sala de jantar é que abriam-se seis quartos para hóspedes. O último quarto, o sétimo, vizinho à porta da copa, era, como se via da porta sempre aberta, um misto de dormitório e escritório. Pertencia à senhora da casa, uma portuguesa chamada d. Bráulia. Depois eram as copas, banheiros e cozinha. Dando para o quintal corria construção baixa cujas portas e janelas abriam para uma varanda corrida. Teriam sido os quartos da famulagem, dos taifas e ordenanças do almirante. Agora eram alugados a estudantes que neles se embolavam aos dois, aos três, aos quatro ou a senhoras, duas a duas. Num deles tio Heitor descobriu, encantado, o nosso *Anjo Louro da Pensão Moss* fazendo habitação comum com um mulherão tipo búfalo, vastos ombros, ancas enxutas, ademanes e vozeirão de macho, denso buço, belos olhos faiscantes e pisados. Quando ria mostrava os mesmos dentes largos que Eça de Queirós pôs na boca da São Joaneira. Estavam sempre juntas, pegavam-se muito e logo o tio suspeitou-as *fazedeiras de sabão*. A essa expressão que eu ignorava ele deu explicações que perturbaram profundamente meus quinze anos. *Fazedeiras de sabão* é como se chamavam no Maranhão as mulheromens que gostavam de *roçadinho*, as aqui designadas *fissureiras* — nossas prezadas *gougnottes*. Ora essa! Então o nosso *Anjo Louro*?! O Modesto riu do meu pasmo, deu de ombro; e disse que aquilo não era nada, coitada! tinha só virado o fio e eu espantava porque apenas estava começando a levantar as franjas do mundo. Esperasse pela vida e pelo seu cinematógrafo... Você verá poucas e boas... Vi. Muitas.

Mas voltemos ao casarão. Havia no quintal uma construção especial parecida com o chalé dos banhos do internato. E era isso mesmo. Eram chuveiros admiráveis, com jorros de Niágara e as duchas do Almirante. Jato feito lâmina, lança, pulverização circular e esguichos fervendo e gelados do banho escocês. Servia à rapaziada da casa e lá nos esbaldávamos de manhã em companhia dos outros hóspedes mais velhos, como o barrigudo coronel Maldonado, o esgrouviado seu Saldanha, o glabro seu Venturini, o peludo dr. Eulálio e o próprio Modesto. Descansávamos do esguicho contando anedotas porcas. Fiquei mais íntimo do tio e com ele já não fingia a inocência que afetava diante de minha tia. Despia, com o chambre, os meus ares pudibundos... Quando o Modesto e eu subíamos éramos esperados pelo melhor chá do mundo — preparado pela nossa excelente Bibi, no nosso próprio aposento. Eu disse *subíamos* porque morávamos no alto. Ia-se pela escada de caracol que havia na copa. Era o antigo escritório do Almirante onde ele gostava de se isolar como numa gávea. Primeiro um corredor, dando para os sanitários. Depois as portas de duas peças comunicantes. Numa o quarto dos tios, na outra o gabinete e os livros do Modesto. Nesta eu dormia quando saía do colégio, num divã de palhinha ou numa rede de corda, se fazia calor. Mas o delicioso desse aposento nos altos era que suas janelas davam numa espécie de ducto de cimento para a água pluvial que descia das quatro vertentes do telhado velho e limoso, todo feito de calhas portuguesas. Eu gostava de pular e circular a cobertura da casa por esse caminho dos gatos. Olhando para trás divisava-se o largo do Rio Comprido e o meu velho Corcovado. Da frente, era o casario convergindo de Barão de Ubá, Matoso, São Vicente as perspectivas mais perto da colina onde se instalara a irmã Ouin e as mais longínquas da praça da Bandeira. Para a direita eu via a rua indo na direção do Estácio e um pouco mais para dentro as palmeiras da frente de nossa casa de Aristides Lobo. Recostava no telhado quente, retomava o céu de minha meninice e suas nuvens de caras sucedentes. Foi desses quartos de cima que guardei lembrança apavorante e purgativa. É a que me ficou da morte do *Tifum*.

Tínhamos entrado em cheio no segundo período das aulas quando a 7 de agosto Ezrael passou pela rua Paissandu e às seis da manhã, arrebatou a alma do bacharel Luís Cândido Paranhos de Macedo. Não deu tempo para um ai. A notícia correu no internato depois do almoço e logo organizamos uma comissão para ir ao Quintino pedir saída especial. Queríamos ir velar o corpo do antigo aluno, bacharel de 75, inspetor, vice-reitor, diretor, regente de várias disciplinas e desde 1911, catedrático de geografia do internato. O Quintino consentiu e cerca de duas horas da tarde entramos em grupo na casa do defunto. A câmara-ardente estava armada na sala de visitas. Janelas fechadas, panejamentos de crepe envolvendo o lustre e patinando a luz dourada das lâmpadas. Já tinham chegado as coroas do internato, do externato, do Colégio Militar, do Instituto João Alfredo, do Ministério da Justiça, uma pequena, da nossa turma, uma enorme, da família. Logo à entrada um incidente desagradável. Fomos, um por um, dando pêsames a um filho do morto e à viúva. Quando chegou a vez do *Reverendo Vaca-Brava* dar as condolências — ele, em vez de fazer a cara de circunstância que trazíamos afivelada, foi tomado de escandaloso frouxo de riso. Até Coelho Neto, o príncipe de nossos prosadores, que ali estava presente como vizinho e amigo do morto, é quem amparou a viúva e levou-a afogada em lágrimas e sufocada de indignação para um cômodo afastado, para longe daquela hilaridade indecente. Logo expulsamos o colega que nos envergonhava e aproximamo-nos do caixão. Mal pude conter meu pasmo diante das modificações exibidas pelo nosso mestre. Ele, que em vida era cor de vinho, estava como se tivesse sido passado a cal, branco como se o que víamos ali, saindo das mangas do fraque e dos colarinhos, emergindo das flores e dos ramos, não fossem suas mãos nem seu rosto — seus restos — mas seu molde em gesso. Chegando mais perto vi que a cor não era uniforme e que contrastava com os livores roxo-beringela da orla das orelhas, dos declives do pescoço e das pontas dos dedos. Estava imóvel ali. Sua fantástica pressão arterial caíra a zero. Pétreo e imóvel, imenso e marmóreo. Não mais correria de segunda a sábado, suando, respirando de arranco, apressando sua figura bojuda e respeitável — para pegar os carris, os reboques e os taiobas que o levassem em hora certa do João Alfredo ao Colégio Militar, do Pedro II ao Pio-Americano, para lutar, ensinar, tomar lição ("Passa pra cá seu patife"), dar a nota má em geografia, corografia, nas línguas, nas matemáticas... Agora ia descansar para sempre. Estava ali deitado. Dormindo. Profundamente.

Ainda ficamos até às seis da tarde, cruzando as figuras de professores das nossas duas casas, aos poucos confraternizados com os alunos dos outros educandários e foi em grupo com eles que fomos comer qualquer coisa no Lamas. Retomamos o velório cerca de nove da noite e ao reaproximar-me da essa percebi que o mestre inchara um pouco, que remoçara e que sua brancura fosforescia como se ele estivesse aceso por dentro. Afinal resolvemos dar a visita fúnebre por concluída e batemo-nos para São Cristóvão. Amarga surpresa. Tudo fechado. Esmurramos a porta lateral do Faria. Ele apareceu estremunhado para dizer que quem tinha saída extraordinária era ra-re-ri-ro-rua e pernoitava em casa. Galo onde canta, janta! No caso, dorme. Que cada um de nós tratasse de irindo de bandinha para a sua. Ai de mim! Fui. A custo consegui fazer abrir a *Pensão Maurity*. Subi para nosso aposento, acordei os tios, expliquei minha presença insólita àquela hora da noite, deitei no sofá, tudo apagou. Mas quem disse? que eu podia dormir. Assim que começava a modorrar ouvia num sussurro o *passa pra cá seu patife!* tão do nosso *Tifum*, abria olhos aterrados, no escuro e via encostada à minha, a cara do defunto — redonda, luminosa e branca como a lua. Acendia a luz, tudo sumia. Apagava, recomeçava a visão. Acendia. O que é isto? O que é que você tanto acende e apaga a luz? menino. Era a voz da tia. Tinha de dar uma explicação. Não podia confessar medo de alma e apelei para recurso que mantivesse acordados os tios. Tonteira, dor de barriga seca, de não poder mais. A medicina de minha tia era igual à do Cruz e logo ela me ministrou uma dose daquelas de sal amargo. Enquanto esperava o efeito eu fazia um estardalhaço, me torcia, gemia de dor, para manter os tios acordados e afastar o morto com a presença dos vivos. Quando o sol apareceu varrendo todos os pavores, fui às privadas mais uma vez, vesti-me e corri para a angra do colégio onde os dormitórios lotados eram pouco propícios a aparições. Minha turma nunca esqueceria o *Tifum* e quando de nossa conclusão de curso seu retrato ia figurar no nosso quadro. Esse mesmo que ficou quarenta e nove anos no saguão do internato e ardeu com ele na cremação do prédio e todos os restos de nossa lembrancinfanciadolescência.

Se a pensão do Palacete Maurity dá uma ideia do que eram as residências burguesas do Engenho Velho, nada mais típico das chácaras suburbanas do Rio de Janeiro que a de minha prima Maria José Horta Pereira (Zezé), à rua Flak, 135, no Riachuelo. Já tratei desta parenta mais de uma vez, no *Baú de ossos* e no *Balão cativo*. Dei uma visão de seu gênio intratável até 1913. Pois vou mostrar pessoa diferente, em 1918. Disse que ela ficara viúva e rica. Talvez essa dupla tranquilidade a tivesse adoçado. O fato é que minha Mãe, precisando vir passar temporada longa no Rio para tratamento de saúde de meus irmãos Paulo e Maria Luísa (que estavam necessitando dr. Miguel Couto como o sedento, água), foi convidada pela prima Zezé para ficar na sua casa. Nem parecia que tinham brigado. Aliás os forrobodós de minha família materna tinham isso de simpático. Era como se fossem partidas de truco — bem gritadas e bem xingadas. Quando se esperava bala e morte d'homem, vinham só estouros: de tiro de festim. Passava o tempo e todos faziam as pazes.

Minha primeira ida ao subúrbio tinha sido com as tias para uma visita à minha prima paterna Maria Feijó da Costa Ribeiro (Dondon), recém-chegada do Ceará. Fomos visitá-la à Boca-do-Mato onde ela hospedara-se em casa de seu genro Alberto de Medeiros. Lembro de sua figura muito ágil, muito leve, magrinha, pequena e ostentando o nariz hebraico dos Feijó — levando sua gentileza ao ponto de ir nos buscar e depois da visita, tornar a nos levar na estação do Méier. Isso seria julho ou agosto de 1918. Tive então a visão dos trens suburbanos, aprendi onde tomá-los e já nadava de braçada na estação da Central quando nela embarcava (ou então em Lauro Müller, ou até mesmo em São Cristóvão, saindo do colégio) para ir ver minha Mãe na casa da prima Zezé. Em Riachuelo subia-se a rua Flak, de cujo extremo oposto viam-se no fundo de vastos capinzais e terrenos desertos e charcos as torres de Manguinhos sumindo na distância. Toda a frente da casa tinha um gradil singelo, e o portão, que se abria no meio, dava direto para a escadaria duma centena de degraus que conduzia à casa, em cima. De tantos em quantos um patamar com um banco de ferro pintado de branco para descansar da subida. Quando se vingava o morro, dava-se com a linda residência toda pintada de marrom, cantos branco-marfim, como a guarnição das janelas de venezianas verdes e guilhotinas brancas. Chalé, quatro janelas de frente e toda a borda do telhado enfeitada do rendado da madeira trabalhado a serra tico-tico. Sobrepujando, como segunda edificação posta sobre a primeira, o andar de cima, também de duas águas e, como as de baixo — ornadas de lambrequins. Árvores tapavam o telhado, cobriam a fachada, galhos entravam pelas janelas. Chegava-se por varanda lateral cuja serralheria era toda trançada pelos galhos das roseiras trepadeiras. Um perfume e uma sombra azulada envolviam sempre o sobrado da Zezé. Esta, nascida em 1874, ia pelos seus quarenta e quatro anos bem conservados e se não fosse pelas gorduras, passaria por irmã das filhas. Já era avó pois seus filhos Arima e Estêvão (Piá, Piascote) tinham se casado cedo. Morreriam ambos cedo, ela de doença, ele assassinado por questões nascidas de seu cargo de delegado de polícia no sertão de Minas. Nesse ano passavam tempos com a sogra e avó a Eponina e o Adolfinho, esposa e filho do segundo. Recomponho a família por fotografia que tiramos todos juntos, nessa época. Minha Mãe, meus irmãos Paulo e Maria Luísa, a Prima, sua nora e seu neto, seus agregados, um parente Horta, o Marote, e um garoto que ela criava, chamado Nadir. Além desse pessoal e de mim, figuram ainda no tal retrato as radiosas primas Amair (Marzinho) e Ada (Dadá). A primeira era noiva dum primo paterno chamado Ascânio Quintão. A Amair foi um dos perfis mais puros em que já pus meus olhos: parecia uma medalha. Tinha um lindo riso de narinas batendo e trazia sempre as pálpebras apertadas como se fosse míope. Não era não. A difteria, em criança, vazara-lhe um olho. O meu tio Meton de Alencar tatuara-lhe uma nova pupila azul e ela com suas pestanas enormes e o jeito de apertá-las disfarçava tão bem que ninguém percebia. Precisava saber. Conversava com graça, era a mais inteligente das irmãs e conhecia a genealogia de nossa família tão bem quanto a tia Joaninha. Prenda herdada da tataravó d. Lourença e que ela passou intacta a sua linda filha Maria José Leer Arneitz, morta mocíssima, em maio de 1968. A outra, a Dadá, tinha nessa época dezoito anos e nascera no primeiro minuto da primeira hora do primeiro dia do século. Realmente viera à luz segundos depois de bater a meia-noite e estar começando o 1º de janeiro de 1901. O principal encanto dessa prima Ano-Novo estaria no cabelo? de azeviche; na pele? de camélia; nos imensos olhos? ou era? naquele seu jeito especial de falar sempre rindo e batendo as sílabas com o mesmo som dos pingentes de cristal dos lustres antigos. Estava noiva dum advogado de São Paulo chamado Pérsio Goulart, um pouco mais velho do que ela e a quem os olhos largos, a palidez e a barba toda — davam semelhanças ao são João Batista do retábulo de mestre de Sigüenza que está no Museu do Prado.

    A chácara da prima Zezé descia de platô em platô até o nível da rua. Era só comparável à de minha avó materna, em Juiz de Fora. Só que nela predominavam as mangueiras de densa sombra e os jambeiros esgalhados. Prima Zezé gostava de descer com o farrancho para o meio das árvores. Palestrar chupando fruta. Vamos *seu* Marote! Vamos *seu* Pedro! Vamos subir nessas árvores e apanhar uns jambos pra gente. Ou eram mangas. Ou eram abios. Ou eram sapotis. Subíamos: alto de ver os trens passando longe, na linha da Central e na outra direção, mais longe ainda, os da Leopoldina e os minaretes de Manguinhos. Lembro da queimadura que peguei no dorso da mão só de roçar casulos vazios em que a taturana deixara o pelo venenoso depois de virar frágil borboleta. A tarde descia e subimos para jantar sob a lâmpada amiga do lustre baixo, baixo, sobre a mesa da sala de jantar. Foi aí e nessa ocasião, que eu ouvi prima Zezé fazer o inventário das joias da Inhá Luísa e dizer a minha Mãe que ela fora prejudicada na partilha. Minha Mãe que não! Zezé, fora tudo muito justo... Mas prima Zezé que absolutamente! de jeito nenhum... E enumerava os adereços, as montagens, as *rivières*, os *sautoirs*, os berloques, os oiros, as pérolas, os diamantes, as marcassitas, as pedrarias. Mudavam de assunto, passavam Juiz de Fora num crivo. Às vezes baixavam a voz, riam muito. Filhos do marido nada, *Dibança!* Filhíssimos do seu Nanal da *Tartaria*. Isso. Esse mesmo, primo do Saninho Castro. Gente mais conhecida em Oliveira... A grande lâmpada acesa. Como calhaus, os besouros abatiam-se na brancura da toalha ou batiam no vidro do abajur. As mariposas faziam nuvem vinda da mata. A Amair trazia uma larga bacia cheia d'água onde os bichinhos se precipitavam vendo na lâmina líquida a reflexão das lâmpadas. De vez em quando um pio de mocho, *tescunjuro!* ou um silvo raro de locomotiva...

Quando nossa Mãe não tinha dr. Miguel Couto, ia à cidade para aprender datilografia. Na Escola Remington fundada e dirigida pelo Primo Frederico Ferreira Lima — que jamais quis lhe cobrar tostão pelo ensino. E eu não hei de ser sempre devedor de meus primos Bezerras? Por estas e outras... Às vezes eu descia com ela. Os trens eram raros e limpos. Passageiro ou outro. A cidade corria lá fora, deslumbrante. O Rocha e minha Mãe (já colaborando nestas memórias por vir) mostrava o sítio onde fora a casa de seu avô visconde. São Francisco Xavier e o relance de sua paragem de bondes toda em serralheria, linda como um alpendre triangular apontando um bico para a cidade. Mangueira e os anúncios mostrando um gigantesco chapéu. Derby Clube e o prado do dr. Frontin. São Cristóvão com a floresta da Quinta e lá no alto o palácio do Imperador. De repente parecia que o chão falhava, o saxofone do comboio virava flauta; eram os altos do viaduto, a vista da praça da Bandeira, Lauro Müller, as palmeiras do Mangue, a curva da Central, a freada final e logo a visão dos cartazes lembrando que estávamos em guerra, que plantássemos, a fim de que a fome que já bate às portas da Europa não viesse nos afligir também e que antes pudéssemos ser o celeiro dos nossos aliados. Guardei ainda o dos espiões. "Estejam todas as atenções voltadas para as manobras da espionagem, que é multiforme. Se na paz, como diz o provérbio, a palavra é de prata e o silêncio de ouro, lembrai-vos que na guerra a palavra é o perigo e o silêncio — a própria honra nacional." Chegada à cidade. Saudade. Onde? onde? estão os subúrbios de outrora. E seus jambeiros? suas roseiras? Suas chácaras?

> Disse-Lhe Pilatos: Que é a verdade?
> *João*, 18,38

É com essa pergunta que entro nesta fase de minhas memórias, fase tão irreal e mágica e adolescente como se tivesse sido inventada e não vivida. Se eu fosse historiador, tudo se resolveria. Se ficcionista, também. A questão é que o memorialista é forma anfíbia dos dois e ora tem de palmilhar as securas desérticas da verdade, ora nadar nas possibilidades oceânicas de sua interpretação. E como interpretar? o acontecido, o vivido, o FATO — já que ele, verdadeiro ou falso, visão palpável ou só boato tem importância igual — seja um, seja outro. Porque sua relevância é extrínseca e depende do impacto psicológico que provoca. Essa emoção, desprezível para o historiador, é tudo para o memorialista cujo material criador pode, pois, sair do zero. Mentira? Ilusão? Nada disso — verdade. Minha verdade, diferente de todas as verdades. Isso, digamos, se ficarmos só no terreno do presente contado num já futuro (o fugaz presente de agora) que o deforma na medida que também acaba. Porque intervém o tempo, o inexorável tempo. Se o espaço é infinito, não pode ser dividido em distâncias. Só o tempo é função das divisões do espaço — não existe senão convencionalmente. O que chamamos Tempo — passado, presente, mesmo sua dimensão futura — é apenas fabricação da memória. Só existem enquanto duramos ou quando os transmitimos com pobres meios ao conhecimento alheio. Serve assim? Então, posso contar. Se não serve... Ainda se o que vai aqui fosse escrito por mim... O diabo é que apenas repito. Escrevem — os outros. Você é duro, você é cruel, você é pouco veraz, seu Nava. Nada disto, tetrarca. Eu só copio. Os duros, os cruéis, os mendazes são os que bombardearam Guernica. Não Picasso que a pintou. Conhecem o caso? É o de aviadores alemães horrorizados com a tela e que perguntaram ao grande Pablo como é que ele podia ter criado coisa tão hedionda. Quem? eu? pintei nada. Isto foi feito pelos senhores à hora em que deram nas suas alavancas e deixaram cair a chuva de bombas sobre a cidade deitada e aberta embaixo. Podemos acrescentar mais. Tudo se deforma, altera, muda, continuando a mesma coisa, quando passa de homem a homem em conversa, em leitura. É como a água sempre água mas que é triangular, cilíndrica, redonda, quadrada, espiralada, trapezoidal e multicor conforme vá do jarro branco à garrafa verde, ao copo amarelo, ao cálice incolor, à concha opalescente. A mesma história pode ser uma rapsódia alegre (*Macunaíma* de Mário de Andrade) ou um filme duro como pedra (*Macunaíma*, de Joaquim Pedro). Ah! meus amigos, deixem que eu repita a vocês a pergunta de Pilatos. Que é a verdade? Isto posto, cônscio de vosso silêncio de cristos, posso continuar.

Em fins de agosto de 18 os Modesto quiseram voltar para São Lourenço e eu deixei o Palacete Maurity para a aventura de uma hospedagem em casa dos Ennes de Souza. Desde que chegara ao Rio tinha frequentado semanalmente sua residência acolhedora e hospitaleira. Ali revira Eponina. Retomara conhecimento com os tios e com a multidão de parentes e amigos que desfilavam no cosmorama de seus jantares de sábado e seus almoços de domingo. Mas isso era visitar. Agora ia conviver, morar com essa gente fabulosa e só por essa razão e nesse 1918 começo a tratar de fatos a que assisti e de que participei, desde que chegara ao Rio. Até de antes pois mesmo em tempos de meu Pai passamos meses com eles em Visconde de Figueiredo. Os Ennes moravam à rua Major Ávila, 16, em frente à igreja de Santo Afonso. Em pleno coração do Engenho Velho. Dum lado dava-se na praça Saens Peña e do outro na rua Barão de Mesquita que mergulhava nas imensidades cariocas de São Francisco Xavier a Uruguai, até além, no nascente Grajaú. A moradia dos meus parentes era de porão habitável e fazia parede-meia com a do seu lado esquerdo. Eu adorava o bairro, com a praça provinciana, sempre deserta e seus dois cinemas. O modesto Tijuca e o grandioso América — edifício que na época causara sensação e que era alguma coisa como o recém-derrubado do Elixir de Nogueira, à Glória e as suas réplicas em Copacabana, dois palacetes — o do barão Schmidt Vasconcelos e o do Nelito Dias Garcia. A casa dos Ennes era pintada dum róseo vivo e só me lembro dela como brasa dentro do dia claro ou recoberta de cinza, dentro da noite azul e violeta da Tijuca. Mas... deixemos de cerimônia, vamos entrar. Primeiro a passagem cimentada do pequeno jardim cheio de dálias e folhagens. Olhando para a esquerda, dois prédios adiante, outra parede cega e branca onde estavam pintadas as caras das quatro mulheres pronunciando com bocas expressivas as sílabas da Lugolina. *Diga conosco: LU-GO-LI-NA*. A escada de pedra, a porta aberta, a sala aberta como o coração dos donos da casa. O grupo de palhinha de madeira preta, as vastas cadeiras de braço, as sem número, simples, as escarradeiras obrigatórias e encimando o sofá, os retratos a óleo. Já descrevi, no *Baú de ossos*, o que ficava à esquerda, o da avó de Ennes de Souza. Ao centro o de moça pálida, olhos enormes, penteado alto, toda vestida de preto; era a irmã, morta muito moça e que deixara viúvo o seu Custódio Belchior e dois filhos Maria (Cotinha) e Custodinho Ennes Belchior. À direita, fazendo pendant com a da avó, uma tela esplêndida, representando um belo homem castanho muito claro, expressão sorridente, cabeleira *en coup de vent*, costeletas *patte de lièvre*, bochechas coradas, colarinho alto à Luís Felipe e gravata enrolada à Chateaubriand. O pai. Embaixo desses três, uma moldura de cantos arredondados, com desenho a fusain, colorido a guache, representando a figura materna com os bandós, o toucado, o grande laço amarrado sob o queixo — exatamente como os usava Maria Amélia, Rainha dos Franceses. Quando Ennes de Souza morreu, esses retratos, segundo sua vontade expressa, foram desencaixilhados, enrolados e metidos no seu caixão. Foram enterrados com ele, no Caju. Em frente à porta de entrada, o piano negro com arandelas douradas para as velas, tendo em cima a flauta em que soprava o *tio* Ennes e aos lados pequenos bustos em bronze de Schubert e Mendelssohn. Lembro que havia outro, maior, de Benjamim Franklin, mas não o localizo. Parece que morava numa peanha. No muro, em cima, três retratos. Os meninos Jobim, Ilka e Ademar. A cunhada Clara Cardoso de Queirós Vieira, bela como soberana, vestido comprido, drapejado, alongado pela cauda, um leque entreaberto colocado atrás da cabeça levemente inclinada. O fundo da composição fotográfica mostrava uma galeria palaciana com aberturas de janelas num enevoado de sombras. Na parede da frente, entre as duas portas abertas para as sacadas, o medalhão de gesso em que se recortava a figura colorida do marechal Foch. Dali via-se o movimento da rua diariamente, a passagem, do outro lado, pela calçada de Santo Afonso, de Emílio de Menezes. Ah! Já não era o Emílio das cervejadas, dos trocadilhos, das quadrinhas, o enorme Emílio ventre ovante das caricaturas de Jota Carlos. Era um velho emagrecido à força, nadando dentro de roupas largas demais para um corpo que começava a morrer. Ia devagar, meio curvo, belo e pálido e triste sob o chapelão de largas abas e copa baixa, cuja cor preta avivava a prata dos cabelos esvoaçantes. Eu acompanhava com admiração a figura emaciada do poeta. Não que conhecesse sua poesia, que só mais tarde vim ler — a séria e a burlesca, melhor que a séria. Admirava pelas piadas que corriam de boca em boca como "a última do

Emílio". A da bem *galinha* e da bem *galada*, a do sujeito com cara de bunda chupando o refresco pelo canudo e a quem se dizia mansamente: *Então? tomando seu clisterzinho... hem?*. Mas principalmente pela quadrinha que corria no internato. A do boticário que inventara sabão maravilhoso para a pele e que chamara *Cuticura*. Fora ao Emílio pedir uns versos, de anúncio. Pagava bem. Pois foi contemplado

> Quando o Emílio de Menezes
> Acorda de pica dura,
> Fala, batendo na dita:
> Só sabão de Cuticura...

Como últimos objetos a descrever na sala de visitas, os dois consolos, obras de arte e luxo, gritando dentro da mobília modesta. Aquilo eram móveis muito antigos, vindos do Maranhão, do tempo das grandezas da avó. Cada um era verde-água e ouro, torneava-se nos pés e os mármores recurvos eram continuados por dois espelhos imensos que subiam até altura de porta, meio embaçados, com zonas de aço corroídas mas mesmo assim refletindo e dando tons de líquido um ao outro, e ao que lhe ficava ou passava entre — formando infinitos de galerias submarinas. Seguia-se o inevitável corredor das casas desse tempo, a parede imensa confinando com o prédio vizinho e pequena para a quantidade de porta-retratos, porta-postais, molduras com grupos familiares, fotografias dos amigos. Dela veio para minhas mãos a tirada da Suíça, ao ar livre e à neve, onde estão os Ennes e meus avós paternos, a mesma de que falei no *Baú de ossos*. No outro lado abriam-se três portas. A primeira, do quarto dos donos da casa. O vasto leito de metal amarelo sempre polido, os grandes travesseiros, o edredom vermelho — leve fofo como nuvem sol poente. A caminha do afilhado e pupilo Gabriel — criado com luxos de príncipe e no ambiente de amor que faz as crianças felizes. Mesas de cabeceira, armário, toalete, mas principalmente o malão sem fundo, o malão dos presentes, o inesgotável malão trazido da Europa, sempre cheio por mais que tia Eugênia dele retirasse os pequenos objetos com que obsequiava seus visitantes. Nunca vi ninguém sair daquela casa sem uma lembrança embrulhada em papel de seda e amarrada com a fitinha azul, ou rósea ou branca. Especialidade da mala: caixas de alabastro de todas as formas e para todos os usos — para pós de arroz, bombons,

sabonetes, medicamentos, alfinetes, biscoitos, botões, joias, sal, espigui-
lhas, franjas, canotilhos, tissos, malagueta e pimenta-do-reino, os cremes, as pomadas. Outra especialidade: as facas e faquinhas de todos os
tamanhos e todos os usos: as de descascar fruta, as de passar a manteiga, as de partir queijo, as de desossar pato, as de descaroçar azeitona,
pêssego, cereja — todas de lâmina dourada e cabo de porcelanas
d'Holanda. Depois do quarto dos tios, vinha o da bionda Eponina. Lembro mal dos seus móveis, ofuscado pela lembrança dourada de sua dona.
Mas não esqueci o retrato de seu pai e do mano Nestico, o dr. Ernesto
Pires Lima, ar triste e tímido, barbas patriarcais, olhar incerto e langue,
a cabeça metida para dentro dos ombros. O terceiro cômodo do corredor era o de hóspedes. Nele vi minha tia Candoca, a prima Cotinha e
nesse 1918 uma sobrinha de tia Eugênia, a malfadada Nair Cardoso
Sales Rodrigues de quem ai! tanto teremos que contar...

O corredor dava na sala de jantar, a peça mais importante daquela
casa de almoços pantagruélicos, jantares gargantuescos e ceias memoráveis. Era peça vasta, que parecia pequena — de tão cheia de móveis.
A grande mesa cercada de cadeiras escuras. Circulando-a, encostado à
parede da direita, o primeiro aparador sobre o qual se penduravam dois
moldes de janelas abertas onde apareciam as figuras risonhas num,
duma velha de lenço à cabeça e no outro, dum velho de cachimbo na
boca. Eram coloridos, não sei se camelotes de barro ou madeira, lembrança da Suíça. O imenso guarda-louças e em seguida um consolo para
os jornais e revistas. Na parede, em cima dele, numa larga moldura de
massa preta de cantos arredondados, num fundo que o tempo amarela-
ra, quatro grandes letras E.R.E.S. iniciais correspondentes ao nome da
dona da casa: Eugênia Rodrigues Ennes de Souza. Eram feitas por ela
com seus cabelos belos e tinham sido seu presente de casamento ao
marido. A parede seguinte dava para fora por janela e porta que abria
num patamar de escada. A outra era ocupada por uma espreguiçadeira
ora na sala, ora no topo dos degraus, ora embaixo da janela, ao capricho
do ocupante. Vinham depois a cadeira de balanço e o *fumoir* do *tio*
Ennes: uma mesinha preta cheia de sapatos e botinas de madeira, esculpidas para imitar as naturais — para conterem os cigarros e os charutos
e os fósforos. O muro principal, atrás da cabeceira da mesa, tinha outro
aparador enorme sempre provido de queijos sob as campânulas de cristal, de doces nas compoteiras e de duas fruteiras cheias de laranjas e

bananas. Em lugar de honra, ao alto, um retrato do sobrinho querido, Custodinho, morto aos dezoito anos. Abaixo da sua, a moldura de um Sagrado Coração de Jesus. À esquerda do aparador, a cadeirinha baixa que tia Eugênia usava para costurar entre refeição e outra. Perto dela a porta da copa com a escada de caracol para o porão habitável. Que descrever nele? Nada dos quartos sempre fechados da sinhá Cota e do Ernesto. Tudo, do salão onde ficava o escritório do tio Ennes. Vejo cada peça em seu lugar. A parede da frente abria no jardim por janelas gradeadas de serralheria. Entre elas, pequenas prateleiras para amostras de minerais e minérios do mestre de metalurgia. Elas repetiam-se nas outras paredes entre as grandes estantes carregadas de livros de ciências naturais, de geologia, de mineralogia. A humboldtiana, os viajantes, os historiadores, os poetas alemães, ingleses e franceses. Romances nessas três línguas e na nossa. Matemática. A mesa de madeira singela para as análises químicas com sua bateria de reagentes e os martelinhos de quebrar o pedregulho dos minérios. A frascaria adequada. O bico de Bunsen. A alça de platina. Na parede ainda um quadro-negro e três retratos. Um enorme, de aparato, representando Floriano Peixoto. A moldura era de madeira envernizada e trazia em cima, em bronze, as Armas da República e uma flâmula que ia de lado a lado onde se lia: A BALA! Era a resposta famosa do Marechal ao embaixador da Inglaterra quando este perguntou como seriam recebidas na Guanabara as belonaves de Sua Majestade Graciosa. Um menor, era medalhão de esmalte colorido emoldurado de veludo vermelho. Representava Stephen Grover Cleveland e fora presente do próprio presidente dos Estados Unidos, mandado ao abolicionista Ennes de Souza. O terceiro era uma fotografia imensa de Jorge Tibiriçá. Sempre me perguntei o seu porquê? Homenagem? ao companheiro de viagem na Suíça. Demais. Foi o livro de Afonso Arinos sobre Rodrigues Alves que deu-me a explicação. Era o culto de Ennes de Souza pelo adversário de uma de suas *bêtes-noires* — o mencionado presidente brasileiro. Nesse escritório armavam-se camas de vento ou simplesmente punham-se colchões no chão quando os hóspedes eram meninos. Como eu. Mas essa casa que estou descrevendo com tantos detalhes (por tê-la amado tanto) não estava vazia. Estava cheia. Era habitada pela melhor gente do mundo — o casal Ennes de Souza, seus parentes e aderentes. Vamos conhecê-los?

Antônio Ennes de Souza era natural de São Luís do Maranhão onde nascera a 6 de maio de 1848, filho de Sebastião José de Souza e de d. Maria Ennes de Souza. Em 1853, órfão de pai e mãe, ele vai morar com a avó materna, a mesma senhora que criou meu avô Pedro da Silva Nava. Os dois primos tornaram-se assim irmãos de criação e devem ter recebido a mesma educação. Estudos primários e depois os rudimentos das matérias secundárias. Ennes de Souza acaba os seus em 1862 e nesse ano a avó emprega-o num estabelecimento de ferragens que possuía. Ele deve ter mostrado aptidões especiais, pois em 1867 decide-se a cursar a *École Centrale* e embarca para a Europa. Em 1868, está em Paris e segue, na Sorbonne, as lições de Delaforce, Gaudry, Deville e Dunkée — os mestres que decidem-no a fazer um curso especial de Minas, antes de empreender o de Engenharia. Infelizmente esses planos têm de ser adiados pois desgraças familiares trazem-no de volta ao Brasil, em 1869. Essas "desgraças familiares" são mencionadas por Sacramento Blake no artigo dedicado a Ennes de Souza. Ignoro quais tenham sido pois nunca ouvi dos nossos parentes nenhum esclarecimento. De 1870 a 1873 ele fica na sua província natal, trabalhando no comércio mas tendo também vida intelectual ativa. Inaugura Conferências Públicas e com o dr. Antônio de Almeida e Oliveira funda a Biblioteca Popular do Maranhão. Nesse triênio de residência em São Luís deve ter se dado seu casamento com a piauiense d. Eugênia Sales Rodrigues. Vamos encontrá-los em 1874 na Suíça, onde Ennes de Souza começa seus estudos de ciências físicas e naturais, de geologia e depois os de engenharia, na Universidade de Zurique. Em 1875, com meu avô Pedro da Silva Nava, faz uma excursão mágica à Itália. Minha avó, grávida, e *tia* Eugênia permanecem na Suíça. Em 1876 Ennes de Souza termina seus estudos em Zurique e obtém na sua universidade o título de doutor em ciências físicas e naturais com a tese *Dissertação sobre os amálgamas*. No mesmo ano transfere-se para a Saxônia e começa seus estudos na Academia Real de Minas, da cidade de Freiberg, onde fica até 1878 quando defende nova tese — *Dissertação sobre a mineração e metalurgia do ouro* — conquistando com ela seu segundo doutorado e o título de engenheiro de minas. Em 1879 está novamente em Zurique e é nesta cidade que recebe carta de meu avô aconselhando-o a respeito dos seus planos de ir ser professor da Escola de Minas de Ouro Preto. Infelizmente isso não se deu: Minas perdeu Ennes de Souza. Em 1881 está no Rio de Janeiro e faz concurso para a Escola Politécnica.

Tem trinta e três anos e conquista brilhantemente a cadeira de Minas e Metalurgia. Foi três vezes diretor da Casa da Moeda: em fins do Império, princípios da República e albores do século xx. Para poder exercer seu segundo período administrativo (também por nojo e incapacidade para a política) renunciou ao mandato de deputado que lhe dera seu estado para a Constituinte. Em 1893 bate-se contra a Revolta da Armada e foi marinheiro, mecânico, soldado, alferes do Batalhão Acadêmico e seus conhecimentos de engenharia improvisam o artilheiro que fazia, na Casa da Moeda, as granadas de punção para os canhões *Krupp* 75m/m C 24 de que foi dotada a bateria onde ele combateu como uma fera ao lado do velho Maneco Modesto e onde é ferido o moço Tasso Fragoso. Eram as trincheiras de São João Batista, em Niterói. Foi fundador da Sociedade Nacional de Agricultura, da Sociedade Protetora dos Animais, da Sociedade de Imigração e da Liga Brasileira contra o Analfabetismo. Eis aí o material de sua biografia jornalística. Resta-nos agora conhecer o homem por todos os títulos admirável de quem tive a honra de ser parente e discípulo. *Tio* Ennes. Vejamos primeiro a sua imagem física.

> O favor com que mais se acende o engenho
> Não no dá a pátria, não, que está metida
> No gosto da cobiça e na rudeza
> Dũa austera, apagada e vil tristeza.
>
> CAMÕES, *Os lusíadas*

Possuo nove retratos de Ennes de Souza. O dos anos 70, do século passado, retrato tirado na Suíça, com meus avós paternos e a mulher; um, magnífico, dos 1880, na época provável de seu concurso e feito por Guimarães, fotógrafo estabelecido em Gonçalves Dias, 2. É o melhor. Representa um belo homem de olhar vivo, nariz bem-feito, bigodes, mosca e cabelos pretos, cabeça altiva, pescoço levantado e longo. Vêm, depois, vários dos 90. No princípio da década, um pouco mais de gordura; no fim, os pelos do rosto começando a embranquecer, apesar dos cabelos se conservarem sempre negros, tal como em de 1899, em fotografias de Copenhagen, Freiberg e Paris. Nesta ele finge dirigir automóvel igual aos que aparecem na vista da Avenue du Bois, publicada por André

Maurois, no seu *Le monde de Marcel Proust*. O grupo familiar de 1902 ou 1903 começa a mostrar o velho que aparece na imagem de sua última diretoria da Casa da Moeda. Os cabelos sempre escuros — os cabelos de pajé — mas mosca e bigodes nevados, os olhos cansados e o talhe começando a ceder. A derradeira figura que dele me ficou é a dum instantâneo de 1917 ou 1918. Conserva seu ar de malícia e bondade — mas sente-se a marcha da esclerose nos olhos antes vivos e noturnos agora clareados, como que azulados, pela progressão do arco senil. Foi assim que o apanhei durante minha estada em Major Ávila, naquele ano da gripe. Guardo seu tronco encurvado, a cabeça baixa e os pequenos passos apressados no corredor da casa. Lembrava um pouco os bicharocos parecidos com a cara de Einstein. Ia corcovando, ia. Mas a inteligência conservava-se intacta. Nove fotografias e nelas toda a evolução de uma vida. O moço rico, estudante das universidades europeias; o homem cheio de ideias, na sua força; o mestre maduro e de sabedoria pleno; o velho maltratado pelo seu país mas sempre acreditando nele; o professor exausto e sofrido de Major Ávila e do Rocha, empobrecido de tanto distribuir, mas ainda dando do seu exemplo e do seu entusiasmo "Quatro dias antes da Morte", como o viu sua amiga Maria do Nascimento Reis Santos. Mas para continuar a descrevê-lo, tenho de mostrar a família dentro da qual ele se movia e a que tudo deu — do pão ao exemplo. Voltaremos a ele depois de fazer desfilar esses personagens, entre os quais destacava-se a figura impressionante de sua mulher. Voltando aos personagens, não é fácil arrumá-los. São como peças complexas de um puzzle, intrincadas, difíceis de enclavinhar, abarbadas, duras de combinar mas que, afinal engrenadas umas às outras, compõem a paisagem humana que quero descrever.

  D. Eugênia Sales Rodrigues, de solteira e Eugênia Rodrigues Ennes de Souza, de casada, era natural do Piauí e originária de famílias daquela província, largamente aparentadas com gente do Maranhão e gente do Ceará. Eram seus pais o truculento e derramado Antônio Tomé Rodrigues e a suave e discreta Henriqueta Sales Rodrigues (d. Quetinha). O primeiro pertencia ao mesmo pessoal do general Tomé Cordeiro e a segunda vinha a ser prima longe do meu tio Antônio Salles. A ela, d. Quetinha, *tia* Quetinha, conheci muito velha, na rua Visconde de Figueiredo e guardei seu vulto manso e moreno, cabeleira como pasta de algodão — associado gustativamente aos biscoitos que ela gostava de fazer e que armazenava em grandes latas para ir distribuindo às crianças que vinham beijá-la ou tomar-lhe a bênção. Esses sequilhos eram duros como peças de cimento armado e modelados como lagartixas, jacarés, passarinhos, caranguejos, borboletas, boizinhos, linda-pastora, cobras, gatos, beija-flor, flor, cachorros, lebres, pombinhas, calungas e ratazanas. Brincava-se com essas peças como com bonecos dos mestres escultores populares gênero Vitalino do Pernambuco, e depois de brincar passava-se à diversão antropofágica e totêmica de degluti-los. Era uma luta para os dentes, uma surpresa para a língua. Vencida a dureza pelas mandíbulas, a secura pela saliva, aquilo esfarelava-se e desmanchava na boca com um gosto compósito onde se distinguiam os graves do açúcar preto, as levezas do fubá mimoso, fisgadas de hortelã e agudos longínquos de limão. Bondosa d. Quetinha... Os velhotes de hoje que tiveram a prerrogativa de ter conhecido lady Araci Muniz Freire podem ter uma ideia do seu físico. A mesma forma do rosto, a cor da pele, os olhos miúdos a um tempo sorridentes e profundos, a implantação dos cabelos e sua descida no penteado. Araci era sua sobrinha-neta e as duas buscaram esses traços no bisavô ou bisavó a primeira ou noutro antepassado mais remoto. O velho Tomé, além de ter atormentado a mulher em vida, perseguia-a ainda, depois de morto. Ela sonhava com ele, com seus destampatórios frequentemente, e passava o dia seguinte a esses pesadelos murcha, abatida, numa espécie de mal-estar — como se estivesse curtindo ressaca depois de porre. Minha tia Maria Modesto é que descobriu isso dia em que vendo-a tão triste perguntou por quê? D. Quetinha. Ah! minha filha, estou assim porque sonhei essa noite inteira com aquele homem. Ele não me deixa sossegar nem dormindo... Que homem? Ora, benzinho, meu falecido, que Deus tenha e que segure por lá. Nossa...

Fisicamente *tia* Eugênia era uma bela senhora. Alta, corpulenta. Já a conheci gorda e de cabelos brancos. Penteou-se a vida toda do mesmo modo e — negros, grisalhos ou brancos — seus cabelos, em todos os retratos, estão sempre dispostos do mesmo jeito; frouxos e elevados no topete, repuxados por cima das orelhas, embutidos atrás e subindo para um coque alto, torcicolado em forma de oito e que lhe ficava sobre a cabeça como um fecho de coroa imperial. Imperial, eis a palavra para definir o físico de *tia* Eugênia. Aliás já a comparei, no *Baú de ossos*, às telas representando Catarina da Rússia e Maria Teresa d'Áustria. Seus olhos eram negros e expressivos, o nariz, de um aquilino violento, a boca bem-feita, os dentes curtos, escuros como os de um fumante. Juro que ela se dava secretamente ao vício. E o *porte*. Estou grifando *porte* porque tia Eugênia dava ao seu, qualidade a um tempo física e moral. Era atitude decorosa do corpo, posição adequada do caráter, da inteligência, do espírito, do comportamento. *Manter seu porte* era o que ela fazia de manhã à noite, saindo do quarto já espartilhada e ficando metida nessa couraça até a hora de deitar. Era enérgica, altiva e orgulhosa sem jamais descair na arrogância, na fatuidade e na distância — a vulgar distância — que ofende mais que um ato de falta de educação. Ela era polida, delicada, carinhosa, participante, terna, afetuosa, amiga e tinha a mania de servir, de ajudar, de amparar. Sua pele era porcelana e tinha a cor dos fiambres. Parecia uma inglesa, melhor, uma alemã, de tão corada e tão vermelha. Seu porte... Percebi o valor moral que ela dava a essa palavra quando a vi remontando o marido que parecia querer aluir de dor e se lamentava em lágrimas à hora do funeral de sobrinha bem-amada. Ela, lívida, olhos secos e fulgurantes, contendo as lágrimas e o tremor é que disse ao marido em voz baixa e rouca as palavras que contiveram seu desbordamento. Ennes, tenha calma e mantenha o seu porte! Sua linguagem era desabusada, desabrida e *thomé*, sem ser porca ou obscena. Sabendo o sentido pejorativo do chamamento de *cabra* e *boi* nunca dava o primeiro a uma mulher ou o segundo a um homem. Dizia aquela *boda!* aquele grande *vaco!* para deixar bem excluída a ideia do dar sem conta naquelas e da chifralhada nestes. Queria invectivar sem insultar e só acentuar o animalismo que a irritava.

    O curioso era como tia Eugênia tinha convicções inabaláveis sobre certas situações e pessoas. Para ela, por exemplo, todas as crianças eram seres sempre descriteriosos, inverídicos por graça de estado. Qualquer dos meninos que a cercavam podia lhe anunciar a coisa mais urgente e mais grave que esbarrava sempre diante da mesma resposta. *Tia* Eugênia, *tia* Eugênia! a chaminé está pegando fogo! Ela nem se mexia na cadeirinha baixa. Ria de leve e despachava o informante. Não seja besta, sinhozinho! Vá ali à fruteira, tire duas bananinhas para ir comer no jardim e deixe-se de novidades... Foi assim, comigo, no dia do *Donnerwetter*. Esse era o nome de um dogue dinamarquês sempre preso no fundo do quintal. Era cevado a postas cruas e a baldes duma ardida pasta de fubá e bofe. Mas parece que a fera ansiava por carne humana... Tinha olhos de brasa, envergadura de bezerro, fauces de fogo, mandíbulas de ferro e passava o tempo justificando o nome, isto é, rosnando que nem trovão — trovão de trovoada ao longe. Pois um dia a d. Leonídia Teixeira vinha entrando quando o *Donnerwetter* arrancou, precipitou-se, trazendo pela coleira e pela corrente a casa de madeira a que vivia amarrado. A d. Leonídia mal teve tempo de cair meio desmaiada na sala de visitas — graças a Deus! aberta. O bicho só não a despedaçou porque o canil que vinha na arreata — engastalhara na porta. Eu corri para chamar. Tia Eugênia! o *Donnerwetter* vai devorar a d. Leonídia. Ela já sorria e ia me mandar deixar de ser besta e ir tirar as bananinhas na fruteira quando os guinchos, os uivos e os latidos mostraram que eu estava com a verdade. Ela correu a salvar a amiga. Com uma palavra e sua presença domou a fera e logo o copeiro, o Targino, veio para arrastá-la e reestaquear seu nicho nos fundos do terreno. E não era só cachorro que tia Eugênia amansava. Gente também. Quando havia ruídos noturnos suspeitos ela nem acordava o *tio* Ennes. Deixava dormindo o veterano artilheiro das baterias de São João Batista e ia sozinha e Deus, no escuro, palpar os cantos, verificar as janelas, portas, fechaduras, trancas e resolver paradas eventuais. Sozinha e Deus, uma ova! levava também sua arma favorita — um longo castiçal de cobre, pesando bem seu quilo e meio e que ela manejava com destrezas de maceiro. Foi com essa clava metálica que ela derrubou e prendeu ventanista que escalara seu quarto. O azar dele é que entrou em hora imprópria. Estava no canto a bacia preparada para o banho de tia Eugênia. O meliante meteu-se embaixo da cama quando pressentiu sua aproximação. Pois foi em menores e quando se abaixou que ela deu pelo ladrão. Gritou, ele quis enfrentá-la mas foi logo derrubado a golpes de castiçal. Era um negralhão descomunal que ela amarrou, garroteou, pensou na cabeça e que quando viu voltar a si — encheu dum cordial de água e vinho. Espartilhou-se, compôs-se, chamou a delegacia e entregou aos soldados atônitos o gigante que ela arriara com a maçaranduba doméstica. Levaram-no para o distrito, de padiola, e ela foi para a copa restaurar-se como fazia nas ocasiões magnas entre refeição e outra: um grandioso sanduíche de pão atufalhado de pimenta-malagueta no azeite e duas cervejotas geladas para apagar esse incêndio. Depois foi a polícia que ela enfrentou no velório de Conrado Borlido Maia de Niemeyer — o que fora atirado das janelas da chefatura de polícia — regnante Bernardes. Tinham entregue o corpo à família mas na câmara-ardente infestada de tiras, as pessoas não podiam se abeirar da essa nem olhar o cadáver de perto. Tia Eugênia chegou para a guarda fúnebre do amigo, aproximou-se para vê-lo e foi barrada. Cresceu sobre os beleguins revestida da força de sua indignação. Quero só ver qual é o *vaco* que me impede de chegar perto do corpo de Conradinho! Pois chegou mesmo, descobriu o rosto, verificou as machucadelas, palpou braços, antebraços, coxas, canelas, crânio — inventariou as fraturas, enunciou-as aos berros, invectivou alto o governo e depois desse lance à Antônio Tomé Rodrigues é que sentou-se a um canto, toda encolhida de mágoa e começou a chorar ao jeito de d. Quetinha. Ela era isto mesmo: uma mistura dos dois e alternava nela própria ora a violência do pai ora a doçura materna. Fisicamente tirara também, de ambos, o que os dois tinham de melhor; saíra mais bela que eles e bela como seus irmãos Henrique, Manoel, Antônio e Henriqueta. Só a mana solteirona Maria Eugênia é que não era nada bonita.

O Henrique Sales Rodrigues deixou fama pela bravura e pela formosura. Era Marte envultado na forma de Apolo. Casou-se, por sua vez, com uma das deusas mais belas do Olimpo carioca. Chamou-se Clara Cardoso Sales Rodrigues e depois Queiroz Vieira — pelo segundo casamento. Era alta, elegante, cabelos castanhos tirando para o louro e tinha uns olhos prodigiosos perdidos dentro de pestanas escuras entrefechadas — que não deixavam ver bem se eles eram cor de âmbar, verdes ou azul--marinho. Em todo caso eram alguma coisa líquida cintilando entre a lágrima e a joia. Essa beleza ela a herdara do seu Cardoso, seu pai, que conheci de retrato: grandes olhos, barbas de santo barroco ou profeta de Congonhas. Não tirara nada da mãe de quem me lembro vagamente, baixota, gorducha, anafada e coque miúdo no alto do crânio. Seu nome era d. Onestalda mas todos chamavam-na *vovó Nestalda*. Do casal fisicamente privilegiado Clara e Henrique tinha de sair uma raça mitológica e suas filhas Nair e Aurora eram radiosas e bem nomeadas: a primeira com sua apelação de estrela, a segunda, de meteoro. E os filhos do outro casamento da Clara não desmereceram das irmãs do primeiro leito. O Gabriel, a Maria Antonieta, a Clarinha e a Lígia saíram, ele, airoso, elas, peregrinas.

Das pessoas que acabo de citar só não conheci o Henrique Sales Rodrigues. Dele tive notícias por outros parentes como por eles é que eu soube de outros irmãos de *tia* Eugênia, também falecidos quando entrei em cena. Havia um Antônio, morto muito cedo, que tinha sido casado com uma beldade de que só sei o apelido de Biloca. Havia a Henriqueta, dona das mais lindas tranças já vistas por minha tia Maria Modesto e que, parodoxalmente, tinha o apelido de *Peladinha*. Fora casada com o dr. Ernesto Pires Lima e eram os pais da Eponina e do segundo Ernesto — várias vezes citado nestas lembranças pelo seu apelido caseiro de Nestico. Mas conheci pessoalmente duas figuras extraordinárias dentre os cunhados do *tio* Ennes. O Manoel Sales Rodrigues (Maneco) e a Maria Eugênia Sales Rodrigues (sinhá Cota). O primeiro era casado com uma senhora suíça, Lucie Nicaud Rodrigues, a antítese do marido e que o amava apaixonadamente. Era discreta, moderada, de poucas falas, muitos sorrisos, falando um português fluente apesar de muito chegado nos RR, de um louro de cenoura e vestida sempre de preto. Já o Maneco era bandoleiro, boquirroto, desbragado, valente como as armas, façanhudo, brigão como poucos. Claro que estivera no Combate da Armação... Aliás todos os velhotes que conheci nos anos 10 se diziam veteranos dessa batalha que a julgar pelo número dos que se davam como seus combatentes devia ter sido alguma coisa como Austerlitz, o Marne, Verdun ou Stalingrad. Pelos seus atos de bravura naquela Ponta, Floriano fizera-o tenente ou capitão honorário do Exército, posto que ele, achando inferior ao seu heroísmo, transformara no de coronel, pagando patente na Briosa. Apresentava-se sempre fardado e a túnica caía-lhe bem no tronco enxuto e de vastos peitorais. Tinha o nariz aquilino da família, branqueara cedo mas ostentava bigodes negros e em riste. Só falava gritando e seu álcool era violento e patriótico. Ufanava-se. Disfarçado por baixo do dólmã e por dentro da calça ele trazia sempre verdadeiro arsenal: dois revólveres, uma peixeira, uma faca curta, a tala flexível e silvante, um boxe de estanho todo amassado de cara e dente de português — dizia ele. Porque além de patriota e republicano como não há mais, o nosso Maneco, como todo bom florianista, era terrivelmente *jacobino*. Ameaçava sempre reagir, fazer barulho, não ir carregado, sem vontade própria, maria vai com as outras — para lugar nenhum, nem mesmo para o cemitério. Vocês vão ver, seus merdas! na hora de me enterrarem se eu saio ou não saio do caixão com minha palamenta toda. A *palamenta* — eram as suas armas. Pois foi dito e feito. Quando levavam-no para o Caju, num esquife cujas argolinhas não eram fechadas por cadeado mas pelo laço duma larga fita verdeamarela cujas pontas traziam em letras douradas, de coroa, uma, a palavra ARMAÇÃO e a outra, a data 9 de fevereiro de 1894 — o carro funerário foi colhido por uma pesada *andorinha* na praça da Bandeira e o ataúde projetado longe. Bateu no lajedo de pé, as tampas se abriram como portas e um Maneco hirto foi visto pela última vez ereto, nos dourados da sua grande gala, para cair finalmente, num baque surdo a que se misturava o tinir de sua espada. Logo o Nestico, o Modesto e o Brício Filho (outro veterano da Armação) recompuseram-no e o enterro pôde seguir.

Sinhá Cota ou d. Cotinha, Cacota ou Titizinha — era como todos chamavam a Maria Eugênia Sales Rodrigues. Poucos lhe conheciam o nome. Era uma figura estranha. Rememoro sua constituição e não posso defini-la como gorda nem magra pois era ambas as coisas. Apresentava no corpo zonas rotundas como as nádegas fartas, alternando com coxas secas, panturrilhas novamente roliças continuadas por pés enxutos de marsupial. Eram dotados dos roletes joanetes, virados para dentro, e ela andava como os papagaios. Pouco busto, bastante braço. De rosto parecia com *tia* Eugênia como uma caricatura lembra o original. Tinha de bonitos os olhos expressivos, os dentes prodigiosos. E as tinturas faziam seus cabelos mais negros que a asa da graúna. Enrolava-os num *patifão* e num coque alto. Mesmo com esse aspecto e assim incasável, a nossa sinhá Cota vivia mobilizada e sempre entregue à campanha matrimonial mais estrênua, desde que viera do Piauí para morar com os Ennes de Souza. Namorava a esmo e vivia sempre apaixonada por jovens ou velhos, militares ou civis, gregos ou troianos, morenos ou claros, gordos ou magros. E não guardava segredo. Tomava seus interlocutores por confidentes e era alto que ela comentava as impressões que lhe causavam os homens. Que pedaço! Por este sou capaz de me perder. Eu me desgraço por aquele sujeito. Que cadeiras de homem! que pernas! — suspirava ela, gabando, nos barbados, até qualidades como estas só apreciadas nas mulheres. Escandalizava minhas tias. Indignava a d. Vanju. Era a pilhéria dos sobrinhos e desesperava a tia Eugênia. Sinhá Cota! o que é isto? mulher, contenha-se. Inútil. A visão do Homem alucinava-a e ela foi assim de gula em gula até à hora da morte. Suas últimas palavras, quando acabava de ser administrada por sacerdote moço e bonito, não foram de contrição. Olhou longamente o reverendo, virou-se para as Fragoso e declarou num fio de voz que com padre lindo assim ia até para o inferno. Disse e expirou. Mas tenho certeza que ela não foi pra lá. Não se ama tanto assim em vão a tanto varão, tanto homem. Para mim o Filho do Homem, o Verbo feito HOMEM, o Homem Deus — Nosso Senhor Jesus Cristo — estendeu-lhe, naquela hora boda extrema, Suas divinas Mãos.

Logo que cheguei ao Rio, em 1916, na primeira vez que as tias me comboiaram para a visita à casa de Ennes de Souza, fui de alma leve levado pela ideia de rever a Eponina. Quando chegamos a Major Ávila, ela, justamente ela, estava no topo da escada e logo seus gradis se pratearam como os de Visconde de Figueiredo e eu, embaixo, diminuí, menino, menino como em 1910 e senti na garganta o aperto de quem ia chorar de ciúmes sabendo que ela não poria a mão na igaçaba cheia de bichos, como a cunhã, na história que ela contava do moço índio guerreiro. Por mim, por mim. Subi a escadaria correndo, aos dois, aos três degraus, imantado pelo sorriso que brilhava laincima. Mas na medida que galgava, ia reanulando esses anos de repente suscitados e a moça que encontrei no topo (dantes, para mim, alta como as deusas) era baixa — de minha altura de menino. Depois passara 1917 e naquele 1918 eu reencontrava figura menor e pela primeira vez notei que ela era gorducha. Mas foi impressão momentânea e seu prestígio renasceria da cor veneziana do louro de suas tranças; da de âmbar e água-marinha dos olhos de que midríase permanente fazia as pupilas abissais; da fragrância que nascia do seu nome rima de bonina eglantina cravina. E sobretudo do colo-de-alabastro-que-sustinha e cuja brancura opalescente era realçada pelo preto que ela preferia nos vestidos. Além disso, atraía, nela, a alegria permanente, a capacidade para o chiste, o palavreado pitoresco e a audácia com que ela ia certos assuntos fortes adentro, parando justo no limiar das permissividades de então. Estas qualidades de espírito seriam familiares pois eram as mesmas mostradas pelo mano Ernesto. Neste, o efeito cômico que ele tirava de expressões e situações era ainda maior — pela seriedade que ele dava à fisionomia de *pince-sans-rire*. Os dois eram impiedosos e traziam a sinhá Cota num cortado com as peças que lhe pregavam. Ele tinha trinta e três anos nessa época, pois lembro que se apregoava sempre "da idade de Cristo". A Eponina seria um ano mais velha ou um ano mais moça e era, pois, uma balzaquiana em ponto de bala. Tinham ficado órfãos meninos e vindo, cedo, do Piauí, para serem filhos do casal Ennes de Souza. Logo tiveram outros irmãos nos filhos da tia afim Clara: Gabriel, o mais querido, primeiro, afilhado com honras de sobrinho, depois, sobrinho com direitos de filho, finalmente, com todas as prerrogativas de filho único. Suas irmãs, Aurora e Nair. A Aurora, nesse 1918, estava interna no *Sacré-Coeur* do Alto da Boa Vista e só aos sábados surgia do oriente com sua blusa de fustão branco, a saia preguada azul-marinho, a gravatinha e a fita *bleue-foncée* de sua classe. Tinha o apelido beijo gorjeio de Zazoca. Para rir fechava e rasgava imensos olhos negros e mostrava uns dentes que luziam todas as brancuras alba prata estrela cerusa lírio e neve e leite. E que cabelos! Castanhos, cheios, ondulados, vivos e luminosos como se uma eletricidade os habitasse e desse a cada fio vida especial separada e serpentina. Às vezes ela parava de falar, de rir e ficava séria estátua e foi mais assim que guardei sua imagem, para introduzi-la inteira, quando li Flaubert, na figura de madame Arnoux — *tendre, sérieuse, belle à eblouir...* Aurora! Vi-a pela última vez nos 1919 ou nos 20. Sei que casou depois, deixou sua continuação noutras vidas, que morreu de doença que a tornou mais morena, mais e mais, sem roubar-lhe nunca a beleza imarcescível sem poente pois seu crepúsculo foi sempre, sempre o matutino, o das auroras. Ela era e se chamava Aurora...

 Se a visão da Zazoca era semanal, a de sua irmã mais velha era alumbramento nosso de cada dia pois ela estava passando tempos com os Ennes quando fui hospedar-me em casa deles. Nair. Era moça alta e grande, feita com a amplitude da estatuária clássica e poderia ter lugar na *Loggia dei Lanzi* do lado da Sabina ou de Policena. Melhor. Poderia subir num pedestal, no Louvre, e pôr-se frente a frente da Vênus de Milo — com a vantagem dos lindos braços... Tinha dentes admiráveis, os olhos da família e os cabelos. Falava pouco e sempre em voz baixa. Jamais gargalhava. Quando sorria, de leve, pareciam jorrar centelhas luminosas de seus olhos noturnos. Não discutia nunca, não tinha ocasião para isto, de tal maneira sua presença se impunha. Era impossível não obedecê-la em tudo. Apesar de solteira, cercada como que de halo maternal e seus irmãos era como se fossem seus filhos. Os irmãos e todos os meninos da casa. Logo a amei como todos a amavam no sortilégio de um mistério religioso porque essa criatura da natureza de Ísis e Osíris era a um tempo una e múltipla, antepassada e descendente, materna, fraterna, filial, consanguínea e bem-amada. A impressão que ela me causou — levava-me a espioná-la. Foi assim que sem adivinhá-lo, verifiquei que sualma carregava seu mistério: surpreendi-a várias vezes em prantos na cadeirinha baixa de seu quarto, e um dia tive o mau gosto de entrar, mostrar que estava vendo e perguntar Nair! Nair! o que é que você tem? Pensam que ela escondeu? disfarçou? nada disso. Olhou-me de frente, sem enxugar os olhos, sorriu dentro das lágrimas e tive a impressão de ver um arco-íris como nos dias sol chuva, casamento da raposa. Levantou-se, pôs a mão no meu ombro, veio devagar comigo até ao aparador e disse a frase de tia Eugênia. Vamos, Pedrinho, tire duas bananinhas e vá comer no jardim. Desci, uma em cada mão. Nunca me senti tão por fora de tudo nem tão exilado de participação no mundo que me cercava como um aquário às avessas: dentro eu, no vácuo; fora águas livres sereias peixes nereidas anfitrites carros conchas disparando. Descasquei a primeira. Meti os dentes. Só que não pude mastigar nem engolir porque dei fé que era eu agora, que soluçava, que tremia, que chorava amargamente. Lembro que foi a partir desse dia que comecei a divertir-me inconvenientemente com certo defeito de pronúncia que mostrava o noivo da Nair. Quando ele queria emitir o som de Z, pronunciava-o como ao *tieitch* das lições de inglês. Ao seu irmão, de nome Josué, ele chamava *Jôthué* dizendo o nome como se fosse um *cockney*. Quando ele dirigiu-se à noiva, querendo dizer Nairzinha e soltando *Naithinha*, levantei-me enfastiado e fui sentar no sofá da sala de visitas. Olhei para a direita, para a esquerda e logo a ectasia de meus quinze anos narcisistas teve sua recompensa: os dois grandes espelhos venezianos rebatiam minha figura um para o outro, cada vez em maior número, mais longe e esbatidas como se fossemilimagens se repetindo se colando saindo umas das outras no fundo de longaleria submarina...

Toda essa gente que estou descrevendo (e fica faltando ainda muito para completar o quadro) na rua Major Ávila era convivente, carinhosa e a casa dava a impressão de viver em festa permanente. Concorria para isto a excelência da cozinha e a comida, mesmo a de todo dia, era sempre obra de arte na feitura e na apresentação. Reforçava essa ideia a ternura o bom humor, às vezes a chalaça com que todos se tratavam cujo símbolo está nos apelidos carinhosos que os Ennes e Sales Rodrigues se davam. O dono da casa era *Bicharoco* que se contraía em *Bi*; tia Eugênia era *Neném*; o Gabriel *Tuque-Tuque*; a Eponina *Pupu*. Já vimos os diminutivos dados aos outros e o caso particular da Maria Eugênia que acumulava quatro nomes de fantasia. Aliás seria um estudo interessante esse da ternura luso-brasileira através desses rebatismos familiares... Não tentam? uma análise, por exemplo, só alguns que cito de lembrança e que vi usar em Minas e aqui no Rio como Bagadinha, Picututa, Tutucha, Pachinha, Licota, Pompona, Seus-Pindongo, Peixão, Zumba, Bolacha, Bitota, Mindá, Xulica, Mundola, Xixibu, Tio-Guanje, Xibiu, Fifota, Enganinha, Baquena, Micotinha, Capucha, Miquita. Pois em casa do *tio* Ennes os nomes de batismo e do registro civil valiam menos que estes de ternura, de carinho, de brincadeira. Logo que lá entrei, de Pedro passei a Pedrinho e a Eponina ressuscitou velho chamamento que só me dava meu irmão — o *Bai*. Foi com esse nome que entrei no *Clube dos Bacuraus & Cabra* — rancho carnavalesco inventado pelo Ennes de Souza para divertir-se e ao Gabriel a quem ele fazia enumerar seus componentes — gente de casa, amigos da casa, estes com apelidos caricaturais que os dois rezavam como litania. Vamos, meu filho, quem é o *Cabeça de Ovo Mole*? O menino dizia o nome do grande engenheiro. E o *Dez pras Duas*? Saía o de um conde papalino pés espalhados. E o *Bezerro Tonto*? O *Dezoito*? Era um casal, ele magro como um 1, ela peituda e bunduda como um 8. Desfilava o bloco todo sob as risadas da família reunida. Quem é o porta-estandarte do bloco? O menino malicioso respondia que era a *Cabra*. E quem é a *Cabra*? A *Cabra* é a *Titizinha*. A *Titizinha* furiosa descia a escada de caracol e trancava-se no quarto cujo teto era varado pelas gargalhadas em salva que iam desaparecendo aos poucos. O último a ficar sério era o Ennes de Souza que enxugava as lágrimas do riso, reacendia o charuto e passava para outro assunto.

Mas... eu ia dizendo que a casa era uma festa. Duas, as maiores — os almoços de 6 de maio e os jantares de 28 de junho respectivamente as datas natalícias do *tio* Ennes e da *tia* Eugênia. O primeiro era mais um ajantarado pois só saía lá pelas duas ou três da tarde. Eram sempre os mesmos pratos. Primeiro a fabulosa salada de alface da dona da casa, folhas verdes e tenras avivadas por pimentão sinopla ou vermelho, por laranja, por maçã e pelo molho de vinagre e azeite mais proporcionado que já comi. Depois vinha um chucrute de adaptação, réplica nacional ao *sauerkraut* alemão. Era o repolho conservado em salmoura e acompanhado das charcutarias encontradas em nossas vendas: linguiça fresca, salame, paio, carne de peito — tudo preparado à alemã, à saxônia, em lembrança dos tempos de mocidade e de Freiberg. A travessa colossal e fumegante chegava parecendo recoberta de ouro: era o amarelo da mostarda posta com abundância, incendiando a língua e o palato e preparando-os para os copázios da amistosa cerveja. Tenho um destes copos dado anos e anos depois, pela sinhá Cota a minha tia Maria Modesto que o passou a minhas mãos. Era justamente o de Ennes de Souza e lembro-me dele, como um deus pelágico, bigodes cheios de mostarda e espuma, lendo os versos gravados na louça. Ah! o *Nectar Deorum, Cerevisia Jucunda* alegrando o coração de todos...

*Ohne Bier und ohne Mädel*
*Wär das Dasein voller Tadel.*

O grande conviva desses almoços, pela alegria, pelo vozeirão, pela inteligência era Léon Clérot, um dos grandes amigos de *tio* Ennes. Era homem dum moreno acobreado, sobrancelhas e olhos muito pretos, estes, abertos e muito vivos, vasta barba branca bronzeada e queimada pelos charutos cigarros um depois do outro. Lembrava muito a figura da Jaurès, talvez acentuasse a semelhança e falava sempre em tom tribunício. Fora em tempos funcionário da Casa da Moeda mas agora trabalhava na estrada de ferro Central do Brasil. Era escultor distinto e já contei que o busto em bronze de Frontin que está no saguão da Pedro II é de sua autoria e vinha da estação velha que já descrevi. Era descendente de nobres franceses que tinham escondido título e partícula quando o chefe da família fora guilhotinado no Terror. Com nome adotado de *Clérot* tinham fugido e o nosso, da primeira geração brasileira, seria neto ou bisneto do decapitado da Revolução. Era pois um autêntico *ci-devant* e dava gosto e saúde vê-lo investir contra o chucrute, devorando talhadas de paio, alagando-se, quadrado de corpo e contando alegremente a execução do antepassado detalhe por detalhe como se a tivesse assistido. Conversava admiravelmente e vinha aos Ennes sempre acompanhado de seu filho Edmundo, meu amigo, e do Gabriel — um que morreu muito moço, logo que eu deixei o Rio, depois do internato. O Clérot também sucumbiu por esse tempo. Vitimou-o, rabelaisianamente, uma indigestão de bananas geladas comidas à noite num verão carioca. Ennes de Souza chamava-o *Clérot, le Magnifique*.

Outro grande garfo e grande conversador, indefectível nesses aniversários, era Conrado Niemeyer que depois da morte do sócio Borlido

Maia incorporara o nome da razão comercial ao seu e virara Conrado Borlido Maia de Niemeyer. Aparecia sempre com a esposa, parece que chamada d. Elfrida. Era cheio de corpo, calvo, digno de aspecto e lembrava, longe, o barão do Rio Branco. *Tia* Eugênia chamava-o de Conradinho. O *tio* Ennes, de Conrado, o Terrível. Era-o por seu espírito indomável, por sua oposição sistemática a todos os governos. Isto far-lhe-ia tanto mal como as bananas ao Clérot e ele padeceu sob o poder de Pôncio Bernardes, desceu aos infernos da chefatura de polícia e ao terceiro dia foi atirado de ponta-cabeça ao lajedo da rua. Não houve disfarce passível e o escândalo foi formidável à época do evento.

Nunca faltava também aos almoços do 6 de maio a grande amiga dos Ennes, d. Sinhazinha Franco de Sá. Era maranhense de boa cepa alcantarense e vivia entre a Europa e o Rio. Foi de uma conversa com sua filha que nasceu o desejo em mim nunca saciado de viajar sempre por esse largo mundo de meu Deus. Foi ouvindo essa moça falar da Itália e do seu céu Mediterrâneo... Lembrei dela, anos depois e do que ela me contara, vendo o *Mare Nostrum* dos altos de Erice — maricéu, céu azul, marazul. Mãe e filha sempre bem vestidas, elegantes — jamais tiravam os chapéus. Iam para a mesa com eles. O de d. Sinhazinha era pequeno de abas, baixo de copa e com seus enfeites de asas de ave de cada lado — tinha semelhança com os capacetes das estátuas de Mercúrio.

Depois desses almoços formidandos começava o desfile dos amigos que vinham cumprimentar o dono da casa. Na época eu não me apercebia disso e hoje é que compreendo que um homem pobre como Ennes de Souza só podia ser assim procurado pelas relações que tinha pelo prestígio de sua inteligência, de seu caráter e de seu preparo. Vi desfilando e multiplicados pelos espelhos da sala de visitas para tomarem o vinho do Porto post-prandial que corria até altas horas as figuras de maranhenses ilustres como Cipriano de Freitas, Coelho Neto e Urbano dos Santos. O último chegava de amigo, sem aparatos de vice-presidente e conversava com todos, com sua bela cara e sua bigodeira barroca de santo de roca. Lembro mais do velho dr. Jobim; do jovem Laboriau (que seria o sucessor de Ennes na cátedra); de Oliveira de Menezes (pai), a cara cheia de pipocas e antigo como a Sé de Braga, do legendário dr. Samico, puxando duma perna; do grande Frontin, cabelo avermelhado, cara avermelhada, voz nasalada e em falsete que, apenas entrava, abraçava e abalava. Tinha uma fisionomia de ave e era igualzinho a suas caricaturas feitas pelo Jota Carlos. Outros: Benedito Raimundo, Miranda Ribeiro, Morize, Backheuser. E sempre, à noite, a entrada notável de Tasso Fragoso, túnica azul, calça garance, monóculo, talhe fino. Parece que era tenente-coronel ou coronel nessa época. Chegava e já se sabe: a conversa era Floriano, Custódio, Saldanha, Revolta da Armada, Bateria de São João Batista, Combate da Armação. Só saía quando a d. Iaiá vinha chamá-lo — já eram horas e se fazia tarde. Iam tomar o bonde em Saens Peña. A festa ia acabando, os ponteiros já diziam que passara o festivo dia 6 e a casa se esvaziava aos poucos, dos amigos, do batalhão dos parentes...

Mas logo era o mês que vem e a 28 de junho o formidável jantar da *tia* Eugênia. Havia menos amigos de fora e mais parentes e contraparentes. As primeiras a chegar eram a d. Leonídia Teixeira, sua filha Santinha e uma viúva, íntima desta, que nos tempos da primeira moradia no Rocha era a escolhida por *tio* Ennes para acompanhá-lo nos duetos de piano e flauta a que eles se entregavam, na *sala de música* que era um sótão transformado em. Às vezes havia silêncios que faziam o Maneco desconfiar e dizer inconveniências — no que era sempre repelido pela maior interessada no caso, justamente a *tia* Eugênia. A tal viúva era planturosa, espartilhava-se muito, vivia num ruge-ruge de sedas pretas e seu pincenê de trancelim faiscava como se fosse feito de duas joias. Ela era míope e tinha o charme das míopes de chegar a cara pra perto, para conversar enxergando. Sentia-se então o cheiro abafado dos pós de arroz e o mais surdo do *Tabac-Blond* misturado aos das axilas. Juntavam-se todas a tia Eugênia, a sinhá Cota e a Pupu para os últimos arranjos da mesa, a inspeção dos assados, a superintendência das compoteiras. Mas logo chegava mais gente e assim que anoitecia organizava-se a *primeira mesa* com os mais importantes presentes. Lembro de uma, gloriosa, em que sentaram os donos da casa, tio Salles, tia Alice, os Modesto, Edmundo Bittencourt e d. Amália, o Chico Muniz Freire, d. Carlotinha e a quadra de suas belas filhas: as duas morenas, Irma e Araci, as duas louras, Alba e Elfa. Tirante esta, as outras morreram. Já expliquei antes como esse pessoal se aparentava aos Ennes. A esposa de Edmundo era irmã do Chico Muniz e a deste era filha de uma irmã de d. Quetinha — portanto prima-irmã de *tia* Eugênia. Lembro bem de todos eles. Da elegância e da agilidade angulosa do diretor do *Correio da Manhã*, alto, seco, agudo como um florete. Sua conversa impressionava pela rapidez de raciocínio e prontidão nas respostas. Feria de ponta e gume. O cunhado era ponderoso e amável, jeito de diplomata em disponibilidade. Para completar a mesa e aformoseá-la mais, uma pessoa da casa — a Clara com sua máscara trágica de heroína de teatro antigo. Depois desta veio a segunda, os irmãos — Maneco, Lucie, sinhá Cota, os sobrinhos — todo o pessoal da Amália Sales e da Clara, a Cotinha Belchior e o segundo Custodinho, filho do primeiro do nome e falecido, o Ernesto, a Eponina, primos como o Licurgo Morvão de Jurumenha, o Manuelito, o Paulo, eu; e os compadres, os contraparentes, os amigos e funcionários subalternos da Casa da Moeda — sempre fiéis ao seu antigo diretor e sua mulher. Novamente *tia* Eugênia à cabeceira e fazendo honra e bis à clássica salada, a sua cerveja gelada, aos assados de aparato: porco de limão no dente e olho de azeitona; peru com papo enfeitado e com rabo de salsa em ramalhete. Não se servia à francesa e as viandas ficavam em largas travessas no meio da mesa. À hora de seu ataque, tia Eugênia chamava sempre a atenção do copeiro. As bebidas, Targino!

Ah! que saudade dos jantares de 28 de junho de 1916 e 1917. Principalmente do de 1918 — último jantar festivo daquele lar feliz — mas já na mira da Cachorra. Enquanto os de mais cerimônia digeriam na sala com o dono da casa, entre cálices de Cointreau, vinho do Porto, copinhos de conhaque e os charutos acesos, o bródio continuava na de jantar com gente sentada, gente em pé, gente com os pratos nos bordos das janelas, na beira dos aparadores, invadindo a copa, comendo na copa e entrando de cozinha adentro onde a Franquilina, ex-empregada e atual comadre, dirigia a comezaina da criadagem e dos visitantes mais humildes. No fim ninguém se entendia mais, já se misturava do branco, do tinto com cerveja e licor de cacau quando surgiu não se sabe como um botelhaço de pinga do Maranhão. Pinga autêntica de macaxeira. Foi a *pagaille*. Parece que o Licurgo, o Ernesto, o seu Álvaro, combinados, começaram a exaltar o heroísmo dos portugueses e seu papel decisivo na ofensiva final dos aliados. O Maneco pulou como uma fera, farda desabotoada, mostrando as coronhas das pistolas, os cabos dos punhais e de boxe na mão começou a socar as paredes como a caras lusitanas. Depois deu ordem de prisão ao Licurgo, que gargalhou largamente dizendo que um major combatente não podia ser preso por capitão honorário. Ele, se quisesse... O Maneco espumou. Capitão, não. Coronel e muitíssimo coronel. *Esteje* preso e recolha-se ao quartel-general. *Esteje* preso, você! e fique sabendo que um oficial de linha limpa o rabo com as dragonas dessa meganhada da "guarda mal-assombrada". Estavam lívidos, rodando os bicos um no do outro. Foi inútil a intervenção do Ennes de Souza (e olhem! que o Ennes de Souza era seis galões honorário, feito pelo Floriano) e as prisões recíprocas só foram relaxadas quando *tia* Eugênia, em pessoa, veio pôr fim à celeuma. Licurgo! já para a sala. Maneco! desça imediatamente para o escritório do Ennes. Targino! Prepare um café bem forte e leve, sem açúcar, para o coronel. Sem açúcar, homem! sem açúcar e num copo. Vamos. Franquilina! Água para o major. Jarro grande. Leve o sal de frutas na bandeja. Eponina! Veja se você acha por aí o meu vidrinho de amônia.

> Quem como nós conheceu de perto, numa intimidade quase de pai para filho esse grande e culto espírito, esse nobre caráter e esse puro e magnânimo coração, não pode deixar de sentir uma infinda saudade, uma pungente tristeza ao ver que tanto mérito e tanta bondade não tiveram em nosso país de politiqueiros e de charlatões o prêmio de glória e de fortuna a que ele teria feito jus em terras onde há mais patriotismo, mais ciência e mais justiça.
>
> ANTÔNIO SALLES, *Sábio e justo*

Muito melhores que esses rega-bofes eram os jantares de todo dia na sala de refeições simples e modesta dos Ennes de Souza. Vejo acesas suas lâmpadas hospitaleiras, reluzir a alvura da toalha, a limpeza dos talheres, os pratos de louça, os copos. Vejo *tia* Eugênia presidindo, à cabeceira, dando sua esquerda ao *tio* Ennes que, à direita, tinha o Gabriel. O menino querido ficava assim, entre os dois. Seguiam-se os irmãos Eponina e Ernesto e eu era seu vizinho. A direita da dona da casa reservava-se para visita eventual que aceitasse ficar para jantar. Vinham depois a Nair, seu noivo. A sinhá Cota, às vezes a Zazoca, ou a Amélia Sales, ou a Clara, ou a Lucie. Da gente de fora era frequente ver aparecer o perfil sutil e as linhas esguias da Suriquete Costa Velho que deve sempre ter achado um mistério o fato de seu *Suriquete* ser transformado, na mesa e só na mesa, em *mademoiselle Costa Velho*. É que o Ennes de Souza tinha engulhos à só ideia de ratos e Suriquete lembrando *souris* era palavra tabu à hora da comida. Vejo o Targino trazendo as sopeiras, as travessas, as terrinas, as malgas fumegantes e depois da sopa e da salada, a um olhar de *tia* Eugênia, colocando diante de cada um a garrafa de sua bebida predileta. Sinhá Cota e Ernesto, vinho tinto. Eponina e *tia* Eugênia, cerveja. *Tio* Ennes, vinho branco. Os outros, a seu gosto. Os meninos — Gabriel, Paulo e eu — tinto com água. Sangrias. O dono da casa citava, *Vinum bonum laetificat cor hominis*. E nossos corações se alegravam, subiam. *Tia* Eugênia, à primeira botelha, ficava congestionada e figurava um busto de pórfiro com cabelos de mármore de Carrara. Embaixo da mesa o cachorro da Eponina, o *Verdun*, roía os ossos que lhe atiravam e às vezes abocanhava o pé ou a batata da perna de visita descuidada. Dentadinha de carinho que não machucava, mas dava para assustar o desprevenido e fazer rir os que conheciam a balda do canino.

Ennes de Souza passava o dia no prédio da esquina de Visconde de Rio Branco e praça da República, onde ficava o Instituto Electrotécnico da Escola Politécnica. Naquela dependência funcionavam também seu Laboratório e sua Cátedra. Lá ele pesquisava, experimentava, classificava minerais e dava suas aulas. Voltava cerca de cinco horas da tarde. Vinha de bonde. Estou vendo seu jeitão e sua entrada no portão. Sempre chapéu-coco posto de lado e só no fim de sua vida é que o vi com um chapelão de abas largas tirado não sei de que fundo de armário. Parecia coisa de pintor, de boêmio, relíquia do século XIX, ressuscitada por economia. Paletó, ou jaquetão, ou croasê — como o resto do terno, sempre pretos. Botinas de pelica, das de elástico, negras, já se vê. Suas roupas eram simples e ele só tinha dois luxos. Exigia sempre lenços do mais puro linho e orgulhava-se dum grilhão de ouro que parecia corrente de navio, ancorando seu relógio de ouro, enorme, dos de dar corda. A chavinha usada para isto era outra joia de ouro, pendente como berloque e seu cabo, cravação com um topázio do tamanho d'imensa amêndoa. Era coeva dos penduricalhos do belo Brummell, de lord Byron e figurava no retrato a óleo paterno. Nessa época meu *tio* já estava se curvando mas seu andar ainda era lépido e firme. Tenho a impressão que estou ficando com seu caminhado, sua atitude e quando sigo num corredor ou numa sala, sinto-me vagamente envultado pelo parente. Penso nele. Chegava em casa e, mesmo com calor, nunca tirava o paletó ou se punha à frescata. Mantinha sua linha decorosa e ficava na sala de visitas ou no escritório, com um livro ou seus jornais, esperando a hora do jantar. Esse era lento, bem saboreado, generosamente regado. Depois a conversa prosseguia, todos, patriarcalmente, à roda da mesa ou fazendo círculo maior em torno da sua cadeira de balanço. Conversador admirável, gostava de ouvir, fazia-o com atenção e tinha a qualidade de ser um interlocutor perfeito. Jamais tomava a palavra para pontificar sozinho, como certos chatos inteligentes que pensam que estão palestrando quando apenas centralizam e se põem em vedete. Georges Bernanos, escrevendo, era uma coisa; falando, era assim, de galochas. Ennes de Souza repartia o assunto com aqueles a quem falava, aos quais ele dava entrada e de quem provocava o aparte no momento certo. Além desse, outros eram seus encantos como *causeur*. Sua profunda informação, seu sabetudismo, sua solicitude em responder e ensinar. As menores coisas eram motivo para sua cultura humanística aparecer. Por exemplo, quando o Ernesto começou a namorar a *Nausica* e que alguém escreveu o nome da moça como acabo de o fazer, ele corrigiu e dizendo que aquilo não era um nome qualquer. Era Nausikaa e devia-se pronunciar fazendo sentir os dois AA: *Nausika-á* que assim era a graça da filha de Alcinoos, rei dos Feácios — a que dera vestes a Ulisses depois de seu naufrágio. E mandava buscar a *Odisseia* na estante, confirmava com o Canto VI. Quando tia Eugênia dizia mal da velha Irifila, ele emendava, também. Não é *Irifila* como vocês todos têm o hábito de pronunciar. O nome é *Eriphyla* e foi o de uma mulher má. Era irmã de Adrasto, rei de Argos, e foi funesta ao esposo. Está em Homero, Virgílio, Apolônio repete-o, Pausânias também. O nosso pobre do Lequinho, coitado! era um predestinado: teve a sorte que lhe prenunciava o nome da esposa. E ria de morrer lembrando o caso da compoteira servida ao visconde de Ouro Preto...

Esse caso escatológico fazia-o lembrar outra porcaria ocorrida no Maranhão. Era o de senhora imprudentemente assediada por um pirata e que disso dera parte ao cônjuge. Ele disse que deixasse a coisa com ele. Só pedia que ela fosse juntando, todo dia, sua urina. Ela fez isto uma semana e diariamente o homem levava o penico cheio para derrubá-lo num balde. Encheu o dito, deixou tudo ficar em ponto de empestar e só então disse à senhora que a primeira cantada ela fingisse ceder e marcasse hora tardia para o Lovelace. Pois ele veio e quando entrou, deu foi de cara com o ciumento e cinco negros que logo o dominaram. O pau comeu de rijo e o pobre amoroso foi coagido a virar gute-gute--gute-gute um copázio daquele mijo podre. Foi depois levado à porta da casa e mandado embora com o corpo moído e as entranhas revolvidas pela imundície que tivera de ingerir. No portão o marido despedira-o sorridente e advertindo. Dessa vez fica só nisso e olhe que você ainda sai levando vantagem: se não provou da carne, pode se gabar de ter saboreado o caldo. Boa noite. Tia Eugênia, inimiga de inconveniências, sempre reclamava contra esses relatos. Fazia-o em alemão, língua que Ennes e ela usavam para discutir e ralhar — quando havia terceiros presentes. Ele voltava ao Maranhão, mas com casos limpos. O que eu referi do passeio dos defuntos de casa em casa. Encontrei, recentemente, relendo a *Antropologia brasileira* de Artur Ramos, a possível origem desse hábito nos rituais funerários dos daomeanos. Vinha ainda o relato de outro costume de sua província, que abria as festividades do 6 de janeiro. Organizavam-se grupos, cada qual com seus três reis Magos ricamente caracterizados e na madrugada, esses ranchos pediam entrada nas casas e participação nas ceias, cantando nas portas que lhes deviam ser abertas e cujos donos pagavam presentes de comida e bebida, principalmente bebida. Assim o bando seguia, até seus componentes caírem escornados e os reis acabarem estendidos na via pública — manto vomitado e já sem saberem do cetro e da coroa. Esse hábito, aliás, era difundido em outros lugares do Brasil e tenho notícias dele no Maranguape, do Ceará e na Diamantina, de Minas. Os casos do Maranhão levavam Ennes de Souza aos de sua infância, mocidade e surgia inevitavelmente a figura de meu avô Pedro da Silva Nava — não mais como um retrato na parede, mas redivivo na lembrança do irmão adotivo. A casa da avó, a ida para o Ceará, a mudança para o Rio, os encontros dos dois na Europa, a viagem à Itália, a residência na Suíça onde ele, Ennes, o pai de meu pai, Ferreira Sampaio, Cristino Cruz e Jorge Tibiriçá tinham fundado uma sociedade helvético-brasileira de propaganda americanista. Os dois morrendo de rir num batizado de afilhado de meu avô em que o pai do pimpolho queria para ele um desses nomes que enchem a boca. E dizia — Amancebado, por exemplo. Apesar das instâncias de Ennes e do meu avô para que o reverendo atendesse ao progenitor — o homem ficou inflexível. *Non possumus*. O caso de certa viagem marítima em que os dois perceberam movimento desusado no navio, altas horas, subiram para ver do que se tratava e foram recebidos a revólver no peito, pelo comandante que pô-los, como os marinheiros, trabalhando nas bombas. O calhambeque estava fazendo água. Quando minha avó e tia Eugênia acharam que os maridos estavam demorando demais, subiram e inteiradas do perigo, passaram-se também a manobrar os aparelhos de segurança. Amanhecendo o dia o rombo foi dominado e o comandante fez questão de levar as senhoras pelo braço até seus camarotes, novamente cavalheiro, esquecido do revólver apontado, confraternizado com seus prisioneiros reintegrados nos direitos e prerrogativas de passageiros. Contava sua chegada ao Brasil, os projetos de ir para Ouro Preto, finalmente sua fixação no Rio, sua residência no Rocha, casa vizinha à de meu bisavô Jaguaribe que era descrito por Ennes de Souza, junto dos primos e parentes que enchiam sua casa como "o bando dos barbados". Realmente o visconde, seus filhos, cunhados, concunhados, genros e o *tio Zumba* eram quase todos dotados de avental capilar que lhes descia do queixo até a cintura.

> Le passé c'est la seule realité humaine. Tout ce qui est est passé.
> ANATOLE FRANCE, *Le lys rouge*

Cinquenta e sete anos se passaram sobre essas conversas do Ennes de Souza na sala de jantar da rua Major Ávila. Entretanto esse passado me surge mais nítido, denso e forte que o passado ainda incolor que vai se desprendendo sem parar da abstração do presente. É que o mais remoto, cada vez que vem à tona da memória, recebe um retoque e é aperfeiçoado por lembranças analógicas ou congêneres de sucessos posteriores, que vão tornando o pretérito rico como as pérolas que ganham mais oriente quanto mais usadas, saliente, como os relevos das estátuas avivadas pelo arbítrio da pátina e do polimento dado pelo vento. Salas de jantar da Glória, de Laranjeiras, de Padre Rolim, Timbiras, Caraça — sois mais nítidas à medida que mais recuadas. E a de Major Ávila ainda é mais antiga. Portanto mais rica e adicionada das qualidades da própria substância tal como acontece aos vinhos velhos. Cabe a epígrafe anatoliana porque estou vendo a figura de Ennes de Souza e ouvindo sua voz. Sinto como se ele estivesse ao meu lado, ditando estas lembranças. Nelas, sua vida é como um vitral partido. Consigo reconstruir um ou outro pedaço colorido. Não encho todos os claros nem tapo todos os rombos — mas creio que, apesar das falhas, vou conseguindo dar uma ideia do parente e mestre. O hábito da cátedra dera-lhe o falar sempre ensinando. Sua linguagem era clara, sua frase elegante. Possuía o gosto da "palavra imaculada". Não fosse ele maranhense e tendo, como todo maranhense ilustrado, a convicção de que o de São Luís era o melhor português do Brasil. Dele ouvi pela primeira vez verbetes raros que jamais esqueci. Alcândor. Cômoro. Palinódia. Sempiterno. Porfiar. Suas sílabas, se as leio e ouço, chegam com a voz de Ennes de Souza e me permitem reavivar o colorido ao seu retrato que o tempo vai apagando. Não! para mim.

É como se segurasse nas mãos um espelho poliédrico: cada pequenina face me dá uma fisionomia diversa do querido parente. Vejo o homem fora da lei, o abolicionista chefiando no Maranhão e no Rio a rede de maquis que se encarregava de acoitar e dar auxílio aos escravos fugidos. Que estimulava essas escapadas e instigava, na rua, os negros de ganho a se rebelarem contra os senhores. Que além de incorrer nesse crime, era culpado da falsificação das cartas de alforria que facultavam ao cativo trânsito duma província para outra. Contava uma sua visita ao cunhado e de como encontrara, na entrada, preta em pranto. Perguntou por quê? e soube que o velho Custódio Belchior vendera-lhe o filho — belo moleque, peça cara. Subiu como uma fera, apanhou o cunhado pela gola e lívido intimou-o a ir comprar o negrinho em torna-negócio ou ele, Ennes de Souza, jamais tornaria a cruzar sua porta apesar do amor pela irmã e pelos sobrinhos que tinha como filhos. Pois o cunhado portou-se como cavalheiro. Comprou de novo o pretinho e foi com ele e a mãe à casa de Ennes de Souza. Trazia no bolso as duas cartas de alforria e fazia questão que elas fossem entregues pelo cunhado. Acabaram rindo, foram ao Porto e às frases da reconciliação, aos tapinhas nos ombros. Eu sabia que eras uma joia, Custódio. Qual nada! Tu, sim, Totó, é que és a joia das joias.

Abolicionista, republicano. Batera-se pelas duas causas. Era um *histórico* da última. Fizera sua propaganda com Saldanha Marinho e Quintino Bocaiuva, apoiara o Manifesto de 1870 e estava irmanado com o segundo, com Silva Jardim e Benjamim Constant na sua proclamação. Foi eleito constituinte mas renunciou o mandato para aceitar a direção da Casa da Moeda. Julgava-se mais compatível com o cargo técnico. O amor pela República levou-o a um florianismo fanático, quando da Revolta da Esquadra. Pegou em armas, bateu-se ao lado de Brício Filho,

Tasso Fragoso, Maneco Modesto e dos cunhados. Contava as façanhas do Batalhão Acadêmico. No dia 9 de fevereiro de 1894, encarregado de observar o movimento dos marinheiros em Niterói, foi o primeiro a chegar ao Itamarati para dar notícias a Floriano. Descrevia o encontro, seu entusiasmo, o de vários cadetes presentes e o ar frio e impenetrável do presidente. Quando li, em Lima Barreto, o encontro do chefe da nação com Policarpo Quaresma, tive em cópia ampliada o instantâneo que me mostrara Ennes de Souza. Mantendo-se fiel aos princípios dos puros de 1889 e 1891, recusou a Comenda de Cristo, a Ordem de Isabel, a Católica, a Estrela Polar, a de Dannebrog, a de Leopoldo, a dos Grimaldi, a Legião de Honra que lhe foram oferecidas depois que Epitácio Pessoa fizera abolir da Constituição a letra que proibia os brasileiros receberem veneras de qualquer natureza. Já vi escrito que Ennes de Souza, apesar de republicano, acatava o Monarca. Não é verdade. Ouvi dele vários casos anedóticos e pouco respeitosos sobre o conde d'Eu e d. Pedro II. Deste contava que se casara embrulhado e que lhe tinham mandado antes tela retratando, não a nossa d. Teresa Cristina, mas sua linda irmã Carolina Ferdinanda de Bourbon Nápoles-Duas Sicílias. Quando o jovem imperador, todo aceso, foi receber a esposa, caíra das nuvens, tivera uma crise de choro, não queria aceitá-la, ameaçava não consumar o matrimônio. Mas, finalmente, vencido pelos ministros e conselheiros — consumara. Triunfou a tramoia do "Re Bomba", seu cunhado. Ennes morria de rir com esse caso e acrescentava que ainda tivéramos de aguentar de quebra uma espécie de boêmio, o conde de Aquila que casou com a nossa Januária.

    Homem profundamente do seu século, Ennes de Souza era dum ateísmo tão ativo e tão proclamado que aquela negação de Deus quase parecia uma afirmação de sua existência. Queria enforcar o último rei na tripa do último padre — como ele próprio dizia, repetindo velho chavão revolucionário. Foi dos que pleitearam a mudança do nome do largo de São Francisco para praça da Liberdade. Praça o quê? Felizmente a coisa não pegou e o nosso querido orago ficou na justa posse do logradouro da sua igreja. Essa tentativa de mudança de designação não deixa de ser episódio patusco — pelo nome de um de seus propugnadores. Mas o melhor é transcrever Noronha Santos nas suas anotações à introdução das *Memórias do padre Perereca. Ipsis litteris.* "Em 1885 crismaram-no ao largo de praça da *Liberdade* em memória da libertação dos escravos, pleiteada entre os moradores pelos sócios do Centro Abolicionista da Escola Politécnica, entre os quais os professores André Rebouças, Ennes de Souza, Benjamim Constant, Agostinho dos Reis, Getúlio das Neves, Carlos Sampaio e Paulo de Frontin." Mas o santo era mesmo forte — tão forte que voltou ao largo depois dele ter sido algum tempo praça Coronel Tamarindo. Mas... continuemos com meu parente. Sua sepultura, no Caju, não é ornada por nenhum símbolo religioso. Isso não impede que quem quiser ore por ele porque, se conheci alguém próximo da santidade aqui nesse baixo mundo, este foi Antônio Ennes de Souza — o homem menos imperfeito que já vi. Não sei se ele era ortodoxo mas, pelo menos, sua formação era a de um positivista. Viviam na sua boca os nomes de Homero, Sófocles, Ovídio, Dante, Tasso, Cervantes, Racine, La Fontaine, Chateaubriand, Milton, Walter Scott, Byron e Goethe. Moravam nas suas citações científicas os de Condorcet, Descartes, Lavoisier, Richerand, Barthez, Broussais, Buffon e o do próprio Comte. Tinha na ponta da língua Voltaire, Bossuet, Hume, Tácito, Tucídides e Plutarco. Gostava de citar Aristóteles e a Bíblia, santo Agostinho e são Bernardo. Ora, todos esses nomes estão na testa e na lombada dos livros aconselhados para integrarem a biblioteca de um positivista.

Sua família de sangue foi se reduzindo aos poucos e dela hoje não resta mais ninguém a não ser nós, Pamplona-Nava, parentes longe. Ouvi-o contar casos do cunhado Custódio Belchior, falar muito no filho deste, Custódio Ennes Belchior, que morreu tísico aos dezoito anos, quando estudante de engenharia. Era sua esperança. Esse Custodinho deixou um filho, também Custodinho, belo moço, muito moreno e simpático, bacharel pelo Pedro II e que seguiu o destino paterno, morrendo também cedo, também tísico, quando estudante de medicina. Lembro dele em Major Ávila e de certo constrangimento que causava ao tio-avô com seu carioquismo suburbano, sua gíria e seu modo de cantar marchas, polcas e maxixes como o "Ai Filomena", a "Urucubaca miúda", o "Pelo telefone". Parece que toda essa música popular dava nos nervos de Ennes de Souza conhecedor e apreciador da clássica — apesar de ser um dos piores flautistas do mundo. Ficara de índez a sobrinha, Maria Ennes Belchior, uma das pessoas mais bem-educadas que já vi. Era míope, séria, arrumadíssima e vivia entre o Rio de Janeiro e o Maranhão, onde casou tarde e morreu aí pelos vinte ou trinta. Pintava bem e meu irmão José é hoje o dono do quadro feito por ela, o clássico ramo de rosas, oferecido a meu Pai. Depois do segundo Custódio, os grandes amores do *tio* Ennes foram a sobrinha de tia Eugênia, Nair, e um irmão desta chamado Gabriel. Convivi com ele em Major Ávila. Seria uns dois a três anos mais moço do que eu. Nunca vi menino mais tratado e mais querido. Duvido que a vida lhe tenha dado alguma coisa melhor que a infância de ouro, arminho e rosas que ele teve em Major Ávila e General Caldwell (nesta rua ficava a residência do diretor da Casa da Moeda e Ennes de Souza habitou-a três vezes. General Caldwell, n. 143). Com ele e na hora da mesa é que meu parente gostava de se dar a essa arte em que foram mestres Afonso Arinos, Gastão da Cunha, Afrânio de Melo Franco e o terceiro Antônio Carlos. A de armar histórias e pilhérias de repetição e nenhuma consequência, chamada por todos eles o *descanso de espírito*. *Tio* Ennes era imbatível no gênero. Já vimos o seu *Clube dos Bacuraus & Cabra*. Pois outro assunto que o fazia morrer de rir era o da etimologia pilhérica das pancadarias que ele dizia em dueto com o pupilo. Meu filhinho, diga o que é? pescoção. É tapona no pescoço. Cachação? No cachaço. Bofetada? Que pega do bofe à cara. Sopapo? Por debaixo do papo, do latim *sub papum*.

Ah! jantares de Major Ávila e conversas de *tio* Ennes discorrendo sobre Liberdade, Igualdade e Fraternidade. Saudade. Discorrendo sobre seus inventos. Logo que o Rio começou a ter mais de três, quatro andares, começaram os elevadores e os elevadores começaram a cair quebrando pernas, espinhas e matando gente. Era preciso dotá-los de amortecedores e meu parente foi o inventor de um tipo baseado em molas cheias d'água, que salvou a vida de muita gente. Parece que ele não tirou patente e muito espertalhão enriqueceu à custa dos *Para-choques Ennes de Souza*. Criou para a Casa Guinle um processo aperfeiçoado de produção do alumínio para fins industriais. Pôs em dia novo sistema de preparo do aço para as oficinas da Companhia Melhoramentos do Brasil e da Usina Esperança. Procurou, nos últimos anos de sua vida, liga ainda mais resistente e conseguiu obtê-la. Deu-lhe o nome de *nairium* em homenagem à sobrinha querida. Polida, brilhava como ouro e vi com meus olhos que a terra há de comer, *tio* Ennes riscar com ela um pedaço de aço Krupp. Invertendo a experiência, o aço Krupp não arranhava a dureza consistente, impenetrável, intangível do *nairium*. Sua campanha memorável contra o analfabetismo e a fundação da Liga Brasileira contra o dito fazem dele um precursor benemérito. Dele e dos seus companheiros da instituição, cujos nomes eu lhe ouvia sempre nas longas conversas de sua casa. Joaquim Nogueira Paranaguá, Maria do Nascimento Reis Sanctos, Júlio Guedes, Américo d'Albuquerque, Carlos José de Souza, Alípio Bandeira. Outros de que só fiquei sabendo o nome incompleto ou um nome só, como Moreira Guimarães, Pinto Machado, Rocha Pinto, o coronel Seidl, o tenente Albino, o Pedro... Fundou também a Sociedade Nacional de Agricultura, reabilitou a plantação do Rio com seus comícios rurais auxiliados por Artur Azevedo e Manoel Vitorino e, como bem o acentuou Antônio Salles — "pode dizer-se que a pequena lavoura do Distrito Federal, onde a metrópole se abastece de legumes e frutas, foi uma criação de sua inteligente e perseverante atividade". E foi na Escola de Artífices criada por ele na Casa da Moeda que começaram a aprender Décio Vilares, Artur Lucas, Calixto Cordeiro e Hilarião — Francisco Hilarião Teixeira da Silva. Amigo das crianças, colaborou ao lado de Machado de Assis e Júlia Lopes de Almeida num antepassado do *Tico-Tico* — o *Jornal da Infância* cujo número 1 do ano 1 é de 5 de fevereiro de 1898. Era dirigido por Luís Lins de Almeida e ilustrado por Kalixto e Artur Lucas. Conheci há pouco esse periódico mostrado pelo nosso grande Álvaro Cotrim (Álvarus). Simplesmente, naturalmente, e sem ufanismo, era — usemos a palavra tão mal empregada pelos charlatas — era um patriota na acepção aceitável do termo.

Generoso, magnânimo, quixotesco, excessivo, passional, impulsivo e encolerizável, Ennes de Souza nunca teve meio-termo. Era homem de grandes amores e grandes ódios. Aponto isto não como imperfeição, mas como a maior de suas grandes qualidades. Amou sua terra, sua família, sua mulher, as mulheres, seus amigos, a alegria de viver, o vinho generoso e a cerveja jucunda. Odiou com abundância Campos Sales, Rodrigues Alves, Wenceslau, Seabra, Calógeras, Murtinho. Odiou o Kaiser como se ele morasse no Rio e fosse acessível à sua ira, ao esgadanho do bigode com um sopapo (*sub papum*), a um tiro de pistola disparado por ele ou a uma bomba preparada no Instituto Eletrotécnico da Escola Politécnica... Mas isso nos leva a sua conversa predileta de depois do jantar. Guerra, a Guerra Mundial que chegava ao fim e de que ele traçou o painel que guardei para sempre. A agressão à França através da Bélgica neutra. As atrocidades. A Inglaterra entrando em defesa do Rei Alberto. A neutralidade inicial e depois a decisão da Itália pelos Aliados. A guerra de movimento do princípio. A estagnação nas trincheiras onde os homens apodreciam vivos. O Marne. Verdun. A fase arame farpado e metralhadora. Os tanques inventados para vencer essa barreira. Os gases asfixiantes usados contra os monstros de aço. As batalhas aéreas e os primeiros bombardeios de Paris e Londres. Os submarinos que transformaram os Estados Unidos em beligerantes. A Revolução Russa. O mundo contra os Impérios Centrais e o Brasil com o mundo. Tínhamos mandado para a Europa a Missão Médica comandada por Nabuco de Gouveia. Tínhamos dois representantes da família na dita e eu a achava simplesmente sublime. Eram Adolfo Luna Freire, contraparente, cunhado de tia Candoca, e o Abel Tavares de Lacerda, afim, casado com a prima Sílvia Terra.

Ora, numa noite em que estávamos assim discreteando, o Ernesto chegou tarde, trazendo más notícias dos nossos médicos. Corria o boato de que havia uma espécie de epidemia a bordo do *La Plata*, mortes, vários doentes hospitalizados em Orã. Que essa peste lavrava na Europa, na África, podia chegar aos nossos portos. A notícia não impressionou muito e foi pouco comentada. A Eponina levantou da mesa cantarolando e foi para o quarto. A sinhá Cota e o Paulo desceram. O Ernesto tornou a sair com o noivo da prima. Tia Eugênia foi deitar o Gabriel. Ficamos na sala só eu e a Nair, quando *tio* Ennes, bocejando, foi para o vale de lençóis. Eu já me preparava para recolher quando a dona da casa reapareceu e chamou a mim e à sobrinha para a sala. Sentou-se à janela com a Nair e eu já sabia o que tinha de fazer. Coçar-lhe as costas. Era tarefa que ela impunha a todos os meninotes que passavam a seu alcance. E olhem que não era trabalho dos mais fáceis. Para manter o porte ela não desabotoava senão o alto da blusa. Metia-se a mão e logo se encontrava a rigidez do colete. E tinha-se de fazer os movimentos, dedos apertados entre espartilho e pele. E ela exigia coçada para valer. Ponha força nisto, sinhozinho. Mais para baixo, mais, mais um tiquinho. Agora vá andando para a direita e subindo um pouco. Aí mesmo. Com força. Belisque. Assim não. Pegue uma rosca maior de gordura e aperte até ela escapulir. Isso. A seu lado a Nair pensava calada e olhando a fachada de Santo Afonso — imensa, fantasmal e se diluindo na noite escura. O sino deu as doze. Meia-noite! ora essa, chega, sinhozinho. Vá se deitar, boa noite. Levantamo-nos os três, fechamos as janelas e íamos tomar o corredor quando a Nair parou, Será verdade? aquela história de peste, Neném. Estávamos os três diante dos espelhos venezianos que reproduzindo um a imagem do outro, faziam de nossos vultos multidão se perdendo para os infinitos de dois imensos túneis. Nada, minha filha, aquilo tudo é exagero do Ernesto... Passei pela porta fechada da Eponina e ainda ouvi sua voz cantarolando em surdina o cateretê da moda.

> Vamo Maruca, vamo,
> Vamo pra Jundiaí,
> C'us otro vancê vai,
> Só cumigo num qué iiiiii...

> [...] a mão do Senhor veio contra aquela cidade, com mui grande vexação: pois feriu aos homens daquela cidade, desde o pequeno até o grande [...].
> I Samuel, 5,9

> [...] la mortalité fut si considérable qu'on ne put fixer le nombre des victimes. Les cercueils et les planches étant venus à manquer, on enterrait dix corps et même plus dans la même fosse.
> Grégoire de Tours, citado por ADRIEN PROUST, Peste

Nós tínhamos, fora do Brasil, dois grupos auxiliares dos Aliados: a Esquadra de Patrulha, comandada pelo Almirante Pedro Max de Frontin, e a Missão Médica, chefiada por Nabuco de Gouveia. Ambos foram atingidos pela pestilência que grassava na Europa, Ásia e África quando entraram em portos do primeiro e terceiro continentes. No princípio pouco se soube do que se passava nos nossos vasos de guerra, o segredo sendo guardado com mais cuidado que no *La Plata*, saído daqui a 18 de agosto, conduzindo nossos médicos e que deve ter se infectado a 29 do mesmo mês, quando tocou em Freetown, Serra Leoa, onde grassava a *moléstia reinante*. Mais um pouco e a viagem começou a ser o inferno que nos descrevem Álvaro Cumplido de Santanna e Mário Kroef nas suas reminiscências. A 9 de setembro os primeiros corpos são jogados ao mar. A 22 chegam telegramas contando as desgraças da Missão Médica, o que é confirmado, oficialmente, a 27, quando Nabuco dá notícia de *Influenza* entre seus comandados. Nesse dia o Nestico chegou em casa com um monte de boatos que pouco impressionaram. Entretanto o demônio já estava em nosso meio, ainda não percebido pelo povo como a desgraça coletiva que ia ser, mas já tendo chamado a atenção das autoridades sanitárias, pois a 30 de setembro Carlos Seidl põe a funcionar um serviço de assistência domiciliar e de socorro aos necessitados. Estava reconhecido o estado epidêmico. A 3 de outubro, o diretor de Saúde Pública alerta os portos e determina as medidas de *profilaxia indiscriminada*. Nesse dia chega à Guanabara mais um barco eivado — o *Royal Transport*. Antes, a 14 de setembro, o *Demerara* tinha entrado com doentes a bordo. Provavelmente outros tinham antecipado esses transportes, sem chamar a atenção, mas já contaminados e contaminando. A doença irrompeu aqui em setembro, pois em fins desse mês e princípios de outubro, as providências das autoridades abriram os olhos do povo e este se explicou certas anomalias que vinham sendo observadas na vida urbana; tráfego rareado, cidade vazia e meio morta, casas de diversão pouco cheias, conduções sempre fáceis, as regatas, as partidas de *water-polo* e futebol quase sem assistentes, as corridas do Derby e do Jockey com os aficionados reduzidos ao terço. É que no meio da população, como naquela festa do Príncipe Próspero, insinuara-se — não a Morte Vermelha de Poe mas a Morte Cinzenta da pandemia que ia vexar a capital e soltar como cães a Fome e o Pânico que trabalhariam tão bem quanto a pestilência. *It is not deaths that make a plague, it is fear and hopelessness in people* — diz Powell. E o que ia ser visto no Rio de Janeiro daria toda razão ao médico americano.

*Synochus catarrhalis* era o nome de uma doença epidêmica, clinicamente individualizada desde tempos remotos e que periodicamente, cada vez com maior extensão, assola a humanidade. Essa extensão está relacionada à velocidade sempre crescente das comunicações. Seu contágio já andou a pé, a passo de cavalo, à velocidade de trem de ferro, de navio e usa, nos dias de hoje, aviões supersônicos — espalhando-se pelo mundo em dois, três, quatro dias. Quando passou pela Itália (na epidemia de 1802 que tão duramente castigou Veneza e Milão), recebeu nome que fez fortuna: *influenza*. O termo pegou, passou para linguagem corriqueira e lembro de tê-lo ouvido empregado por minha avó materna, em Juiz de Fora, na minha infância — a Dedeta não pode ir às Raithe porque está de cama com uma influenza; ou — a Berta está calafetada dentro do quarto, de medo da influenza. O nome *gripe* vem do meio do século passado e foi primeiro empregado por Sauvages, de Montpellier, tendo em conta o aspeto tenso, contraído, encrespado, amarrotado — *grippé* — que ele julgou ver na cara de seus doentes. Parecendo ser da entidade em questão, a literatura médica está cheia da descrição de surtos epidêmicos* de que alguns assumiram aspeto pandêmico, assolando todas as grandes aglomerações humanas, como o de 1733, que marca a primeira passagem oceânica de mesma epidemia propagada da Europa à América; os de 1837, 1847, 1889 e finalmente o de 1918 que varreu o mundo, causando maior número de mortes que a Primeira Grande Guerra. Diziam que sua mãe era a trincheira e seu pai, aquele filho da puta do kaiser. Seu nome de batismo foi *Influenza espanhola* ou mais simplesmente *Espanhola*. Não, seus pais não foram a conflagração europeia e o imperador Guilherme II. Ela nasceu da *influência*, desta coisa imprecisa, desprezada pelos modernos mas entretanto existente — que são as coincidências telúricas, estacionais e atmosféricas responsáveis pela chamada constituição médica de determinadas doenças no tempo — a *constitutio* dos clássicos, com que se traduziu para o latim a palavra grega χατάστασιζ que aparece em vários trechos de Hipócrates exprimindo as vicissitudes dos ares, dos lugares, das estações e sua responsabilidade na gênese das moléstias. Pois sínoco de catarro, influenza, gripe ou como queiram chamá-la — a espanhola instalou-se entre nós em setembro, cresceu no fim desse mês e nos primeiros do seguinte. No dia 11 de outubro, já era problema tão grave que Carlos Seidl pede ao seu ministro autorização para contratar pessoal extraordinário que permitisse à Saúde Pública funcionar a contento na emergência que se desenhava. Tornou-se calamidade de proporções desconhecidas nos nossos anais epidemiológicos nos dias terríveis da segunda quinzena de outubro e sua morbilidade e mortalidade só baixaram na ainda trágica primeira semana de novembro. Comecei a sentir o troço numa segunda-feira de meados de outubro em que, voltando ao colégio, encontrei apenas onze alunos do nosso terceiro ano de quarenta e seis. Trinta e cinco colegas tinham caído gripados de sábado para o primeiro dia da semana subsequente. Chegamos ao colégio às nove horas. Ao meio-dia,

---

* Epidemias dos anos de 473, 876, 1510, 1580, 1587, 1676, 1730, 1733, 1773, 1775, 1802, 1830, 1835, 1837, 1847, 1867, 1870, 1873, 1875, 1880, 1881, 1886, 1889 e de 1918.

dos sãos, entrados, já uns dez estavam tiritando na enfermaria e sendo purgados pelo Cruz. À uma hora o diretor Laet, o Quintino, o médico da casa, o Leandro e o Fortes passaram carrancudos nos corredores e foram se trancar no Salão de Honra. Às duas, assistíamos a uma aula do Thiré, quando entrou o próprio chefe de disciplina. Disse umas palavras ao nosso professor que logo declarou sua aula suspensa e que, por ordem do diretor, devíamos subir para os dormitórios, vestir nossos uniformes de saída e irmos o mais depressa possível para nossas casas. O colégio fechava por tempo indeterminado. Sobretudo que não nos demorássemos na rua. Voltei rapidamente para Major Ávila, 16. Quando eu saíra de manhã, tinha deixado a casa no seu aspeto habitual. Quando cheguei, tinham caído com febre alta e calafrios a Eponina, o Ernesto, a sinhá Cota e o Gabriel. Forma benigna, parecendo mais simples resfriado.

Conforme as condições especiais do terreno, segundo a resistência dos indivíduos ou o *point d'appel* de sua zona mais fraca — a influenza apresentava-se assim benigna, ou assumia as fisionomias que foram chamadas de pneumônica, broncopneumônica, gastroentérica, coleriforme, nevrálgica, polineurítica, meningítica, meningo-encefalítica, renal, astênica, sincopal e fulminante. Era apavorante a rapidez com que ela ia da invasão ao apogeu, em poucas horas, levando a vítima às sufocações, às diarreias, às dores lancinantes, ao letargo, ao coma, à uremia, à síncope e à morte em algumas horas ou poucos dias. Aterrava a velocidade do contágio e o número de pessoas que estavam sendo acometidas. Nenhuma de nossas calamidades chegara aos pés da *moléstia reinante*: o terrível já não era o número de causalidades — mas não haver quem fabricasse caixões, quem os levasse ao cemitério, quem abrisse covas e enterrasse os mortos. O espantoso já não era a quantidade de doentes mas o fato de estarem quase todos doentes e impossibilitados de ajudar, tratar, transportar comida, vender gêneros, aviar receitas, exercer, em suma, os misteres indispensáveis à vida coletiva. Como na calamidade de Paris, em 1889, quando a gripe atirara ao leito dois terços da população, no Rio a doença surpassou-se e derrubou, numa grandegala hedionda, quatro quintos dos cariocas no chão, na cama ou na enxerga dos hospitais. Competiu, aos vinte por cento restantes de convalescentes ou sãos, aguentar a cidade que vacilava à beira do colapso. Numa espécie de loucura todos os boatos eram acreditados; transmitidos de um a um; multiplicados pela imprensa, de um para cem, para mil, para dez mil. No dia 17 de outubro Seidl pedia em vão a censura dos jornais e no dia 18 assistia-se ao crime de sua demissão. Foi substituído por Chagas que fez as únicas coisas possíveis na emergência: dotar a cidade do maior número de leitos para os desamparados. Distribuir socorro, remédio, leite, gêneros.

> Bring out your dead! is the cry tradition assigns to the carters in the great plague in London [...].
> J. H. POWELL, *Bring out your dead*

Em casa de Ennes de Souza os jornais eram lidos alto, à noite, em roda da mesa, e por eles tínhamos notícias dos horrores por que passava o Rio de Janeiro naquele período terrível. Verdadeiros ou falsos os boatos era como se fossem realidade pelo impacto emocional que causavam. Descrevia-se a fome. Os ataques às padarias, armazéns e bodegas por aglomerados de esfaimados e convalescentes esquálidos, roubando e tossindo. Dizia-se de famílias inteiras desamparadas — uns com febre, outros com fome; da criança varada, sugando o seio da mãe morta e podre; dos jacás de galinha reservados para os privilegiados, para a gente da alta e do Governo, passando sob a guarda de praças embaladas aos olhos de uma população que aguava. Seria verdade? Era. Posso testemunhar contando o que passei, o que passamos, na casa em que estava — pura e simplesmente fome. Conheci essa companheira pardacenta. Lembro que depois de um dia de pirão de farinha, de outro engambelado com restos de cerveja, vinho, licores e azeite — do alvorecer do terceiro, sem café da manhã nem nada e da saída de um Nestico recém-curado, pálido e barba grande, de um Ennes de Souza cara fechada, chapelão desabado, sem gravata. Ambos dispostos a tudo. Sobraçavam cestas de vime, iam armados de bengalório e ao fim de uma campanha de horas, voltaram. O Ernesto trazia um saco de biscoitos Maria, um pedaço de toucinho e uma latinha de caviar; seu tio, uma dezena de latas de leite condensado. Durante três dias essa foi a alimentação de sãos e doentes — severamente racionada pela *tia* Eugênia, como num naufrágio e como se a casa de Major

Ávila fosse a jangada dos escapados do *Méduse*. Além da comida, eram disputados os remédios. Faltavam, mas essa falta não teria agravado muito a situação, se olharmos numa crítica retrospectiva o que foi o tratamento da gripe naquela época. Codeína, terpina, benzoato de sódio. Pós de Dower. Poção alcoólica de Todd. Vá lá. Sempre servia. Mas a questão é que a grande maioria dos médicos ativos na ocasião era de homens nascidos e criados dentro da tradição da "biliosa palustre" e do quinino — que logo reinou com a potestade que vemos hoje outorgada aos antibióticos, aos anti-inflamatórios, aos corticosteroides. Forma gástrica, quinino. Nervosa, quinino. Renal e urêmica, quinino. Pneumônica e broncopneumônica, quinquinquinino quinquinquinino. Além dos sofrimentos da doença — vinham os da panaceia: zoeiras nos ouvidos, vertigens, surdez, urinas de sangue, vômitos. Não tinha importância. Estava nos livros. Uma das indicações é também a gripe. E tome quinino. As opiniões médicas dividiam-se. Uns queriam os sais básicos e achavam os neutros inoperantes. Era Hipócrates dizendo sim. A metade preferia os sais neutros e tratava de homicidas os colegas que prescreviam os básicos. Galeno dizendo não. A adinamia, a tendência sincopal, o colapso eram tratados a essência de canela, óleo canforado, cafeína, esparteína e digital. Ou então, com o velho álcool: champanha, vinho do Porto ou a alternância, cada duas horas — ora dum copázio de leite, ora duma palangana de grog. Fórmulas industriais bestas fizeram verdadeiras fortunas. Os jornais proclamavam as excelências do *Contratosse* e do *Quinium Labarraque*. Na busca de uma medicação eficaz, de um preventivo que valesse, apelou-se até para a vacinação jenneriana! O governo abriu postos para sua administração onde a aglomeração, como as das distribuidoras de leite, de alimentos e as procissões imensas de São Sebastião, das Irmandades de Nossa Senhora das Dores e São Pedro da Gamboa — só serviam para juntar gente, para favorecer o contágio.

    Mas quem prescrevia as drogas de que falamos acima eram os médicos e esses também adoeciam e morriam. Quando os clínicos não deram mais para o repuxo entraram em cena os cirurgiões, os parteiros, os laboratoristas — fazendo também de internistas. Os doutores viviam exaustos. Começavam às cinco da manhã e varavam o dia examinando, receitando, comendo do que havia nos armários dos doentes, entravam trabalhando noite adentro e chegavam em casa meia-noite, uma da madrugada. Agenor Porto contou-me que para poder repousar tinha de recolher-se deitado no fundo do *landaulet* e coberto por sacos de lona. Na sua porta o *chauffeur* era parado pelo magote de desesperados que o esperavam. O doutor? O doutor? Ficou em casa de um doente passando muito mal. Só assim ele entrava, tomava um copo de vinho, caía na cama vestido e às cinco, ele e o Abel já estavam sendo sacudidos e acordados pela Donana. Saíam, barba por fazer, e retomavam a dobadoura. Os doentes de nossa casa foram inicialmente tratados por velho e célebre parteiro, que as circunstâncias tinham arvorado em clínico. Era o famoso dr. Samico — o dr. Henrique Cesídio Samico — o criador da Tesoura de Samico, utilizada quando era necessário sacrificar o feto para salvar a mãe. Mais tarde eu veria usar o astucioso instrumento que em vez de cortar ao ser fechado, fazia-o ao ser aberto. Seu provecto inventor era cearense e nascera em 1845. Tinha, portanto, setenta e três anos feitos, quando entrava na casa de Ennes de Souza para receitar o infalível quinino e os clisteres de café que seu mestre Torres Homem aplicava nas febres álgidas. Era baixote, atarracado, cabelos *en brosse*, barbicha e bigodes muito grisalhos. Capengava duma perna, no gênero *deixa-que-eu-chuto*.

Tanto quanto posso lembrar essa claudicação, creio que seria a de alguém sofrendo da anca. Quando ele não pôde mais, foi substituído por um certo dr. Guimarães médico muito moço, que quando chegava, parecia estar vindo, não das ruas da Tijuca, mas saindo das páginas de Molière. Estudava para Austregésilo, Couto e Chico de Castro. O ponto do braço onde ele ia dar uma injeção virava logo "campo operatório" (Não toquem! Não me infeccionem o campo operatório!), penico era "urinóculo", copo "cupa" e traque "ruptus" (tem emitido ruptus?). O Nestico casquinava dizendo que não sabia que peido tinha nome tão bonito. Nos momentos solenes de responder às perguntas angustiadas da família, fazia-o em estilo castigado e *falando clássico*. Mas voltemos ao pandemônio dos jornais.

Além da fome, da falta de remédio, de médicos, de tudo, as folhas noticiavam o número nunca visto dos doentes e cifras pavorosas do obituário. As funerárias não davam vazão — havia falta de caixões. Até de madeira para fabricá-los, ao ponto dum carpinteiro do subúrbio atender encomendas fazendo os *envelopes* com tábuas do teto e do soalho de sua casa. Alças de corda. Ganhou fortuna. Quando ataúde havia, não tinha quem os transportasse e eles iam para o cemitério à mão, de burro sem rabo, arrastados, ou atravessados nos táxis. No fim os corpos iam em caminhões, misturados uns aos outros, diziam que às vezes vivos, junto com os mortos. Havia troca de cadáveres podres por mais frescos, cada qual querendo se ver livre do ente querido que começava a inchar, a empestar. No agudo da epidemia, num dia em que não havia mais jeito de transportar tanto morto, o chefe de polícia já dava o desespero quando a solução veio do *Jamanta*, o célebre folião, figura de prol do Carnaval carioca. Já falei desse enteado de Artur Azevedo, chamado José Luís Cordeiro e que era funcionário exemplar da chefatura da rua da Relação. Ele conhecia admiravelmente o seu Rio de Janeiro e por um desses caprichos de boêmio aprendera, em passeatas noturnas, a dirigir bondes. Pediu e obteve dos seus superiores um *bagageiro* com dois *taiobas* e vasculhou com eles a cidade de norte a sul — Fábrica das Chitas, Tijuca, Andaraí, Aldeia Campista, Vila Isabel, Méier, Engenho de Dentro, Piedade, Cascadura, Penha Circular, Benfica — apregoando que todos pusessem para fora seus mortos (*Bring out your deads!*). Bonde e reboques cheios de caixões empilhados e de amortalhados em lençóis, o motorneiro solitário batia para o Caju. Descarregava. O dia já ia alto mas ele voltava a nove pontos, varejava Laranjeiras, Flamengo, Botafogo, Jardim Botânico, Ipanema, Copacabana — pegando mais defuntos. Lotava. Já noite, passava a sinistra composição como o Trem Fantasma ou o navio de Drácula — entupida da carga para o São João Batista. Fez isso uns dois ou três dias que marcaram para sempre sua lembrança. Quem me referiu esse heroísmo desconhecido do *Jamanta* foi seu irmão Aluísio Azevedo Sobrinho.

Bem ou mal, como era possível, frescos ou já decompostos, quando os pobres mortos chegavam aos cemitérios não havia gente suficiente para enterrá-los. Era muito defunto para os poucos coveiros do trivial — assim mesmo desfalcados pela doença. Foram contratados amadores a preços vantajosos. Depois vieram os detentos. Espalharam-se então horrores. Descreviam-se os criminosos cortando dedos aos cadáveres, rasgando-lhes as orelhas para roubar os brincos, os anéis, as medalhas e os cordões que tinham sido esquecidos. Às moças mortas, arrancavam as capelas e levantavam as mortalhas para ver as partes. Que curravam as mais frescas antes de enterrá-las. Melhores as que estavam ficando moles: eram tiradas dos caixões e comidas de beira-de-cova. Referia-se que, se no meio de monturo de mortos aparecia algum agonizante mandado por engano, acabavam-no a golpes de pá na cabeça ou mais simplesmente, enterravam-no vivo. Que um dia o acúmulo de insepultos foi tal que queimaram-nos aos montões nos fundos do cemitério. Até as covas eram tomadas de assalto, como as que meu cunhado, o então comandante Paulo Penido, mandara cavar, no Caju, por fuzileiros para os marinheiros mortos de uma belonave americana que chegara atochada deles. Parece que era o couraçado *Pittsburgh*. Pois quando os defuntos chegaram, era tarde. Tinha sido tudo invadido. Meu cunhado mandou abrir outras, largas e bem fundas, e nelas enterrou os macabeus que trouxera, aos dois, três e quatro em cada buraco. Antigamente, no Cemitério de São João Batista, havia, de cada lado e no meio das quadras da direita e da esquerda, dois belos círculos ajardinados. Desapareceram durante a gripe, transformados em grandes valas comuns. Depois é que se regularizaram as ruas e os defuntos anônimos deram lugar aos mortos mais categorizados das sps de hoje. A sineta de entrada nos cemitérios não parava de bater, quase enlouquecendo os vivos das casas próximas. A Santa Casa, diziam, para aumentar seus lucros no comércio dos caixões, criava mais fregueses, ministrando aos hospitalizados tisana letal que ficou celebrada na crença popular e na literatura de cordel como o *Chá da meia-noite*... "Aqueles dias" — escreveu Pedro Dantas (Prudente de Morais, neto) — "ninguém que os tenha vivido poderá jamais esquecê-los." Sim. Era de ver as ruas vazias cortadas de raro em raro pelos rabecões e caminhões de cadáveres. Pelo bagageiro do *Jamanta*. Um ou outro passante andando como se estivesse fugindo e trazendo no rosto a expressão das figuras do quadro de Edvard Munch: *Angst*. Isso mesmo, angústia: faces de terror, crispações de pânico, vultos de luto *correndo, pirando, dando o fora* e, no fundo, um céu vangogue sangue ocre. Só que para quem viveu aqueles tempos — sua lembrança não vem com nenhuma cor viva como as daquela tela. Nenhuma tinta matinal, diazul, púrpura crepúsculo, prata luar — tudo é dum cinza pulverulento, dum roxo podre, poente de chuva, saimento, marcha fúnebre, viscosidade e catarro.

> Alma que teve quem dela se recordasse
> Na inóbil terra infiel onde tudo se esquece:
> Requiescat in pace.
>
> ALPHONSUS DE GUIMARAENS, *Responsorium*

No meio dessa baldúrdia, um dia entrou porta dos Ennes adentro — quem? meu avô materno, o nosso Major em carne e osso. Vinha como se fosse da Lua pois descera de Minas quando lá apenas começava a epidemia. Estava de passagem para o Ceará, pretendia mudar-se para lá e ia sondar o terreno. Seguia licenciado. Se gostasse, pedia remoção. Embarcava no dia seguinte e como tinha vontade de conhecer o Pão de Açúcar, seu caminho aéreo, e não soubesse andar direito na cidade, vinha me buscar para servir-lhe de cicerone. Satisfeitíssimo fui vestir meu uniforme azul e batemos para a Praia Vermelha. Fiquei assombrado com o vazio das ruas e com as poucas pessoas que as cruzavam, no maior número carregadas de negro e luto. Espantou-me o aspeto da praça da República. Um deserto. Tornei a vê-la assim, muito mais tarde, quarenta e seis anos depois, no dia 1º de abril de 1964. A revolução triunfara mas corriam os boatos mais alarmantes: revide a qualquer hora, levante comunista, os morros iam descer sobre a cidade, haveria assaltos, ataques às casas, saques, o diabo. Fui a meu consultório de Viúva Lacerda, 27, esvaziei o cofre e levei o que havia para guardar em casa de meu sócio. Era na Tijuca, mais seguro que minha casa, à Glória. Fui. Voltei pelo Mangue e ao chegar em frente à Central medi o pânico da cidade pelo deserto que havia defronte do Ministério da Guerra. Aquele vácuo restituiu-me o de 1918, o mesmo que eu vira de bonde, em companhia do Major. Voltemos para trás e para o passeio que íamos fazer. Subi na esperança de recuperar o azul que vira ano passado com meus primos Maria e Joaquim Antônio. Nada. O sol me parecia não dourado mas dum amarelo sujo como o do pó de arear talheres. O céu era uma abóbada de pedra-pomes: a luz do dia, de dura, parecia areia nos olhos. Doía. O ar respirado, eu o sentia árido. Roncavam meus intestinos e uma vaga dor de barriga começou a me atormentar junto com a de cabeça. À hora da descida, dormi no bondinho e tive o sonho angustioso da escada que fugia debaixo dos meus pés. Acordei tiritando e o Major concordou que eu estava com a testa muito quente. Encontramos um táxi, meu avô ficou no seu hotel perto da praça Mauá, deu o endereço do *tio* Ennes e pagou a corrida até lá. Já tive de descer amparado pelo chofer que entregou-me escaldando à Eponina, que viera atender à porta. Desci com ela e quando entrei no cômodo que nos servia de dormitório já lá encontrei, espichado, o Paulo. A Eponina, o Ernesto, a sinhá Cota e o Gabriel estavam convalescendo e agora caíamos mais dois no mesmo dia. E ambos com a forma intestinal. Ardíamos em febre. Eu não parava de rolar escada abaixo senão para abrir pálpebras pesadas, ver o escritório como que iluminado à luz negra e tornar a começar a cair os degraus grátis de minha temperatura. O dr. Guimarães receitou quinino, magnésia fluida e dieta absoluta. Só água e chá o dia inteiro e à noite — só à noite! — um copo de leite bem açucarado e engrossado com araruta. Começaram os dias de alucinações, suor e merda. Essa não parava, nem os vômitos. Era a forma gastrintestinal diagnosticada em mim e no Paulo. Recebemos os maiores penicos que havia na casa e vivíamos sentados neles. Eu perdera toda a vergonha da Eponina que caridosamente os tirava, lavava, trazia limpos e defumava o escritório empestado por dois, com alfazema na brasa — como quarto de parturiente. Nos intervalos víamos a figura dos parentes à nossa cabeceira. Revezavam-se nos assistindo exemplarmente. Todos. *Tio* Ennes, *tia* Eugênia, Nair, Ernesto, sinhá Cota e principalmente a Eponina dando água, dando chá, dando remédio, rindo, animando, levando os penicos cheios até à borda e trazendo-os limpos e reluzentes como luas. Ela chamava-os elegantemente os *bacios*. Assim tratados e mimados pela Pupu, começávamos a melhorar e já prestando atenção ao ambiente, eu e o Paulo notamos o sumiço de todos e nossa enfermeira rareando nas suas aparições. E sentíamos um sapateado contínuo no assoalho, em cima. Era a mesma barulhada dia e noite como se o *Donnerwetter* e o *Verdun* gambadassem sem cessar, no corredor. Quando a febre passou e começamos a curar, percebi que aquilo não era mais ilusão dos ouvidos e interpelei a Eponina. Ela respondeu com a verdade. Era a Nair que caíra e estava piorando sempre. Mais um dia, o Paulo levantou-se. Mais dois e subi me arrastando. Estava bom: só que muito fraco, tão fraco que no primeiro dia tive uma espécie de desmaio. Fui para a janela da frente, sentei, em uma hora vi descerem três enterros malacompanhados por Barão de Mesquita e entrei para fugir da vista triste da rua vazia, só animada de vez em quando pela passagem dum funeral. Vim devagar pelo corredor, a porta da Nair estava aberta, parei, olhei e fiquei aterrado. Não era a moça radiosa que eu conhecia. Aquela pessoa discreta que não gargalhava e que apenas sorria; que não alteava a voz, que cochichava, tão baixo falava como um canto *bocca chiusa*; a pele de camélia, os lábios de pétala vermelha, os cabelos prodigiosos — tudo mudara e era como se eu a visse outra, como se outro ente, outra coisa, uma espécie de demônio estivesse entaipado dentro dela. Envultada pelo sínoco, tomada da *influência*, seus cabelos tinham perdido o brilho e o suor colava-os às têmporas escavadas; os olhos brilhavam, mas como brasa, da vermelhidão do que fora o seu branco e estavam estranhamente desviados, como num estrabismo; tinha as pálpebras inchadas, as narinas inchadas, as maças do rosto carmesins e contrastando com a palidez da testa, do contorno da boca e dos lábios gretados e de cor azulada. Emitia um gemido gutural e entrecortado, ardia em febre, sufocava, parecia sofrer terrivelmente. O dr. Guimarães desconcertado já não sabia em que forma de gripe colocar a da Nair pois parece que ela tinha manifestações de todas. Em torno dela tumultuavam as providências. Fui para a sala de jantar onde sua mãe estava em lágrimas, em lágrimas *tia* Eugênia, o marido, a sinhá Cota, a Zazoca. O Ernesto tinha saído para comprar uma banheira, pois o médico recomendara imersões prolongadas para ver se cedia aquela febre despropositada que empurrava a coluna de mercúrio acima de 43 graus — o máximo marcado no termômetro. A Eponina não saía mais da cabeceira da prima.

 À noite, quando o dr. Guimarães voltou, a doente continuava ardendo em febre apesar de ter passado mais de duas horas dentro da banheira. Ele falou em forma mista de gripe, forma trina, dizia, a um tempo meningo-encefalítica, broncopneumônica e gastrintestinal. E quando digo gastrintestinal creio que poderia dizer dotienentérica tal a adinamia da minha paciente. Caso grave, caso extremo, morbo extremo e — *Ad extremos morbos, extrema remedia, exquisite optima* — acrescentou, olhando de soslaio Ennes de Souza que, pálido de angústia, sufocado de emoção, nem ligou ao brilho e ao latinório do doutor. E ele, Guimarães, ia entrar com os grandes remédios — como mandava o aforisma. Ia dobrar a dose de quinino, ministrar o óleo canforado de seis em seis horas, o conhaque de doze em doze e começar com o Electrargol. Começou. As injeções eram dadas por um vizinho que tinha a prenda de aplicá-las, o seu Antônio Moura, morador do 14, marido da d. Olga, prima da Nausikaa. Assim os prestimosos vizinhos passaram a tomar parte na vida da casa, a gente da Amélia Sales também, outros parentes, mais amigos e o 16 vivia cheio. Creio que estas coisas se passavam a 30 ou 31 de outubro. Mal foram instituídos os *extrema remedia*, a doente piorou. Passou o dia primeiro numa alternativa de delíquios e de excitação; nesses urrava de aflição e dor de cabeça, tão alto que seus gritos eram ouvidos até na praça Saens Peña, até na Barão de Mesquita. Na noite de 1 para 2 eu e o Paulo dormíamos no porão o sono profundo da convalescença quando, pela madrugada, ouvimos o Nestico aos brados pelo seu Moura, de pé no muro divisório e batendo na janela do vizinho com um vasculho. Aquilo porque o portão estava fechado e havia cachorrada solta. Levantamos e subimos. A Nair estava morrendo. Em roda da sua cama, choravam desesperadamente. Toda roxa ela respirava desordenadamente. De repente parou. A Eponina já ia tirar a vela de suas mãos quando pela última vez ela tomou uma inspiração funda e expirou-a longamente, ao mesmo tempo que seu rosto ficava cor de cera e o queixo lhe caía. Acabara. Houve um clamor dentro da casa toda iluminada e aberta. Pelas janelas entrava o ar da noite e a modulação terrível dos cachorros do vizinho, do *Verdun* e do *Donnerwetter* uivando à morte. O Ernesto e eu fomos amparando *tio* Ennes até à sala de jantar onde ele desmoronou na sua cadeira de balanço. Olhei para ele. Vi sua face venerável arrasada como se por cima dela tivessem passado várias vidas. Chorava como criança. Senti que ele estava ferido de morte. A banheira das imersões passou arrastada para a copa. As mulheres se trancaram com a defunta. Quando abriram a porta estava tudo arrumado e esticado. Uma vela ardia à cabeceira. Saíra da mala o vestido que devia servir no casamento e vimos deitado o jacente de uma Noiva de mármore. O dia amanheceu chovendo e o Ernesto saiu para o atestado, o caixão, a essa, as formalidades. O obituário, que já estava amainando desde 30 de outubro, permitiu que tudo saísse em ordem. Só não foram arranjadas as coroas. O aparato entrou de manhã, a essa ficou na sala e dentro em pouco o ataúde branco com a moça toda de branco foi colocado ali. Tia Eugênia, lívida, fizera que todos se sentassem e mandou que todos se contivessem. Só não teve mãos na Clara que pálida como a defunta, toda de preto e envolta numa mantilha negra, lamentava-se sem parar e regava de lágrimas o rosto da filha, cujos olhos entreabertos e a boca — esboçavam um sorriso longínquo e triste como se viesse do fundo do

Tempo. E vinha. A Nair já estava mergulhada no Passado, longe como as Guerras Púnicas, as Primeiras Dinastias do Egito, o rei Minos, os primeiros homens ainda errantes e miseráveis. De repente olhei para um dos espelhos venezianos e *estremeci*. Ele reproduzia o outro e os dois repetiam numa cripta imensa de cada lado da sala, dez, vinte, cem, mil, undesmil virgens mortas cujos rostos iam se cavando e arroxeando na medida que progredia o dia. Era de chuva grossa e perpendicular que caía sem parar desde muito cedo. Foi varando aquele Finados e chovia do mesmo jeito quando chegaram o coche funerário e um carro de praça puxado por duas pilecas escanzeladas. Afastaram os tocheiros, apagaram as velas, cresceu o cheiro de cera e *tia* Eugênia fixou os olhos para ver fechar o caixão, surpreender a última nesga do rosto da Nair, contemplado pela última vez. A última? Foi-se. O coche tinha cortinas brancas. Seguiu devagar, atrás dele só o carro com o noivo e o Ernesto. Mais ninguém. Andou. Estompou-se dentro das cordas d'água na direção da praça. Diluiu-se como se sumisse num aquário. Já noite chegaram os acompanhantes e o Ernesto contou que no cemitério tinham tido de pôr o caixão na cova tão cheia d'água que ele desaparecera sob aquele lençol que também sumira debaixo das peletadas das pás jogando terra. Pois essa camada de lama, com o tempo, endureceu. A Nair ficou chumbada naquela ganga e quando cinco anos depois *tia* Eugênia foi tirar seus ossos encontrou-a inteira e incorrompida. Só que toda escura como se fosse múmia faraônica. A estátua de mármore tornara-se estátua de bronze. O coveiro explicou que ela se conservara assim porque o ar não entrara. Era só pôr terra e voltar dentro de dois anos. Agora ia ser rápido. Foi. Dois anos depois seus ossos limpos iam para o jazigo familiar. Doce moça, repousa em paz.

3. Avenida Pedro Ivo

UNS DIAS DEPOIS DO ENTERRO entrou-nos em casa o dr. Manuel Edwiges de Queirós Vieira, um dos componentes do *Bloco dos Bacuraus & Cabra*, inventado por *tio* Ennes para divertir-se e divertir o Gabriel. Era irmão do pai deste, João Lopes de Queirós Vieira, falecido há pouco tempo, deixando a Clara viúva pela segunda vez. Justamente ele estava vindo da cunhada e entrara para contar o que lá se passava. A pobre senhora, só com as filhas menores, não dormindo, todas amontoadas numa cama e tiritando de medo até que chegasse o dia. Que fosse alguém pernoitar com elas era o que ele vinha sugerir. *Tia* Eugênia deu a solução. Virou-se para mim e foi logo dizendo — e é você, sinhozinho, quem vai dormir lá. Se alguém precisar alguma coisa vista-se e venha correndo me chamar. Foi assim que fui passar as noites em casa da cunhada dos Ennes. Ia depois do jantar. Era num prédio da própria Major Ávila, do lado ímpar, entre Barão de Mesquita e a atual Benjamin Franklin. Um chalé pintado de marrom, três janelas de frente e entrada lateral. Arrumaram cama de vento para mim, na sala de visitas. Quando eu chegava conversava um pouco e logo depois íamos para o vale de lençóis. Minha presença, o fato de saber alguém ali com a possibilidade de buscar socorro, chamar tia Eugênia, o médico, ir à farmácia — restituiu tranquilidade à família e passaram todos a dormir. Eu não. Foi nessa estada em casa da Clara que comecei as faltas de sono e insônias de que já dei alguma notícia contando minhas noites no internato. Isso se iniciou mesmo, para valer, depois da morte da Nair — devido à morte da Nair. Eu sentia dela uma falta obscura, como se tivesse sido amputado dum pé, duma perna, dum braço, falta tanto mais pungente quanto seria despropositado chorar como os outros choravam já que ela não era minha filha, nem sobrinha, nem irmã, nem prima, nem noiva bem-amada. Mas por não ser nada disso não poderia ser outra coisa? Um pouco mais? Certo porque não podia esquecê-la multiplicada pelos espelhos e repetida num infinito de cada lado, sem espaço teórico que lhe bastasse, projetando-se no tempo, me acompanhando nele, *alma que teve quem dela se recordasse...* Que se recorda até hoje vendo-a viva, ouvindo sua voz, iluminado à cintilação sideral de seus olhos jamais esquecidos nos cinquenta e sete anos decorridos depois de sua morte. Nair. A primeira Nair...

    Falta de sono e insônia. Insisto em que são coisas diferentes. Na primeira há o consciente lógico e portanto situação no tempo e espaço, coerência de distância, coerência cronológica, associação normal de ideias, percepção do real, sua distinção do irreal, atenção, crítica da forma, da cor, do som, direção do pensamento, oclusão ética do subconsciente, memorização ativa, ou seja, memória associativa dirigida, memorização passiva, ou seja, memória explosiva, involuntária partindo de uma percepção. Já a insônia é uma possessão do consciente pelo subconsciente e mesmo por camadas mais longínquas da sedimentação da alma. Há a invasão de coisas que pertencem ao sonho, ao pesadelo, supressão do sentimento crítico, regressão a experiências pessoais remotas, talvez anteriores à memória do indivíduo e pertencentes geneticamente ao pânico da espécie. E é um deserto ilha de solidão total. Retomo os tempos. Escorrego em superfícies viscosas, deslizo para os imemoriais da sucessão dos ancestrais. Volto a ser o que era em criança, com todas as crenças e terrores mágicos da infância: volto às crenças dos séculos atrás — passo a acreditar (a viver) nos séculos passados. Volto à Idade Média, a Roma, à Grécia, ao Nilo, asiafricadentro, ao princípio das religiões até os tempos pré-cristãos, pré-bíblicos, sou assaltado por monstros noturnos, pássaros-gente, bolas de fogo gente, serpentes, coisas devoradoras de carne humana e de alma humana. Vejo os incestos e o Demônio caladão, mau e triste da essência da sua maldade — "...*the Devil, who is known to be taciturn*". Pois na casa da Clara minha insônia tinha esse aspeto que alternava de repente com a brancura da lembrança da Nair, da sucessão das naíres em capelas de milhares de noivas se sumindo nos ocos sem fim dos espelhos se repetindo telescopando-se pelas mais fabulosas distâncias das distâncias... Meu coração batia desesperadamente, eu suava dentro da escuridão e precisava de um imenso ato de vontade para acender a luz e espancar as aparições visagens do pesadelo acordado da insônia — *in somnia* — não sono. Logo a realidade e por cima da bandeira da porta a voz perguntando. Sentindo alguma coisa? Pedro. O leite está na sala de jantar. Tome um copo. Eu ia e voltava agora sem sono — mas eu. Muito obrigado, d. Clara, a senhora desculpe, vou deixar a luz acesa porque a escuridão estava me impressionando. Bom. Boa noite!

Sem sono, no claro, procurava o que fazer ler. Foi assim que ergui devagar a tampa da escrivaninha e descobri aqueles volumes grandes e encadernados de escuro. Pardo? Cor de vinho? Abri um corri as capas de todos. Tinham a designação genérica de *O romance de Fon-Fon*. Eram dum sujeito chamado Miguel Zévaco. Tinham capas berrantes e títulos sugestivos. *Os Pardaillan, Uma epopeia de amor, Fausta, Fausta vencida, O capitan, Triboulet, O pátio dos milagres, Buridan, A ponte dos suspiros, Os amantes de Veneza*. Decidi-me por este, pensando que havia de ser uma história de sacanagem, figurações em cima de gôndolas com banhos surubáticos nos canais. Não era e vi que aquele era a continuação de *A ponte dos suspiros*. Fui a ela, interessei-me profundamente e fiquei devendo a essa orgia de capa e espada a nota dez que me daria mais tarde o Delpech no exame de história universal. *O senhorr medig'quem err'o pai de Phelippe VI*. E eu de Zévaco decorado, Buridan decorado, que era Carlos, conde de Valois, irmão de Filipe, o Belo, os dois, filhos de Filipe III que era filho de Luís IX — São Luís-Rei. Este era filho de Luís VIII, neto de Filipe II, Augusto, bisneto de... *Baste! Estou satisfeit'*. Nunca sob tio Salles eu me teria dado a essa qualidade de literatura. Mas faz mal não. Ela foi tão útil. Me ensinou muita história. A mim e a tantos outros. Não é que ela aparece? numa reminiscência de Vinicius e num poema de Carlos Drummond de Andrade? Está justificada... Assim enchi minhas noites em casa da Clara. E quando a Zazoca veio para as férias e minha presença tornou-se inútil junto de sua mãe e suas irmãs pequenas, era com ela que eu me entendia para entregar o volume lido e receber outro emprestado.

Mas já a epidemia de influenza acabara e os Modesto chegaram de Minas. Foram primeiro para o velho Maneco, em Delgado de Carvalho, e depois resolveram se hospedar na casa de certa d. Licota Pinheiro, em Barão de Itapagipe. Voltei para a companhia desses tios deixando com pena a casa de Major Ávila — apesar dela ter se tornado tão triste e vazia sem a presença e a beleza divinas da moça morta... Os pobres velhos estavam esmagados mas a vida queria continuar, ia continuar e quando saí com meus embrulhos fui acompanhado até à porta por uma Eponina que já recomeçava a cantar. Lembro.

> Forrobodó de maçada
> É gostoso com'ele só,
> Mais doce doquêcocada
> E milhó doquê pão de ló...


> Incipit Vita Nova.
> DANTE, *Vita nuova*

O fim da guerra, a 11 de novembro, sacudiu um pouco o Rio triste onde aqui e ali ainda se morria de gripe. Mas a epidemia estava sendo superada e esperava-se que o ano novo próximo tudo mudasse como se outra verdade existisse nesse baixo mundo além da que diz que somos o que éramos e seremos o que somos. Por conselho do seu Modesto fomos para a casa da viúva de um seu antigo colega de banco, a já citada d. Licota que ele queria ajudar com o lucro inesperado de três hóspedes. Era uma senhora ultrajosamente pintada de negrita, duma indolência de odalisca, gorda, mameluda, belos e pestanudos olhos, que passava os dias numa cadeira de balanço, leque em punho. Não tinha energia nem para arejar o rosto, o colo. Ficava com a mão apoiada nas roscas da coxa e fazendo lentos movimentos de vaivém com o leque ou a ventarola — abanando o fígado — como dizia meu tio Heitor. Esse ocupara o quarto da frente para escritório, o segundo para dormitório. Eu dormia embaixo, num grande salão do porão habitável, muito ensolarado mas que dava para trás, em regiões úmidas e confusas da casa, nesse ponto não assoalhada e toda cimentada — como o eram um depósito de malas, o quarto das empregadas, o cacifro da copeira, as privadas. Esse salão servia de dormitório de emergência para mim, mas na realidade era uma sala bem mobiliada, cheia de máquinas e mais manequins (à noite — surrealistas e fantasmagóricos, decapitados e tripezistas) onde a filha da d. Licota, heroicamente, sustentava a casa à custa de seu verdadeiro gênio de modista. Era uma moça clara, muito bonita, olhos um pouco de perfil, dona da cabeleira mais prodigiosa que já vi na vida — toda de fios grossos entre o bronze e o cobre, ondulados naturalmente e que caíam num coque todo pesado e como se fosse se desatar sobre a palidez ebúrnea de seu cangote. Ela era toda dessa cor, de um perfil aquilino, sempre rindo, mostrando dentes perfeitos, admiravelmente bem-feita de corpo. Como tinha de receber suas freguesas, as senhoras do bairro, estava sempre bem trajada, numa espécie de roupa intermediária entre o vestido e o robe que lhe caía nobremente. Sempre de salto alto. Lembro as mangas generosas e perdidas que deixavam passar seus lindos braços — começados numa sarça ardente e terminados por mãos de deusa. Chamava-se Luísa e o nome era bem aplicado porque fisicamente, na cor dos cabelos, pela alegria e pelo arzinho evaporado era ver a Luisinha — a Luísa Mendonça de Brito Carvalho — a heroína leviana e trágica de *O primo Basílio*. Só que a Luísa daqui era o contrário. Era uma moça muito correta, levando a vida extremamente a sério. Era ambiciosa. Cosia para resolver a vida de momento mas era uma das melhores alunas de canto da Teodorini e queria furar na arte lírica e no futuro com a bela voz que, no momento, só furava o dia de ouro da rua Barão de Itapagipe. Trabalhava cantando. A casa ficava nessa rua, quase à esquina de Delgado de Carvalho e em frente à bela residência de outro colega de banco do seu Modesto, chamado Simonard, que diziam homem bem-nascido e parente da condessa de Paranaguá. A sala de jantar dava vistas para a pedreira a pique do morro do Turano e mais ao alto, para as encostas do Sumaré. Apesar de terem rebentado o morro para tirar pedras e de ter subido por ele a lepra inevitável de uma hedionda favela, o passado persistente, o passado indestrutível só me dá a lembrança da pedra íngreme, bela e negra como escarpa de basalto e longe, no seu alto, uma casa enorme e branca que diziam ser o estábulo de onde corria o leite consumido no bairro. Talvez. Vacas pastavam lentamente naqueles cimos e nos mais longínquos que se lhes sobrepunham verdejantes e apenas superados pelo céu tijucazul. Perto ainda morava outro velhote, também funcionário do Banco do Brasil, também colega do seu Maneco Modesto. Moravam ele, a esposa e a cunhada. Um dia soube-se com escandaloso espanto que aquilo era um casal irregular. O homem não era casado e sim amigado. Foi um horror de repulsa em nossa casa, na dos Modesto, na dos Simonard. Num bairro de família! Ostensivamente! Era um desaforo! Tio Heitor deduziu imediatamente. Se o *seu Pingo* (era o apelido do indigitado) não é casado, claro que está comendo a cunhada também. E estava. Apurou-se que tratava-se nem mais nem menos dum *ménage à trois*. A pressão de opinião foi tão forte que teve a solidariedade das padarias, armazéns e farmácias do bairro. A família desavergonhada teve de mudar-se, corrida para os ares mais respiráveis de Mata-Cavalos. Ali ao menos...

Com que saudade me lembro de Barão de Itapagipe. Cada casa, cada pedra, cada esquina. Contra o delicioso logradouro não funcionou nunca, em mim, o mecanismo *cicatricial* do esquecimento. Como se depositam sais de cálcio nas lesões orgânicas há ainda outro *cálcio* que soterra, aterra e impede as recordações ominosas. No caso, não. Conservo sempre aberta e incicatrizável a lembrança daquele pedaço da Tijuca. As emoções que tive ali... Primeiro, a deleitável de não fazer exames. Passaria por decreto em francês, português, na álgebra inexpugnável e no latim *insuperabilis*. O governo consumara por pura irresponsabilidade e safada demagogia a indecência de dar preparatórios à custa de requerimento pago. Funcionou o imoralíssimo caça-níqueis. Pais previdentes compraram-nos aos grupos de quatro para filhos débeis mentais ou nos seus cinco, seis, sete anos. Analfabetos tiraram os mais duros como aritmética, álgebra, geometria, física e química. Os outros, canjas, seriam pescados depois, no araque, na camaradagem, no pistolão. Meu tio bufava de indignação. Eu, comodista, mandei os compêndios a sebo e levei-os de volta para o Trindade no dia em que fui ao internato pegar roupa para as férias. Essas seriam grandiosas. Iríamos passá-las no Ceará. Tia Bibi fazia questão, havia dezessete anos não via sua mãe. Eu ia também. Conhecer minha avó paterna. Ela e tia Marout tinham mandado dinheiro para minha passagem. Seria simplesmente fabuloso... Fui me despedir dos queridos *tios* de Major Ávila. Como estavam abatidos. *Tia* Eugênia sempre arrumada mas a alegria se espancara para sempre do rosto estátua de pedra. Carregava na cerveja. *Tio* Ennes fumando e limpando lágrimas de quando em vez. Sinhá Cota falando sozinha e na sua eterna mania de lavar as mãos, não usar toalha, sacudi-las até enxugar, tornar a lavar, sacudir, lavar, sacudir. Foi nessa ocasião que ela me explicou sua teogonia. Não acreditava em Deus, nos Santos, tampouco naquela bestidade dos Anjos. Entendia-se com o seu Bondoso Cristo. Só. Cristo, com quem estava a sua *Naizinha*. Comunicava-se diretamente com Ele sem precisar dessa cambada dos padres. E não é que aquilo me ficou por dentro? e que acreditei vagamente que só Cristo era deus e sinhá Cota seu profeta... Entrei e saí de Major Ávila pela escada de trás. Não quis ir à sala da frente. Tomara horror da galeria reflexiva dos espelhos venezianos agora vazia e esperando para multiplicar e mandar meu espanto um para o outro até o infinito... Outra emoção eu curtiria ainda, em Barão de Itapagipe, ao abrir os jornais de 18 de dezembro daquele 1918. Traziam em manchete. JÁ RAIA A MADRUGADA. DEEM-ME CAFÉ. QUERO ESCREVER. Era a morte de Bilac. O alexandrino perfeito Olavo Brás Martins dos Guimarães Bilac tivera seu fecho de ouro àquele dia nefasto. Acabara a poesia. Só compreendi depois o que senti e por que fiquei olhando tanto tempo a pedreira do Turano. Eu quereria esculpir ali que Bilac tinha morrido. Rasgar na rocha, que Bilac tinha morrido. Entendi isto depois, um dia qualquer, consultando a *Britânica* sobre Tennyson. Lá encontrei escrito: "*The news of Byron's death (April 19, 1824) made a deep impression on him. 'It was a day', he said, 'when the whole world seemed to be darkened for me'; he went out in the woods and carved 'Byron is dead' upon a rock*". Isto, isto mesmo. Ainda que mal comparando... Mas não estava esgotado aquele 1918 de Morte. Faltava tirar seu TE, antepor-lhe um A para ter o nome do vencedor — Amor. Maria. A história do Zegão e de Maria que eu vivi como se minha tivera sido.

> Qui a le coeur, il ait le corps!
> CHRÉTIEN DE TROYES, *Cligès ou La fausse morte*

> Beauty is truth, Truth beauty — that is all
> Ye know on earth, and all ye need to know.
> JOHN KEATS, *Ode on a Grecian Urn*

Isso mesmo. Quem conquista o coração é senhor do corpo. Amado. E viva ele na sua beleza. Era a teoria do Zegão. E quem era? esse Zegão.

Nem mais nem menos que meu arquiparente e amigo como os que mais. Arquiparente, por quê? Ele era neto do desembargador Egon de Barros Palácio e de d. Doralice Barroso Pamplona, ambos primo-irmãos de minha avó paterna. Esse juiz, ao tempo da magistratura móvel, servira na Relação de Ouro Preto onde sua filha Raimundinha de Barros Palácio conhecera o estudante de farmácia João Elisiário Pinto Coelho da Cunha que era primo-irmão de minha avó materna. Foram os pais de José Egon Barros da Cunha, aliás Zé Egon, aliás Zegon (em casa) e aliás Zegão no externato do Colégio Pedro II. Nós éramos assim primos três vezes e cada um possuía três sangues do outro. Por um capricho genético tínhamos saído cara dum focinho do outro. Era de confundir. Éramos do mesmo ano do colégio, ele externo eu interno. Além da semelhança física — o mesmo moreno, os mesmos olhos, os mesmos dentes admiráveis — ai! de mim — que já tive tivemos — tínhamos todas as afinidades possíveis. Com uma diferença. Ao contrário de mim o Zegão era atirado, audacioso e chegador a elas. Não tinha minha timidez. Cantava logo. Noventa e cinco diziam que não. Mas cinco ele passava pelas armas e cubultava de noite ou de dia. Se compensava... Tínhamos a mesma idade, quinze anos, mas enquanto eu era besta como um donzel de doze, ele possuía as ronhas dum gigolô de vinte. Pois uma noite que eu ia para o *Velo*, dei com ele na rua Delgado de Carvalho. Por aqui? Zegão. Era verdade. Eu não sabia? Pois ele morava ali com o tio, padrinho e homônimo que era engenheiro da Central e com a madrinha, tia Carlotinha. Se eu conhecia... Pois você sabe? coitados! perderam a filha única, há um mês, na maldita peste desta malvada guerra e ele nem ia esse ano a Belo Horizonte para fazer companhia aos pobres dos tios que estavam sós e Deus. Mas vamos lá porque senão eu estouro. Preciso de alguém para contar a história da Maria. Larga a mão do *Velo*. Larguei. Fui à casa dos primos. Era um sobradinho de porão habitável e o Zegão ocupava neste o salão da frente, peça ampla, de dia toda ensolarada mas que dava, para trás, em regiões úmidas e confusas da casa, nesse ponto não assoalhada e toda cimentada como o eram uns depósitos de coisas velhas, as privadas, o quarto da cozinheira e o cacifro da copeirinha. A própria Maria bem-amada. Pois o Zegão soltou-me o romance. No princípio ele apenas desejara o diabo da mulatinha mas acabara naquela paixão de que nem era bom pensar. Ela ia e vinha dentro da casa, tomando as posições prodigiosas dadas pelo serviço doméstico. Um braço que se levanta para limpar um alto de armário e era a manga caindo e mostrando o sovaco, levantando todo o vestido no esforço e deixando entrever um princípio de perna. Os agachados favoráveis à forma das nádegas e aos olhares de quem vem de frente e arrisca um olho nos joelhos, entre as coxas e às vezes lobriga o escuro do triângulo. Sem calça, sem calça. Limpando o chão, de quatro, de cata-cavaco, mostrando por trás a bunda que levanta as anáguas, de cima para baixo os seios entrevistos pelo decote do vestido caído. A atitude hierática trazendo a oferenda de uma bandeja com a água, o café, a mão estendida com a carta, o jornal, o embrulho — perto, perto, perto, de se sentir o oleoso dos cabelos, o almíscar do corpo, o suor seco da roupa ressuada, o aliáceo das axilas, o acre do resto, o doce do hálito e outros aromas, efluências, odores, exalações, eflúvios que se desprendem e sobem dum corpo jovem e forte e belo como a emanação das flores, das folhas pisadas, das frutas maduras; como o cheiro concentrado da fumaça das aras e dos turíbulos; o que vem no vento carregado de noite e mar e sal. Ah! nessas horas o Zegão reniflava e absorvia pelas ventas a Maria que ele ainda não ousara atracar. Gostava de esperá-la vindo das compras, com a tia, uma cesta pesada na cabeça, a espinha endurecida no esforço, os seios projetados, a cabeça ereta como as das estátuas portantes do Erectêion. Absorvia-a com os olhos, devorava-a na luz. Gostava de vê-la, de proa, seguindo o roulis e o tangage da bacia e das nádegas como os duma nave vogando. Arrostando todos os perigos passara a espioná-la, vira-a sentada na banca da latrina, uma nesga, pelo buraco da fechadura. Dera para fiscalizar o banheiro de baixo, logo depois da hora que ele sabia ser a do seu banho, de tardinha, preparando para servir o jantar. Inundava-se da atmosfera de sabão e água quente e um dia escrafunchando bem, descobrira numa bacia esvaziada — espesso, metálico, azulado, enrolado como mola, duro e lustroso, um fio de pentelho. E coisa nunca vista — bífido! aberto como um ipsilon maiúsculo, como língua de víbora. Recolhera-o e tinha-o guardado dentro do Goffiné. Mostrou. Admirei e quis saber mais. Afinal, você, Zegão... Engoli o resto da pergunta porque entrava a própria Maria com os refrescos mandados pela prima Carlotinha. E que mulata! Teria seus quinze, dezesseis anos. Tinha a roupa em cima do corpo e cada movimento seu era como se se animasse uma rede cheia de pombas. Tinha os olhos excessivos da raça, era cor de cobre escuro, cabelo moroso, bem acamado e aberto ao meio. Admirei sua naturalidade. Olhou o Zegão, depois a mim, deve ter visto nossa semelhança porque achou engraçado e sua boca sorriu mostrando os dentes que pareciam mais claros no roxo quase preto das gengivas e dos beiços. Tinha os seios pequeninos, desses de esgarçar corpinho e vestido — de tão duros. Ao sair apreciei a firmeza de suas nádegas e o rego onde colava um pouco a saia e pude vislumdeslumbrar, saindo das chinelinhas, seus calcanhares cor-de-rosa contrastando com o bronze da pele da canela onde velha ferida deixara cicatriz de um azul-noturno metálico e profundo. Nunca mais esqueci a graça de sua silhueta de menina e moça que recuperei na Coló de João Alphonsus, em *Totônio Pacheco*, na Oscarina de Marques Rebelo e mais eruditamente na bailarina boneca que o tempo enegreceu e que está no *Jeu de Paume*. Toda ela era floral e petalar como um rápido beijo adejo.

Mas eu queria saber, saber até que ponto tinham ido as coisas e como. O Zegão disse que tinha sido muito difícil. Ele com medo dos tios. E você sabe que nessas coisas eles não brincam... Mas começara o namoro com cautelas de ladrão. A Maria fingia que não via, mas via, porque rebolava mais. Uma de suas tarefas era lavar todos os dias o peitoril de mármore das janelas gradeadas da sala do porão habitável. O Zegão desenhara num deles um M enorme todo arabescado e florido. Ela viera com pano e sabão no dia seguinte e apagara. Ele repetiu no mesmo lugar e mais enfeitado. Apagado. Outro M. Novamente lavado. Outro, lindo, enfrutecido, florido e esgalhado. Esse ficou. Ela lavava a janela e deixava a letra. Deixou.

Ao fim de uns cinco dias o Zegão ousou continuar e acrescentou um A. Ficou *ma* todo florido. Ela não lavou. Um dia, dois, três e o primo ousou outra letra, abrindo no peitoril a imensidão oceânica de MAR. Permaneceu uma semana ao fim da qual o namorado coração batendo viu o acréscimo feito com um izinho de grupo escolar, todo canhestro e miúdo. Estava feito MARi.

Foi quando meu atrevido primo completou o nome com o segundo A todo desenhado e mais florido que as outras letras. A sorte estava lançada, o nome todo desenhado, MARIA. E ao pé dele um botão de rosa de verdade.

[...] a qual bem certo crea, que por afremmosentar nem afear aja aquy de poer mais aquilo que vi e me pareceu.

PERO VAZ DE CAMINHA, *Carta a El-Rey*

À tarde a mulatinha serviu o jantar com o pixaim florido. Aquilo levara dias. Mas ela acabara entendendo e dando a resposta. Estava ali firme, sem olhar, sem demonstrar mas com a cabeça enfeitada e dizendo que sim, que sim, que sim ao pobre amante que mal comia e só queria saber onde? quando? como? Os olhos lhe ardiam e uma barra de ferro lhe atravessava a nuca. Estava todo esquisito e todo mole. Antes de acabar o jantar quis ficar de pé. Teve de ser amparado pelo padrinho para não cair no chão. Amor só não. Era a *influenza*. Oito dias de cama e quando levantara como um trapo a prima caíra para morrer. Levara só cinco dias. No dia seguinte, ao velório e ao enterro a cozinheira arriara. A Maria parecia ter tomado conta da casa. Dera uma sopa aos pobres pais e fizera-os aleitar. Um caldo para a companheira de trabalho que ardia em febre. Fora se deitar. O mesmo fizera o Zegão. Mas cadê sono? com aquele medo de a prima aparecer, a casa toda escura e sua sala de baixo apenas mal iluminada pela luz dum poste dando na vidraça e desenhando lesmas brancas no negrume pegajoso do cômodo. Foi quando o Zegão ouviu um estalo como de junta de gente andando devagar. Tapou a cabeça tremendo todo e pensando na prima. Ia aparecer. Ele tiritava sentindo seu caminhado. Parou ao pé do divã de palhinha em que ele dormia. Tocou-lhe o ombro. Ele pulou, ia gritar quando reconheceu a forma de Maria. Ela ajoelhou e sussurrou no seu ouvido que também não podia mais de medo. Como foi? que eles deitaram juntos no sofá. Imóveis e quentes. E quanto tempo levou? Para a mão do Zegão fingindo sem querer encostar, parar, tirar, voltar, demorar, levantar a camisa, sentir a pele duma perna, subir, sentir a moita crespa, descer até descobrir o botão duro duro duro e por baixo tudo molhado e gosma quiabo clara de ovo. No escuro e no silêncio as pernas se abriram e ele cravou. Naquele tempo de escrúpulo e de inocência só se comia coxa. Mas ele não podia mais e virgem ou não, tinha de ir... Era estreito e fundo. Rodopiava como o funil de vazio rodando na água quando se destapa um banheiro. Era quente e chupava como um rodamoinho maelstrom num melado quase no ponto. Depois que estava dentro procurou a boca que procurava a sua. Sentiu primeiro os lábios como entrefechado cravo um pouco áspero cheio de películas, logo a aberta rosa úmida e fresca. Mas a flor dava lugar a fruta e foi o carpo cru duma longa língua que ele sugou. De deslumbrado nem se mexia. Ela sim, como um escorpião machucado como lacraia mal pisada é que se retorcia. Dera duas sem tirar. Depois da terceira, todo o porão cheirou a bananeira cortada, frutafolhamachucamassada suor lua no mar maresia. Enquanto o Zegão contava, não sei por que lembrei duma aula do *Pissilão* e do verbo que ele ensinava e que agora se contorcionava diante de mim como larva de fogo. *To squirm*. Conjugue, nhonhô. *I squirm. You squirm. Maria squirms*. Se enrolavam serpentes incandescentes chamas de pentes *squirming*...

    A pouca vergonha do Zegão era mais teórica do que outra coisa. Por enquanto. A menina era só instinto, parece que era mesmo virgem e que o primo é que lhe metera os tampos pra dentro. Ele próprio me disse que ficou besta como em poucos dias eles tinham passado daquele bê-á-bá de trepada, subido todas as escalas e tocado a lira inteira de que fala o romancista francês *Toute la lyre*... Ah! Ele conhecia bem os livrinhos de sacanagem do colégio e trouxera o das posições, *A família Beltrão*, outros, para mostrar à mulatinha. Ficou perito e em dias aprendera virtuosidades que só eram vencidas pelo *aller et retour du filet* da boca da morena. Era um número. Pena a escuridão. Só rapidamente é que ousavam às vezes acender uma vela para verem um instante a própria nudez e as duas cores dos seus abismos — nele certo róseo, nela, certo roxo. Assim fui acompanhando aquele romance que eu seguia como paixão que fosse minha. Terminou com a *influenza* na mulatinha. Forma fulminante que cortou aquela flor em três dias. O pobre Zegão como um viúvo menino, seguiu para Belo Horizonte. Dias depois eu embarcava com meus tios para o Ceará.


Numa velha carta escrita a minha Mãe vejo o dia em que segui para o Norte: 14 de janeiro de 1919. Era uma ressurreição de mar, vento, sol, sal, depois daquele 1918 cheio de defuntos: o nosso Militão, o Tifum, a divina Nair, a Mariamorável, Emílio de Menezes, Olavo Brás Martins dos Guimarães Bilac e gente, gente de não acabar mais da população do Distrito Federal e do Brasil. Enfim, passara. Atravessamos a barra no *Rio de Janeiro*, na época o melhor navio do Loide, um ex-alemão cheio de conforto transatlântico e ainda todo pintado da cor cinza camuflagem contra os submarinos. Mar de rosas, cantigas no convés, companheiros de viagem deleitáveis. Eram o esgalgado e fino Pedro Lago, então deputado pela Bahia, seu irmão João Lago, com a senhora e as belas filhas Guanaíra e Carmosina; outro deputado baiano, o famigerado cônego Galrão — míope, cabeludo, barbudo, ventrudo, batinudo, contador de facécias e que parecia saído das páginas de *A velhice do padre eterno*; Henrique Jorge, o maestro cearense Henrique Jorge — o *Sarazate Mirim* da *Padaria Espiritual* que logo nos descobriu e passou a organizar noites musicais em que ele e minha tia brilhavam ao violino. Honra das honras: meu companheiro de cabine era o próprio Xavier Marques — Francisco Xavier Ferreira Marques — o regionalista baiano, futuro acadêmico e parece que na ocasião também deputado. Era um homem magro, seco, vasta bigodeira, muito míope e a cara do professor Cipriano de Freitas. Teria nessa época seus cinquenta e oito, cinquenta e nove mas parecia-me velho como Matusalém. Ria pouco, falava com a voz profunda e ecoante dos enfisematosos. Apesar dos meus quinze anos e da obsequiosidade que lhe mostrava, ele timbrava em conversar comigo cerimoniosamente e de homem para homem. Se eu queria ajudá-lo em qualquer coisa ele logo precipitava-se e não aceitava. Hoje eu conheço isto das vezes que me acontece a convivência dos moços bem-educados: o charme que fazemos, que Xavier Marques fazia e eu faço — de querermos ser ágeis e de prestar ainda pra alguma coisa. Ele lia no beliche, até tarde da noite, ceroulas compridas, tronco desnudo de Cristo na Cruz e cigarro em cima de cigarro. Seriam? cigarros para valer ou eram cigarros antiasmáticos. Tinham cheiro de.

Depois da grandeza da saída da barra no Rio o mesmo azul, em menor, de Vitória cujos penhascos pareciam miniaturas do Corcovado e do Pão de Açúcar. O mar mudou de cor e aprofundou-se de safiras virando na vaga viravagas anunciando a Bahia. Fomos recebidos pelo seu Nilo, velho amigo de nossa família, e por sua filha Alzira Nilo, em outras eras bela morena de olhos verdes que fora noiva de meu tio Meton. Faziam questão de nos hospedar e mostrar Salvador. O navio ia demorar três dias e dormimos duas noites em seu sobradão numa ladeira que parecia o Pelourinho — que eu veria anos depois. Era mais estreita e de calçadas escorregadias de tão untadas de casca de jaca esfregada para facilitar o deslizamento das tábuas tobogãs da molecada. Dos porões escuros saía o cheiro de acarajés fritando no dendê. Corremos as igrejas clássicos sobrados bondes rio vermelho farol da barra vatapás sirimoles incandescentes lagoa abaeté e o mar maranilinamaralina. Demos adeus! no cais aos amigos Nilos, adeus! à Bahia. Adeus, não! até sempre terra prodigiosa de Todos-os-Santos. Uma tarde, maralto, sem terra à vista, as ondas de cor vermelha. Foi uma curiosidade. O que é? o que não é? Eram as águas do São Francisco empurrando o verde oceano para longe. Navegávamos no doce carregado das lamas das Alagoas Sergipe Pernambuco Bahia Minas — pedaços das gerais arrancados nas barrancas do rio das Velhas, do Arrudas, do Serra que passava em nossa casa de Belo Horizonte. Logo começou a mudar o ar. Tão difícil de falar assim *mudar o ar* — tão simples dizê-lo na doce favela mineira transformado em *mudáuar*. Aquilo eram ventos do Nordeste. Comecei a senti-los no Recife e penetrei-me deles na Fortaleza. Havia um calor que fazia o corpo árido e febril mas já vinha aquele bálsamo de vento forte e contínuo que parecia o aplicar de toalhas molhadas e frias na pele ressequida. Temperatura e vento que logo reconheci parentes acariciando em mim velhas sensações atávicas na carne mineira de fundo nortista. A ponte de desembarque ia longe nos verdes mares e no ouro descendo de cima. Em pouco estávamos na rua Formosa, 86, agora Barão do Rio Branco, 160. Revi tia Alice, tio Salles, tia Candoca, Marout. Conheci minha tia Dinorá Nava, conheci minha velha avó Nanoca — Ana Cândida Pamplona Nava Feijó — viúva duas vezes e que conservara o nome dos dois maridos. Chorou-os e mais a meu Pai quando me sepultou nas gorduras do peito que continha o melhor coração do mundo. Às quatro e meia estava servido o jantar de boas-vindas na inumerável louça familiar Vieux-Paris. Foi a coisa menos regional possível. Macarronada regada a Chianti. Todo o pessoal da casa, os parentes, contraparentes, amigos: Carlos Ribeiro e Mariinha, seu Adolfo Sales, d. Delfina Sales, Adelaide Nunes, Dondon Feijó Ribeiro, seu João Albano e d. Inesita, as Teixeiras, seu Rodolfo Teófilo. Do lado da gente de minha Mãe, tia Iaiá e tio Meton, tia Clotilde Jaguaribe Nogueira e sua filha Maria José. O próprio Major que no curto mês que tivera de permanência no Ceará namorara uma viúva, noivara e já desmanchara o casamento. Tia Alice, um dia, mostrou-me, rindo e falando baixo, uma velhota atarracada e míope, apertada em espartilhos, peito e bunda formando S, buço forte e cara de poucos amigos. Foi num bonde *Alagadiço*. Íamos no caradura e tia Alice sussurrando mandou-me olhar a ponta direita do terceiro banco. Por quê? Quem é? É sua ex-futura *Vovó* Aurélia. Estremeci ao aspecto da megera. O Major escapara de boa...

    Tinham me dado o quarto de meu Pai. Eu dormia numa rede e virado para a janela, via o mesmo pedaço de céu noturno e de céu diurno que ele tinha visto. Ouvia o rangido estalado dos armadores da rede. Eram os mesmos que tinham servido a ele. Levantava cedo. Saía com tio Salles. Ou ficava em casa esperando a visita matinal de seus amigos. Quase certa, quase diária, a do seu Rodolfo Teófilo. Era um velho mumificado, olhos extremamente doces, sempre calças sungadas e sem vinco, desarrumado, apesar de muito limpo. Entrava sem bater palmas, ia até à sala de jantar. Sentava sem tirar o chapéu. Bom dia! minha gente. Ia para o escritório de tio Salles e logo começavam a falar mal do governo municipal, estadual e federal. Depois do Executivo, passavam ao Legislativo e espinafravam a edilidade, a assembleia provincial e a câmara federal. Quando iam entrar no Judiciário, tia Alice aparecia chamando para o almoço que era às nove e o seu Rodolfo abalava para a d. Raimundinha não esperar. E de mais a mais ele tinha que fazer. Estava preparando uma partida de cajuína que ia-lhe saindo como nunca. Muito. Esse santo admirável ia nos seus sessenta e cinco para sessenta e seis anos pois nascera a 6 de maio de 1853. Morreria velho a 2 de julho de 1932. Depois dos silêncios da sesta eu ficava com minha avó na varanda de trás. Ela falava sem parar e foi ali que eu aprendi sua família. A Marout muito surda, conversava pouco. Fazia rendas de bilro, fazia paciências de baralho. Vinha gente de fora. Era hora de café, de frutas, de doce. Eu adorava umas mangas enormes como as espadas — as coité — de casca mais dura que couro. Amassava-se até amolecê-las; depois, uma dentada na ponta e chupava-se o caldo grosso e doce como todo o leite dum peito. Outra. A terceira. Depois graviola de polpa branca com cheiro de flor de laranjeira e gosto ácido. Graviola ácida. Não seria melhor? dizer *acídula* que é palavra ainda mais cortante — correspondente, em fruta, a um vento frio. Lembra o gosto compósito da *chirimoia alegre* que comi depois, no Chile. São talhadas de fruta analógica, jucunda como graviola e cujo sabor é tornado suntuoso pela adição de caldo de laranja. Vinham também os doces de caju, as bananas-secas. Estava em moda na ocasião a *rapadura encerada* que era nem mais nem menos que a batida posta em ponto de puxa-puxa. É um melado grosso, açu, meio *açucrando* e trabalhado à mão. Fica flexível: não quebra — estica e dobra.

Domingo. Casa do Joaquim Antônio e de minha prima Maria. Nessa época ela estava cumprindo na cama o resguardo das quarenta galinhas de sua segunda filha, Maria Inês. A mais velha, Maria Alice, parecia de leite e alfenim. Vivia dormindo de saúde. Em rede aberta por duas bengalas atravessadas de ponta e cabo enganchados nas *varandas*. Ou então *Villa Nous-Autres*, a simpática e imensa residência dos Albano, também no Alagadiço. Lembrava as casas apalacetadas e rurais dos boiardos descritas por Tolstói em *Guerra e paz*. A de seu João Albano era enorme, cercada de jardins, de mangueiras e cajueiros. Com os requintes de campos de *lawn-tennis* e das cavalariças para os animais de tiro e montaria. Lá convivi com os pais de meu primo afim e sua tia materna d. Maria Gertrudes (Santoca), viúva de Túlio Sá Vale; com suas irmãs Maria Luísa (Lizita), Maria Amância (Mancita), Maria Liberalina (Lili) e Maria Cristina (Iná); com suas primas e primos Indiana, Mercedes, Maria Júlia, Maria Emília, Antonieta, Carminha, Pedro, Joaquim e Paulo Albano. Que gente fina e simples. Com que tato todos se comportavam. E como sabiam aliar a boa educação à bondade, à condescendência, à discrição, à amizade.

Uma visita das muitas que fiz à casa de tia Iaiá, não posso esquecer pelas suas consequências. Uma visita como as outras. A chácara de tio Meton era pegada à de seu João Albano. Tinha as mangueiras e cajueiros desta e mais coqueirais a perder de vista que estendiam-se por toda a propriedade até as praias no fundo. Foi com o Murilo e um dos seus primos Pinto que decidimos uma expedição até a beira-mar. Sabia-se vagamente que as terras acabavam em fabulosas dunas, mas nunca ninguém tinha ido até lá e ninguém fazia ideia da distância. Andamos umas seis horas para divisar os montes de areia e a onda bravia. Tomamos banho de mar e escorregamos naquelas montanhas douradas na unha das folhas de coqueiro servindo de trenó. Devemos ter perdido a direção de volta dentro daquela imensidão igual e retornamos tarde, coqueiral adentro, depois noite adentro, agora espavoridos, sabendo-nos perdidos e mortos de fome e sede. Fomos afinal descobertos por empregados que tio Meton mandara a cavalo, em todas as direções. A tia Iaiá dramaticamente nos fez rezar de joelhos um rosário inteiro diante dum oratório candelário. Só depois comemos. No dia seguinte apareceu em casa de minha avó. Ah! não podiam imaginar o susto que tinha passado na véspera! Que responsabilidade a de todos perante a Diva! Era melhor que eu voltasse para o Sul. Pensassem bem. O Major estava de viagem e tinha direito a passagem gratuita para ele e sua família. Eu, como neto, devia aproveitar. Até que ele estava para fazer a requisição... Agora os *tios Nava* e a d. Nanoca que decidissem... (Tia Iaiá ainda falou falou falou — sempre a voz muito doce e a me trespassar com seus belos olhos claros, penetrantes, superagudos que tudo viam e adivinhavam. Uma centelha brilhava no seu fundo, que eu reconhecia, que já vira. Onde? Quando? De repente lembrei. Menino, em Juiz de Fora, eu recebera de tio Salles um magnífico álbum para colecionar selos. Só que eu não tinha os selos. A inhá Luísa deu os que guardava num saco, ao Tom: fizéssemos a coleção de sociedade. Ora, aquilo era nada mais nada menos que criar um *casus belli*. Foram tais os rolos devidos à dita coleção, que tia Iaiá, um dia, varejou o álbum longe, no telhado vizinho. Irrecuperável. Eu ia olhá-lo todas as manhãs só desmanchando ao sol, à chuva, ao vento, às minhas lágrimas. Um dia eu estava nesse velório e virei-me como tocado na nuca. Meus olhos enevoados (ah! meu álbum, meu lindo álbum!) deram com os da tia que chegara sorrateira e estava parada à porta. Estavam como eu os via agora claros, penetrantes, uma centelha satisfeita no seu fundo. Sorriu.). Sorria falando com meus tios paternos, com minha avó Nanoca. Ora, diante daquela argumentação eles decidiram. Eu voltaria com o Major. E terminaram as mais lindas férias que tive na minha vida. Voltei com o Major. Embarquei em Fortaleza num calhambeque chamado *Marquês de Olinda*. Não duvido que tivesse sido o mesmo apresado pelos paraguaios e causador da *Guerra do Lopez*. Enjoei. Chegando ao Rio ficamos num hotel da praça Mauá onde estava também o tio Domingos. Foi um prazer para os manos o encontro casual. Vamos ao Pão de Açúcar? Boa ideia, Quincas. Fomos. Foi a última vez que pus os olhos no tio rico de São Paulo. Grande contratempo: minha Mãe estava em Juiz de Fora auxiliando tia Berta numa encrenca qualquer e eu tive de ir terminar minhas férias em Belo Horizonte, hospedado pela Marianinha. Depois da morte de tio Júlio, ela mudara para a casa velha da rua Jacuí, convertera-se e a vida lá tornara-se a coisa mais cafardenta possível. Tinha rosário de manhã e rosário à noite. Inteirinhos. Só tive de divertido neste resto de férias o aprendizado da palavra *jaculatória* que me dava sempre impressão de sacanagem e da lista dos mistérios dolorosos, gloriosos e gozosos. Aos últimos, aos gozosos, juntei mais um, à tardinha, debaixo da latada de chuchu, no fundo do quintal. A tarde recendia a magnólia, goiaba, dama-da-noite, mancenilha e o noturno da Floresta era cheio de estrelas e pirilampos. Ela era cria da casa dum farmacêutico da vizinhança. Treze anos. Chamava... Só que já disse que eu não tinha a audácia do Zegão. Afinal voltei para o Rio, para meus tios Modesto e para a casa da d. Licota. Ia cursar o meu quarto ano de Pedro II.

Na entrada de cada ano letivo era clássica a apresentação ao Quintino que em rápida mirada avaliava o crescimento do aluno durante as férias e designava-lhe a divisão. Eu tinha dado um pulo. Estava da altura dele e recebi ordens de apresentar-me ao Pires Ventania e ao Salatiel Mirim que eram os inspetores da Primeira. Estufei o peito de orgulho. Ia pertencer à famosa divisão, promovido diretamente da Terceira e sem ter passado pela Segunda, por seu dormitório e sua sala de estudos. Assim nunca fui súdito do *Fortes Corcovado* nem do *Virosca*... Pisei soberanamente a areia suja do barracão dos maiores, cercado de bancos tristes, com os aparelhos da ginástica, a famosa viga, as escadas que lhe davam acesso, os degraus de outra, horizontais, para os exercícios de braço, as duas paralelas — uma alta, outra mais baixa. Olhando, a *vol d'oiseau*, a primeira coisa a se ver era o chalé dos banhos, depois a caixa-d'água, em seguida o vasto muro onde se abria o portão da *Linha de Tiro Carlos Maximiliano* e as escadas que conduziam ao *Stand General Faria*. Essa era a única parte verdejante do recreio dos grandes. A linha dos alvos dispostos com suas trincheiras, para manejo do Mauser 1908, era dentro de zona gramada e ajardinada: era entre flores que se mirava ao longe as silhuetas de homem que se tinha de atingir no crânio ou no coração ou as linhas concêntricas dos alvos simples. Carregar. Preparar. Apontar. Foooogo! E lá partia, ou saía, o projetil, ou bala, para acertar, ou percutir, no centro, ou meio, da mira, ou alvo. O nosso Batista sempre estentórico, flagelo dos recrutas bisonhos, ajoelhava, deitava, perfilava-se, apontava com uma agilidade extraordinária, disparava com uma perfeição espantosa metendo toda a carga de um pente rigorosamente no mesmo buraco ou orifício feito pelo primeiro tiro nos cartazes que apareciam nos abrigos. Hoje, pensando bem, vejo que o Batista não era tão duro quanto nos parecia. A prova? Sua delicadeza deixando fazer exercício militar a colegas nossos absolutamente incapazes — aos quais ele dava assim a ilusão de serem tão mavórticos como o Coelho Lisboa, o Edgard Moss, o Dídimo Brandão, o Omar Barcelos, o *Reverendo Vaca-Brava*, o *Totó*, outros hércules. Eram um corcunda, um maneta, um *pied-bot* e dois pernas-secas da paralisia infantil que se aprumavam marchando ao ritmo da *Furiosa* e aos compassos do *Três-com--Goma* — gozando naquelas nossas formaturas uma ilusão de perfeição física. O muro continuava até ao que lhe fazia ângulo e que dava para a *Academia do Juventino*. Esse canto estava escalavrado, era mais baixo, faltava-lhe metade da parede de tanto ser pulado. Aquilo era sabido até do Quintino mas todos faziam vista grossa. Não valia a pena entesar e criar casos com bestidade que eram simples fanfarrice, bravata, rodomondade dos mais malcomportados. No recreio da tarde eles pulavam, passavam no meio das carroças e dos burros, saíam para a rua e iam dar uma volta, comprar cigarros e até tomar um martelinho de pinga nos botecos da Cancela. Voltavam. Inspiravam a maior admiração aos tímidos e não acontecia nada. Esse último muro ia até a nova Sala de Armas e esta seguia-se de novo paredão dentro do qual ficavam as dependências dos empregados. Chegava-se assim às janelas do *Urso-Branco*, ao corredor de entrada e está circundado o recreio dos grandes. Não, tinha uma árvore. Era seco e desértico e árido como uma extensão líbica onde só houvesse leões. *Hic sunt leones*. Éramos nós, urrando e agressivos. Talvez infelizes, por isso agressivos. Dentro das Áfricas do recreio, só uma espécie de oásis, um triângulo de capim no canto do Juventino. Não o comíamos. Ali deitávamos embolados, para fumar acintosamente, contar histórias de putaria e cantar em coro dobrados e toques militares dando-lhes letras indecentes como as do "porra patrão", as do "cu da mãe é caixa-d'água", as do "teu pai, tua mãe, tua tia foi no mato fazer porcaria" e finalmente a mais linda dedicada aos *joões* presentes que entoavam rindo, no coro de todos.

> Tabaco bão é o da mãe do João:
> tabaco bão, tabaco mexedor,
> tem sala, tem cozinha,
> gabinete e corredor!
> Táaaaaabaco bão é o da mãe do João!

Havia uns recantos respeitados. O dos leitores, que era pegado ao portão que dava acesso à *Sala d'Armas*, onde o Paulino Botelho Vieira de Almeida, o famoso *De Paula*, sentado no dorso desarticulado devorava Júlio Verne, acompanhado na preferência de autor pelo nosso *Cavalo* que de quadrúpede não tinha nada. A alcunha vinha de sua agilidade e dos óculos de míope virados por nós em antolhos. Conversa mais nobre e elevada era a da rodinha que se reunia perto do portão de acesso aos banheiros. Eram o Ovídio Paulo de Menezes Gil, o Eduardo Carlos Tavares, o Afonso Arinos que gozavam da apreciada honra de serem convidados pelo Luís Nogueira de Paula para sábados e domingos em Rezende, em sua casa. Eram invejadíssimos porque conheciam pessoalmente a gentil *Colinha*, irmã do nosso colega, e só eles iam cumprimentá-la quando ela vinha ao colégio com o pai deputado para visitar os irmãos internos. Outro invejado: o Aluísio Azevedo que passara férias numa fazenda onde conhecera, em pessoa, a legendária irmã do nosso colega *Xico*, a própria poetisa Rosalina Coelho Lisboa. Nesse canto a conversa era mais elevada. Apesar de ter no maior apreço o grupo das vizinhanças das cocheiras, eu preferia a conversa do último descrito. Ali contávamos nossas experiências iniciais com a humanidade e o próximo e confidenciávamos uns aos outros nossa impressão de que tudo era mesmo uma boa merda e que cada filho da puta de homem não valia a bala que devia tomar na nuca. Esfregávamos como quem as amolasse, nossas facas umas nas outras e tornávamo-las cortantes para o próximo. Tínhamos dele e dos dois sexos uma visão aguda já feita e imutável. Em mim foi persistente. Lembro de conversa a respeito, lembro como se fosse hoje, as opiniões a um tempo gloriosas e pessimistas do mundo que nos trocamos certa manhã — Afonso Arinos, Pedro Soares de Meireles e eu. Já sabíamos que as outras pessoas existem como personalidade em função do que somos. Se passamos por mudanças lentas ou bruscas percebemos, *ipso facto*, novas maneiras do ser de nossos amigos. Às vezes é como se eles tivessem sido ejetados para Sirius. Outros não, são conservados pela vida afora. Soltávamos essas ideias pra lá pra cá ao longo do paredão todo cheio de murais com representações fálicas e vaginais. As primeiras mais frequentes devido à autonomia plástica do caralho — ali representado com patas de galo, como no desenho pompeano, ou de gente, ou de antílope, ora encimado por uma sarça, uma crista de ave, uma pentelheira espalmada feito os paquifes de um brasão; ora em riste, aríete; ora caído, tromba de elefante. Tudo mais representativo que os fusos e triângulo possíveis de obter com a boceta. A consciência de nossa capacidade relacional e genital nos enchia de uma alegria de viver tão exuberante que aquilo derivava em gabolices ou transbordava em apostas. Vamos ver de quantas você é capaz... Fiscalizava-se o executante à vista. Uma. Duas. Três. Lembrei-me disto vendo, em 1934, uma escalada de garotos pela parede escabelicastra do morro dos Cabritos, da casa do Modesto, na rua Santa Clara. Eu temia ver os rapazes escorregarem e se arrebentarem aos pés da pedra lisa que eles galgavam com a agilidade de gamos ou como se tivessem ventosas nos pés. Interessado e apreensivo fui buscar um binóculo e acompanhei-os um por um até vê-los chegarem ao alto onde, como se aquilo tivesse sido combinado, viraram-se para o oceano infinito e masturbaram-se longamente à glória do dia. Acompanhei tudo de óculos de alcance, aproximado como se estivesse ao lado e fosse uma daquelas juvenilidades de força e de pureza. *Mais où sont les neiges d'antan?*

Posso dizer que foi nos recreios da primeira e correndo o ano da graça de 1919 que tive minha paixão política inaugural. Falecera em janeiro o conselheiro Rodrigues Alves. Tomara posse o vice-presidente

Delfim Moreira. Ia se eleger um novo chefe de Estado e as opiniões se dividiam, na rua e no colégio, entre os nomes de Rui Barbosa e Epitácio Pessoa. Como sempre, inventavam-se as maiores infâmias a respeito da honra, da virilidade, das famílias, da integridade mental e física dos candidatos. Cada grupo tratava o chefe do outro de ladrão, corno, puto e cafetão. Pra lá pra cá. Chumbo trocado não dói. No recreio muito se gritou, muito murro se trocou por causa dos candidatos. Acabou vencendo o Epitácio. Apesar da profunda reserva que tenho por todos os políticos e da tendência incoercível a ser sistematicamente contra esse gênero de homens, tenho o Tio Pita como um dos melhores governantes que já tivemos. Foi dele o decreto que autorizava, em 1920, o início das obras da nova capital. São dele as feitas contra a seca. Essas duas coisas fazem do presidente paraibano um dos pioneiros da marcha do Brasil do litoral para o interior. E que dizer da compostura legalista, da bravura e da intransigência civilista que ele sempre mostrou. Vi-o, pela primeira vez, lépido e ágil, descendo simplesmente e sem guarda-costas de seu automóvel presidencial nas quatro horas da tarde, não sei bem se de Assembleia ou Sete do Setembro — para galgar as escadas do gabinete do seu dentista que era o dr. Oswaldo Joppert da Silva. Vê-lo-ia mais tarde nos tempos porvindouros do Rei Alberto.

Já descrevi o dormitório da Primeira Divisão e seu anexo, o do Estado-Maior. Como se lembram eu disse que se abriam à direita e à frente para o campo de São Cristóvão, para os horizontes das cúpulas do observatório, para a igrejinha e para o fundo da baía. Nestas salas eu dormiria ou velaria durante os anos de 1919 e 1920. Nelas e ligadas a coisas remotas de meu fundo e essência e mais recentemente às mortes que assistira na peste de 18, eu entraria em contato com as lesmas gigantescas da falta de sono, da insônia, do parassonho meio acordado, do pesadelo desencadeado em todo seu horror. O sonho é retomada de lembranças mas com liberação das mesmas e sua associação fantasista e arbitrária. Se não, por que? no parassonho meio vígil, antes de despencar, fica possível ir buscar esses cisnes, esses lagos noturnos, esse vento wagneriano, as cortinas de luto agitadas na noite azul e súbito essa cara e esse calor do demônio. Tenho a impressão que das cores surdas e embaçadas do velório da Nair (chovia a cântaros e escurecia) é que ficou o material de um pesadelo que me persegue desde essas eras. Não sei se já dormi ou se estou quase dormindo quando mergulho numa atmosfera luminosa de putrefação que é corpo de baile fogo-fátuo. As larvas dão lugar a figuras cintilantes. Elas se aproximam em silêncio, sós, aos pares, aos grupos trinos, às quadras. É uma dança. Uma dança sem música porque esta vem de ritmo interior que habita cada figura levando esta à valsa, aqueles à farândula. Todos vestem no princípio cores daquele brilho que só habita o cetim, as lacas, os lustrosos artificiais das bolas de vidro azul, roxo, prata. São caras de cristal polido, dum mar incandescente de milhares de olhos. Sem música. Sem uma cor viva de flor ou de fruta. Tudo é azul, preto e prata e som, se houvesse, nasceria de instrumentos desaparecidos cravos espinetas mortas. A dança é de mortos que aos poucos vão despindo peça por peça de suas roupas. A penúltima camada do streaptease é a pele. A última, os músculos. As barrigas estouram. Os esqueletos desmoronam e eu saio da água charco e da morte — tenho de levantar chorando, andar, acender a luz, comer desse pão chorando, beber dessa água chorando porque se eu deixar o corpo solto tudo recomeça e os mortos vão retomar sua pobre presa. Ai! *Que não sejajá...* Ou quando não era sonho e pesadelo vinha a insônia que eu já disse que não confundo com a falta de sono porque, nessa imundície, a vigília tem caracteres completamente perturbados. Essa perturbação vem da intromissão de coisas do sonho invadindo o consciente e obliterando-o como porre que lhe suprimisse o sentimento crítico e fazendo vir à tona experiências remotas, tão recuadas que talvez não sejam senão da espécie. As defesas da lógica se rompem e somos ocupados pelos cães que rondavam lá fora. Lá fora? Que lá fora? O das serpentes, dos vampiros, das mulheres que cospem em nós, dos canibalismos cadavéricos, dos mortos-vivos do Haiti, dos companheiros das corujas, das hienas, dos Cavaleiros Úrias, dos telefones que batem nas casas desabitadas. Lá fora, no sabat onde se consome do fino do fino, do mais nobre e cheio de vida como carne de criança viva, sangue vivo, sangue de mênstruo, cabelo de cabeça e pentelho, unha e esperma. Aquilo vinha em ondas na noite de São Cristóvão. Eu abria bem os olhos. Via os companheiros dormindo. Queria companhia, tanto, que levantava fazendo barulho de propósito, ia assoviando para os baldes que eram derrubados acordando piresalatiéis furiosos prometendo a realidade do Livro de Partes. Era alguém, ameaçador, mas alguém. Eu não estava só mais só assim cheio só de mim de mim. O dia amanhecia eu queria descer deem-me café quero escrever...

As manhãs me traziam novamente à realidade do dia a dia. Principalmente aquelas em que eu tinha hora marcada com o nosso dentista que era o dr. Francisco de Paula Severino da Silva. Era um homem alto, elegante, olhos claros, cabelos castanhos apartados ao meio e bigodes e barbas tirantes para o louro, que ele usava também abertos para os lados do rosto. Muito parecido com Nosso Senhor Jesus Cristo. Tinha uma tal admiração pela América do Norte que suprimira o seu Francisco de Paula e mais o Silva para ficar só Severino Curby. Além do nome estrangeiro adotara a heresia protestante e frequentava o culto dominical da Igreja Evangélica Presbiteriana. Quando eu ia passar pelas brocas e borrachas de separar do nosso Curby tinha longas palestras com ele. Sua habilidade psicológica era igual àquela que o distinguia no enrolar uma agulha irreversível e barbelada como pata de barata no canal dentário do freguês e extrair enrolado nela um nervo dilacerante, antes que a vítima pulasse ou soltasse um ai. Assim, para ele, foi uma canja verificar meu espírito de contradição, de rebeldia e ele pressentiu em mim presa de catequese fácil. Começou me emprestando um admirável livro de exegese chamado *As origens caldaicas da Bíblia* e quando me sentiu bem entusiasmado pela leitura ofereceu-se a me apresentar o tradutor. E eu iria apreciar que formidável orador religioso. O padre Júlio Maria ficava num chinelo. Foi assim que recomecei nova fase de admiração por Lutero e Calvino e passei a frequentar o culto de domingo da rua Silva Jardim, 15, onde doutrinava o reverendo Álvaro Reis. Era realmente um pregador notável. Entretanto não foi convincente para mim porque não tinha o *physique du rôle*. Nada do clássico pastor de almas, do seu vestuário, da compunção e das mãos bocetalmente unidas diante do corpo. O homem usava fraque, era elegante, tinha barbicha, um belo perfil e parecia um senador, um parteiro, um professor, um pai-nobre, um duque — tudo o que quiserem menos um ministro huguenote. Não pegava. Eu o ouvia falar de Abraão e de Ur como quem recitasse um papel ou tomasse parte numa cena de teatro. Fui escasseando minhas visitas ao templo e mais ou menos nessa época, depois de curta reconciliação, deixei também definitivamente o aprisco da nossa querida Igreja Católica Apostólica Romana. Como a sinhá Cota, aboli os intermediários e passei a entender-me diretamente com Jesus, meu Salvador. Curioso e que quero contar é o fenômeno de memória que se passou comigo a propósito do nosso odontólogo. Saí do Colégio Pedro II, estudei medicina, cliniquei no interior, vim para o Rio, vivi, rodei, andei e durante esse tempo esqueci totalmente o nosso dentista. Mais tarde tornei-me amigo de Miguel Osório de Almeida por intermédio de Gastão Cruls e por volta dos anos 50 ele passou a frequentar nossa casa da Glória. Veio a um jantar que eu ofereci uma vez a reumatologista francês. Pois bem: ao apresentá-los, depois de dizer o nome de De Sèze, virei-me para este e pedi licença de *lui prèsenter mon cher maître monsieur* Severino Curby! Fiquei bestificado como me saíra da lembrança esse nome nela soterrado havia trinta anos. Tive uma espécie de tonteira, senti uma simultaneidade, uma ubiquidade de que só voltei quando percebi que o Miguel era o sósia do Severino e que suas barbas tinham me restituído as do Curby numa subitaneidade que me parecera relâmpago e que era apenas o lento despertar de uma latência da memória. Mas voltemos outra vez a 1919...

Tínhamos nossas aulas embaixo, todas no anfiteatro do gabinete de história natural, alegre dependência do internato que dava no belo jardim antigo encimado pelo recreio dos menores. Laboratório e sala de lições eram separados por um tabique envernizado através de cujo gradeado superior viam-se os armários com os minerais, peças anatômicas de massa envernizada, esqueletos de animais, um esqueleto humano, um escalpelado de gesso colorido, bustos das figuras das raças e nas paredes oleogravuras encaixilhadas representando os animais das terras cálidas e das zonas polares. Das renas, focas, pinguins, baleias, cachalotes e tubarões — aos polvos, espadartes, delfins, anfíbios, serpentes, crocodilos, raposas, hienas, lobos, tigres, *rompentes leões e bravos touros...* Antes do quarto ano eu já conhecia essas dependências. Vi-as no terceiro ano quando fora nomeado professor de história natural o dr. Antônio Leite, genro de Urbano dos Santos. Antes de começar suas lições em 1919 ele se preparava conscienciosamente para isto guiado por seu antecessor Paula Lopes e pelo amigo de seu sogro, Ennes de Souza. Esse ia duas vezes por semana ao internato adestrar o nosso futuro professor em geologia e mineralogia. Como a hora destas aulas correspondesse à *hora vaga* de minha turma, o *tio* Ennes fazia-me descer para aproveitar as lições. Conheci então outro Ennes de Souza, diferente do de casa, diferente do das pilhérias e revestido da majestade do mestre. Até sua voz era outra, grave, mais alta, convincente, autoritária e didática. Dizia das camadas do globo. Das rochas. Das pedras. Dos minérios. Mostrava como identificar cada um, primeiro pelos caracteres físicos, depois pelas reações da química. Vi manejar pela primeira vez a alça de platina, as pérolas das soluções queimadas nas sete cores e setenta variantes em cima da chama viva do bico de Bunsen, senti os cheiros penetrantes e agressivos dos ácidos azótico, sulfúrico e clorídrico. Ouvi de tio Ennes palavras fabulosas como indium e carborundum (astros obscuros) e metílico (cometa cortando diamante céus azul de metileno) e de como ele calcava nesta ou naquela vogal, alongava esta ou aquela sílaba, dando mistério, poesia, intenções e força a palavras anódinas tornadas arrogantes — de repente carregadas e penetrantes. Nasceu desses encontros uma camaradagem minha com o professor Leite. Ele era pálido e sério. Informado de minha ideia de estudar medicina disse-me que deixaria vago o lugar de monitor de sua cadeira até minha saída do colégio. Bacharel, eu seria nomeado e poderia estudar à custa do emprego. Minha vida teria sido inteiramente diferente, mais fácil, no Rio, mas eu não teria passado pela experiência fabulosa de meus anos de Belo Horizonte. Não teria conhecido o Cavalcanti, o Emílio, o Carlos, Alphonsus, Teixeirão, nem Minas, nem as três amadas. Nada daquilo se realizou pois o jovem mestre nem chegou a ensinar. Faleceu nos fins de 18 ou princípios de 19. Guardei a lembrança de sua fisionomia bondosa e triste de provável aórtico. Uma lembrança cheia de gratidão porque foi o único homem que quis me dar, nesta dura vida, alguma coisa espontânea e não pedida.

    Mas eu tinha começado a contar nossas aulas do quarto ano e fui desviado pelos fantasmas amáveis de Ennes de Souza e Antônio Leite. Voltemos pois às lições. Tínhamos o nosso *Bolinha* com suas paralelas, seus halteres e os molinetes mirabolantes de suas magas. O *Bené* em épuras cada vez menos superadas e mais loucas e as projeções pelotiqueiras dos cones, dos poliedros, dos cilindros, das esferas. Uma *Estrada suave* arrastando-se *in the last days of* Pissilão. O Thiré, coitado, que com o fim da Grande Guerra, já não distribuindo vales para a recepção do material de propaganda do *Clube de Engenharia*, perdera, para nós, prestígio e rebolado. Ia levando sua geometria no espaço e sua trigonometria como Deus era servido. Mas tínhamos novidades. Dois explicadores: um para as matérias de *ciência*, outro para as de *letras*, respectivamente o bem falante Otávio Lopes de Castro (o *Castrinho* ou *Casquinha*) e o taciturno Cecílio de Carvalho, bacharel da casa, homem muito moreno e muito míope. Ambos infundiam aos alunos um pânico salutar porque se não tinham a prerrogativa de dar notas nas suas arguições possuíam a de ministrar zeros em comportamento — o que os dois faziam generosamente, privando-nos frequentemente da saída dos sábados. Principalmente o primeiro, verdadeira fera... (Seu Jônatas Pereira: será contemplado — zero!) E além desses, três homens eminentes em cadeiras novas. Na de espanhol, Antenor de Veras Nascentes; na de história natural, Lafayette Rodrigues Pereira; na de história universal, João Batista Ribeiro de Andrade — cujo nome reduzido por ele para João Ribeiro foi ampliado pela opinião nacional como a de uma das maiores e mais representativas figuras de sua *intelligentsia*.

Antenor Nascentes ia nessa época nos seus trinta e três anos. Tinha uma das mais belas cores brasileiras que já vi, realçada pela pele fina e saudável, mais pelo corado que aliado ao pigmento lhe conferiam um lustre de cobre à fisionomia expressiva, tornada mais cintilante pelos dentes magníficos, pelos óculos diamantinos, pela refulgência da inteligência. Sua cadeira não tinha exame final e era de frequência voluntária. Pois mesmo assim não havia um que não quisesse acompanhá-la e não havia quem não a seguisse com toda atenção. Seu verbo era como a lira de Orfeu encantando os animais do quarto ano. Não tugíamos nem mugíamos. Ouvíamos o filólogo e lexicólogo fabuloso. Apesar do nome, sua cadeira não tratava propriamente do espanhol do ponto de vista da regra gramatical e da tradução. Mas do espanhol como a língua literária de Garcilaso de la Vega, Luiz de Góngora, Lope de Vega, Quevedo y Villegas, Calderón de la Barca, Samaniego e Menéndez y Pelayo, que nos explicava. Detinha-se longamente no *Romancero* do Cid tornado em sua boca mais duro e real que o de Corneille e Floriano de Brito.

> *Vos sacara las entrañas,*
> *Haciendo lugar el dedo*
> *En vez de puñal o daga.*
> ................................................
> *Contóle su agravio, y dióle*
> *Su bendición, y la espada*
> *Con que dió al conde la muerte,*
> *Y principio a sus fazañas.*

Passava para o Cervantes de *La Galatea*, das *Novelas ejemplares*, mergulhava e nadava de braçada no do *Ingenioso hidalgo Don Quijote de la Mancha* mostrando a essência de sua novela, sumarenta e rica como as laranjas de Granada, colorida e sangue vivo como os rubis cabuchões das romãs de Sevilha; seu estilo rijo, preciso, retilíneo ou curvo ou ogival como as cantarias da catedral de Burgos. E a longa figura do cavaleiro passava na poeira e no sol das carreteras manchegas, seguida da bojuda do escudeiro, provocando o riso e o choro nunca isolados e sempre de mistura na ânsia e no singulto do richora...

    A cadeira de história natural fora dada só no quinto ano até a uma turma antes da nossa. Decidira-se que a partir de 1919 a matéria seria desdobrada em dois períodos letivos. Nessa ocasião foi nomeado o Leite e vimo-lo se preparando com Ennes de Souza para começar suas aulas. A Morte não deixou. Sua vaga foi posta em concurso. Preparo e sorte favoreceram Lafayette Rodrigues Pereira, jovem médico que apesar do nome não tinha nenhum parentesco com a família do conselheiro. Paula Lopes, o antigo mestre, passaria a sê-lo do externato. Víamo-lo às vezes nos corredores. Era um homem muito pálido, meio calvo, barba muito negra entremeada de tufos brancos e autor duma *Biologia* recheada de seus princípios positivistas e que já tínhamos recebido das mãos do nosso Trindade. Era um livro atochado, quase quadrado, cuja espessura assemelhava-se à largura de sua capa. Um cubo. Passou um ano em nossas mãos, intacto. Quando principiou o ano letivo encontramos o Lafayette tinindo e pronto para começar suas aulas. A primeira que ele nos deu foi também a de sua estreia como professor do Colégio Pedro II. À hora aprazada pusemo-nos de pé e vimos entrar na sala um moço de testa saliente, cabelos castanhos jogados para trás num negligê estudado, olhos azuis como duas contas turquesas, moreno claro, nariz bem-feito, arrebitado e de narinas frementes, o limpa-trilhos e as guias de uma bigodeira de *Bel Ami*. Quando falava, via-se, através da cortina de seus fios, beiços sadios e dentes soberbos. Era magro, usava fraque, tinha uma elegância estegômica e gesticulava com os braços ritmadamente, como se estivesse, em vez de mímica, executando gestos de maestro na regência de sua orquestra. Possuía voz penetrante de tenor e os sons que emitia iam alto, ao teto, e lá tremeluziam, vibravam, apagavam até que sua garganta de ouro acendesse outra rápida estrela. Assim e com o colarinho alto, o plastron, as calças listradas, as polainas e as biqueiras de verniz — o Lafayette nos impressionou profundamente. Além disto, por certa superatividade, simultaneidade de movimentos que seriam menos entusiasmo, no sentido *en theus*, de um deus interior, que agitação traduzindo uma espécie de diabo no corpo. Sua idade? Mais de trinta. Menos de quarenta. Força do homem, ali pelos trinta e cinco ou trinta e seis. Depois de fazer a chamada e fitar um por um, como querendo gravar, indelevelmente atarraxados, cara e nome, pôs-nos à vontade, sorriu, como num muito prazer em conhecê-los e passou a nos explicar o seu programa para o quarto e o quinto ano. Prometeu-nos dedicação, exação, paciência, ensino conscencioso mas, em troca, rogava, pedia, queria, reclamava, exigia — atenção, bom comportamento, mutualização de amizade e nenhum deslize. Ne-nhum-des-li-ze. Tomamos logo uma atitude reservada que ele recebeu como anuência tácita para desfechar sua chave de ouro. *Não admitirei a menor discrepância nem faltas de qualquer natureza.* Sic. Siccissimo. Nós é que não podíamos admitir aquela linguagem e recebemo-la com uma besourada inaudita e com o mais prolongado dos arrasta-pés já havido no internato. O homem não se perturbou. Perfilou-se apoiado à vara de aulas e assim, em posição de sentido, esperou que se refizesse o silêncio. Quando esse se restabeleceu, explicou docemente que íamos ter todos zero em comportamento e aplicação e que ele ia nos recomendar ao Quintino para duas privações de saída. E que não voltaria atrás. Entendido? E apontou o dedo para o primeiro. Entendido? Para o segundo e assim de um em um, de carteira em carteira chegando perto de cada aluno até correr os trinta e seis da totalidade do quarto ano. E foi dentro de um calado tumular que ele tornou a dizer escandindo sílaba por sílaba. *Não admitirei a menor discrepância nem faltas de qualquer natureza!* Falou e esperou. Silêncio ali e nada mais... Estávamos domados. Ele acrescentou então que os livros adotados seriam o Paula Lopes, o Pizon, o Aubert e o Remy Perrier. Mas que o livro principal seria ele mesmo, ele, Lafayette, que ia dar um curso, e não ficar nessa de marcar lição, tomar lições. Que prelecionaria e que nós tomássemos notas e preparássemos nossos próprios pontos. E agora, senhores! Até à próxima. Ele saiu, as asas do fraque abertas como as de lepidandorinha. Nós estávamos consternados. Aquilo anunciava-se mal. Muito mal, mesmo. Era merda e muita merda à nossa frente! porra!

    Na próxima aula ele começou as decantadas preleções. O diabo do homem falava admiravelmente, gesticulava melhor, era claro na exposição e prendeu uma hora de nossa atenção. Quando a campainha bateu anunciando o termo da aula, tivemos pena e ansiamos pelo estudo da noite para começar a pôr em ordem os apontamentos tomados. Estávamos entusiasmados com seu exórdio sobre os três reinos da natureza distinguidos no aforisma de Linneu. *Mineralia sunt. Vegetalia sunt et crescunt. Animalia sunt, crescunt et sentiunt.* E ele mostrava os erros da máxima porque os minerais não só existem, como crescem — a prova o crescimento dos cristais. Que os vegetais existem e crescem, mas que também sentem — como a *Mimosa pudica* e a *Dionea musciphaga*. Finalmente, que os animais além de existirem, crescerem e sentirem — faziam mais. Perpetuavam-se, venciam o Tempo dentro do qual projetavam-se pela reprodução. O Lafayette triunfara galhardamente. Ousamos uma missão para pedir a retirada dos zeros. A resposta foi não. E que mais tarde agradeceríamos esse não. Uns concordaram. Outros ficaram safados (eu entre eles) e começamos a chamar o homem de *dr. Discrepância*. Esse gozo durou pouco porque na segunda aula o mestre Lafayette deixou todos possuídos da maior admiração. Explicou que aos reinos de Linneu, Collerson acrescentara mais um — o planetário, cujo exemplo típico estava no Sol, como para o animal, no Homem, para o vegetal, na Vinha, para o mineral, no Ouro. Mostrou Geoffroy de Saint-Hilaire, orgulhosamente, querendo separar essa imundície humana num quinto reino onde tronaria sozinho o *Homo sapiens*. Ele, Lafayette, era contra isso e propunha que dividíssemos os seres da natureza num primeiro grupo de inérticos, ou inorganizados, ou brutos; e num segundo, comportando os seres vivos ou orgânicos. Nesse estávamos nós, os homens, em comum com as serpentes, os morcegos, os sapos, as lesmas, as zebras, as hienas. Mostrou o homem feito de células, falou de sua continuidade, quase eternidade — *omnis cellula ex cellula*. Disse destas se dispondo em tecidos; das funções e propriedades desses tecidos; das localizações do encéfalo. E a alma? doutor, onde? fica nossa alma. Ele riu largamente. Que alma? Foi uma bomba. Ouvimos pela primeira vez os nomes de Claude Bernard, Berthelot, Cuvier, Huxley, Hooke, Malpighi, Mirbell e Fontana. Ouvimos palavras prodigiosamente novas e sonantes como cariocinese, mitose, nucléolo, cromossômio, mitocôndrio. O verbete cromatina cintilou, como faísca acesa de repente.

  Dentro do nosso ensino vagamente antiquado e cheio de preconceitos quase escolásticos, as aulas do Lafayette foram como a abertura de largas janelas aos ventos da natureza e do mundo, tudo junto, num largo sopro de vida orgânica. Estávamos domados. Cumprimos suas duas privações de saída e elas nos ligaram ainda mais fortemente ao querido professor. Começamos com ele a viagem maravilhosa pela Natureza. Acompanhamo-lo na vida botânica, partindo dos seres vegetais microscópicos, vimos sua organização, as formas mais rudimentares da planta, depois os fetos, finalmente os vegetais superiores, as árvores, as folhas, a flor, o fruto, a semente. O sexo dos vegetais. O estilo e o estigma. O pólen e sua viscosa captação. A germinação. A vida animal. As formas microscópicas, os pequenos seres multiculados, as associações imitando esboço de organização, como nos polipieiros. Os bancos de coral. Os pedações de fogo gelatinoso, de vida logo agressiva, soltos dentro das águas, ticando e queimando águas-vivas. Os seres que povoam as profundidades marinhas, os que indecidem entre mar e terra, os anfíbios que vivem na água e na rocha, os que se arrastam no chão, os que pulam, os que batem patas, os que ruflam asas. Os minerais, as pedras, os cristais. Os fundos abissais de azul-marinho quase negro enfim negro e as alturas mais longínquas dando seu nome ainda ao azul, azul-celeste. A precariedade do universo, a do sistema solar, a da Terra. Suas idades. Seus períodos ardentes, ressequidos, glaciários, diluvianos, terremotantes, grutais e dentro deste globo incerto, o homem se mantendo misérrimo, contra os elementos, as bestas, os dragões paleontológicos e contra ele próprio — homem inimigo do homem e seu próprio lobo — *homo homini lupus*. Sua escalada da forma do macaco à dos deuses. E Deus? Dr. Lafayette. Que Deus? Adão fora uma longa caminhada, meus filhos. Pré-homínio de Modjokerto, um menino-bicho vindo da base do Pleistoceno inferior e dando uma longa linhagem de pitecântropos e sinântropos terminada no Pleistoceno médio com o Homem de Ngandong. Uma besta-fera. Os homens de Mauer, Heidelberg, Steinheim — bestas antepassadas da besta de Neandertal. Os homens de Swanscombe e Fontéchevade e o *Homo sapiens* fóssil — bestas armadas do boxe de pedra e da lasca. Nós depois, da família atual do *Homo sapiens*, armados dos gases asfixiantes, das metralhadoras, dos tanques, dos fuzis de guerra. E o que acrescentaria o Lafayette se visse o de hoje, o sapientíssimo e atômico que fez florir "rosa das rosas" — Vitória-Régia de Hiroshima. Ah! a prodigiosa viagem no verbo flexível e poderoso do mestre — homem afora, mundo afora, universo afora. Depois ele mostrava como funcionava a fábrica humana. Sentir. Respirar. Suar. Comer. Descomer. Urinar. Adolescer. O sexo onipotente. O pênis, a vagina, o cio, o amor. O coito, a gravidez, a parição. Com tudo isto o Lafayette nos gratificou em 1919 e 1920. Nas férias, entre um ano e outro, dilacerei o Cruveilhier de meu Pai para colar as figuras das vísceras coloridas ilustrando os pontos que eu elaborava. Trouxe para o colégio o *Dictionnaire de médecine, de chirurgie, de pharmacie, de l'art vétérinaire et des sciences qui s'y rapportent* de Émile Littré e Charles Robin e, dono de suas 1880 páginas, transformei-me numa autoridade. Recebia bilhetes angustiados no estudo da noite. Nava, que merda é essa de livéquia? Eu informava superior e generoso em outro bilhete de passar adiante. É o *Ligusticum levisticum*, pentandria digínia, L., cujas raízes e sementes são diuréticas. Outro bilhete de volta. E essa porra de L ponto — que vem a ser? Meu papelzinho de torna-viagem. É Linneu, sua besta! Abraços, Nava. Não duvido que o ensino do Lafayette tenha sido a origem de tantas vocações médicas brotadas no quarto de 1919 e no quinto de 1920 como Augusto Bastos Chaves, Carlos Paiva Gonçalves, Hilário Locques da Costa, Ari Teles Barbosa, Miguel Dibo, Leo Monteiro. A minha, no caso, somada à lembrança de meu Pai, de tios-avós como Domingos, Leonel Jaguaribe, e o curão Itríclio, de primos como Meton da Franca Alencar e Meton de Alencar Filho. Na turma seguinte, creio que foi ainda o nosso professor de história natural que aumentou a linhagem hipocrítica com Nelson de Souza, Antero de Leivas Massot, Luís Francisco Leal Filho, Neuthel Brito Cavalcanti do Albuquerque e quase Afonso Arinos de Melo Franco — que oscilou um instante entre o direito e a medicina.

Mas o quarto ano nos reservava ainda joia do mais subido quilate. João Ribeiro. Foi nosso professor de universal em 1919 e de história do Brasil em 1920. A primeira era dada segundo livro desse sergipano ilustre — *História universal* (*Lições escritas de conformidade com o programa do Colégio Pedro II*) — compêndio que, no dizer do autor, seguia de perto os de Colby, Myers, Robinson, Fredet e Collier, Mallet, Seignobos e Mellin, Martens, Hommel, Weber, Mayer e Ploetz. Foi essa a escola em que entramos pela mão do mestre. Antes da história, ele nos fazia conhecer a pré-história. O homem, como animal, no início isolado, depois familiar e gregário. As primeiras organizações sociais, sua eterna imperfeição, a nossa condenação a vivermos juntos, competindo como inimigos e sem competência para nos organizarmos em sociedade senão perfeita, ao menos mais justa e mais piedosa. Tolerável. O mesmo processo de mostrar que nada começava de repente era adotado quanto ao Brasil que os meninos aprendem como coisa espontaneamente surgida a 22 de abril de 1500 das mãos do almirante Pedro Álvares Cabral. Como Vênus Anadiomena da espuma das águas. Não. Vinham os fatores materiais e políticos impelindo Portugal e Espanha para os altos-mares, o ciclo das navegações, seu significado e nossa entrada no mundo como terra lusitana e principalmente como sociedade que conservaria para sempre a marca renascentista e antimedieval a um tempo, a primeira, orgulho, a segunda, defeito da América em geral e do Brasil em particular.

Infelizmente o que aprendemos de história foi diretamente nos livros de mestre João Ribeiro porque ele não prelecionava. Marcava lição. Na próxima vez: é o capítulo XXIII: Maomé e o islamismo — A invasão dos árabes. E quero tudo na ponta da língua. Que ponta da língua nem nada... Éramos chamados, babujávamos umas lérias e recebíamos notas do modo mais incoerente possível. Às vezes lição bem dada tinha nota simples, dois, três, quatro e doutras, lição chinfrim, recebia o dez se o aluno ao lê-la mostrava algum lampejo de inteligência ou de sensibilidade pelo dramático, pelo belo. Lembro de uma lição que bochechei sobre os Filipes e em que acumulei sandice em cima de sandice. Pois tive dez só porque dei ao soberano d'Espanha seu título de *Rei das Ilhas e Terras Firmes do Mar Oceano*. E além da boa nota adquiri para sempre a simpatia do meu querido professor. Exemplo contrário. O Coraci Cruz dava lição perfeita sobre o assassinato de César e levou nota má porque João Ribeiro queria que ele mostrasse ter compreendido bela frase e preciosa que ele escrevera no seu livro. O Coraci nada. O professor apertando e dando as dicas. Quando morreu César? Nos idos de março. Onde? No Senado, no Átrio de Pompeu. Como? Recebendo vinte e três golpes de punhal, um deles dado por Bruto. E então? Aí o Coraci empacou mas depois de longo tempo lembrou. Ah! Já sei, tampando a cara com a camisola. O João Ribeiro pulou. Tampando, não. Camisola, não. Abra seu livro, aí mesmo, leia: caiu ao pé da estátua de seu antigo êmulo Pompeu, compondo-se com a toga, a fim de morrer com inteira dignidade. Isso sim. E o senhor vai ter nota dois.

Pode ir. Quando eu peguei a balda do nosso professor, em vez de estudar com cuidado as lições marcadas, corria o texto das mesmas para decorar-lhes os pedaços de bravura, as chaves de ouro, os carros-chefes. Sabia todos de cor. Soltava-os na hora certa. E era dez e mais dez e mais dez — o dez nosso de cada dia. Vê lá se eu ia esquecer o que sentia que tinha sido escrito com gosto. Os achados. Cítera tornou-se empório comercial e dela é que se disseminou o culto sensual de Astarteia, a Vênus Fenícia./ Ciro foi pai, Cambises, senhor, Dario, um taverneiro./ Licurgo é um mito solar, *lukfergos*, Lúcifer./ Epaminondas era pobre, modesto e grave — não mentia nunca, nem brincando: *Adeo veritatis diligens erat ut ne joco quidem mentiretur./* O altivo Breno, sua espada na balança e seu *Vae victis!/* Tu também, Bruto! *Tu quoque, Brute!/* Agripina, ambiciosa e libertina./ *Qualis artifex pereo!/* Galba Velho e avaro, Vitélio, objeto glutão e Otão antigo favorito de Nero./ Esse negócio de favorito tinha coisa, hem? professor. Não sei. O senhor entenda como quiser./ *Descende, descende, per saecula damnande!/* O caminho de Canossa, a condessa Matilde... Como eu aprendi a jamais trilhar esse caminho.../ *When Adam delved and Eve span/ Where was then the gentleman?/* Catarina II cuja vida privada era excessivamente sensual e escandalosa, com os numerosos favoritos Orloff, Potemkin e outros.../ Essa todo mundo já conhece, professor, vem no soneto de Bocage. Que soneto? Ora, professor! o senhor não vai me dizer que não conhece... Não estou lembrado. Como é? E eu provocado, cinicamente soltava a segunda quadra e o primeiro terceto:

> Dido foi puta, e puta d'um soldado,
> Cleópatra por puta alcança a c'roa;
> Tu, Lucrécia, com toda a tua proa,
> O teu cono não passa por honrado:
> Essa da Rússia imperatriz famosa,
> Que inda há pouco morreu (diz a Gazeta)
> Entre mil porras expirou vaidosa...

A classe vinha abaixo de gargalhadas. O João Ribeiro carrancudo *pro forma* mas visivelmente agradado, ministrava o grau dez — a esmo. Essa minha fórmula foi adotada com sucesso pelos outros espertalhões da classe. Vocês se lembram? meus queridos colegas remanescentes.

No quinto ano os livros adotados eram a *História do Brasil* do próprio João Ribeiro e os *Pontos de história do Brasil* do professor da cadeira no externato — Pedro do Couto. O que fora o ensino do quarto ano, continuou no quinto. Aprendíamos muito mais nos livros do nosso mestre como leitura de repouso nas longas horas vagas ou nas longuíssimas dos estudos da manhã e da noite que com ele próprio. Mas ele estava nos livros... Folheá-los era folheá-lo... Porque como professor, como dador de aulas, João Ribeiro era extremamente displicente. E tinha razão. Só no Brasil, um homem daquela classe e daquela estatura ficava vegetando entre jovens malandros de ginásio. Bem que esse universitário europeu sentia revolta com a própria situação. Prova disto foi sua tentativa malograda de mudança para a Europa. A Primeira Guerra no-lo devolveu. Voltou e continuou no Pedro II marcando e tomando lições. Marcando sabatinas e corrigindo as besteiras de nossas escritas. Ele preferia a reunião que sempre havia, dos mais curiosos e inteligentes em torno a sua mesa e ficava de prosa com eles até que passasse a hora. Como aprendi vendo falar o grande humanista. Até hoje, quando releio *O fabordão*, ouço sua voz um tanto áspera, meio rouca, falando devagar, rolando as palavras na boca como a confeitos para lhes sentir o gosto, a graça e o efeito. Aquilo era tão sensorial que lhe provocava às vezes salivação maior e era como se, de repente, um verbete versicolor lhe tivesse ativado parótidas, sublinguais e submaxilares. Dizia. Enchia a boca e engolia. Dele aprendi, nessas tertúlias, senão na expressão, ao menos na ideia — que antes o palavrão que o palavrório, que havia países onde se devia viver de camisa de vênus — isolado e não participante, — senão lá vinham carga de polícia e doença de rua. Ficava na reticência mas nós entendíamos. Perfeitamente bem. Aprendi, aprendi. Dele me vem, o que chamarei fenômeno de otivação especial. Quando leio Machado de Assis é como se ouvisse leitura em voz alta de João Ribeiro. Ouço. Como *ouço* a voz de Mário de Andrade, Oswald, Manuel Bandeira e Drummond quando lhes leio prosa e verso. Certos trechos de Anatole France me são ditos por Milton Campos, outros, principalmente quando age e fala Bergeret, chegam-me na voz de Rodrigo Melo Franco de Andrade — porque os dois gostavam de citar e ler fazendo valer as frases e páginas do semideus de nossa juventude. Ouço João Ribeiro, seu muito bem! um dia em que nessas prosas dei a não sei mais que príncipe de Borgonha seu título certo de arquiconde. Lembro sua indignação num dia em que se falava em romance histórico e alguém (eu?) citou Miguel Zévaco como o maior escritor do gênero. Logo João soltou seu característico NÃO! E se queríamos *romance histórico* que fôssemos a Homero, Virgílio, Dante, Camões. Que lêssemos o Teatro antigo e o próprio *Théâtre classique*, esse aí, adotado pelo Floriano. Lembrei disto quando, tempos depois, li *La chanson de Roland* e verifiquei que aquilo sim é que era o que havia como romance de capa e espada. Confirmado com os poemas de Villon. *Mais où est le preux Charlemagne?*

Mas abusávamos da paciência e da distração do mestre nas sabatinas escritas. Ele sorteava o ponto: Guerras Púnicas ou Capitanias Hereditárias. Nós nem nos dávamos ao trabalho de colar porque tínhamos combinado antes, todos se prepararem para escrever sobre assuntos amenos como as Cruzadas, as Bandeiras. O João Ribeiro estranhava. Mas não foi essa a matéria sorteada, deve haver engano. Como não? professor. Ora esta! Até foi o Aluísio quem tirou o ponto da urna. Ele encolhia os ombros, ria entre desconfiado e incerto, dava a todos grau dez e ia, íamos em paz. São João Ribeiro. Lembro do dia em que ele desceu em cima de mim. O senhor está colando. Não estou. Está. Juro que não estou. Está e com uma *sanfona* nesta mão fechada. O que há é que eu desdenho verificar para não humilhá-lo. Deu nota má mas eu depois provei a ele que minha prova estando perfeita e ele não tendo me confundido na hora, moralmente não tinha direito de dar zero. Era um silogismo do que não podia escapar. Não diga asneiras! Não há silogismo nenhum na sua desculpa. Vou-lhe dar nota dez só de maldade, para aumentar o seu remorso. Estou vingado. Deu dez. O último algarismo, redondo como a auréola que eu ponho na sua cabeça, também redonda. Mas isto nos traz ao físico do João Ribeiro. Como era ele?

No *Álbum do internato* publicado em 1919 o filólogo ilustríssimo aparece de rosto inclinado, atitude meditativa, parte posterior da careca disfarçada por cabelos tomados de empréstimo em risca baixa, feita do lado esquerdo, bigode retorcido e andó grisalhando. Gravatinha-borboleta. A figura dum *scholar*, dum *sorbonnard*. Diferente do que nos apareceu em 1919, cara de cura, barba e bigodes rapados. Aliás parece que ele era um eterno insatisfeito com o rosto e durante os dois anos em que foi nosso professor de história fez várias experiências fisionômicas. Às vezes mandava umas gordas costeletas que lhe dariam o aspeto de um *butler* de boa casa, se ele tivesse o cuidado de barbear-se diariamente.

Não não: eram as costeletas e os tocos grisalhos do resto do rosto. Enjoava, tirava a costeleta e parecia uma redonda lua cheia, um limão sobre talo de pescoço fino. Mal comparando, espremido no colarinho em pé, parecia uma parafimosis. Tinha a expressão severa e imóvel. Cenho cerrado, sulcos nasolabiais profundos, boca fendida duramente e lábio inferior ligeiramente protuso. Dentes feios mas tratados. Nariz redondo. Expressão pouco móvel mas extraordinariamente avivada pelos olhos negros sempre em movimento. Só a face era inexpressiva, os olhos compensavam. Uma vez ensaiou o bigode e ficou com cara de órgão genital. Raspou-o e tornou a dar decência à fisionomia. Nem alto nem baixo. Mais para magro do que gordo. Só umas banhinhas mal distribuídas, de velho. Vestia-se limpamente mas mal e desleixadamente. Parecia tudo comprado na *Casa Rolas*. Vimo-lo, um dia, de fraque. Três casas e um botão. Ousamos interpelá-lo. Era quinta-feira e dia de Academia. Andava deselegantemente. Ao trocar os passos, quando assentava no chão o pé rompente, fazia um movimento de quadris para a frente como se quisesse adiantar as partes. Já se disse que no seu modo de escrever, ele é quem nos libertou de Portugal. Foi assim um pré-modernista e daí sua simpatia pelo movimento. Era livre como Mário e Oswald de Andrade. Só não ousou o palavrão. Mas viu com simpatia a enrabação da d. Lalá,* heroína de Oswald de Andrade do mesmo tope da fanchona que João Ribeiro descreve — aquela Florentina das *Recordações de dona Quitéria*. Tinha um jeito adorável de ler e dizer. Sua palavra era excelente e seu tom, saboroso.


O curso da Luísa com a Teodorini dava-lhe ensejo de fazer conhecimentos variados e como ela e d. Licota eram muito sociáveis, convidavam sempre as moças que encontravam lá, para Barão de Itapagipe. Foi assim que conheci na casa de nossas hospedeiras Raquel Figner e Bidu Saião. A primeira era muito viva e alegre, bonita moça, que morreria muito cedo, sem desaparecer. Porque ficaram famosas pelos anos que lhe seguiram o óbito suas materializações em sessões espíritas. Vinha,

---

* Ver *Obras completas* de Oswald de Andrade. Rio de Janeiro: Civilização Brasileira; Instituto Nacional do Livro; MEC, 1971.

falava, aconselhava, ria, dizia que estava feliz e para provar, deixar vestígio de sua presença, modelava rosas de cera tão perfeitas quanto as que fazia em vida. Depois foi rareando, não voltou mais e tomou definitivamente as rotas siderais. A Bidu era uma mocinha meio gorducha, sempre acompanhada por sua mãe, d. Mariquinhas Saião, ou por seu tio, Alberto Teixeira da Costa, médico virado em compositor, antigo colega de turma de meu Pai e que estudara preparatórios em Friburgo, com meu tio Heitor Modesto. A Bidu já era considerada futura vedete e por mais que se pedisse não cantava nessas reuniões familiares, sempre impedida pela mãe, pelo tio. Vocês desculpem mas cantar fora das aulas e dos exercícios esbandalha a voz. A Teodorini proibiu expressamente. Nossa vida social resumia-se a essas reuniões onde às vezes apareciam o jornalista Jarbas de Carvalho — o famoso *Barbas* de Carvalho, o dr. Álvaro de Castro e sua esposa, d. Luísa de Castro. A visita aos Modesto, aos Ennes. Os primeiros viviam na rotina de sempre: joguinho pacato, almoços pantagruélicos. Ultimamente (na roda dos homens) o Bento aparecera com um caso extraordinário. O de um amigo da casa que de repente começara a definhar, os médicos não sabendo de mais nada. Aquilo era o homem na cama, zorô, não ata nem desata, inteiramente inutilizado, broxa, completamente broxa, aos trinta e oito anos de idade. Afinal a copeira brigou com a cozinheira e deu o serviço. Fora a última, embeiçada pelo patrão, que enterrara sua ceroula enrolando um sapo debaixo do pé de pau do terreiro. Levou a patroa, desenterraram o despacho e foram jogar o bicho podre e a peça de roupa na água do mar. O homem curara como por encanto, virara até mais forte. E de cama então tinha ficado... A mulher vivia descadeirada...

    O Ennes de Souza, depois da morte da Nair, caíra doente e fora convalescer em Copacabana, em casa do Chico Muniz, parente afim, que morava à avenida Atlântica, nº 1044 (antigo), no último quarteirão, justamente em frente às lindas amendoeiras que lá estão e que foram plantadas por ele e pelas filhas para se demorarem à sua sombra durante os banhos de mar. Nesse tempo, aquele canto de costa, perto do Forte, cheio de embarcações chegando e de pescadores puxando os arrastões fervilhantes da prata do peixe vivo — lembrava Portugal e os barcos de Nazaré. Fui ver *tio* Ennes várias vezes na casa dos Munizes. Ele passava seus dias numa cadeira de balanço, posta numa varanda envidraçada que absorvia o sol nascente e como que o conservava dourado e em calda, o resto do dia. Lembro bem, numa manhã, de ter visto a Araci chegando das águas, toda queimada e molhada. Veio falar com a rodinha da varanda. Se nadara muito? O habitual. Fizera três vezes o trajeto da praia ao barco de salvamento. Magra, forte e elegante, parecia uma divindade marítima. Nereida, oceânide, ninfa, hamadríade. Falava rindo, apertando os olhos e com a voz ancestral de d. Quetinha. Mal sabia eu que ali estava quem seria das melhores amigas da Glória, *habituée* dos nossos almoços. Ah, por muito pouco tempo... Logo foi tragada. Não pelo mar, esse. Por um outro. O do irremediável. *Tia* Eugênia tomara horror à casa de Major Ávila e aquela estada em casa da gente Muniz dera tempo a que ela preparasse sua mudança para longe, para o subúrbio. Foram para um casarão, no Rocha. Não lembro bem a rua. Seria Senador Jaguaribe, ou General Rodrigues, ou Henrique Dias. Lembro é da vivenda vasta de escadaria central, aberta em leque, da varanda de grades forjadas, dando diretamente na sala de visita. Mesma disposição dos retratos na parede. Os espelhos venezianos é que não mais se defrontando, não faziam a repetição de imagens que já tanto me assombrara. Foi nessa sala que vi pela última vez Antônio Ennes de Souza quando fui despedir-me, indo para Minas, nas férias de 1919, depois dos exames.

    Outra grande casa que fiquei conhecendo neste ano. A de Afrânio de Melo Franco, em Copacabana. Tudo veio dum encontro com Afonso Arinos, na Garnier. Fomos às estantes, folheamos Eça de Queirós e o querido colega leu para mim umas passagens de *A ilustre casa de Ramires*, apresentando-me ao Titó, às Louzadas, ao Barrolo. Confidenciei ao amigo que aquele era um dos poucos livros do Eça que eu ainda não lera. Não é possível! vamos à minha casa, você janta comigo e eu lhe empresto o volume. Telefonei ao Modesto para avisar que não esperassem e bati com o Afonso, de bonde, para a rua Nossa Senhora de Copacabana, nº 1126 (antigo), no último quarteirão, residência mais ou menos na altura da que os Muniz Freire tinham na praia. Fiquei impressionado com a simplicidade e a grandeza da casa. O amplo terraço de onde se viam folhagens tropicais, águas e jacamins. A sala de visitas com o grupo patriarcal, o retrato a óleo de Cesário Alvim, o mesmo que o velho João Pinheiro despendurara da parede do Palácio da Liberdade para dá-lo de presente a d. Sílvia, que fora visitá-lo, e a d. Helena e que embasbacara pela fidelidade da tela que lhe devolvia a imagem do pai exatamente como ele tinha sido. Uma mesa cheia de retratos em molduras de prata, cercando velha lâmpada romana. A saleta ao lado, com uma sanguínea de Albertinho Martins Ribeiro representando a cabeça do malogrado Cesarinho — Cesário Alvim de Melo Franco — morto durante a gripe. Uma caricatura colorida do seu mano Caio, parece que feita por Nemésio Dutra. A imensa sala de jantar com seus sofás de couro, a mesa de esticar onde cabiam vinte, trinta pessoas, os aparadores encimados por molduras ovais e de vidro boleado contendo a natureza-morta de aves de caça empalhadas e penduradas pelos pés. Esses quadros e mais o retrato do avô Alvim estão hoje em casa de Afonso, à rua Dona Mariana, 63. Fomos ao quarto do amigo buscar a *Ilustre casa*. Jantamos, depois, os três. Ele, eu, seu pai. Jantamos num cômodo posterior que dava, à frente, para a varanda e atrás, para o quarto do velho Afrânio. Aliás, nessa época, ele não era velho nem nada. Ia pelos cinquenta e poucos. Estava viúvo de meses, todo de preto, rosto triste e severo, cabeleira ainda quase preta e o bigode prateando. Sentei-me timidamente diante daquela figura legendária. Mal sabia então que diante daquelas mesmas paredes, vinte e quatro anos depois, com Agenor Porto, lutaríamos por sua vida, na noite de sua morte. Fui eu quem lhe fechei os olhos. Mas como ia dizendo, estava todo enleado diante do político mineiro e querendo dizer alguma coisa não sei como lembrei-lhe nosso primeiro encontro no Cartório Duarte de Abreu. Então ele abriu a fisionomia, sorriu de relâmpago e declarou que o d. Duarte tinha cara de doce de leite. E não é? que tinha... Depois o Afonso mostrou-me duas de suas irmãs. Eram Annah, então com cinco anos e Zaide com oito ou nove. Quando eu saía, essa desceu conosco até o portão. Era linda, miudinha e tinha modos de pequenina senhora. Fui para casa encantado com minha primeira visita aos Melo Franco. Li a noite inteira. Só pela madrugada o livro caiu-me das mãos e adormeci à sombra de Santa Irenêia — toda negra e calada, em noite de lua cheia. E não há vez que novamente releia esta história, sem misturar seu contexto àquela tarde de meus dezesseis anos, à figura do amigo, à de sua casa — a casa ainda viva de seu pai, cercada de plantas e povoada de pássaros.

Mas o ano voava, chegaram seus últimos meses e a fase desagradável da preparação dos exames finais. Iam ser dois. História universal (esse era canja), geometria e trigonometria (uma barreira). Eu passava os dias à cabeceira da mesa da sala de jantar de d. Licota olhando os livros e olhando a pedreira do velho morro do Turano. Era como falésia imensa, lisa, sem anfractuosidades nem asperezas, alta, reta, negra como um quadro-negro. Eu olhava aquele monstro fosco e sem cintilações e via, positivamente via — diante dele os fantasmas odiados e gigantescos de Apolônio de Pérgamo, Diofante Papus, Euclides, Lambert, Legendre, Gauss, Bolyai e Lobatchevski — giz na mão, ora demonstrando o óbvio como o da reta ser o caminho mais curto entre dois pontos, do triângulo ter três lados, de ser equilátero quando essas lindes eram iguais; ora o impossível como a quadratura do círculo e o encontro das paralelas... Eu tinha a impressão de que tudo aquilo era inútil, coisa tão besta como as charadas, pura sacanagem dos professores só para reprovarem os pobres meninos. Depois Descartes me demonstrou o contrário mas já era tarde, muito tarde, para eu ganhar a altura maior que se atribui ao espírito imbuído da geometria. Eu mergulhava os olhos em céus de um azul impossível (impassível!) onde os cúmulos para meu maior desespero se resolviam em esferas, hemisférios, cilindros, cones e poliedros. Fechava o tratado do Thiré, o outro, odioso, da lavra *duma reunião de professores*, abria a *História universal* de João Ribeiro e com ele tomava a Bastilha e declarava os direitos do homem...

    Afinal começaram as provas e revi o palácio da rua Larga. Àquele ano, tumultuado, cheio de gritos, vaias, polícias pelos corredores e, parado na porta, um cortejo de *viúvas-alegres*. De vez em quando os secretas e soldados de polícia traziam um desordeiro orelhado e atiravam-no para dentro das carruagens logo entupidas fechadas e seus cavalos trotando para o Distrito. É que o Lafayette, professor estreante, estava reprovando em massa e tinham começado os protestos, as tentativas de agressão, as vaias, as batatas, os tomates e os ovos podres. Até um atentado a dinamite, num dia em que eu estava assistindo a outras execuções na sala dos exames de geometria. Houve no fundo um clamor, saí para o saguão e vi passar atracado, arrastado por matilha de policiais, um sujeito grosso, vestido de cáqui, chapéu enterrado até as orelhas pelos socos dos tiras, dos meganhas, um inexplicável cachenê verde-bandeira e nas mãos os cartuchos de dinamite. Fora apanhado tentando enfiá-los debaixo do estrado da banca de história natural e portando a indispensável vela de estearina para acender os estopins. Estou a vê-lo, lembro sua cara simpática de índio e tive vontade de pedir-lhe emprestado um cartucho para fazer saltar os examinadores de geometria. Não teria sido preciso. Até hoje não sei por que artes de berliques e berloques consegui nessa matéria um simplesmente grau cinco. Era inacreditável. Engano de professores exaustos, examinando cerca de catorze horas por dia. Basta recordar que comecei a colar minha escrita às oito da manhã e fui chamado para oral às onze da noite. A sala mal iluminada não deixava os lentes perceberem as mangas e as calças de meu uniforme cáqui todo rabiscado dos teoremas. Pelo sim ou pelo não, engano ou benevolência, passei. Tranquilo, comecei a esperar as provas finais de história universal. Dez entusiástico do Delpech, dez caloroso de mestre Pedro do Couto, dez desconfiado de São João Ribeiro. Distinção. Estava, enfim, bacharelando do colégio ilustre.

Lembro com saudade esses dias de angústia, espera, ansiedade, cagaço, alívio simplesmente alívio e triunfo distinção triunfo. Dos monstros sagrados do externato que víamos passar nos corredores. Gastão Mathias Ruch Sturzenecker, chapelão cinzento, barbarossa, olhos azuis e pele esquisita. José Cavalcanti de Barros Accioli, alto, corcovando, cenho cerrado, fera reprovadora. Os com fama de *canja* como Manoel Said Ali Ida e Agliberto Xavier — presenças tranquilizadoras nas bancas. Os tidos como feras como Francisco Xavier Oliveira de Menezes Filho e Euclides Medeiros Guimarães Roxo — presenças aterradoras nas comissões examinadoras. Outros mais, como Waldomiro Potsch, Mendes de Aguiar, Oiticica, o Costinha. Nesses dias passados no externato, comia-se na cidade mas o deleitável era o que nos propiciava o Nelson Mesquita Leitão. Não sei se seu pai era dono ou interessado numa casa de banhos que existia na esquina de Carmo e travessa dos Barbeiros. O certo é que o colega mandava lá dentro e nos levava aos magotes para as duchas grossas, filiformes, escocesas, pelando ou gelando, de espadana ou de chicote, com que nos gratificávamos antes dos sanduíches com caldo de cana ou com o prato feito dos chinas das vizinhanças de Tiradentes. Depois, fita em série, o mundo lindo de cada dia, a nossa vida eterna, amém. Tudo isto se interrompeu quando novamente subi nosso Caminho Novo das Minas para minhas férias em Belo Horizonte.

Quando cheguei a Belo Horizonte encontrei minha Mãe consternada. O Major resolvera mesmo convolar justas núpcias com prima viúva, mais moça que ele exatamente trinta e três anos. O casamento fora feito por procuração e a cerimônia realizara-se em Fortaleza, em casa de meu tio Meton de Alencar. Meu avô fora representado no ato — logo por quem? pelo dr. José Pompeu Pinto Accioly. Exatamente à hora do *sim* do procurador, dera-se fato extraordinário. Um retrato de tamanho sobrenatural da Inhá Luísa, que ocupava a peça principal da casa dos tios, saíra por fenda de fora a fora aparecida na parte inferior da moldura e viera cair aos pés da madrasta recém de tia Dedeta, de minha Mãe e de tia Iaiá. O quadro vazio ficou pendurado à parede. Houve um silêncio mortal, todos se entreolhando, cada qual mais andré, diante do augúrio tremendo. Tia Iaiá é que quebrou o silêncio. Que coisa! Moldura de madeira tão resistente. Inteirinha. Ela mesmo até pensara nisto quando a limpara de manhã para a cerimônia. Uma destas! Mas Deus havia de ser grande... Pois foi. A prima Maria de Alencar Marques e Silva, daquela hora em diante Maria de Alencar Jaguaribe, um mês depois chegava a Belo Horizonte. O nubente Major, impaciente, fora buscá-la ao Rio. Recebida com reserva pelas enteadas de Belo Horizonte, com duas semanas conquistara todo mundo — filhas e netos tortos — e passara a ser querida não só do marido como de todos de casa. Foi uma das melhores amigas de minha Mãe. Tinha o apelido de Gracinha. *Prima Gracinha* como logo a chamaram unanimemente na rua Caraça. Espirituosa, inteligente, boa — nela e por causa dela eu passei a estimar mais o Major. Pouco tempo ficariam em Belo Horizonte. Ano, ano e meio. Mudaram-se para Antônio Dias Abaixo, em Minas e depois para Lavras, do Ceará. De lá voltaram em 1926. Foram operados os dois, no Rio, na Casa de Saúde São José e morreram um depois do outro, com o intervalo de quinze dias, em outubro de 1926. O do Major era no intestino grosso, lá, nele, coitado. Sua última mudança foi de Humaitá para o Cemitério de São João Batista, onde repousa em paz em companhia da mulher que lhe deu a felicidade dos seus últimos anos de vida. Mas voltemos atrás para apanhar Prima Gracinha e o Major ainda vivos, na nossa rua Caraça, 72.

Retomei logo a vida dos *banheiros* da Serra. Lembro da vez que querendo mais espaço para mergulhar fui com Afonso Arinos e outro amigo nadar nos próprios reservatórios potáveis da caixa de areia. Estávamos ali, em pelo, espadanando e poluindo a água que ia beber a Tradicional Família Mineira, quando fomos surpreendidos pela esposa do Bambirra. Ela atirou-se às roupas para confiscá-las mas o Afonso e eu fomos mais rápidos e empolgamos nossas calças. O outro, coitado, não teve tempo. Encolhido à beira do tanque, para esconder suas vergonhas, pedia e implorava em vão. A dona estava inflexível. Aquele moleque ia ser entregue às praças assim mesmo e era assim que tinha de seguir para a segunda delegacia. Foi quando, meio vestidos, viemos também amansá-la. Naqueles apuros lembrei-me do grande condão. Disse a palavra mágica. A senhora pode mandar tudo pro xilindró; mas sabe? quem vai nos tirar de lá. O pai deste aqui. O próprio deputado Afrânio de Melo Franco. Aviso isso porque sou amigo do seu Bambirra e não quero ver a senhora e ele desautorados. Ela refletiu um pouco, mudou a fisionomia, entregou as roupas e acabamos indo tomar café na casa do próprio guarda. A população é que ia beber da água mijada.

 Em nossa casa o Nelo tinha construído um delicioso caramanchão e jogávamos ali formidáveis partidas de pingue-pongue. Desde a manhã até a noite era o bate-bola do tio desempregado, do Augusto, nosso primo, meu, enquanto minhas irmãs brincavam sem parar de *coroar*. Coroar Nossa Senhora. Elas tomavam parte nessa cerimônia celestial do maio da Boa Viagem, do Monsenhor João Martinho e sua comovente distração era recriar cada dia a coisa paradisíaca cantando louvores a Maria. Ouço a voz das duas até hoje e tenho certeza que a Mãe de Deus e de todos os Homens sempre esteve presente no meio das folhagens do altar improvisado. Luz na Terra, Luz no Céu, Estrela da Manhã, Torre de Marfim, Escada de Jacó, Lua Boiunaluna, Sol Veia-a-sol, bola branca de pingue, argêntea de pongue, pingue e pongue entre rosas, Rosa Mística, Espelho de Justiça nos cobrindo com seu manto. Chamada por minhas irmãs, a Rainha dos Anjos é que dava forças a nossa Mãe trabalhando que de vez em quando se interrompia e vinha olhar da janela ou ia abrir a porta e atender os pobres da Serra que não tinham nada e para quem ela reservava as migalhas que sobravam de nosso pouco. Entre esses necessitados sempre aparecia nossa lavadeira e bela Cecília negra. Antes eu a acompanhava com o olhar até vê-la sumir na esquina. Isso nas outras férias. Agora eu tinha os ensinamentos do Zegão. Um dia olhei para ela de modo tão inequívoco que quando a negra veio trazer a roupa da semana passou-me bilhete que recebi tremendo. Fui ler trancado no banheiro. O coração pulou no meu peito quando decifrei sua letra. Preciso estar cocê. Amor pereno fidelidade perena da tua Cissilia (Ela era de Diamantina onde perene tem masculino — amor pereno — e tem feminino — fidelidade perena). De tardinha fui ao seu barracão que ficava em terras riba corgo de entre dr. Aleixo e d. Dodora. Parei à porta mãos geladas. Dentro era escuro, cheio de fumaça, cheirava a capim-cheiroso, erva-doce, funcho, alfavaca. Ela apareceu assustada, saia branca, fez sinal com a mão — que não! que não! que depois, depois! Lobriguei deitada na cama a figura gigantesca do sargento Chico, temido em toda a Serra e que jardinava para meu avô. Recuei de pé leve. Não foi desta vez... Dias depois fiz uma segunda tentativa. Encontrei a minha negra toda baça, foveira, morrendo de dores na barriga, no pente e se inundando de chá de folha de abacateiro. Não podia, bem. Esquentamento. Bexiga. Doença afetiva — como ela dizia sempre em língua diamantinense. Ainda não foi desta vez que conheci aquela sempre inacessível Chica da Silva.

Fora disto minha ocupação principal nestas férias foi ler e reler *Mathilde* de Eugène Sue. Era numa linda tiragem, que conservo até hoje. Edição Gosselin, de 1844, vinda da rue Jacob, Paris. Suas ilustrações feitas por Gavarni, Celestin Nanteuil e Tony Johannot serviam para distrair minha Mãe e suas irmãs meninas — quando caíam doentes. A mim e a meus irmãos meninos — quando caíamos doentes. São destes volumes que se incrustam numa família, andam nos cantos de todas as casas, passam tempos encaixotados, no fundo de malas, de gavetões, ressurgem, resistem a todas as vicissitudes familiares, e inundações, empréstimos, leilões, goteiras, incêndios, mudanças e um belo dia ressurgem nas mãos de algum que percebe a imprimissão requintada, que os restauram e guardam. É o que aconteceu comigo. Fiz reencadernar os dois volumes pelo velho Berger e eles agora estão na minha estante fechada da rua da Glória. Trazem impressões digitais do Halfeld, de minha avó, de meu avô, de minhas tias e de minha Mãe. Estão impregnados de mofo e poeira de Juiz de Fora, Belo Horizonte, Rio. A Inhá Luísa não conhecia romance igual e era lê-lo, relê-lo, começá-lo, recomeçá-lo, acabá-lo — quem disse? O nome da heroína passou para minha tia Matilde Luísa. Depois a novela transpôs uma geração que não lia francês e que só o conhecia de figura. Caiu nas minhas mãos nessas férias e devorei-o de cabo a rabo. Até hoje gosto de retomar sua leitura porque suas páginas me trazem na hora específica do desencadeamento do mecanismo da memória involuntária — olhares de minha avó materna, cheiros da chácara de Juiz de Fora, dos ares lavados da Serra, sons do piano de minha Mãe ou do seu ainda mais remoto bandolim, gritos de primos e primas, relentos de nossas cozinhas com os ruídos das frituras e o taratatá das tampas das chaleiras batendo à pressão intermitente da água fervendo, o chiado desta quando irrompia e chispulava na chapa incandescente do fogão. Voz de meu avô. Vultos da Rosa, da Deolinda. Pouso Alegre. Contorno. Jacuí. Timbiras. Outros logradouros dantanho: a rua Caraça, a rua Aimorés, a rua Padre Rolim. Os dois volumes ligados ao nosso destino, reaparecendo, não sei como, no Rio. Grudados à minha ilharga como ventosa. Embebendo-se de novas lembranças de nossa casa de Laranjeiras, da minha, na Glória. Ao meu lado, enquanto escrevo, para sugerir-me estas lembranças e ajudar-me, reabrindo-o, a reabrir as portas do Tempo criando o pralapracá da galeria de espelhos como na da casa de Ennes de Souza. Nela eu entro velho e meio curvo, vou escurecendo os cabelos, endireitando o talhe, diminuindo a barriga, as banhas, remoçando, novamente correndo atrás dos bondes e da vida, acreditando em mim e em vocês — seus filhos da puta! achando os homens menos ordinários, quase bons, excelentes, estimando toda gente, amando, adolescendo e recuperando tempinfância. Mas principalmente estas férias da Serra chovendo, anoitecendo, solejando, amanhecendo minhas irmãs solfejando cânticos a Maria, a Maria amaria, amaria, amariamaria a Mãe de Deus, de Deus, adeus, adeus! Outro livro dessa época que tive a infâmia de despedaçar e dissecar figura por figura, para colar nos meus cadernos de história natural. O Cruveilhier. A famosa *Anatomie humaine*. Sobrou um volume. Guardo-o preciosamente como pedaço da infância em que eu e meu primo Meton íamos a suas páginas à procura das suas ilustrações genitais que eu chamei de guedelhudas. O próprio. Traz na folha de rosto a assinatura larga e galharda de meu Pai. Ali ele estudou os meandros de nosso corpo, guiado pelo velho Ernesto de Freitas Crissiúma, no anfiteatro da Praia de Santa Luzia...

    Mas deixemos o livro para lembrar o acontecimento mais importante dessas férias. Para mim. Para meu futuro modo de encarar os homens poderosos e os políticos. Os ricos, riquinhos e ricados. Foi o conhecimento que fiz, no *Bar do Ponto*, do anarquista *Bibiu* — de seu nome de família Arnaldo Baeta Viana. Estou a vê-lo, a seus óculos faiscantes, ao pescoço grosso, à sua alegria, fluência, inteligência e convivência. Completou, peripateticamente, por Afonso Pena e Bahia, a educação que o Lafayette Modesto começara a ministrar-me na rua Delgado de Carvalho. Quando fomos apresentados, o nosso *Bibiu* militava e estava se autodidatando nos estudos físicos e químicos que iam lhe permitir fabricar ali mesmo, em Belo Horizonte, os engenhos explosivos e as bombas com que pretendia fazer saltar as Secretarias e o Palácio da Liberdade com seus ocupantes porteiras fechadas. Estremeci de emoção aquela noite, defronte de um Teatro Municipal fechado e às escuras, quando *Bibiu* convidou-me para participar. Você topa? Pedro. Um vento revolucionando as árvores vinha que vinha da Serra quando estendi ao conspirador minha direita logo apertada. Combinamos destruir a estrada de ferro, os Correios e a chefatura de polícia — para principiar. Daríamos trégua de uma semana. Prepararíamos novo carregamento e seria então a vez dos bancos e dos atos de terror. Mandaríamos pelos ares o *Cinema Odeon*, num dia de Sessão Fox, a Industrial Garcia de Paiva & Pinto, a Papelaria Beltrão, Moreno Borlido & Companhia, Caldeira & Irmão, a Matriz de São José, a Boa Viagem, Santa Ifigênia, o Colégio Arnaldo, o Santa Maria e inauguraríamos época de confraternização universal, felicidade dos povos e amor livre. Porque na nossa revolução entrava uma boa dose de sacanagem, que diabo! senão aquela merda não ia ter graça nenhuma. Vamos comer muita cabaçuda à luz dos incêndios e meter muito tampo pra dentro nesta cidade — prelibávamos. Eu estava disposto a tudo, aceso pela fanfarra do *Bibiu*. Os casos heroicos de Ravachol, Vaillant, das explosões e da guilhotina. Henry, Francis, Bricou e Meunier. Caserio, o vingador menino de Émile Henry. Os anarquistas assassinos parecendo personagens de capa e espada. Os moedeiros falsos. Meyrueyz, Chapulliot. O desafio ao poder. As citações eletrizantes. *Vous avez l'échafaud; nous avons le poignard...* Dávamos uma banana para o *échafaud*. Infelizmente nossos planos goraram porque o comércio de Belo Horizonte estava em absoluta falta de enxofre — condimento indispensável para fabricarmos a quantidade de pólvora que necessitávamos. Essa impossibilidade nos fazia desleixar a prática e cuidar da teoria e o nosso *Bibiu* era inesgotável falando de Proudhon, Bakounine e Elisée Reclus. De Jean Grave e Kropotkine — o próprio Kropotkine do Lafayette Modesto. Acabava em Nietzsche e Schopenhauer. Você precisa ler, Pedro. Ler e agir. Temos de arrasar tudo. Eu estava para seguir para o Rio em fins de março e combinei encontrar-me com Arnaldo Baeta Viana na capital. Ele devia chegar em meados. Era 1920: mesmo sem bombas e sem que o percebêssemos, fechava-se a *belle époque* e abriam-se *les années folles*. Ia começar o Século XX. Não o cronológico, mas o verdadeiro.

> Aqui jaz pó: eu não; eu sou quem fui.
> — Raio animado dessa Luz celeste,
> À qual a morte as almas restitui,
> Restituindo à terra o pó que as veste.
>
> JOÃO DE DEUS, no túmulo de Antero

> Ainda não conheci de perto um homem de tanto saber e de tanta vontade. Num país onde a ciência e a virtude são postas de lado para que no primeiro plano se exibam os favoritos da política e do dinheiro, não é de admirar que o grande cientista e o grande patriota fosse quase um desconhecido e que sua desaparição passasse despercebida da maioria dos brasileiros.
>
> ANTÔNIO SALLES, *Sábio e justo*

De mim não. Recebi a notícia do Modesto como pedrada no peito. Logo meu mundo ficou menor. Ennes de Souza morrera, em sua casa do Rocha, a 6 de março daquele 1920. Então? eu não veria mais seu vulto rápido e curvo, a cabeça baixa, as mãos morenas alisando o lenço de linho, erguendo o copo de vinho, amaciando o charuto ou acendendo o cigarrinho. Não veria mais seus olhos sempre atilados — outrora negras jabuticabas que o tempo e o arco senil tinham transformado em pupilas de um azul acinzentado e sujo. Nem ouviria sua voz sempre moça e bem timbrada usando as palavras raras que ele atirava como moedas d'oiro na sua riqueza verbal de maranhense. Précito. Epíteto. Bozerra. Dobla. Liança. Aguazil. Cômoro. Judiciar. Meândrico. Primulina. E a que eu já conhecia, a mais obscura e cabalística de todas — carborundum — que lhe ouvi numa aula ao Leite. Só muito tempo depois é que soube que tratava-se de produto artificial muito duro, usado como abrasivo porque, durante anos, a palavra voejou qual corvejão, graúna, morcego, sol apagado, borboleta negra, nas trevas do meu desconhecimento. E não era? mais bonita assim no mistério dracular e nas asas duras estalando batendo... Fui visitar *tia* Eugênia. Ela acabara com a casa e estava morando com o Gabriel na *Pensão Suíça*, quase na esquina de Cândido Mendes, em frente à antiga localização do monumento a Cabral. Tinha envelhecido muitos anos em três meses. A família que eu conhecera, eterna, em Visconde de Figueiredo, General Caldwell, Major Ávila e Rocha tinha se dispersado. O Ernesto ia casar com a Nausikaa e reconstruir outra família. A Eponina morava só numa pensão. Casaria depois. O Paulo voltara para o Maranhão. A Zazoca e as irmãs, com a mãe, na Tijuca. A sinhá Cota errante, passava tempos nos Moscoso, com os Modesto, os Fragoso. Nunca mais soube dos amigos da casa, os que comiam e bebiam nos alegres almoços ajantarados álacres jantares festivas ceias. Quando casei verifiquei deslumbrado que minha mulher era amiga de Araci Muniz Freire e sua presença morena em nossa casa da Glória era sempre uma ressurreição de adolescência, de velhos tempos — tempo de Ennes. Ai! por tão pouco... Ela foi-se para sempre a 14 de julho de 1958, moça, moça e só torno a vê-la vez que outra num sonho de repetição que é símbolo da angústia que sua morte me deixou. Ela aparece sem rir, meio apressada, chama, acompanho seu vulto impreciso umas escadas acima. São as de um navio que logo levanta ferros e navega. Ela sumiu no deck de paredes envernizadas como as do paquete do imperador indo para o exílio. Em vão eu grito Araci! procuro Araci. Nem ela nem ninguém. Nem capitão, nem marinheiros, nem taifas, nem passageiros no veleiro vazio a deslizar tão depressa naguamarga que vai indo todo inclinado sobre a vaga que marulha e bate sem barulho. Quando escurece sem fim é que acordo banhado em suor lágrimas peito cheio de soluços que estes, ouço. Graças a Deus! que estes, ouço. Araci.

    A primeira vez que fui ao Caju com tia Bibi ela mostrou-me o caminho que não esqueci. O da cova de Antônio Tomé e Henrique de Sales Rodrigues. Ennes de Souza estava ali, com o sogro, o cunhado. Li e decorei a inscrição pompsa.

PRO PATRIA ET FOCIS
PELA PÁTRIA E PELO LAR!
ASSIM SE RESUME A FIRMEZA
INABALÁVEL DO GRANDE PATRIOTA
E VARÃO JUSTO
QUE FOI
O PROFESSOR
ENNES DE SOUZA
1920
REQUIESCAT IN PACE
AQUI JAZEM ANTÔNIO E EUGÊNIA ENNES DE SOUZA.

Compreendi o nome de *tia* Eugênia antecipado na pedra. Realmente ela morrera com o marido. Quem andou pelo mundo mais uns pares de anos foi a massa de pó que se juntaria ao dele, ali, naquele pedaço de terra onde jaz pó. Eles não. Eles são quem foram. Andarão sempre comigo até que eu também restitua à terra a forma que me veste... Porque serei o que tenho sido luciferando o meu e os raios animados de que meus mortos me pentecostam. Adeus! tio Ennes. Você passou pela vida em beleza e dignidade. Nasceu rico, foi dando tudo, morreu pobre. Nossa terra nada lhe deu — nem mesmo a nesga comprada, do Caju. Depois de sua morte ela pôs seu nome num logradouro. *Rua Ennes de Souza*. Começa em Desembargador Isidro, perto de Major Ávila, onde a da Nair começou a sua morte. Deram seu nome a um grupo escolar. *Escola Ennes de Souza* — onde estudou Millôr Fernandes que a batizou n'*O Cruzeiro* de "Universidade do Méier". Disse que ele morreu pobre. Nunca senti essa pobreza tão duramente como no dia em que Laura Rodrigo Otávio me mandou uma carta de *tia* Eugênia ao sogro dela, Laura, pedindo seu apoio a favor de um seu direito e que não lhe queria dar a pátria não. Jamais vi solicitar com tanta dignidade e altivez. Não eram palavras de postulante e sim as de uma rainha enfrentando a adversidade. Já comparei *tia* Eugênia à Grande Catarina e a Maria Teresa. Deixem-me juntar, agora, à sua realeza, as sombras de Maria Stuart e Maria Antonieta...

Voltei a um imutável internato. O diretor era sempre aquele sempiterno Laet que Medeiros e Albuquerque chamava de *Jararaca-de-porta-de-igreja*. O nosso Quintino. O dormitório da Primeira Divisão. Pires-Ventania e Salatielzinho. Os longos estudos da manhã e da tarde na mesma sala aberta ao sol, às noites, aos ruídos específicos dos minutos dos crepúsculos matutinos e vespertinos de São Cristóvão. Nossas aulas, exceto a de história natural, eram todas ministradas numa classe sombria, dependência do gabinete de física e química. Abria para uma espécie de corredor ajardinado entre nosso prédio e as paredes fechadas da casa vizinha do Faria. Só no zênite o sol o alumiava. Era cheio de sombras, avencas, samambaias e tinhorões. Tinha seu pequeno tanque d'água lodosa. Tão turva de limo que sua transparência ia só a três, quatro dedos, no máximo. Esse não ver de onde vinham os peixes-vermelhos malhados de branco e para onde iam as raízes das plantas aquáticas dava impressão de poço sem fundo e ampliava a fantasmagoria do lugar. Da sala tristonha, do estrado imenso onde a mesa magistral tinha elevações de catafalco, do enorme quadro-negro dividido em duas partes sobedescem como janelas de guilhotina. Um tabique de madeira separava-nos da sala cheia de reagentes químicos e máquinas de física. A de Atwood tinha um cartão de prata dizendo que nela aprendera a princesa Isabel sob o preceptorado do barão de Ramiz Galvão. Depois da morte da Redentora, em 1921, ela começou a aparecer no gabinete onde estudara, menina. Só o incêndio do colégio espancou para sempre seu fantasma do casarão do campo de São Cristóvão. Mas parece que já foi visto no prédio subsistente da Chácara do Mata.

Continuávamos com entusiasmo a nossa história natural. Escudado nos tratados, munido das apostilas que eu fazia com maestria e montado no dicionário médico do Littré eu era poço de sapiência. Já me decidira pela carreira hipocrática. Idem o Paiva Gonçalves e o Ari Teles Barbosa. Na nossa sofreguidão decidimos uma visita ao Instituto Anatômico, à Praia de Santa Luzia. Seríamos pilotados por um segundanista amigo e iríamos ver as dissecções. À última hora o Ari falhou e batemo-nos o Paiva e eu para uma aula prática do professor Benjamim Batista. Que coisa grandiosa! a figura do mestre. Nascido em 1864 ele ia, àquela época, pelos seus cinquenta e seis anos. Mas conservados, ele apenas grisalhando, bedonando o *quantum satis* para dar majestade à massa, amplo, corpulento, belo, simpático, sorridente, indo de mesa em mesa, ensinando aqui, corrigindo ali, tomando dos alunos bisturi e pinça-dente-de-rato para transpor um trecho difícil das dissecções, cofiando depois os bigodes e a barbicha com as mãos úmidas de cadáver e formol. Enchendo o anfiteatro e o pátio, envolto num avental maculado amarelado de gordura, parduras de sangue velho, manchescuras de bile, sânie e monco — ele nos pareceu a um tempo imperial e crasso. Lembrava a testa ampla, o olhar augusto do Carlos I a cavalo de Van Dyck — seria o seu retrato, se o pintor tivesse transformado o modelo longilíneo na figura dum pícnico. Nosso guia nos apresentou a ele. Apertamos com relutância aquela mão que estava revolvendo molezas. Ai! de nós que dentro de dois anos estaríamos naquela. Eu, por exemplo, eu e os de minha turma, por bravata, descascávamos laranjas com o escalpelo que nos servia para abrir carnes mortas e quantas vezes afastávamos um pé ou mão de defunto para fazer lugar, na mesa de mármore, para os nossos sanduíches. Admirávamos o grupo de moços espalhados no anfiteatro dum claro-escuro rembrandtesco, ou no sol do patamar lajeado, aqui em mesinhas pequenas para braço e perna. Estavam cheios de alegria, pilhéria, palavrões e eternidade. Manejavam com indiferença corpos e pedaços ossos músculos e tendões dos pobres coitados que muitos deles próprios, coitados, também! já foram encontrar debaixo do mesmo lençol de lama, agasalho final de todos nós. Um cheiro errava no ar, de queijo roquefort, de mijo podre, manteiga ardida, bosta velha, banha rançosa e formol formol formol de fazer correr as narinas e lacrimejar os olhos dos morredores descuidados que remexiam naquela podridão anônima. Fomos ver os tanques de cadáveres, vastas arcas forradas de zinco onde eles mergulhavam aos três, aos cinco, aos oito. De um, jamais esqueci, deitado de borco, forma atlética, sozinho na sua arca, oscilando devagar, boiando, afundando, seu cabelo liso se agitando lentamente segundo o corpo subia ou descia no banho de azinhavre e aldeído. Esse é que não me deixou dormir àquela noite, noites depois. Esse é que às vezes vejo duma distância de cinquenta e cinco anos como se o estivesse vendo agora, aqui, nítido como as palavras que estou escrevendo. Esse é que me visita à hora das insônias e do balanço deve haver da vida e que no meu automatismo espanco rezando Ave-Maria cheia de graça o Senhor é convosco...

Além do grande Lafayette tínhamos ainda, do ano passado, o nosso imenso João Ribeiro. Cada vez gostando mais de conversar e menos de dar as aulas. Marcava a lição, chamava um, escutava distraído, dava nota sempre boa, fechava o livro. Íamos chegando para a roda da mesa. Começávamos a perguntar. Ele respondia no princípio mal mal. Depois a conversa pegava fogo. Até hoje quando abro o *Fabordão* que é onde o encontro melhor, tenho, lendo, a impressão do já ouvido. Evidentemente ele se repetia naquelas palestras com os alunos. Nos assuntos abordados. "O Poeta é pois o grande Intérprete, o grande Explicador do mundo..." "...uma alma agreste e rude como é a minha que [...] só uma vez, tarde e para mal seu, sentiu o terror pânico da grande civilização..." A carta de Pero Vaz escrita da nossa pátria nascendo amanhecendo das águas e das matas: *"Aly amdavam antr eles tres ou quatro moças bem moças e bem jentis, com cabelos muito pretos comprjdos pelas espadoas"* — já era Alencar — *"e suas vergonhas tão altas e tam çaradinhas e tam limpas das cabeleiras, que de as nos muito bem olharmos nom tijnhamos nenhuma vergonha"* — já era Oswald de Andrade. Depois da pátria das praias e dos poemas nas areias a pátria que viera crescendo e pegando vício colonial, vício escravagista.

Os governos que mesmo depois da Independência continuaram agindo como potestade ultramarina e ocupando tão duramente o que deviam administrar — como se fossem os ss na Paris invadida. Provocando essa má vontade que vai do Oiapoque ao Chuí. Eu já não disse? atrás, que a sabotagem do brasileiro é uma forma de protesto desarmado. "Já se disse [...] que o homem é um estrangeiro no seu solo natal; a nossa terra nos evita..." Além da teoria do exílio, certa filosofia da solidão. Não devemos depender dos outros para a felicidade que cada um deve construir com seus recursos, sem apoiá-la em pai, mãe, irmão, marido, mulher, filhos, muito menos em amigos, ainda menos do que possa nos advir da coletividade. Essa, então, porra...

Tínhamos começado uma trovoada wagneriana de murros na mesa e uma gritaria de zeros em comportamento e aplicação na cadeira de física e química com o velho Francisco Xavier Oliveira de Menezes. O homem andava sempre de gravata de fustão branca, fraque cinza-claro, botinas de pelica amarela mas furibundo, transbordando da atrabile — "o humor negro que não ferve". Tinha o apelido de *Pipoca* que lhe vinha de ter a cara e as mãos recobertas de inumeráveis da dita. Faço o diagnóstico retrospectivo de neurofibromatose generalizada ou doença de Rechlinghausen. Era o pai do professor homônimo do externato, vulgo *Mosquito Elétrico*. Pois o *Pipoca* depois de umas poucas aulas papoucou das artérias (lá nele) e foi descansar afinal no cemitério do santo seu xará. Depois da tempestade a bonança. Depois de Menezes tivemos Moura. Guilherme Augusto de Moura, excelente homem, grisalhando mas ainda moço. Era muito vermelho, olhos muito pretos e doces, andava bem vestido, as roupas parecendo sempre novas e lhe dando um ar endomingado. Nascido em 1872 ele tinha nessa época quarenta e oito anos. Pegou a matéria onde o Oliveira de Menezes a tinha largado e por ele tivemos uma noção menos agressiva da física e química que sob os berros do seu antecessor. Moura tinha uma voz nasalada mas simpática e com ela, sem elevar seu diapasão, é que ele nos enfronhava nos fenômenos que alteram ou não alteram o estado de um corpo. O que altera é químico. O que não altera é físico. Para exemplificar ele misturava enxofre e limalha de ferro. Separava depois os dois corpos tirando o ferro com um ímã. Vejam os senhores. Aqui está o ferro, lá ficou o enxofre. O que eu fiz chama-se *mistura* que é um fenômeno físico. Agora vou mostrar um de natureza química. Aqui está, nesse cadinho, limalha de cobre e sobre ela vou deitar ácido azótico. Deitava. Tudo fervia e levantava-se um vapor acre e infernal. Ele mostrava o que ficara no cadinho. Não é cobre. Nem ácido azótico. É um corpo completamente diferente e chama-se azotato de cobre. Nasceu dum fenômeno químico. Provava-nos com aparelhos engenhosíssimos que a matéria é impenetrável, extensa, dilatável, compressível e divisível. Nesses tempos felizes o átomo era o limite dessa divisibilidade e foi sua fissura, depois, que nos deu o cogumelo de Hiroshima. Havia sempre um silêncio enorme nas aulas do Moura. Interesse pelo desconhecido das forças, da gravidade, do peso, do equilíbrio, do pêndulo? por tudo isto e pela cortesia daquele mestre que adivinhávamos visceralmente bom. Vinham os três gêneros das alavancas. As do primeiro, com o apoio A, no centro. As do segundo tinham no meio a resistência, R. As do terceiro a potência, P. Guardem bem a palavra que vou escrever na pedra e nunca mais esquecerão de qualificar as alavancas

## H ARP A

HARPA, de que separei as letras centrais num grupo que dá o primeiro, o segundo e o terceiro gêneros. Alavancas interapoiantes, inter-resistentes, interpotentes. Compreenderam? Era impossível não compreender diante de tanta paciência. Claríssimo, professor. Muito bem. Então estudem para a próxima vez as balanças. Logo depois das férias de junho começaremos a Hidrostática. No canto do gabinete, estática, estava a máquina de Atwood em que a princesa Isabel Cristina Leopoldina Augusta Micaela Gabriela Rafaela Gonzaga aprendera a lei da queda dos corpos. Só não lhe ensinaram que um ato redentor pode provocar a queda das dinastias.

Com a morte do *Pissilão* a cadeira de inglês estava sendo dada pelo professor Álvaro Espinheira. Era um homem alto, seco, de idade indefinida — podendo ser um moço envelhecido ou um velho conservado. Era anguloso, trajava luto perene, tinha o rosto vincado e o queixo prognata. Bigodinho de vilão de cinema. Gostava de dar zeros e adorava nos espichar. Dava todos os exemplos tirando-os da *Estrada suave* que ele tinha de cor e salteado, página por página, linha por linha. Mostrava essa prenda sempre que podia. O senhor aí, diga o que é *goldsmith*. É um escritor inglês, professor, Oliver Goldsmith. E mais o quê? Já vimos isto em aula anterior. A vítima procurava no teto, nas carteiras, na cara dos colegas, no chão. E mais o quê? Sabe? ou não sabe? Então abra sua *Estrada suave* na página 65 e veja a terceira palavra da segunda linha *goldsmith* com o G minúsculo, *goldsmith*, ourives. O com G maiúsculo, Goldsmith, está na página 164. Erro em lição anterior e que deveria ter ficado de cor é igual a zero. É seu grau de hoje. O homem era impossível, com aquelas emboscadas odiosas e sobretudo com a sua memória demoníaca. Ria ácido, aplicava a nota má, sacava das profundas da aba do fraque uma caixinha de bicarbonato de sódio de Carlo Erba, preparava uma dose reforçada, tomava, aplacava um pouco o fogaréu clorídrico do estômago e passava a outro paciente. O senhor agora, seu Aluísio, abra a *Estrada suave* na página 201. Comece a leitura pelo segundo período: *I am inclined to think...* Estava tudo certinho no lugar. Aquele diabo não consultava um papel, uma nota. Tinha o livro gravado na cabeça poliédrica de cabelos cuidadosamente apartados no meio. Um chato.

Mas além da história natural, da história do Brasil, da física e química e do inglês — matérias para exame final — tínhamos mais duas cadeiras que nos obrigavam apenas à frequência. Eram psicologia, lógica e história da filosofia dada por Filadelfo de Azevedo e literatura italiana e interpretação da *Divina comédia*, ministrada pela figura extraordinária de Nunes Ferreira. José Filadelfo de Barros e Azevedo, que faria posteriormente carreira como magistrado, professor de direito e político, teria nessa época trinta anos no máximo. Era pequeno, mais gordinho que magro, levemente estrábico, óculos e olhar de Harold Loyde mas ao contrário deste — dono de um sorriso que era um capital de simpatia. Era inteligente, de uma ironia silenciosa e não contundente e de uma benevolência que tocava as raias da indiferença. Foi dele que ouvimos falar primeiro de psicologia empírica e racional e a citação dos nomes de Melanchthon e Bergson. Platão e Aristóteles na sua palavra, como no mural da Escola de Atenas, do Rafael, mostravam um o alto e o abstrato e o outro a terra e o concreto. Como água em cima de pena de galinha e sem nos penetrar, passaram aos nossos ouvidos os nomes de Epicuro, Montaigne, Bacon, Descartes e Spinoza. Os senhores prestem atenção. Minha cadeira não é de exame final mas é mais do que isto — é de cultura e ilustração. Inútil. Abríamos umas orelhas de obrigação. Não tínhamos maturidade nem base para aproveitar as pérolas que ele, Filadelfo, derramava como um rei no nosso cocho. Mas como nem tudo se perde, algumas sementes caíram em terra gentil para germinarem anos e anos depois. Hem? Aluísio. Hem? Afonso.

O professor de italiano era o dr. Nunes Ferreira. Parecia um macaco tamari dotado da prontidão e de uma agilidade de mosca. Tinha dos bonecos de Yantok. Era todo pequenino, escuro, magricela, meio careca, olhos enormes atrás de óculos enormes. Entrava para dar as aulas, fizesse calor ou frio, sempre de luvas cinzentas que tirava quando galgava o estrado, em rápido pulo. Dava os bons-dias. Queria saber como estava cada um. Bem? Folgo. Transmitia as notícias do externato e do aluno de seu orgulho: José Eduardo do Prado Kelly. Esse prodigioso mancebo vinha fazendo todo o curso com distinção e publicava sonetos perfeitos no *Fon-Fon*. Era admirado no externato e no internato. Os professores citavam-no como modelo a ser seguido por todos. Lembro-o nesse avatar: seu pincenê, os beiços muito rubros, as espinhas da adolescência, seu ar sério e parnasiano. Todo mês, depois da sabatina, grau dez — o Nunes Ferreira dava-lhe o primeiro Banco de Honra da turma. E no dia de nossa aula subsequente havia sempre um diálogo que se repetia invariavelmente.

> NUNES FERREIRA — Sabem quem teve, no externato, o primeiro Banco de Honra na cadeira de italiano?
> O NOSSO CORO (*fingindo ignorância*) — ???????
> NUNES FERREIRA (*prelibando e sorrindo*) — José Eduardo...
> O NOSSO CORO (*com brio*) — ...DO PRADO KÉÉÉÉLLY!
> NUNES FERREIRA — *Bene*. Agora vamos à lição. O senhor aí, seu Nava, abra ao acaso a *Divina comédia* e leia.

O livro era aberto. A leitura capengava. Apesar de tudo a sala se transfigurava povoada dos círculos do Inferno, do proêmio *del Purgatorio*, dos cantos *del Paradiso*. Meu volume já abria sozinho no *I Lussuriosi* e eu retomava sempre os amores de Paolo e Francesca.

> *Quando leggemmo il dissiato riso*
> *esser baciato da cotanto amante,*
> *questi, che mai da me non fia diviso,*
> *la bocca mi baciò tutto tremante.*
> *Galeotto fu il libro e chi lo scrisse:*
> *quel giorno più non vi leggemmo avante*

Eu pensava na Maria morta do Zegão e na Cecília viva — toda negra entre brancas roupas e logo despencava nas alturas dum sonho e vinha caindo *como corpo morto cade*. Dezessete anos.

Nossa posição de quintanistas, de bacharelandos, era cheia de prerrogativas. Íamos e vínhamos com toda liberdade no colégio. Havia uma camaradagem estabelecida entre nós, os professores, os inspetores. Íamos ao gabinete do Quintino para visitá-lo, conversar literatura, gramática, apofântica, etimologia. Para nossa turma não havia mais privações de recreio. Uma ou outra, de saída, mediante falta muito grave e tão flagrante que não dava aos inspetores o tempo de fingir que não tinham visto. Talvez dessa intimidade maior entre alunos, professores e bedéis tivesse nascido aquele nosso conhecimento do que ia pelo colégio, pela cidade, pela gente conhecida. Tivemos liberdade de ler jornais nos estudos. Enfronhávamo-nos nos escândalos desvendados pelas folhas. Apaixonou nossa opinião o caso de um corno altamente colocado e ferocíssimo, de um ciúme terrível, porque era inteiramente brocha com todas as mulheres exceto com a própria. Como sempre, nesses casos, ela abusava. Amigou-se às escâncaras com descendente de família poderosa, captou-lhe o testamento e de tanto expor e provocar, fê-lo matar pelo marido, diante dum teatro. De dia. Metade da cidade dizia que o chifrudo estava de acordo, metade que não, que não e que não. No colégio achávamos que sim. Discutíamos aquelas agonias dos sexagenários, idade difícil, tão terrível como a puberdade, como se já tivéssemos experiência da vida e possuíssemos psicoscópio mais potente que os atuais de Joaquim Pedro e do grande Dalton Trevisan. Outro caso que nos apaixonou. O do moço viúvo. Fora casado com criatura pura e fluida como as heroínas dos romances da *Bibliothèque Rose*. Sua morte linda de tísica comovera a cidade e arrasara o marido. Ele ia diariamente ao Cemitério de São João Batista ramalhetar-lhe de branco a sepultura. Dois anos depois é que teve coragem de começar a mexer nas gavetas da pobre morta. Morria de dor a cada peça amarelada que desdobrava empapando de lágrimas e querendo surpreender um resto do perfume da amada. Foi até ao fundo da gaveta da cômoda e entre os últimos guardados da morta descobriu uma coleção completa de livrinhos de sacanagem. Tremendo todo correu aqueles *close-ups* terríveis, aquelas farândulas franciscanas, aqueles coitos danados, aquelas surubas tremebundas e pensou morrer numa segunda viuvez. Segunda, sim, porque antes perdera a mulher e depois a mulher pura e imaculada que ele julgava ter tido. Sua primeira reação foi a de se matar. Escapou. Estourou o disse que disse. Dentro de um mês estava outro. Curado. Na avenida. No Alvear. No Assírio, com francesas. Merda pra roupa preta e pro plastron de viúvo.

Levávamos tudo para o mal naquelas conversas do fundo do recreio. Foi um sucesso quando um de nós descobriu na Biblioteca do Trindade um álbum de reproduções de pinturas com o díptico de Dürer que representa Adão e Eva e que está no Museu del Prado. O nosso Adão com a mão esquerda segura uma maçã e com o indicador e o polegar traça uma medida que parece ser a da capacidade que ele desejaria em Eva. Esta, por sua vez, sempre com o indicador e o polegar, mostra num galho d'árvore o comprimento e grossura que lhe convinham. O colégio desfilou pela biblioteca e o velho Trindade não se explicava aquele gosto súbito pela pintura que nascera nos alunos. As opiniões divergiam sobre o que mostrava Adão. Serve. Qual nada! muito largo. Sobre o que Eva apontava. Bolas! Parece até piroca de menino de treze anos. É porque é de europeu. Nós aqui somos mais bem-dotados porque a raça é misturada. Ah! bem... Anos mais tarde, em Madri, defrontei-me com a famosa tela. Ia rir, lembrando nossa opinião, quando reparei e vi que ela estava certa. A intenção do artista era inequívoca. E que cara! acesa e sensual e viciosa a da boca entreaberta e a das narinas frementes da figura da mãe da humanidade...

Os trinta e seis alunos do quarto ano de 1919 tinham se reduzido a doze bacharelandos em 1920. Éramos Robespierre Moreira Dezouzart, Aluísio de Azevedo, Mário de Moura Coutinho, Ari Teles Barbosa, João Carlos de Siqueira Durão, Carlos de Paiva Gonçalves, Henrique Trinckquel, Elcídio da Silva Trindade, Haroldo Moreira Gomes, Florentino César Sampaio Viana, Francisco Araripe de Macedo Filho e eu. O resto tinha saído do colégio e a maioria passara para o externato. Entre estes, o meu dileto Augusto Bastos Chaves. Foi um golpe perder sua companhia. Consolava-me telefonando sempre que podia para a casa do dr. Belisário Pena, seu parente e onde ele se hospedava. Lembro até hoje o número do aparelho: Beira-Mar, 44. Mas, como eu ia dizendo, éramos doze. Não nos misturávamos à canalha. Éramos a aristocracia do colégio. Fazíamos grupo à parte. Conversávamos à mesa e nos dormitórios. Pedíamos saídas extraordinárias. Estávamos íntimos do Quintino. Bacharelandos.

Aos sábados quando eu saía, fazia trajeto curto para casa. Bastava atravessar a Quinta e desembocar em Pedro Ivo. O Modesto, que melhorara de vida e fora promovido na Câmara, resolvera deixar de morar em pensão e alugara naquela avenida. Era o número 166, correr de elegantes sobradinhos pertencentes ao visconde de Morais que era também o proprietário de todas as casas do bairro Santo Afonso, que ficava na colina atrás do lado par de Pedro Ivo. Esta chama-se hoje avenida Pedro II. Nossa casa ficava defronte a belo casarão, na época desabitado. O Modesto, que conhecia bem o seu Rio de Janeiro, explicava que ali morara o famoso dr. Abel Parente e antes dele, muito antes, "aquela perua da Marquesa de Santos". A essa época eu já instruído em parentescos pela tia Joaninha, sabia que a Domitila era prima do primeiro marido e que o Felício também o era do bisavô Luís da Cunha. Fiquei chocado de ver tratada assim uma consanguínea e afim. Que diabo! Afinal dar um pouco não tinha mal nenhum, quanto mais ao imperador... Mas o que eu quero falar é da Pedro Ivo. Que bela avenida àquela época. Bela e deserta. À noite puxávamos cadeiras de vime e ficávamos na calçada para gozar a fresca. Não passava vivalma. Cronometricamente, às oito, o jornaleiro apregoando *A Noite*. Às dez, o sorveteiro iaiá cocomangabacaxi. Tia Bibi, tio Heitor e eu enchíamos um copo grande cada um. Raspávamos devagar com a colher. No fim, chupitávamos o caldinho do fundo. Vamos deitar? Boa noite, boa noite, boa noite, boa noite. Aos sábados jantávamos mais cedo esperando os amigos da rodinha de pôquer do tio. Eram o bravo general Silva Faro, seu filho Ernesto Faro, o Artur Baroncelli Donato, o velho Maneco Modesto, ou o Bento, ou o Osório e meu tio. Vinham também a d. Bibiu, uma linda velha, esposa do militar ilustre, sua nora, esposa do Ernesto e a bela Hermínia dos olhos de água-marinha, sua filha e noiva do Donato. Ela era a graça e a alegria, as mesmas que fui reencontrar cinquenta anos depois, atendendo a um convite de jornal que chamava para a cerimônia religiosa de suas bodas de ouro. Logo depois outro convite n'*O Globo* de 7 de março de 1972, convidava para o sétimo dia do Artur. Lá estive, às dez horas do dia seguinte. Os homens mergulhavam no jogo, eu tinha liberdade de ir para a cidade e as senhoras começavam sua conversinha pespontada e miúda. Às doze, doze e meia, quando eu chegava ainda encontrava a turma entranhada, um barulhinho de fichas e de vez em quando a voz irritada do general. Depois eram o chá, o chocolate, os bolos e os doces. Tarde da noite os amigos se despediam. Íamos levá-los até a esquina. Um deserto. Um cheiro de resinas vinha da Quinta. Do alto a chuva de estrelas.

Numa dessas noites de sábado, na cidade, quem encontro eu? na esquina de São José e largo da Carioca. Meu primo Meton. Foi uma surpresa. Pois é, vim do Ceará no princípio do ano e estou cursando o primeiro ano de medicina. E você? Ainda no Pedro II? Ah! acaba esse ano, vai estudar medicina também? Ótimo. Eu admirava o primo, sua elegância, sobretudo sua cortesia e seus bons modos. Onde estava? aquele menino terrível de Juiz de Fora e do Anglo. Eu constatava assombrado que tinha sumido e sido transformado num jovem gentil-homem. Ele se desmanchara e se reconstruíra borboleta saindo do casulo. Deu-me o endereço. Estava em Laranjeiras, morando na pensão de velha amiga de sua mãe, a d. Edina Werneck. Fosse lá sábado que vem. Jantávamos juntos e depois, cinema. Fui. O cinema foi o recém-inaugurado Central com sua enorme sala e aquelas estátuas de gesso colorido, acima do pano, lado a lado, duas mulheres mostrando os peitos. O Meton me apresentou aos seus amigos Eduardo Salgado Filho e Caio Pompeu de Souza Brasil. O espetáculo era estupendo. Depois do filme vinham números de *music hall*. Tive ali minha primeira impressão da beleza da dança, nas demonstrações acrobáticas do *Mattray-Ballet*. Quem lembra? E de Gus Brown? O cômico que não ria enquanto a plateia se desmandibulava com suas canções escatológicas, seu português arrevesado, sotaque de inglês bêbado, sua música monótona. Mi-ré-dó-ré-mi-fá...

> Eu gosto às vezes
> de ir ao campo
> pra ver passarinhos
> e vacas também...
> Certa vez
> eu estava a olhar
> uns pássaro que eu via
> sobre mim a voar...

Nistuma coisa
caiu no meu olho.
É bom que as vacas
não saibam voááááaar!

Tempos depois quem me apareceu em Pedro Ivo foi o Arnaldo Baeta Viana. Vinha cada vez mais disposto a arrasar a sociedade. Encontrou-me também em ponto de bala e admirador do professor Oiticica. Fora assistir a uma de suas aulas-comício no externato e voltara empolgado. Retomei com o *Bibiu* o pacto de Belo Horizonte. Faríamos saltar algumas repartições, o próprio Cinema Central, e com bomba ultrapotente volatilizaríamos o presidente da república. Mas um azar parecia nos perseguir. No Rio, como em Belo Horizonte, a mesma carência de enxofre. Sem enxofre, impossível pólvora, sem esta, nada de bombas. Afinal não consumamos os nossos atentados. Mas do seu projeto me ficou a nostalgia. Até hoje, quando vejo passar cortejos dos importantes ou de chefes de Estado, penso na bomba que não joguei nem jogarei, ai! nos pombos sem asa, patuscos e ovos podres que ainda não joguei. Sempre me espantou a velocidade com que aparecem ovos podres na hora adequada até que embaixador meu cliente e amigo ensinou-me a fabricá-los. Basta mergulhar um ovo vinte e quatro horas numa bacia d'água, que ele fica tinindo. A casca porosa... Foi assim que esse nosso representante preparou dois, na Holanda, e sub-repticiamente *butou-os* na sepultura daquele filho da puta do kaiser (sic). Mas voltemos ao *Bibiu*. Além de não haver enxofre ele foi metido na enxovia, numa rafle procedida pela polícia para garantias de hóspedes ilustres que estavam para chegar: Alberto I, o herói máximo da Guerra e sua augusta esposa Elisabeth, rainha dos Belgas e duquesa em Baviera.

Os soberanos chegaram ao Rio, a bordo do nosso *São Paulo* a 19 de setembro de 1920. Foi uma época fabulosa na vida da cidade. Os jornais e as revistas vinham cheios de fotografias e notícias em que apareciam os nomes dos componentes da comitiva régia — o coronel Tilkens, o conde d'Outremont, o major Dujardin, o médico dr. Wolf, o capelão da Coroa Nols, o naturalista Sarolea — muito curioso em ver de perto os brasileiros no seu habitat — e, sensação das sensações, a amiga da rainha e sua dama de honra, a condessa de Caraman-Chimay. Esse bocado de rei era um mulherão de raça movimentada, descendente de madame Tallien e logo decepcionou os cariocas por não mostrar as maminhas e as coxas como fazia sua generosa antepassada, em moda criada por ela, na era das *merveilleuses*. O nosso governo pusera às ordens dos visitantes o que havia de fino elegante da Marinha e do Exército nacionais como Leopoldo da Nóbrega Moreira, Aristides Guilhem, José Pessoa e o nosso Tasso Fragoso — o mesmo da casa de Ennes de Souza e do Batalhão Acadêmico. Vi o rei e a rainha das janelas enfeitadas com colchas vistosas e panejamentos de procissão arvorados pelo Modesto em nossa casa de Pedro Ivo. O rei, a cavalo, pois ia passar em revista tropas na Quinta ou no campo de São Cristóvão. Era cor de rosbife, suava e parecia sangrar das bochechas, de tão vermelho. Gigantesco, fardado de uma flanela parda, boné muito reto sobre a cabeça, pincenê que lhe tirava a majestade mas que lhe dava ares de professor. Os cabelos muito louros e crescidos diminuíam-lhe o ar mavórtico. Num carro aberto, à Daumont, vinham atrás Epitácio e a rainha. Ela toda de branco, sombrinha branca, vermelha como um fiambre, olhos de turquesa, cabelos de barba de milho. Feia mas de simpatia extrema. Noutra Daumont, vinham a d. Mary e a condessa de Caraman-Chimay. Essa sim era muito bonita e fazia figura no meio dos vivas, flâmulas, toques de clarim, cavaleiros da Guarda de Honra, piquetes de lanceiros, fragmentos do Hino Nacional misturados a acordes da *Brabançonne*. Segunda impressão da visita dos belgas foi a formatura dos colégios do Rio de Janeiro em honra ao jovem príncipe Leopoldo, chegado ao Rio depois dos pais. Formamos na Quinta. O menino real nos passou em revista. Houve um balé assistido pelos reis e pelos grandes dos dois países, da arquibancada natural formada pelo declive gramado que descia para o lago e para as ruínas gregas de sua ilha. O Rio dera um dia azul e ouro àquela festa e as bailarinas, embaixo, pareciam borboletas se refletindo e caindo n'água. Não aconteceria o mesmo na Festa Veneziana planejada em honra de Suas Majestades na enseada de Botafogo. Convidados pelo Alberto Teixeira da Costa, fomos assisti-las das varandas de sua irmã d. Mariquinhas, mãe de Bidu Saião. Lá estivemos nas sacadas do prédio que hoje faz parte da Fundação Getúlio Vargas. É o do meio, janelinha única na água-furtada, o de linhas mais requintadas. Um vento furioso dispersou as embarcações iluminadas e cobriu os curiosos e as comitivas de areia, folhas secas e poeira. Fiasco completo.

  Ainda antes da visita belga, tínhamos começado a cuidar, no internato, das festividades do nosso bacharelamento. Reunimo-nos solenemente sob a presidência do Quintino. Não houve desacordos. Escolhemos paraninfo o nosso Lafayette. Não podia deixar de ser. Homenagens: Silva Ramos, Guilherme de Moura, Thiré e póstuma, de saudade, o *Tifum*. Obrigatória, a efígie do diretor. O artista encarregado de executar retratos e todo o quadro foi Carlos Alberto, *Photo*, estabelecido num terceiro andar de prédio hoje derrubado que fazia esquina de avenida com Ouvidor. Combinamos e o Quintino assentiu, que teríamos uma saída extraordinária por semana para os aprestos. Aquilo foi um período de liberdade deliciosa. Eu já começara a ver a cidade noturnamente com o Meton, mas a coisa não passava de Cinema Central, Brahma, Galeria Cruzeiro e eu tinha de zarpar cedo para casa e chegar em Pedro Ivo antes do jogo acabar e tomar parte no chá preparado pela gorda cozinheira Edwigges e servido pelo simpático copeirinho Oswaldo. Isso nos sábados fiscalizados pela família. Agora não. Íamos ter uma saída ignorada em casa e tínhamos por nossos — a tarde na avenida depois do atelier de fotografias, os cinemas, a noite longa, o Rio noturno. O Lafayette tinha nos dado o lema que devia figurar no quadro.

### FELICES QUI TRAHUNTUR AD SCIENTIAE CUPIDITATEM

Felizes os que se deixam arrastar pelo amor da ciência! Fiz um enorme desenho alegórico no quadro-negro; figurava um rochedo liso onde gênio hercúleo gravava letra por letra a soberba divisa. *Ad scientiae cupiditatem...* Mas havia, se havia! outras cupiditagens em que nos deixávamos arrastar na noite carioca. Primeiro e rapidamente íamos ao Carlos Alberto. Posávamos. Reposávamos. Escolhíamos as melhores provas. Depois procedíamos ao rateio do que tínhamos. Eu, graças às aulas particulares que dava ao Mário Moreira, andava sempre bem e não fazia feio diante dos colegas. Íamos dali a um cinema. Pathé, Odeon, Avenida, Cine-Palais, Central. Às vezes Ideal e Íris. Quando saíamos da sala de projeções, era um deslumbramento tomar posse da avenida já anoitecida, mas clara dos revérberos centrais com três lampadários pendurados e nascendo de canteiros entre os quais se estendia a linha dos automóveis e dos últimos carros de alugar. Os palácios fabulosos de bulevar francês. O Mourisco. A Casa Colombo. *O Paiz*. A Associação dos Empregados do Comércio, o *Jornal do Brasil*, a Galeria, o Municipal, os prédios suntuosos das Belas-Artes e da Biblioteca.

Subíamos e descíamos. Jantávamos na Brahma. Um, dois chopes, sanduíches de presunto e queijo. Agora íamos devagar e sentávamos um pouco nos bancos do Passeio Público. Depois... tinha chegado a hora e íamos a um estabelecimento à entrada de Marrecas. Esquina esquerda de quem olhava a rua do lado do Passeio. Ninguém sabia sua verdadeira razão comercial. Era conhecido na cidade inteira como *Café Cu da Mãe* e era esplêndido. Penetrava-se por portas de vaivém que fechavam logo sozinhas. Dentro, relentos de álcool, extrato barato, suor, nuvens de fumo, vagabundos, rufiões, malandros, soldados, marinheiros, putos, estudantes de todas as idades, mulheres. Não as catraias de perto do externato mas as de escalão acima, as belas horizontais das transversais de Mem de Sá, travessa do Mosqueira, Lapa, Joaquim Silva, Beco. Eram louras, castanhas, morenas, mulatas, todas soberbas, licenciosamente vestidas, montadas nas cadeiras, sentadas nas mesas, no colo dos machos, fumando, rindo, bebendo, altercando, eternamente belas e jovens num mundo sem morte nem doenças venéreas. Ali era chope e vermute. Demorávamos até dez, onze horas. Saíamos. Costeávamos o Passeio. Íamos diretos pela Lapa ou contornávamos o Silogeu. De qualquer modo chegava-se àquela quermesse, àquela festa junina, àquelas fogueiras acesas do Beco dos Carmelitas. Éramos doze moços idades variando entre dezesseis e dezoito anos. Éramos doze diante dos batentes mágicos da porta de púrpura. Custava 10$000. Lembro até hoje de uma das mais prodigiosas impressões que já tive em minha vida. E olhem que tenho visto de todas as cores... Foi no Beco, exatamente no atual número três. É uma casa de três janelas em cima, porta e duas janelas embaixo. A da direita, mais larga. Era dotada de rótulas instaladas em guilhotinas. A dona do quarto baixava as duas, graduava a abertura das lâminas da veneziana, ateava no interior o incêndio de lâmpadas vermelhas, subia no peitoril e, silhueta resplandecente, debruçava sobre as bandas da janela de correr e como entre achas que rugissem, ali chamejava, loura e nua, como Joana d'Arc despida pelo fogo. Seus cabelos ardiam, ela ardia toda naquela fogueira. Juntava gente. Ela chamava. *Tu viens? chéri.* Todos iam, iam as multidões e ela apagava num rio de gosma. Em todas as portas abertas era o mesmo cerimonial. Quem entrava subia a escadinha. Transpunha a segunda porta e ganhava uma saleta onde tronava, de tricô em punho, uma francesa fora de uso, geralmente de preto, mangas compridas, gola alta. Devisajava os fregueses e quando os aprovava, dava seu toque de reunir. *Du mooonde!* Acendiam-se magicamente mais luzes na sala e a porta de trás dava entrada às Muguettes, Loulous, Poupées, Jeannettes, Louisons, Titines, Mimis, Georgettes, Angéliques, Bettinas, Hortenses, Madelons que se encostavam nas paredes e prestavam-se à escolha. Você. *Merci, chéri. Passons dans ma chambre.* Era preciso dar tempo ao tempo e pelas doze e meia, uma hora, nossa dúzia estava completa no Lamas. E agora? Copacabana em areias e escuridões. Ao fim a *Mère Louise* toda de madeiras verdes, com mesas metálicas, cerveja e sua enfiada de cacifros. Bis. Bis. Viva! o elemento nacional. Depois acamaradávamos com os condutores e motorneiros no fim da linha de bondes, exatamente na esquina de Copacabana com a atual Francisco Otaviano. Eles nos deixavam dirigir a nove pontos até as alturas onde seria depois o Posto 4. Ali descíamos. Varejar a madrugada. Roubar leite e pão nas portas. Fizemos isso um dia em casa do nosso Filadelfo e deixamos bilhete de agradecimento. Na outra aula ele nos diria que não tinha de quê. Víamos o sol subir, seus primeiros clarões lampejarem na água glauca devorando a luz de Vésper. Lavávamos a cara no primeiro café aberto. Íamos para São Cristóvão. O Faria abria e nós entrávamos. Cochilávamos no estudo e nas horas vagas. Prontos para outra. Dezoito anos, dezessete, dezesseis. Reis.

    Mas essa sopa ia acabar. O nosso quadro ficou pronto e não havia mais motivos para aquela saída no meio da semana. Ficou exposto numa vitrina da rua do Ouvidor. Infinitamente melhor que aquela porqueira do externato. Íamos admirá-lo aos sábados. Era mais largo que alto e trazia esculpido no topo da moldura a Esfera Armilar e os dizeres: Internato do Colégio Pedro II. Nos dois cantos de cima, ornatos. Nos de baixo, ramos de louros. De beca e bigodes ao vento, nosso paraninfo Lafayette. Também de beca o agradável Moura e aquela sem-graceira do Laet torcendo a cara para fazer um bico de simpatia. De casaca, o doce Silva Ramos, o paternal Thiré e um *Tifum* sorridente e de óculos claros. Uma fita de crepe guarnecia seu retrato. A divisa. *Felices qui trahuntur ad Scientiae cupiditatem.* Nós, os Doze, diante da Vida. Hoje, seis, às portas da Morte. Uma fita onde se lia *Turma de 1916-1920* e à esquerda, envolta em gaze, uma boníssima mulher de peitos empinados figurando a SCIENCIA. *Felices qui trahuntur...* Na sua mão direita o espelho da Verdade, na esquerda, a cobra da Prudência, a seus pés, livros, a ampulheta do Tempo e a coruja da Vigília. O mais, uma profusão vegetal de palmas, louros, galhos de carvalho. Mas o nosso período de colégio chegava ao fim.

Ansiávamos por ele. Queríamos ir embora, terminar o curso, viver. Não sabíamos que estávamos acabando, ai! de nós, a descompromissada adolescência, para entrar de chofre na mocidade com seus cuidados e ansiedades. Não sabíamos que jamais teríamos tempo igual ao do internato, com sua disponibilidade, seu compasso de eternidade... Estávamos felizes com nossos perfis publicados no *Fon-Fon*, com a troca de endereços, com a promessa de nunca nos esquecermos, de não nos perdermos mais de vista. No último dia o Pires-Ventania nos abençoou. O Quintino não disse adeus! e sim até breve, até à festa de colação de grau. E lembrai-vos do nosso Internato, de vossa Casa.

Vieram os exames no externato. História natural; tive distinção grau 9 3/4, perante Lafayette Pereira e Everardo Backheuser, presidindo Antenor Nascentes. Inglês, distinção 9 3/4, perante Delgado de Carvalho, Carlos Américo dos Santos e um fuão Fittzinker. Quando sentei e declarei que queria fazer o exame em inglês houve gargalhadas na banca porque eu levava a farda do colégio — verdadeiro distintivo de ignorância naquele idioma. Insisti. Comecei pelo Delgado que mandou-me ler o *Hamlet's soliloquy* (*Estrada suave*, página 483, linha 8 — diria o Espinheira). Li caprichando. O Delgado, querendo desfechar o golpe, disse-me que não queria tradução mas que eu lhe contasse, em inglês e de livro fechado, o que eu acabara de ler. Fi-lo, num silêncio de morte. O Carlos Américo quebrou-o. Seu Nava, o senhor salvou a honra do colégio! Basta! Só não tive dez devido à média anual do Espinheira. Física e química com Oliveira de Menezes Filho (o *Mosquito Elétrico*), Henrique de Toledo Dodsworth, sobrinho de Frontin, professor depois de concurso obrigatoriamente brilhante, simpatizadíssimo pelos estudantes, na minha turma, particularmente pelo Siqueira, pelo Aluísio, por mim. Eu mudaria depois. Muito. Presidência de Guilherme de Moura. Plenamente, 7 3/4. História do Brasil com João Ribeiro, Pedro do Couto e Adrien Delpech. Distinção, 10. Voltei para Pedro Ivo impando de satisfação. O Modesto rebuscou nos armários e estourou garrafa de champanha ainda sobrada das suas núpcias nove anos antes. Ele e minha tia só me tratavam de BACHAREL. Colei grau do dito em conjunto com os do externato, no Salão de Honra da rua Larga. A mesa era composta por Alfredo Pinto, ministro da Justiça, barão de Ramiz Galvão, Paula Lopes, Paranhos da Silva, Otacílio Pereira e pelo nosso Laet. Tive o prêmio de minha turma. Antigamente os bacharéis recebiam-no da mão augusta do imperador. O meu chegou-me pelas republicanas de Alfredo Pinto. Apenas em pergaminho simbólico (o de fato só me foi entregue no ano de 1921, mandado pelo diretor do colégio. Cá o tenho na estante. São os *Fastos* de Públio Ovídio Nasão, na primorosa tradução em verso de Antonio Feliciano de Castilho, edição rara de 1862). Decidi com o Modesto que embarcaria para Belo Horizonte. Ia estudar medicina na sua nova faculdade.

> Dessa data em diante, começou para mim uma vida cheia de amarguras, de trabalhos superiores à minha idade e a minhas forças, de sofrimentos ignorados, de sacrifícios inauditos, de humilhações revoltantes, de lutas ásperas, de privações altivamente curtidas.
>
> AURÉLIO PIRES, *Homens e fatos de meu tempo*

> ..............................................
> Os hipopótamos tranquilos,
> E os elefantes,
> E mais os búfalos nadantes,
> E os crocodilos,
> Como as girafas e as panteras
> Onças, condores,
> Toda a casta de bestas-feras
> E voadores.
> ..............................................
> MACHADO DE ASSIS, Notas a *Papéis avulsos*

Como no dia de minha chegada, cinco anos antes, no meu embarque para Belo Horizonte, tive a assistência do Modesto. Levou-me à estação. Eu ia galgar o nosso Caminho Novo de noturno. Vi desfilarem os subúrbios, depois a baixada com seu ar de fogo, comecei a subir a serra do Mar. Eu estava num momento de grande euforia. Vencera uma página da vida, flutuava dentro dum ar azul entre duas etapas. Pensava que tudo continuaria em Belo Horizonte e na faculdade, fácil e doce como tinha sido naqueles anos de Pedro II entrecortados de férias paradisíacas. Mal sabia eu o que ia sofrer na rua da Bahia, no Bar do Ponto, na praça da Liberdade, na rua Guaicurus, na rua Niquelina, na Lagoinha, Quartel e Serra: o martírio, paixão, morte e ressurreição do moço mineiro Pedro da Silva Nava ainda descuidado das lambadas, dos escárnios, das quedas e das sete chagas de sua Via Dolorosa. Eu ia aprender aos poucos, à minha custa, os búfalos nadantes e os crocodilos; as panteras e toda a casta de bestas-feras. O noturno subia para Minas Gerais. Passou estações. Parou muito tempo em Juiz de Fora e fiquei na janela do carro apreciando o Cristo Redentor todo iluminado. Foi quando dormi na madrugada mineira. Vi amanhecer no meu estado cortado instante a instante pelas curvas do Paraopeba. A máquina puxava cada vez mais. De repente Brumadinho surgiu dentro de moitas cheias de gotas d'água dum sereno que o sol ainda não secara. Se o futuro me iluminasse eu compreenderia que estava chegando ao campo de concentração e aos fornos crematórios dos meus sonhos de adolescente. As estações se sucediam. Fecho do Funil. Treblinka. Birkenau. Sarzedo. Ibirité. Ibirité. Bergen-Belsen. Auschwitz. Barreiros, Gameleira, Calafate, Belsen-Belo, Belo Belo Belo. A máquina agora ia devagar, batendo sino, atravessando a cidade sob um céu rival do céu da Úmbria. Belo Horizonte, Belorizonte, Belorizonte. Desci na estação. Minha Mãe. Fomos juntos para a Serra. Pisei novamente minha Serra. Sua terra de ricos pardos começou a me penetrar. Dela respirei. Dela sujei meus sapatos. Seu colorido era tão polpa que enganava, não parecia mineral, antes vegetal. Variava de cores. Tinha do castanheiro, do tojo, do ulmo, da nogueira, da tília clara e da tuia escura. Entretanto era ferro. Chão de ferro.

4. Rua da Bahia

> No meio do caminho tinha uma pedra
> tinha uma pedra no meio do caminho
> tinha uma pedra
> no meio do caminho tinha uma pedra.
> CARLOS DRUMMOND DE ANDRADE, "No meio do caminho"

CHEGUEI A BELO HORIZONTE COM AS GRANDES ÁGUAS de 1921. Ia começar a chover de janeiro a março, só de raro o céu de chumbo se fendendo e o sol fazendo uma visita de horas, dias, no máximo semana para, depois, o mundo soverter-se nos ciclones. Subitamente nuvens negras apontavam num canto do horizonte. Iam se espalhando cada vez mais depressa, cada vez mais densa a escuridão de suas manadas se atropelando se pulando que nem as ondas sobrepujantes das marés enchendo. Quando estava escuro, empolado — o céu blindado — vinha o prelúdio fulminário. Raios. Ora sinuosos, ora fazendo rosáceas, ora rosários, ora chamejando arvorimensa desfolhada, galhos de borco; ora lenço espelhante pegando todo o zimbório, virando sua superfície numa calota de aço polido e instantâneo; ora bola única, queda, brusca fulguração globo de fogo que tudo funde. Gente mais gente a revirar o chão pela pedra que cura e confere as fortunas. E o estouro. De outras vezes era o ralho arrastado de são Pedro arrumando a casa de Deus ou então o fragor de tambores rolantes. Caixas surdas, rufos em ré, entrecortados de socos de bumbo se repetindo feito os raios recomeçando antes de acabarem se pegando uns pelas mãos dos outros e mais e mais, e sempre e sempre e sempre... E as águas. Vinham de todas as qualidades. Simples choviscos casamento da raposa desenhando a sucessão de arco-íris: o de baixo, mais forte; outro, menos, mais alto, cor sumindo; mais um, quase invisível — todos paralelos, ponta em terra, perto, outro nas ondas do mar alto bebendo sem parar. Bebe bem, bebe, arco da velha feiticeira que faz o vira mulher vira homem vira mulher vira homem... Mas logo os hemianéis eram lavados pelas bátegas maiores, pancadas d'água, cargas, aguaceiros; pelas catadupas, chuvaradas torrenciais; pelos dilúvios; pelas trombas torcicoladas descendo dos cúmulos se rompendo se despejando do céu rachado lado a lado. Ventos. Seu furor aumenta os turbilhões e chove em todas as direções arrancando árvores, calhas, destelhando, engordurando o chão de lama, tanta lama, quantanta — logo lavada pelos enxurros ou submersa pelas cheias represadas. Chove, chove sem passar. Às vezes as chuvas diminuíam, ficavam peneirando, vento paraparando, raios em roda, fulgurando longe. É quando se ouvia o gemido dos caudais descendo os declives procurando o Arrudas, enchendo o rio das Velhas, o São Francisco. Choram calhas e beirais — mais alto, mais baixo, espaçando, apertando — prelúdios pingo d'água.

A essa hora, dentro de casa, espalhávamos bacias, urinóis, latas de querosene, de Banha Rosa para receber o tamborilado mais fino ou mais grosso das goteiras. Velas, duas, acesas a santa Bárbara e são Jerônimo. Para iluminar também, porque a eletricidade do Carvalho Brito descia com os postes arrastados pelas águas. E ninguém continha o vento. Portas fechadas, ele entrava, vergando a chama das velas; entrava pelas frestas; entrava pelos buracos, pelas fendas, por gretas jamais suspeitadas. Puxando a cauda líquida por baixo das portas, por baixo das janelas. Cara colada nas vidraças, víamos passar os moleques da Serra, cobertos por sacos de aniagem dobrados ao meio, fazendo capuz e capa, dando-lhes ares de personagens das feiras de Breughel e dos tropéis de Bosch. Seus pés de saci espalhavam as mariposas feitas pela batida das bátegas nos pontos onde havia dureza de chão. Hora boa de ficar ouvindo a água descer gorgolejando nos canos de latão, de desenhar, de lerreler *Matilde*, de ouvir nossa Mãe contar os casos do Bom Jesus, do Sossego, do seu Carneiro, da Perpétua, da Constancinha, das Rosa, de Juiz de Fora. Estávamos ilhados. A pinguela fora na cheia e para ir à venda do seu Albertino era preciso circundar o oceano que dividira em partes duas a nossa rua Caraça: descer por Ouro, virar nos Gomes Pereira, subir Chumbo perto de d. Carolina, passar pelo dr. Aleixo, pelos Abras. Seu Albertino! D. Diva mandou buscar um litro de feijão, dois de arroz, dois de fubá. Um palmo de manta de toucinho. Carne-seca. Azeite Bertolli. Pra pôr na conta. Açúcar preto. Café. Tudo na conta. Dormir. Era assim dias e dias noites e noites até que a manhã de mil braços viesse toda azul afastar a bruma para o sol subir — abrindo seus raios de glória como asas gigantescas e translúcidas. A Serra, anadiomênica, saía das águas e nossa casa sescancarava toda no monte Arari. Deolinda! põe essa montoada de roupa no varal. Vamos, Catita!

    Nesses dias de chuva, preso em casa, comecei a organizar minha vida mineira, belorizontina, serrana. Arrumei num quarto que dava para o córrego a velha escrivaninha que fora de meu Pai e que ele usara quando interno da casa de saúde do dr. Eiras, que lhe servira em Juiz de Fora e depois no Rio. Móvel antigo, de cedro, tinha um anteparo por cima, com duas gavetinhas à direita e duas à esquerda. Era para arrumar os livros de todo instante e o primeiro ali entronizado foi o dicionário médico de Littré. Sobre a mesa preguei com percevejos uma folha inteira de mata-borrão verde, dispus o tinteiro paterno e arrumei os lápis, borrachas, penas ao jeito que uso até hoje, que era o da mesa de tio Salles. Esse quarto era vizinho ao do Major. Aproveitando sua ida, com a prima Gracinha, para Antônio Dias Abaixo, dei para repotrear-me, de dia, no próprio toro do avô. Ali ficava deitado, lendo, ouvindo o tamborilar da chuva e a plangência do nosso riacho cheio e da cachoeira transbordando o *banheiro* que fizéramos. Ora, num dia em que estava assim, no choco, pés agasalhados num cobertor de farofa de Itaúna — senti uma dureza sob o colchão. Levantei-o para especular e dei com um velho livro de *Deve e Haver*, páginas cheias de colagens e da escrita inconfundível do pai de minha Mãe. Logo na primeira página estava grudado um retrato impresso do dr. José Pompeu Pinto Accioly, encimando artigo encomiástico onde ele era tratado de grande figura, talento raro, caráter adamantino, patriota acrisolado, fino estadista e mais isso, mais aquilo, trololó e pralapapá. Estava assinado: Joaquim Nogueira Jaguaribe e a data do periódico era de depois da morte de meu Pai e da desfeita que sofrêramos da então situação cearense. Fiquei bobo... Então? o Major continuava *marreta*, depois do que a filha passara. Sua admiração persistia? intacta, pelos autores do desaforo. Era o cúmulo... Foi quando lembrei da ida daquele político a Juiz de Fora e liguei, ao do Major, o comportamento de minha avó materna, da gente Paletta, de tia Dedeta... Foi por ocasião do casamento do nosso simpático parente Aquidaban de Alencar Fialho com sua prima e também nossa, Stella da Franca Alencar, irmã de meu tio afim Meton de Alencar Filho e da esposa de José Accioly. Estas bodas tinham sido na Creosotagem, no sítio do *Bicanca*, onde morava outro irmão da noiva, Antônio Meton, casado com a sobrinha de minha Mãe, Stella Paletta de Alencar. Esse emaranhado de parentesco dera com o filho do presidente deposto em Juiz de Fora. Teve recepção de princês. Logo nas ruas, na casa de tia Berta, na da Inhá Luísa ele foi o homem do dia. Caíra mas não morrera e havia de voltar — vaticinava minha avó, alto e bom som... Oh! sua alma profética... E foram bodas, jantares, almoços, lanches e faivocloques (então começando a entrar na moda); piqueniques, caçadas, folgares, cantares, idas ao Parque Weiss, excursões à Borboleta, ao Cristo, a *São Mateus* de que minha Mãe estava excluída. Você sabe, Diva, não chamamos você por causa daquele mal-entendido do Ceará... Mal-entendido... Nem nossa Mãe queria. Quando o homem apontava ela subia as escadas e nos chamava. Lembro exatamente disso no dia em que o cordão festivo vinha da Creosotagem via Mariano Procópio. Dessa estação à cidade todos tinham feito o trajeto de bonde. Chovia a cântaros quando eles desceram em frente da casa de minha avó (apesar de ser no meio do quarteirão o veículo parava onde queriam os passageiros importantes já que só a canalha era obrigada às esquinas de ponto). Desceram em frente da casa de minha avó — dizia eu — e guardei a cena elegantíssima de tia Berta levemente arregaçando a cauda da saia para não barreá-la e o "dr. Accioly" lépido e airoso, resguardando-a com um guarda-chuva, cobrindo só a ela, se deixando-se molhar de propósito ao chove chuva chuveirando no jardim de meu bem que está se todo se molhando. Lindo. Logo minha Mãe se levantou da cadeira em que estava sentada à janela do *escritório do Jaguaribe* e tomou nosso caminho escadacima.

Mas vamos ao livro do Major, cujas páginas fui virando enquanto lembrava das cenas de Juiz de Fora. Era uma espécie de miscelânea onde ele colava escritos seus, notícias curiosas dos jornais, retratos, cromos, receitas, decalcomanias e que de repente virava num diário.

Descrevia o dia a dia da vida de um pastor chamado Clódio e de uma pastora sertaneja. O conhecimento, o namoro, os rubores, as palpitações, a flor, o beijo, os beijos, as cenas campesinas, o amansamento do marruá, a complacência, o *ménage à trois*. Era tão claro que eu via os personagens e lia seu nome verdadeiro. Evidente que Clódio era ele, o próprio Major. Pasmo, compreendi suas viagens, o azedume de minha avó, palavras soltas de certos cochichos de minha mãe com as irmãs — subitamente engatadas e agora me dando nexos de frase escrita com tinta luminosa. Era ele... Mas então a bela Amarílis só podia ser a mulher do nosso prezado... Ave! tapei a boca para não deixar pensamento configurar nem palavra subir. Alumbrado, tomado de espanto, dum sentimento esquisito que era pena de meu avô, pena de minha avó, respeito arruinado — entretanto em ruínas majestosas — exultação com a descoberta do escândalo e necessidade de comunicação levei o livro e mostrei-o a minha Mãe. Perguntei. Ela leu calada, depois, com voz esquisita me fez jurar não repetir a pergunta nem nada, foi para a cozinha, pegou da faca de galinha, depeçou o livro, atirou seus quartos no fogão. O fogo quase apagou com o entulho, depois tomou fôlego força e levantou-se outra vez numa chama alta e clara. Pura como minha Mãe àquela hora.

> Je plains le temps de ma jeunesse,
> Auquel j'ai plus qu'autre galé.
> FRANÇOIS VILLON, *Le testament*

Numa aberta destas grandes chuvas, vendo chegar a roupa lavada na cabeça duma mulata velha, lembrei-me da negra Cecília. Perguntei por ela à Deolinda. A Cecília lavadeira? Tinha tempos que não via. Tava sumida. Sumida das vistas mas presente na lembrança daquelas férias em que eu fora ao seu barracão, em vão. De noite deitei com sua lembrança borboleta escura, pensei nela até pegar no sono e decidi, de mim para mim, procurá-la no dia seguinte. Fui nos passos do caminho conhecido. Gritei ô! de casa — na porta aberta. Apareceu outra crioula e a alma caiu-me aos pés com as informações recebidas. A Cecília estava amigada com um galego, seu Antoninho, dono duma bodega no alto de Pirapetinga, quase na esquina de Caraça, rente ao *Chalé das Viúvas*. Eu tinha passado mais de ano sem pensar no diabo da preta mas à ideia do português de cama e pucarinho com ela — minha cabeça esquentou prodigiosamente. Subi Chumbo como uma fera e justamente na esquina de Caraça percebi o berda merda do seu Antoninho descendo, de gravata e colarinho, como quem vai para a cidade. Deixei passar, acompanhei de longe, parei defronte ao dr. Aleixo e fiquei de alcateia para ver se ele ia mesmo descer. Veio o bonde. Parou no ponto. O motorneiro virou a lança. Ele entrou. Desceu. Campo livre, voltei e tomei pela ladeira de Caraça. No alto, logo à esquerda, o botequim. Vazio. Entrei, bati com um níquel no balcão e logo a aparição de Cecília, negra e toda vestida de branco. Sua roupa estalava de goma e ela trazia um ramo verde no pixaim. Riu toda, tranquila como se tivesse me visto na véspera. Perturbado pedi uma com *fernete*. Bebi, puxei o pigarro, esquentei e soltei o que queria. Continuou se rindo e disse docemente que não. Não, não adianta, o Toninho me traz no trinque e eu não faço isso com ele não. Não perco minha situação. Se não lembro? se não gosto? Gosto, bem! mas não pode ser. E não pôde mesmo. Por mais que eu insistisse a diaba foi inflexível. Negava sorrindo, me olhando docemente, mas negava. Implorei. Ameacei. Não e não e não. Perdi a paciência. Então melhor pra mim, sua vaca! que não pego gonorreia nesse rabo podre. Desci a ladeira trambulhando feito enxurrada. Parei embaixo e olhei para trás. Ela tinha vindo até sua esquina, tinha. E lá de cima ria docemente, toda de branco, sobrevestida da tarde que caía. Duas vezes ela não pudera, da terceira não queria. Da quarta tinha de ser. Ai! de mim: não seria e a Cecília de impossibilidade em impossibilidade desfar-se-ia no meu desejo e ficaria, eterna, a oportunidade sempre perdida — espécie de Mademoiselle de Stermaria ou da jamais possuída *femme de chambre* de Mme. Putbus... Mas naquela minha idade ninguém fica no vácuo. Outra imagem viria substituir a magia negra e uma cabeleira loura como um tosão de ouro desenrolar-se-ia pela Serra...

    Chamava-se Valentina e era filha dum carcamano da vizinhança. Carcamano pra valer, carcamano pé de chumbo, olhos marítimos, chapelão, cachimbo de louça, bigodarra, *faccia feroce*. Morava perto de nós mas só descobri a ele, à mulher, aos dois filhos, à outra filha, depois da manhã gloriosa da invenção de Valentina. Foi justo na hora em que eu saía de casa para meus exames de admissão na faculdade. Ia espavorido de medo das bancas, da morte, de perder o bonde, de esquecer a matéria quando os portões do Oriente se escancararam e dentro duma fulguração vi passar uma cabra toda branca, uma figura de moça toda sol e céu azul. O animal corria e a menina no seu encalço. Os dois mal tocavam o chão e ela aplicava-se na carreira com a precisão dos movimentos duma dríade, com a justeza das contrações, as pontualidades antagonísticas, as sincinésias inexoráveis dum corpo belo e são. Lembrava a velocidade do *Mercúrio* de Giambologna e as posições que ela ia tomando reproduziam não uma, mas toda a teoria de figuras femininas que representam as Horas, cercando o carro de Apolo e disparando na esteira da Aurora — do afresco de Guido que ilumina o teto do salão central do Palazzo Rospigliosi. Eu quis gritar Esmeralda! Esmeralda! mas a voz embargou e eu parei, coração aos coices, num pasmo, num terror — que só era ouvidos para o tropel, para um ruído de roupas, braços fendendo e peito ofegante; narinas, para um cheiro de capim, cabelos soltos, axilas; olhos, nada mais que olhos, para dois olhos imensos e azuis, dois pés vermelhos de terra, um enxame de sardas, uma cabeleira desamarrada — veneziana, compacta, chamejante — que se estirava, sacudia, a um tempo no ar a um tempo chicoteando as costas, açoitando os ombros, bridando a boca. Ela passou rente a mim, raspando que nem cometa no periélio, sem se ferir entrou por baixo duma cerca farpada e sumiu nos fundos da casa da esquina de Ouro e Caraça lado oposto à nossa. Logo se verá que eu tinha sido marcado a fogo pela visão da moça...

    Mas íamos falando nos exames de admissão... É. Dias depois de chegar eu tinha ido à faculdade para me inscrever. Lembro com emoção minha descida do bonde na esquina de Afonso Pena e Mantiqueira. Peguei pela última, fui andando dentro da terra vermelha, perguntando a quem encontrava. Onde fica? a Faculdade de Medicina. Ali. Eu seguia mais um pouco. Perguntava. O último foi mais preciso. Aqui em frente. Apontou um capinzal mais alto que a gente. Pensei que fosse deboche, ia retrucar, quando notei um princípio de vereda. Segui sua aberta e ao fim duns poucos passos — com quem? dou de cara. Imaginem... Com o fabuloso Francisco de Sá Pires e com meu primo José Egon Barros da Cunha — o próprio Zegão do Colégio Pedro II que eu não via desde a gripe. Vocês por aqui? E você? Logo tudo se explicou. O

Chico já era segundanista, o Zegão acabara de se inscrever, logo ia ser meu companheiro de turma. Foi quando chegou outro moço, rosto comprido, muito magrinho, falando depressa e explicado. O Chico apresentou. O Nava. Esse, Nava, é meu primo Cisalpino Lessa Machado dos Guaicuí, meu *alter ego*, o maior dos diamantinenses vivos. Confraternizamos. Mas o Cisalpino e o Zegão tinham pressa de descer para o Bar do Ponto. Estava na hora de as pequenas passarem. O Chico propôs-se a reatravessar o capinzal e a guiar-me nos labirintos da inscrição e da secretaria da faculdade. Seguimos. O capim foi rareando, demos num chão batido cor de sépia e vi diante de mim casario majestoso, com porta central e cinco vastas janelas de cada lado. Subia-se para aquela entrada por dois lances de escada e embaixo desta havia batentes abertos para o porão habitável. Ao ganhá-lo, desciam-se dois, três mais degraus, pois seu nível era abaixo do exterior. Havia um pequeno saguão, dando para dois corredores laterais. A secretaria era em frente. O Chico levou-me a uma grade envernizada onde abria um guichê. Deste saíam dois bigodes de ébano que levavam à cara simpática dum morenão que parecia o dono da casa. Era o porteiro e *factótum* dando ali a sua de escriturário. Chamava-se seu Magalhães. Quando disse ao que ia ele apontou outro guichê, esclarecendo que era ali, com o seu Magalhães. Mas... não é o senhor? que se chama Magalhães. Era, mas havia um segundo, homem pequeno, claro, empertigado, cara eclesiástica e muito fechada. Tinha um nome de embaixador — Manuel Olinto de Magalhães — era membro da Junta do Recrutamento, com honras de tenente mas na hora do expediente era só seu Magalhães. Seu Magalhães II. A ele paguei choradamente o preço da inscrição. E de recibo na mão acompanhei o Chico que ia entrando para apresentar-me a outras instituições. Esse é o nosso tesoureiro, o coronel Manuel Lopes de Figueiredo. Era um careca, bigodes brancos arrepiados, cara de português, colarinho em pé, gravata de malha preta e vestia paletó fininho dum pano de algodão amarelado. Essa peça era muito usada nas repartições pois não se compreendia então o à-vontade das mangas de camisa. Vê lá... Ao lado, pendia dum *mancebo* (como dum altar, paramentos) um croasê que o tempo esverdeara. Progredimos até mesa maior e mais ao fundo. Aqui o nosso secretário, dr. João Batista de Freitas. Mas esse, sorrindo, foi dizendo que já conheço, já sei, é o filho de d. Diva e ontem mesmo ela foi lá em casa por causa dele. Então? Já matriculou?

Agora é ficar esperando o vestibular. Preste atenção no *Minas Gerais* que traz as chamadas. Nas últimas páginas. Nada disso, muito fácil. A única barreira é a química — tenha todo cuidado com o Chiquinho. Sim! o Chiquinho, o Chico Magalhães — o dr. Francisco de Paula Magalhães Gomes, professor da Cadeira. Olhei agradado para a cara do dr. Freitas, nosso amigo, tio da Aimée e da Odete Melo. Tinha olhos vivos, muito pretos, sobrancelhas da mesma tinta, bigodes brancos aparados rente, cabelos escuros grisalhando nas têmporas, pele trigueira, cabeça dolicocéfala, queixo comprido, pescoço de cegonha. Era alto e corcovava ligeiramente. Despedi e saí com o Chico. Disse da minha admiração pelo seu desembaraço e da honra de sua intimidade com os deuses da secretaria. Isso não vale nada, uai! Pois também sou da casa, colega deles. Como? perguntei pasmado. Ele explicou que era estudante mas que tinha as regalias de filho de professor. Tanto que já era bibliotecário da faculdade e mamava na sua folha. A essa eu queria voltar e correr as prateleiras que julgava atochadas de raridades. Fiquei andré quando o Chico explicou-me que ainda não havia biblioteca. Ia haver. O diretor pedira verba, o congresso estadual negara, mas iam fazer um apelo à *Mulher Mineira*, uma manifestação ao presidente e os livros haviam de chegar. O dr. Cornélio já doara toda a coleção do *Dicionário de Jaccoud*. Outros viriam. Se viriam... E ele olhava, longe, como se divisasse a procissão invasora dos opúsculos, folhetos, fascículos, plaquetes, revistas, epítomes, tomos e compêndios. As brochuras, as encadernações, as lombadas ferradas a ouro. Os cimélios, os in-fólio, os in-quarto, os in-octavo.

    A tarde progredia e apertava seus tons electrum e púrpura. Tudo se cobria da tonalidade de uma ferrugem cintilante — a mesma que eu notara ganhando o azul-claro das paredes da faculdade, os ladrilhos do prédio, a papelada da secretaria, os bigodes brancos, a roupa, a pele dos funcionários. Olhei para a cara do companheiro. Cor de ferrugem. Para minhas mãos. Cor de ferrugem. Aquilo era pó de Minas se depositando em tudo, todos, nos cobrindo, impregnando... Respirei longamente o ar ferruginoso e senti meu sangue mais vermelho que o crepúsculo, correndo em mim, mais depressa que o Tempo, correndo em mim. O Chico seguiu para Cláudio Manuel. Eu tomei, a pé, o caminho da Serra, pelo Cruzeiro. Galguei o campo de futebol, desci pelo cerrado, atrás, subi até o *Chalé das Viúvas*, parei naqueles altos para olhar o Curral cor de violeta e o poente em fusão. Desci Caraça em direção ao chorrochiado cada vez mais forte da cachoeira de nosso córrego. Umas nuvens escuras, do lado do Pico, diziam que ainda ia ter chuva.

    Domingo meu nome saía no *Minas Gerais*. Madruguei no dia seguinte e foi meu alumbramento com a Valentina. Cheio de sua cor, de seu ruído, desci para a faculdade e só dei acordo de mim quando o seu Magalhães tangeu-nos em grupo, para a sala de física, onde se dariam as provas. Divisei o balcão da banca nos encimas dum estrado. À presidência estava a figura simpática de Aurélio Egídio dos Santos Pires, professor de farmacologia e arte de formular — que fora nosso vizinho na Floresta e que era o pai do Chico; à sua direita vinham Henrique Marques Lisboa e, de óculos escuros, Alfredo Leal Pimenta Bueno. À sua esquerda isolava-se Francisco de Paula Magalhães Gomes — o famoso Chiquinho contra o qual me alertara o dr. João Batista de Freitas. Olhei-o. Era magérrimo, muito vermelho, cabelos de cobre, olhinhos claros, penetrantes como verrumas. Nunca paravam e rolavam do teto ao chão, de leste a oeste, de cara em cara. Murmurava, nos olhando, não sei se rezas ou invectivas. Parecia furibundo e rufava a mesa como se estivesse ávido de terçar conosco, de nos esmagar, achatar, reduzir à última lona. Parecia com o tio Paletta. Muito. À sua visão fiz apressado Exame de Consciência, balbuciei um Ato de Contrição e comecei a enfiar padrenossos e avemarias. Foi tirado o ponto 4. Aurélio escreveu o número no quadro-negro e a matéria correspondente — *Estrada suave*, página 8. *The miser* — tradução do todo; *Théâtre classique*, página 28, *Le Cid, Acte second, Scène I*, até *mes services présents*. Depois veio a oral. Chegou minha vez. Primeiro a voz do Lisboa, *basso* abafado como se a barba espessa da face lhe crescesse também na garganta. Que é célula? Que é tecido? Ouvi depois a voz bem timbrada do Pimenta. Que é alavanca? Como diferençar-lhes os gêneros. Disse e expliquei o meio mnemotécnico do Guilherme de Moura. Dei a palavra cabalística HARPA. O professor não conhecia e ficou encantado. Aurélio sorriu e levou-me com os olhos até o lado do Magalhães. Escutei um sussurro. Moço! se o senhor não me der sem hesitação a diferença de ácido, base e sal — isso vai ficar muito ruim, muito ruim... Aterrado com o preâmbulo gaguejei o conceito de ácido, disse mal mal o de base e esparramei-me no de sal. Meia hora depois seu Magalhães dava as notas na secretaria. Em línguas eu tivera dez; em história natural, dez; em física, dez; em química, um. Trinta e um divididos por quatro dava sete e beirada. Arredondaram para oito. Plenamente. Eu era o acadêmico de medicina Pedro da Silva Nava. Tinha dezessete anos e Belorizonte ao meu alcance. Eia pois...

O fim de janeiro, fevereiro e março foram uma espécie de compasso de espera. Apesar de acadêmico, apesar de aparentemente livre, eu ainda não largara a casca do internato. Meu corpo não desacostumara dos seus horários. Acordava às cinco, estranhava estar só num quarto, levantava, almoçava cedo, jantava cedo e às oito bocejava de sono. Vagava dentro da casa, tornada enorme com a ausência do Major, que andava em Antônio Dias, na velha pendenga de reaver as sesmarias do Halfeld, com a ausência dos Selmi Deis — o Nelo fazendo medições de terra em Arassuaí, para o coronel Franco. Seguia os dias hora por hora, crepúsculo a crepúsculo, meio-dia, assombramentos neutros de entre duas e três, noite, garoa, sol, chuva. Mas, lentamente, meu corpo retomava costume com o ar de Minas, captava suas aragens mais leves, gostava de receber sua ventania, dobrar a espinha contra ela. Reaprendia o cheiro das queimadas, das goiabas, das mangas, dos mamões, da clara do coré do pequi e das múltiplas gemas douradas de seus caroços de delicada polpa. Aprendi a comê-los, raspando-os nos dentes de baixo, gastando-os cautelosamente, até sentir a primeira ameaça do seu dardo acerado. Comecei a me enfronhar na geografia da Serra e dos limites das terras feudais do seu Silvério e d. Maria, do seu Nascentes Coelho, ainda nosso parente, gordão, barrigudo — lembrando o tipo e os olhos verdes do tio Júlio. O paredão de sua casa feito de minério de ferro ainda lá está, na rua do Ouro, escuro como bronze que se escurecesse mais e sangrasse, ao sol, ao tempo. Será talvez o último que sobrou do velho sistema belorizontino de edificar muralhas que os anos e a ferrugem vão soldando. Onde estão? os edificados por Leopoldo Gomes nas suas terras sem fim do Acaba-Mundo. Mas, além das lindes do seu Nascentes, começavam os latifúndios do coronel Gomes Pereira — cheio de cursos d'água e estrondos de cachoeira. À sua frente, a casa alpendrada do *coronel Peixe* onde reinava seu filho Benedito e passeava no jardim florido a moça Clandira. Dando no Ponto do Bonde, o portão esquinado e sempre aberto de d. Carolina Dias de Figueiredo. Uma ala de mangueiras conduzia à casa no fundo, onde ela morava com os filhos Inar e Zara, depois casada com o engenheiro Otávio Pena (Tic). Além desses dois, os outros, Nadir e Morvan, que viviam em São Paulo e Wanda, esposa do dr. Otávio Coelho de Magalhães, professor da Faculdade de Medicina. A d. Carolina era uma das velhas (seria mesmo velha?) mais lindas que já vi, com sua pele morena contrastando com a refulgente cabeleira branca. Tinha uma doçura extraordinária e era um gosto conhecê-la para poder cumprimentá-la, receber de volta e degustar a qualidade do seu bom dia! cristalino e tilintante como se estivesse saindo dum pequeno sino de prata sua garganta de prata. Ela era irmã de outro professor da faculdade — o dr. Ezequiel Caetano Dias. Mas, aí, era o princípio da parte alta de Chumbo, então simples vereda cheia de pó, no seco e de lama, no tempo das águas. Nem se via o traçado da rua, tomada de capim, pasto de cabras, bezerros e inçada da cachorrada dos moradores. Depois da chácara de d. Carolina vinha o beco que conduzia, atrás, aos lotes da d. Regina Sanavia. Um grande baldio, outro beco, o da Alexandrina. Depois a casa dum irmão da d. Dudu Goulart, a do seu Elias Abras, num alto, onde se viam, sempre regando o gramado, os canteiros, as figuras da esposa, d. Matilde, e da sogra, d. Maria. O menino, o filho, chama-se Alberto. Subindo, vinha a venda do seu Albertino, o chalé rosado onde vieram morar depois d. Prudência, a mãe do poeta Evagrio Rodrigues, ele e seus irmãos Gerino (Tetilo), Ordália, Ezilda, Ibrantina, Cleonice e a malfadada Mirtes — que ajudei a velar, vestida de noiva, numa noite de grandes ventos e janelas amplamente abertas. Outro chalé todo azul, o da sá Delminda, mais outro, o último, do Nativo e o fim do quarteirdo era um lote sem construção esquinando com a subida de Caraça pra Pirapetinga. O quarteirão fronteiro a este começava com um terreno pequeno, em frente a d. Carolina, habitado por uma alemoa muito prestativa, viúva, com dois filhos e chamada a *d. Mariquinhas-do-Ponto-do-Bonde*. Quem ia até ao fundo da sua casa encontrava a vereda que conduzia ao barracão da ingrata Cecília. Era na janela da viúva que deixávamos os sapatos sujos de pó ou de lama para calçar os limpos, os de descer para a cidade. As lanternas também, de vela ou querosene, para atravessar a noite sem iluminação, do dr. Aleixo para cima. A casa deste, sempre fechada, fama de mal-assombrada, era a seguinte e sua sesmaria confinava com a do seu Zé Rizzo. Esse devia ser italiano do sul. Tinha a pele tisnada dos mediterrâneos, olhos duma transparência de água ao sol nascente, um perfil puríssimo e bigodeira branca lembrando as de Umberto Primo e do general João Francisco. Ele e a esposa, d. Maria, povoavam a Serra duma bela raça ítalo-morena, eugênica e numerosa, indo do homem-feito à criança de colo. Uma de suas filhas era uma rosa, tinha um lindo riso e chamava-se mesmo Rosa. Rosa Rizzo. A desse italiano confinava-se com a sesmaria de outro, nem mais nem menos o pai da radiosa menina que quase me fizera gritar Esmeralda! E estávamos em Caraça.

Em pouco tempo fiquei sabendo de todos os vizinhos e adquiri sobre eles verdades essenciais. O Arquimedes Gazzio era compadre do presidente Delfim Moreira. A sá Maria do Venâncio bebia de cair. A sá Vita também e dava que nem galinha pedrês. O Quincas Rolha, deformado por uma queimadura, lembrava Quasímodo e era irmão do José Antônio, casado com a sá Cota irmã do seu Silvério. Por sua vez a d. Maria do Silvério era irmã da sá Adelaide do Quindola e da Guiomar (Goma) do Amaro. A Geralda Silvério casara com o Chico, irmão do Rubem — os dois, filhos da sá Delminda. Em pouco tempo assenhoreei-me das hierarquias. Sabia a distância que vai do nome dado simplesmente — Adelaide, Joana, Chica, ao precedido do sá — sá Teresa, sá Gertrudes, sá Gerlinda, ou ao dum dona mais respeitoso — d. Petronilha, d. Sabina, d. Celeste. Dizia-se Zé do Amparo, vá lá, mas jamais Silvério e sempre seu Silvério. Pela respeitabilidade, bons modos, seriedade que ele tinha e soubera dar à família. Estou batendo na tecla porque a prática e o conhecimento com a gente da Serra instruiu-me muito sobre o modo de conviver com os mais simples estabelecendo com eles um gênero de comunicação igualitária e respeitosa. Grande parte da população do pedaço de bairro onde o Major construíra sua casa era composta de dois gêneros de habitantes. As aves de arribação, proletários em constante substituição, demorando pouco, indo para a Floresta, o Calafate, o Carlos Prates, a Lagoinha — tangidos pela insegurança que faz o nomadismo de sua classe e leva-a de bairro a bairro, cidade a cidade, estado a estado na procura de salário melhor. Esse rouba dum ofício para o outro, criando operários medíocres, sem possibilidade de serem bons artífices, já que o mercado oscilante dos empregos desfalca aqui um grupo obreiro, para pletorizar ali, num outro. Mas havia também a gente fixada ao seu bairro pela posse terreal — a de que acabo de dar exemplos com os nomes. Eram geralmente antigos operários da fundação ou seus filhos, que o governo quisera tungar pagando seu trabalho com terras sem valor e que de repente subiam de estado com a valorização geométrica do que tinham recebido como tuta e meia. Tinham assim começado sua escalada nas encostas da classe média. Ainda longe da crista, mas a caminho. A vizinhança de bairro desses pequenos donos de seus terrenos criara convivências, amizades, compadrios, namoros, casamentos — passando por cima das cores — porque o brasileiro pobre não é racista. Só o rico discrimina, para se dar ao luxo de ficar mais branco. Comecei a conviver. Fiquei logo amigo do Inar Dias de Figueiredo e do Paulo Gomes Pereira, meu antigo colega do Anglo e atual da faculdade. A nós três juntavam-se, pra os mergulhos no *banheiro* da Caixa de Areia, o Afonso Arinos, durante as férias, o Chicão Peixoto, o Lalá Belém e o Lourenço Baeta Neves (homônimo e parente do engenheiro e professor), até se mudarem de vez para o Rio — todos em meados e fins de 1921. Mas tínhamos a companhia e a amizade — que conservei enquanto morei em Belo Horizonte — do pessoal da Serra. Pedrinho Espanhol, Alberto, Zezé, Ninico, Rubem, os Cumba. Deles veio muito da minha humanidade e do saber conversar com os mais humildes sem a condescendência que ofende e tomando o nível a nível que não suprime o respeito recíproco e que traz a confiança. Aprendi mais, depois, com meus indigentes de enfermaria e de ambulatório na Santa Casa. Logo soube que iguais, "*tous sommes sous mortel coutel*".

Fecho os olhos para recuperar cada detalhe desta época. Belo Horizonte me vem em vagas. Elas me atiram pra lá pra cá, a este, àquele, a cada recanto da cidade e da nossa Serra. Ia a todos com os amigos, ora uns, ora outros, ora todos. Ao Banheiro. Ao bosque da Caixa de Areia, ao Pico, às veredas que subia até ao muro do Curral. Levantava poeiras de outrora, poeiras de seis anos atrás e nas suas nuvens passavam tingidos da cor da terra, incandescentes do seu vermelho, os fantasmas do Westerling e do Jones (o primeiro, de sangue, também). Pela primeira vez, nessas andanças senti que um passado me seguia e comecei a explorá-lo detalhe por detalhe. Logo uma saudade, saudade de mim, de meus eus sucessivos começou naquela ocasião, uma saudade vácuo como a que tenho de meus mortos e que me surpreendi, dando ao *mim mesmo* também irrecuperável, como se eu fosse sendo uma enfiada de mortos — eu. Tudo tão recente mas já tão longe e logo deformado. Eu via o Anglo e seus caminhos, mas já tornados lá longe, diferentes, pela interposição da lente aberrante do Tempo. Já minha memória começava a mentir, sobretudo para mim e eu fazia como os primitivos que representavam Cristo, a Virgem, são José, os Magos, os Pastores, com as roupas e o décor do tempo deles, pintores. Era impossível lembrar o passado sem sobrepor-lhe uma camada do presente... Mas eu procurava. Ia ao velho reservatório de perto do colégio, cercado de araucárias cujo verde virava numa sinopla heráldica e mineral contrastante às geografias de ouro e goles do poente. Era a hora em que o limite da terra virava praia batida por mares em fusão, criados pelo sol. Subitamente tudo desmaiava e a noite cristalina de Belo Horizonte nos surpreendia num alto de morro, numa crista distante. Voltávamos sendo envolvidos pelo escuro. Quando só, eu me apressava para não ser salteado, perseguido e alcançado pela Morte. Via-a — a sua coroa imperial, o seu manto negro, a sua foice. Eu não sabia então que nós é que lhe vamos ao encontro, na hora que ela marcou — nos esperando em Samarcanda. Mas por falar em Morte: não é? que sua mão pesou duas vezes em nossa casa nesses princípios de vinte e um. Veio primeiro brincalhona, disfarçada de menino gordo, cheio d'água e de cola amilácea. Usa, então, o nome de distrofia farinácea, põe a criançada toda balofa, redonda de parecer gordura, mas é força não. Basta um resfriado, uma indigestão. Mata. Chamava-se Dinorá, tinha apelido de Bubu e era filha duma cozinheira que nos aparecera. Era linda com seus olhos pretos de que a pupila se definia mal, se esbatendo numa esclerótica toda pérola, sem laivo de veia ou de sangue. Foi rapada em horas e mal se pôde compreender como passara do colo de todos para o caixão azul de anjinho coroado de prata. Foi o primeiro a sair da sala de visitas da nossa casa de Caraça. Ai! não demoraria outro.

  A gripe de todo o ano viera, nos inícios daquele 1921, com fúrias que fizeram temer um segundo 1918. Foram caindo os de casa. Primeiro, minha Mãe, depois, as irmãs, o Paulo. Escapei eu e ficamos tratando de todos a nossa Deolinda e eu no serviço externo de comprar remédio, chamar o dr. Davi, o dr. Aleixo, o dr. Otávio. Quando se levantaram, caiu a Deolinda. Já falei de passagem nessa criatura admirável, uma das negrinhas de minha avó. Era retinta, feia de cara, nariz achatado, longas pernas finas sustentando o tronco empilhado de corcunda, a cabeça meio inclinada, um ombro alto, outro baixo, braços parecendo mais compridos. Só os olhos rasgados tinham a beleza das coisas resignadas e boas. Sua autoridade sobre nós crescera com o tempo e ela acabara tomando conta da criação de minhas irmãs Ana e Maria Luísa. Foi a segunda mãe das duas. Não sabia ler mas sabia rezar e ensinar a rezar. Nada lhe foi poupado. Não era ninguém, chamava só Deolinda Maria da Conceição, não tinha ideia de pai ou de mãe, não tinha lembranças, só conhecia o mundo de sua cozinha. Contrafeita e doente o destino lhe daria o amor como martírio e mais. Meu avô tinha feito vir do Ceará e pretendia empregá-los nas terras de Antônio Dias quatro sertanejos de que me lembro os apelidos de *Cozinheiro, Espião* e *Bago*. Parece que esse *Bago* era Manuel. Havia um quarto, belo puri de três sangues, tocador de viola, cantador nas noites do luar, sola boa no sapateado, duma agilidade de gato, trazendo sempre à cintura uma faca bem tratada que brilhava como seus dentes de facínora sorridente e ingênuo. Chamava-se Raimundo Nonato. Como sempre ele era o que agradava mais a todos — pela alegria, rapidez, agilidade e elegância. Vimos tudo isso junto no dia em que ele deu uma punhalada no *Bago*. Coisa de nada. Furara só a mão que se defendia e aparava. O sangue foi estancado por minha Mãe, ninguém falou em polícia — com a condição do homem sumir. E ele se foi para sempre deixando atrás dele uma Deolinda em lágrimas. Pois a gripe apanhou-a assim deprimida, com aquela tuberculose óssea, aquela asma e, suspeito hoje, lembrando sua pele delicada e fresca, a insuficiência mitral que ajudaria poderosamente sua broncopneumonia. Caiu logo muito mal e pegando fogo de febre. Delirava com a cozinha, o ferro de engomar, o fogão, a lenha. Gritava até sufocar. Parava um pouco, retomava girando dentro do pequeno círculo de suas preocupações, sua vida, como um rato nadando em roda e se afogando no fundo dum poço. Berra fogo no fogão, berra fogo no fogão, berra fogo no fogão. Sopr'o ferro, sopr'o ferro, sopr'o ferro. Abana, sopr'o ferro, berra fogo, berra fogo. Passassaia, passassaia, sopr'o ferro, sopr'o ferro. Parava exausta, despencava numa madorra, suava, a febre caía, a Deolinda reconhecia a *Sinhá Pequena* e as meninas. Mas logo o fogo berrava dentro dela que retornava o seu giro, da saia, do ferro, das panelas e do mais da nossa cozinha que o picumã já enegrecia como a de Juiz de Fora. Mas chegou a madrugada em que ela começou a esfriar sem parar, a respiração diminuindo, o corpo todo largado até soltar seu último soprinho — quando os pássaros abriam seu canto no jardim. Eu acendi de mãos trêmulas a vela benta que minha Mãe pôs nas mãos humildes logo pingadas da cera. Já acabara. Chorando sem parar a d. Diva foi correr as gavetas atrás de seda branca, grinaldas brancas, rendas brancas, filós brancos. Foi achando, separando; descoseu, desmanchou, coseu, pregou e pelas dez horas, com a Catita e a Onofrina tinham acabado de vestir e toucar a pobre noiva do caixão. É verdade, o caixão, a essa, o enterro... Minha Mãe tinha de cuidar disso tudo. Resolveu ir entender-se com a nossa prima Marianinha, na rua Pouso Alegre. Bateu-se para a Floresta. Chegando lá soube pela Melila e pela tia Joaninha que a Marianinha estava no *Teatro Municipal*, com outras *damas* de irmandade e confraria, dirigindo os ensaios da festa de caridade que ia ser levada a efeito em benefício das Sete Obras de Misericórdia. É que a Marianinha, depois da morte de tio Júlio e do baque que sofrera com certas revelações do testamento, largara mão do ateísmo e convertera-se com estardalhaço. Estava Filha de Maria, Irmã do Sacratíssimo, da Medalha Benta, do Beato Lenho; era Benfeitora da Santa Casa, do Apostolado do Sudário, do Culto Sororial das Adoradoras do Piedoso Lado, íntima das freiras do Santa Maria, confessada do padre Severino (aquele Santo!), ia a duas missas por dia e não perdia a comunhão nem na das cinco, nem na das seis. Era em duplo. Depois ocupava-se com suas irmandades e cuidava de caridade. Minha Mãe resolveu aceitar o almoço das primas e a descer depois, para pegar a Marianinha no ensaio. Chegou ao Teatro e disse à prima e amiga da aflição em que estava e pediu emprestado para o enterro. Pois a caradura da ricaça tirou o corpo, choramingou, que estava num período difícil, que não podia, que tinha pressa e você desculpe, Diva, vamos deixar pra conversar depois porque estamos aqui atrasando os ensaios. Minha Mãe desembocou na rua Goiás zonza de dor e de raiva, as lágrimas secando assim que caíram no rosto afogueado. Foi andando sem saber pra onde, para os lados da avenida João Pinheiro e de repente quase esbarrou com a d. Alice Neves que vinha descendo com aquele seu jeitão de fisionomia que lembrava os retratos de Sarmiento. O que é isso? Diva, você por aqui, sem chapéu e chorando. O que houve? Inteirada bradou contra a Marianinha. Grande impostora! Mas fica por minha conta. Vamos ali em casa, você me dá os dados para o atestado — garanto que tinha esquecido o atestado, hem? dito e feito

— você me dá os dados, vai pra Serra que daqui a pouco estou lá. O enterro vai ser feito de graça e sai às cinco horas. Minha Mãe foi para casa, logo depois chegou a d. Alice, mais um pouco, o caixão branco, de terceira, duma cetineta esticada e com um bordadinho de prata mal pregado. Arranjara tudo de graça, o dr. Borges dera o atestado e o Bié Prata tinha sido gentilíssimo. Agora vamos ajeitar a pobrezinha porque o coche e o carro não demoram. Puseram a nossa Ina no seu caixão de virgem. Nunca ela tivera em vida coisa tão nova e tão bonita. Enfeitaram com folhas, flores, ramagens da Serra. Foi seguida até ao Bonfim por d. Alice e minha Mãe. Desmanchou-se num não sei onde daquele pedaço de Minas. Suspeitávamos que d. Alice tivesse feito as despesas todas. Perguntada, ela negava. Arranjara tudo de graça, o dr. Borges dera o atestado, o Bié Prata fora gentilíssimo... Vocês não me devem nada, nada... Devemos sim! D. Alice. Do lugar onde a senhora estiver me escutando, escute que devemos. Devemos sim! D. Alice...

Tudo foi entrando nos eixos. A casa é que mudara. Agora era uma verdadeira casa. Vira sofrer e morrer. Ouvia-se no porão o chorinho da Dinorá. Os varais eram sacudidos à noite pelas mãos da Deolinda. Percebia-se que ela vagueava altas horas na cozinha. A Catita apavorada queria dormir no chão, ao lado da cama de minha Mãe. O Major continuava em Antônio Dias, o Nelo no norte de Minas. A casa vazia era propícia aos terrores noturnos — com aquele clamor da cachoeira, sem parar. Éramos cinco debaixo de suas telhas. Nossa Mãe, minhas irmãs, meu mano Paulo, eu. O José estava no Ceará, com os Meton. Em roda um mundo indiferente e fechado. Eu estava começando a perceber aquela porca da vida... Um mundo indiferente e fechado. Merda.


Nossa varanda olhava para a cidade. Via-se seu amontoado de casas depois dum intervalo cheio de folhas. Primeiro a vegetação do terreno fronteiro à nossa casa, depois os arvoredos do dr. Aleixo, dos Gomes Pereira, adiante os do Estêvão Pinto, mais embaixo a arborização urbana, espessa naquele tempo como floresta. Árvores de Contorno, Paraúna, Brasil — entremeadas de casas. Os verdes do Parque, o espinhaço da João Pinheiro cheia de ipês-roxos e magnólias. No alto as palmeiras da praça — como perfil miliumanoites de Bagdá, de Zouman, de Balsora. Tudo mais adivinhado que visto através das brumas dos dias de chuva ou da chuva de ouro dos fins de tarde luminosos. Mais perto eram os fundos da casa do italiano que eu conhecia árvore por árvore. Eram pouco variadas. Uma flora de longos garranchos como a de Debret e Rugendas em certas paisagens silvestres, mais as bolas copadas das mangueiras, as gabirobas rendadas e um mamoeiro empinando frutos duros e auriverdes maminhando de tronco abaixo como no da Artemis polimástica dos efésios. Eu esperavarfando. E de repente era um tropel, uma carreira e luziam, um minuto, uma cabra de cerdas de prata e sua perseguidora — Hamadríade, Napeia, Eurídice crisotríquica. Eu seguia quase chorando a disparada d'Esmeralda, levantava olhos para o céu que apagava cheio de nuvens pequeninas meninas se soltando flutuando virando em folha escura, pássaro de fogo, lampejante peixe lampejante, módulo abstrato, nuvem mesmo, cirro, estrato, coisa delgada de movimento quase animal como fumaça soprada contra o vento pelo fumante que vira sua cabeça de repente; nuvens guimaraens como vi, anos depois, semeadas por Luís Alphonsus num céu azul-marinho — o céu estendido por seu avô para a travessia do corpo d'Ismália, quando Ismália enlouqueceu e viu outra lua no mar. Eu incorporava a moça pastorinha ao mamoeiro e só consegui apaziguar árvore e corpo, em 1933, com o poema — bom? mau? — que me saiu da lembrança dessas horas de 1921.* Eu transbordava de adolescência naquelas tardes e alguma coisa ia impregnando meu corpo e minha inteligência de um veneno que, como os entorpecentes, os alcohoes, os oetheres, deformava o mundo e substituía sua realidade por um artificialismo luxuoso feito o que eu descobriria ulteriormente, em *Les plaisirs et les jours*, onde Proust se deixa fecundar por Edgar Poe para fazer nascer a *Sonate au clair de lune* e a estática tortuosa de Baldassare Silvande, visconde da Silvânia. Eu derivava meio zonzo, eu silvanava na tarde suntuosa... Um vermelho era esquecido nas folhas molhadas do chão, na fímbria de cada galho, de cada fuste vertical emergindo do braseiro do poente avernal. Ei ardia também, até que paisagem, eu, que tudo fosse purificado pelo luar que se espalhava em ondas de prata que submergiam e apagavam todo aquele fogo — exceto a ponta do cáustico, a brasa a estrela, o ponto vermelho do lampião que aparecia na porta dos fundos da casa de Valentina... Eu me torcendo me jurava que havia de.

* Anexo 2.

Aquela minha incorporação à natureza da cidade, do bairro, eram parte duma espécie de noviciado mineiro que, como o sacerdotal, suprimindo a vida fora da Igreja, ia jogando meus cinco anos de Rio e Pedro II para um passado extraordinariamente remoto. Mas não seriam só a luz do sol e da lua, a claridade do dia e a escuridão da noite, as mutações das horas e as transfigurações do crepúsculo que concorriam nesse efeito. Mais. Ainda. Tudo. Cada saída, cada contato ia me penetrando de Minas. Sua linguagem incomparável. A construção de um novo dicionário. Exemplos? Ser historiador não é pertencer à confraria do Capistrano, do João Ribeiro, mas ser exagerado, parlapatão, vagamente mentiroso. Papadas, sempre no plural, não são as dobras de banha embaixo do queixo, são as nádegas, duas, fazendo a bunda una. Dona de boas papadas é mulher de boa bunda. Perene tem masculino e feminino — já mostrei antes — amor pereno, fidelidade perena. Carachué é gigolô de puta pobre. Não ter merda no cu que periquito roa é estar a nada, pronto, sem dinheiro, liso como bunda de santo ou de menino novo. Estar com a cara no cu duma égua é estar mortalmente envergonhado. Fazer bezerro não é o boi se pondo na vaca não senhores! é fazer sesta. Queimor é ardência interna, azia assanhada pedindo o bicarbonato que em Juiz de Fora se chamava *bicarbornato* na boca duma prima. Canguari é o amarelão, a palidez de bichas; ruçara é coceira; doença afetiva é nome geral de moléstia venérea, desde chato que é chamado ladilha, até ao esquentamento, ao cavalo de crista, ao corte de pentelho que zanga e vira em cavalo mesmo, às mulas, aos gálicos que vêm com tanta reuma que a gente fica toda engreguenhada. Diabo de doença que até ripunha de tão nojenta. Um coadjuvante, um lacrimal, é remédio para brochura. Tomar no lasqueiro, na tarraqueta, pode não ser tomar no fiofó e representar apenas derrota moral, boca na botija em intriga, emaranho, teia; pode corresponder a ser posto de calva à mostra, ou desmascarado em intenção tortuosa. Malungo não é só amigo íntimo: é o amigo de dentro que sabe tudo porque nos penetra as intenções, que nós sabemos o que vai dizer antes dele falar; é amigo pai, amigo filho, amigo esprito santo, amigo compadre, afilhado, irmão gêmeo, xifópago, xicopires-cavalcanti-pedronava. Moledo é sujeito a um tempo mole e refolhado — belorizontismo — por causa daquela rocha laminada bamba e se desfazendo que nem a do nosso antigo Cruzeiro. Quem? lembra. Hoje está tudo sumido debaixo do calçamento das ruas e esse moledo perdeu a etimologia.

Capaz de *humour* à moda inglesa, os mineiros têm ainda outra qualidade britânica. O dicionário de sua linguagem vive aberto para todas as prosódias e sotaques do resto do Brasil. Sabem, como ninguém, que os modismos, os localismos, a pronúncia do carioca, do gaúcho, do paranaense, do mato-grossense, do baiano, do pernambucano, do cearense, do maranhense, mesmo com defeitos — não corrompem a língua, antes a enriquecem, do mesmo modo que o *brasileiro* é uma riqueza a mais do português. Como o inglês que é uma das línguas mais mestiças da Europa e continua sempre a receber na sua grandeza novas miscigenações — a favela mineira está cheia de sotaques de outros estados. No norte de Minas se fala à moda baiana; no sul, à paulista; no leste, à capixaba e à fluminense. Expressões típicas de outros e suas frases feitas têm curso entre nós de mistura com a linguagem limpa dos latinistas da Diamantina e dos puristas do Ouro Preto e da Mariana. Como no sul dizemos mulher de chinela e sandália, por mulher de soldado; sabemos como os sertanejos do nordeste que loura, inda mais de olho azul, ou é cômica ou dama de vida airada. E assim por diante com moafo, gente de banga la fumanga, baculerê, caqueiro. Impossível alinhar cada peculiaridade que criamos ou que vamos buscar nos quatro cantos do país e que viram em nossa falação coisa gratificante como a goiabada de Ponte Nova — lustrosa, vermelha, gelatinosa, com cheiro da própria fruta ou fresca ou madura: parece língua de gente; gostosa como nossa *marca* de goma de polvilho azedo — terreno neutro entre o biscoito do dito, o pão torrado e o pão de queijo; refrescante como a jacuba do Brejo das Almas — feita com rapadura raspada, farinha de milho e água fresca dormida: tem de deixar descansar, para borborar... Às vezes quem nos serve é o indestrutível passado e começamos a falar à moda da velha Metrópole. "O que for soará" — provérbio usado por d. Alice Prates de Sá — não é linguagem da Gorutuba, nem do Charquinho, do Barreirinho e das Mamonas; não tem duzentos anos de Minas mas quinhentos de Portugal. Minha Mãe usava sempre e com que a propósito! a Petição de Miséria e o Termo de Bem Viver que lhe vieram como bens de família, de algum Pinto Coelho ou Ataíde e Melo ou Oliveira Horta versado nas *Ordenaçoins*. E quem? como ela pronunciava mais mineiramente o seu *quimportamilá*? de desprezo ou de renúncia ou de não apurar. Eu ouvi na minha remota mocidade a explosão de termo hibernado quinhentos anos. Foi na rua Guaicurus e na disputa de "duas espanholas de

Montes Claros". Elas se tratavam de *sua* vaca, *sua* úmida, *sua* larga quando uma ganhou, xingando a outra de *sua* putarroa! Guardei encantado o termo desconhecido e há muito pouco tempo fui descobri-lo, imaginem! num clássico afonsino. Sim! senhores. Está em Anrique de Almeida Passaro. A mineira morena estava falando português do século xv.

> ..............................
> Pois se jazer no teu leito
> putarroa
> achar-te-á tão encolhido
> e do membro tão tolhido
> que irá má e virá boa.

Putarroa! a bela palavra e gorda. Além das duas obscenidades que podemos fazer com suas letras, o verbete lembra, sugere, desenha outros como porca, porcaria. É palavra continente doutras e sugerindo várias. Assim, mais uma, que me foi comunicada pelo inimitável Cisalpino, o mesmo Cisalpino diamantinense que conheci no dia da minha inscrição na faculdade e primo do Sá Pires. Pois ele me contou que estava de conversa mole, na cama, com putarroa mineira, naquela lombeira que vem depois de. Teve a inevitável pergunta. Há quanto tempo? você está na vida, minha filha. A resposta magistral. Desde menina, bem... Agora, na'*zondegas* mesmo, tem dois anos... A palavra cintilou como se estivesse nascendo uma estrela... Zondegas! Ela queria dizer zona e em vez desse baculerê inventou a palavra rebolante e movediça onde há zona mesmo, ondas altas e nádegas, nádegas, nádegas em vagas. Foi esta mesma criadora do verbo que disse outra ao mesmíssimo Cisalpino — o qual se aplicava, floreando o máximo, em satisfazê-la de cima para baixo, de baixo para cima, da esquerda para a direita, da direita para a esquerda traçando 8888 deitados superficiais profundos altos baixos infinitos infinitos. Ela meneava em compasso ternário. Ele tão, mas tão! mesmo, que arquejou baixinho sua gratidão. Ao ouvido. Ao pezinho do ouvido. Como você é boa, *chorena*! como sabe... Maravilhado ouviu o que replicava a mulher, com *pompa honesta e régia*. Valho nada, bem! o bom é você que parece compota de pêssego banda de música... O que eu faço é *revidar*... Esse revidar, esses dizeres de Minas valem ouro. Suas expressões, frases feitas, são como grãos-bocados do seu queijo, como um golão de cachaça escorrendo nos queixos, um naco de carne de porco, de toucinho, um torresmo. Aquele tem cascavel no bolso. Mau não come doce. Ter intimidade nem sempre é ter costume com a pessoa (diga qualquer um, de outro estado, qual é a diferença que o mineiro põe nessa variedade). Conversamos não procurando falar o tempo todo mas ouvir metade do tempo. Assim calamos e estamos usando o outro termo do papo que é prestar atenção. É por isso que somos os melhores interlocutores do Brasil. Nunca ficamos no eu eu eu insuportável. Gostamos da segunda pessoa e ressalvamos sempre seu amor-próprio quando elogiamos terceiros. Mal comparando. Sem desfazer nos presentes. E não chateamos, despedimos, logo; vamossimbora. Até outro dia, o senhor desculpe qualquer coisa.

> Savoir n'est rien, imaginer est tout. Rien n'existe que ce qu'on imagine.
> ANATOLE FRANCE, *Le crime de Sylvestre Bonnard*

No alto ar de Minas e ao som de seu sábio patuá evolui do catre à cova a vida do mineiro. Nascimento. Descoberta do mundo. Aquele amor. Opressão. Doença e morte. Natal do chão duro à cama fofa. Geralmente dois cavaletes singelos sobre eles quatro tábuas toscas, o colchão. Aí ele nasce de mãe escanchada, cuja barriga foi untada com o óleo bento que ajuda a colar a imagem de d. Bosco em cima do umbigo estufado. Faz força! minha filha. E se está difícil mesmo, a parturiente arvora o chapéu do marido posto às avessas e sopra que sopra no gargalo duma garrafa vazia. Afinal se rompe toda, de Porto Artur à forquilha e numa última onda de águas, sangue e mecônio, o mineiro corta o silêncio com seu primeiro grito. Recebem-no as mãos de parteira — tantas vezes veículos de morte para sua mãe. Fumo e bosta de cavalo no umbigo. Quando se declara o mal de sete dias, fica inútil a lã vermelha. Quanto mais adiantada a cidade, melhor a parteira. Nos lugares maiores ela confronta sua autoridade com a do médico. Em Juiz de Fora a Senhorinha só perdia para o dr. Vilaça. Em Belo Horizonte, a d. Josefina e a madame Alma só cediam terreno ao dr. Hugo. Se enguiça, engastalha, atravessa, qualquer um pode batizar. A quantos, eu, indigno, quando médico do interior, salvei a alma em Nome do Padre, do Filho e do Espírito Santo, amém. Depois da luta a casa foi defumada com alfazema seca queimando em brasas sobre um caco de telha. Em paz. Os longos círculos da noite coroam a maternidade trabalhosa e há um corpinho, ali, revestido da mesma dignidade — seja preto ou branco, seja enrolado num trapo, no chão, ao pé da mãe; posto num caixotinho fazendo de leito, num berço rico de flanelas cheirosas e de fitas ricas. Pobres ou ricos, quarenta dias de resguardo e do caldo de quarenta galinhas. Aí a mãe pode levantar desde que o dia não seja de sexta-feira. Se o é, espera a aleluia do sábado e ambula. Prolonga o máximo a amamentação ingurgitando jacuba e cerveja preta porque sabe que enquanto dando maminha não emprenha outra vez.

Vem o período difícil do vento-virado, da espinhela caída. Tudo isto é sífilis, gálico. É hora do chá das duas folhas — caroba e velame do campo; das cinco raízes santas: a da China, a da salsaparrilha, as do guaiaco, da taiuia, do sassafrás. Mais. Pomada mercurial até que a estomatite de quem esfrega mostra que ele está matando um inocente. Depois do Xarope de Gibert e das Pílulas de Ricord eu vi o reinado da *Aluetina* e do *Iodobisman* que fez a grandeza da Baeta, Pio & Miranda. As bichas e a entrada da pévide de abóbora dada em jejum, com leite de coco quente — um porrete; da semente de angelim-amargo — outro. Depois a era dos vermífugos para valer. Belisário, botina, necatorina e latrina. O óleo de rícino dado com cerveja preta. Os fortificantes. O óleo de capivara, a Emulsão de Scott e o homem com o peixe no ombro — personagem da iconografia folclórica de minha meninice — mais a caveira, o bigodudo e o tuberculoso do *Eu era assim*, das quatro impostadoras esganiçosas da *Lu-go-li-na*, do desgraçado sem nariz do *Elixir de Nogueira* e aquela mulher com os imensos seios endurecidos com a *Pasta Russa do dr. G. Ricabal*. Alvorada do amor. Os sonos da adolescência, mais e mais inquietos; a cabeça rolando nos travesseiros de sementinha; o corpo se mexendo a noite inteira nos colchões cheios de palha de milho diariamente remexida e amaciada pela sua abertura; os pés empurrando, as mãos puxando, a coberta quente de *farofa* de Itaúna. As primeiras experiências com as negras passando por baixo da tela de arame do Parque, ou nas margens do Córrego Leitão e depois a ousadia de passar na Guaicurus, de afinal entrar, experimentar na cama, sossegado. Dono do terreno, machegas. Se batem na porta, a resposta: tem homem! E o outro vai porque o de dentro tem direito de matar o insistente, a porrete, cabo de taco, punhal, garrucha. Ocê usa álcool? bem, ou lava? com permanganato. A linda cor de púrpura do permanganato logo transformada num pardo turvo pela mijada final. A serva nua, segura a bacia de louça e estende o pires com o sabão de rosa amolecido das mãos sucessivas e no qual se incrustou a mola dura do pelo transacto e os cristais roxos do preventivo. Mas não era só essa imundície não. Havia o puro amor, aquele amor que está nas canções das noites mineiras, nos bandolins, nos cavaquinhos, nos violões, nas violas e nas vozes nos luares de canto. Aquele amor quase transubstanciado de tal maneira as moças eram vigiadas e todos gemiam, tão longe! do céu distante! dos seus olhos, dos seus olhos noturnos, sem possibilidade de lhes falar senão nos bailes de 31 de dezembro, do Carnaval, da Aleluia, do São João, do Sete de Setembro. Oito oportunidades de trocar umas frases, dizer do nosso êxtase, senhorita! dançar de mão apertada e se esta era apertada de volta, por dedos gelados, era aquela loucura sem palavras, elas se esvaindo nos braços dos moços e esses, às vezes, tão transportados que quase paravam — desmaio — no meio da valsa. Mas melhor era no tango... Faz que vai, não vai, vai. Oito oportunidades só e depois trezentos e cinquenta e sete dias e seis horas de espera, de ver de longe na volta de bonde, de fazer o pé de alferes, um difícil gargarejo e os olhares ofidianos, os hipnotismos de sáurios na *Sessão Fox*. Rodavam as partes da película da primeira à última, a orquestra fazia possíveis e impossíveis, o moço e a moça não viam o filme: furavam o ar escuro com as famosas *greladas* que eram holofotes, tiros, maçaricos — tão intensas e de tamanha força que os amorosos de assim se olharem se verem se penetrarem a olho chegavam, às vezes, quase.

  Essa tensão trazia casamento cedo entre pessoas praticamente desconhecidas. A saturação era fatal e ela é que estava por trás da frequência escandalosa de senhores casados no *Cabaré de Belo Horizonte*. Das mortes que pegavam homens de respeito na hora de seu passeiozinho higiênico pós-prandial. O curioso é que eles eram sempre socorridos nas casas da Elza, da Olímpia, da Lió, da Petró. A explicação era invariavelmente a mesma. Vinha passando em frente, pediu socorro, sentiu-se mal... Coitado. Parecia de tanto respeito. Ninguém tinha dúvida que tinha sido *morte macaca* mas a bem dos princípios da Tradicional Família Mineira todos fingiam acreditar que o deputado, o doutor, o excelentíssimo, o meritíssimo iam mesmo passando em frente, que tinham pedido socorro, sentindo mal. Comentava-se compungidamente que afinal, no fundo de todo coração sobra um sentimento bom. Até *naquelas mulheres*. Como tinham sido dedicadas e prestimosas. Finalmente, da *Tragédia Mineira* que se repete tão igual à anterior, com tal ritmo e periodicidade que aquilo não parece um acontecimento mas antes filme, que puseram novamente a rodar. Cada dois, três anos, reprise. Era de Ouro Preto. Seus nove, dez de idade, na Mudança. Crescera com Belo Horizonte. Formado, não exercia, pois preferira continuar no seu emprego das Finanças. Mas usava o *chuveiro* que fora do pai influente. Vira-a no *Odeon* numa inesquecível *Sessão Fox* de setembro de 1917 *featuring* George Walsh em *Alta finança*. O namoro seguiu os trâmites clássicos. Acompanhava de bonde, a distância respeitosa garantida e mantida pela guarda draconiana — materna, paterna, fraternal. Inacessível. Só na noite de 31 de dezembro conseguiu falar-lhe durante uma contradança, no *Clube Belo Horizonte*. Depois, no Carnaval, quando ela apareceu vestida de *Siciliana*. Intocável, intangível, inabordável e cada vez mais amada. Começou a capachar o pai da deusa no Bar do Ponto, ousou pedir um dia para frequentar-lhe a casa. Será uma honra para minha família mas precisamos saber de suas intenções. Teve de fazer um meio pedido ali na rua, para ter o consentimento. Foi à anunciada visita. A moça não apareceu e mais ainda, sumiu da missa da Boa Viagem, da avenida, da praça, do cinema. Correu que estava num retiro na serra da Piedade, com várias Filhas de Maria e que planejava professar. Quando ele soube disso não disse uma nem duas, procurou o tio prócer e pediu que ele oficializasse o pedido. Noivo afinal. Noivo de ração curta. Só duas vezes por semana, na sala, com toda a família, entronizado debaixo do Coração de Jesus. Raramente, aquele extra da *Sessão Fox*. A mãe, a moça, o pai interceptante, interjacente, interposto. Ele, misérrimo. Casou tinindo! Só ao nível da segunda gravidez da mulher é que começou a desconfiar da plasta de carne que desposara. E ela a *agradecer*, engordar, a fiscalizar-lhe os passos, a racionar-lhe o vinho do Porto, a cervejinha... Não, tinha sido a besteira de sua vida. Era horrível ter sido noivo de uma deusa campesina e verificar que convolara uma vaca. Quéque havia de fazer? Aguentar a merda feita. Ia aguentando e mandando-lhe pelas entranhas filho por ano, um pouco por desforra, um pouco para cumprir seu dever de patriarca. E ela a engordar e agora a buçar, a barbar. Até que chegara o demônio do quinto aniversário da formatura comemorado com um jantar no *Colosso*. No fim estava um pouco cheio do vinho Nebiolo Gran Espumante e depois do charuto e do conhaque não resistira e se deixara arrastar para o cabaré. Para seu mal e para seu bem conhecera a mulher-vampiro, começara a frequentá-la, depois, escondido, na pensão, enrabichara e para ter o monopólio da capeta, pusera-lhe casa na Lagoinha. Faziam prodígios, de cama. E começaram as joias, os vestidos, as exigências. Ela queria casa em seu nome e as coisas se precipitaram. Foi-se a primeira promissória, foi-se outra mais... mais outra... enfim dezenas promissórias se somando às primeiras já vencidas. Tinha de ser. Veio o esperado desfalque. O inquérito em mãos do presidente do estado. O homem sumido para uma fazenda dos lados do Cipó. O tio intervindo. Finalmente a decisão do Palácio. Pedisse demissão como ato seu, voltasse para casa porque o governo entendia que não poderia surgir escândalo em memória do pai e em atenção ao tio, ao sogro, sempre fiéis *amigos* do Partido Republicano Mineiro. Só assim não haveria processo e o inquérito ficaria engavetado. Voltou para a gorda. O falatório foi amainando. Começou a frequentar as missas das seis, depois as das oito. Cônjuge de braço. Ao fim dum ano estava na das dez, em São José, e comungando perante a Família Mineira. Mais um ano e por influência do próprio governo empregou-se numa empresa particular. Mais outro e estava de volta às tetas do estado, e na tria para a *bitolinha*. E o processo? Rato roeu. Quedê o rato? Gato comeu. Quedê o gato? Fugiu pro mato. Quedê o mato? Fogo queimou. Quedê o fogo? Água *pagou*. E a água? Boi bebeu, amassou o trigo. O trigo, a galinha espalhou, antes d'ir botar o ovo pro padre comer, dizer a missa e saírem uns atrás dos outros por aqui, por aqui, poraqui — porque ninguém tem nada com isso e é assim que se fazem os correligionários fiéis. De quem? Do presidente do estado sentado no alto daquela pirâmide de pedra que se alargava quadrada, maciça e hierárquica pesando no peito de Minas.

> À la belle époque, à l'apogée du shogunat, les quatre grandes îles nippones furent une immense caserne. Selon les classes, on s'y levait, on s'y couchait à heures fixes; on y mangeait, on s'y vêtait selon des règles strictes [...] Aucun pouvoir surtout absolu, ne résiste à l'érosion du temps.
> PAUL MOUSSET, *Un nouvel empire*

Nos bons tempos, no apogeu do perremismo, os quatro cantos de Minas eram uma espécie de imenso Caraça. Uma hierarquia duramente mantida e uma disciplina partidária que não conhecia e nem admitia resistências, dominava o estado, de sul a norte e de leste a oeste. Ouço até hoje reboar na minha memória o vozeirão do candidato, sob aplausos ululantes, declarando que *aniquilaria, esmagaria, pulverizaria todas as tendências facciosas*, isto é, as oposições. Essas se encarnavam, nessa época, em não sei mais que dissidente, à hora do discurso, pendurado na sacada dos Rocha Melo — em cima da *Casa Narciso*. Foi tudo apedrejado, sob orientação de um cunhado do orador. Confesso que, à falta do que fazer e não podendo ver defunto sem choro, fui dos lapidadores. Mas como ia dizendo — aquele domínio parecia eterno e imutável. O fim da década, que seria seu fim, mostraria sua fragilidade e que ele já tinha sofrido a ação corrosiva do tempo. Mas àquela época, naquele início dos 20, o governo de Minas dava uma impressão de solidez babilônica. Seu símbolo era o Palácio da Liberdade, todo de pedra e parecendo uma esfinge agachada no fundo da praça. Dali saíam o prêmio e o castigo. Um presidente o confessara. "Garanto a todos a mais rigorosa justiça, agora, o pão de ló do governo, esse é para os amigos." E todos preferiam o doce fofo e dourado, porque a famosa *justiça* era o prestígio municipal transfundido nas veias dos adversários; a possibilidade de bala desgarrada; a remoção das filhas, sobrinhas, cunhadas, noras e primas — invariavelmente professoras — do Sul para o Norte, da Mata para o Oeste, do Centro para o Triângulo; a chegada súbita dos delegados especiais acompanhados de uma esquadra, duas, de companhia inteira e dum pacote de *autos de resistência* assinados e só faltando pôr o nome na linha em branco, ali, na *hurinha*... A intransponibilidade das antessalas das secretarias e do Palácio. Os oficiais de gabinete e os ajudantes de ordens, polidos e inflexíveis. As esperas intermináveis. O deserto. O exílio final dos ex-potentados para o Rio de Janeiro, onde mergulhavam no todo-o-mundo carioca, o que era para o vencido e banido a figuração do *mato sem cachorro*. Atribui-se a frase a Delfim Moreira: "Se as coisas *tão comocê tá contando*, compadre Bressane, o nosso Sales tá no mato sem cachorro". Estava. Era na época renascentista em que Bernardes andava substituindo os coronelões pela plêiade dos jovens *coronéis* formados em direito da geração seguinte. Para evitar esses inconvenientes cultuava-se o presidente do estado. Geralmente de modo aceitável e discreto, estimulado pela publicidade do "Órgão Oficial dos Poderes do Estado". Estiveram ontem, no Palácio da Liberdade, onde foram visitar o Senhor Presidente do Estado, as seguintes pessoas.

Seguiam-se em ordem hierárquica perfeita os senadores federais, os deputados federais, os desembargadores da Relação, os senadores estaduais, os deputados estaduais, depois uns sicranos, uns beltranos e, diariamente, o tenente Rosalino Vilafanha. Era um rio-grandense do sul, reformado, que para ver seu nome sair no *Minas* ia visitar. Aquilo acabou impacientando um dos revisores, o estudante João Alphonsus de Guimaraens, que um dia resolveu dar maior relevo gauchesco ao nome do bravo militar e fê-lo sair como Rosalino Villafaña Fanfarribas de Fanfanfan. O tenente requereu inquérito e o nosso João teve de deixar a Imprensa Oficial. Cultuava-se o presidente, cultuava-se. Geralmente de modo discreto e ao gosto da austeridade mineira. Mas às vezes o entusiasmo acutizava-se e havia acmes periódicos de histeria. Santificava-se em vida certas figuras. E não se diga que essa canonização ia para os melhores. Quê o quê! Lembro a do homem soturno, refolhado, atencioso e impenetrável. Era aparecer sua máscara duma seriedade de remorso, sua catadura hierática de múmia de Sesóstris, sua postura congelada, duma elegância e duma dureza de *rigor mortis* e o mundo vinha abaixo. Era o delírio. Eu o vi e ouvi. Tinha voz agradável e rolava seu eterno discurso sem gestos, sem inflexões, parando na hora certa do paroxismo dos aplaudires. Quando a malta calava ele reabria a torneira e punha de novo a correr aquela nênia longa, cilíndrica, monocórdica — que só conhecia a chave de ouro de um tríplice viva. *Vivupartidorrepublicanominêiiiiro! Vivuistadodeminasgeraiiiis! Viva-ripúuuublica!* Nunca lhe ouvi viva ao país. Era sempre aquele, final, conclusivo, à instituição — no caso o que sabemos — a República Velha. Nessa fase de apogeu dos PRRR sua política fazia de cada estado do Brasil uma espécie de estado no estado, de resistência surda ao resto, subconsciência hegemônica ou separatista com que só acabaria a Revolução de 30, pelo amansamento a que ela submeteu os grandes senhores feudais do Rio Grande do Sul, São Paulo, Minas Gerais, Bahia e Pernambuco.

Ao contrário da *justiça*, o *pão de ló* do governo era tudo que há de mais deleitável. Tal e qual o *mimoso*. Vinte e cinco ovos, imaginem! vinte e cinco ovos dos quais oito com claras muito bem batidas. Gemas como ouro, claras qual prata da Secretaria de Finanças. Quinhentos gramas de açúcar, outra vez bater entusiasticamente — como as palmas das aprovações — e quando tudo isto tiver sido feito na Secretaria do Interior, mandar à da Agricultura para que adicione quinhentos gramas de farinha de trigo. Só adicionar. Depois o regaço do forno temperado de Palácio. Pode ser uma receita, duas, dez receitas, cem receitas. Em fôrmas untadas com manteiga, cada uma do tamanho da dedicação e do estômago do *amigo*. Está claro que o pão de ló é figurado. Mas a realidade ainda era melhor que o sonho. O governo era o dono das *tarefas*. O presidente deu uma *tarefa* ao compadre. Tarefa era projeto de escolas a construir, de hospitais a levantar, ruas a calçar, estradas a abrir. O compadre podia meter mãos à obra, fazer e cobrar do governo. Ou simplesmente *vender* sua tarefa. Mais cômodo. Parece que Fulanão, que passou para o Senado, vai ser substituído por Fulano, na Câmara Federal. Para seu lugar na estadual? o Fulaninho, moço muito sério, filho do segundo, neto do primeiro, fadado a gerar o quarto da dinastia a quem caberá, num longínquo futuro, terminar a obra da família no município: a ereção da Matriz de São Dimas. As promoções certas, as carreiras como quem faz uma soma. A distribuição do estado em nacos. Não! pelo Primeiro Distrito não pode ser porque esse pertence a Beltranão e vai, eleito, o indicado por ele. Quem será? Pouco provável o Beltrano que é meio pancada e já esteve duas vezes em Barbacena. Eu aposto, no caso, pelo genro, o dr. Sicrano. Como? não conhece! É advogado notável. Ou médico notável. Ou engenheiro notável. Mas para quê? notável — se genro já diz tudo. Ou sobrinho, ou neto, ou bisneto. Ou o filho, mesmo biruta. Que que tem? uai! um já não deu tão certo? Tudo isto era tramado austeramente, portas fechadas da *Tarasca*, portas fechadas do Palácio. E pensam que eram ogros? papões? minotauros? catoblepas? Nada disso, tetrarca! os presidentes eram os homens mais simples e mais encantadores de todo o estado. Relembro seus retratos em galeria e sinto como que uma uniformidade de tipo e de raça. Certa casca estilizada. Colarinhos e punhos duros sempre impecáveis, gravata preta ou plastron do mesmo escuro realçados pela pala branca amovível do indispensável colete, o fraque bem escovado às vezes cobrindo os fundilhos primorosamente cerzidos das calças listradas. Eu vi. Jamais a audácia dum sapato. Só botas de verniz com cano de pelica ou de pano cinza-escuro. Às vezes o aconchego dumas polainas também neutras. Calçados usados mas bem tratados e sempre reluzentes. Às vezes cortados transversalmente pela linha das cabecinhas douradas dos pregos da meia-sola. Eu vi. Essas roupas refletiam a simplicidade, a austeridade, a severidade, o meio-termo das consciências se não cunhadas todas, no Caraça, ao menos moldadas em cubos semelhantes nos outros seminários de Minas — onde lavravam o jejum, o beribéri, a palmatória, a penitência e o latim. Desse aprendizado de *baixo catolicismo* ficava a inquietação que explicava a intervenção de magos como o gafo Pascoal nas decisões palacianas e muito depois, as intromissões de Arigó e de certa senhora vidente apontando o *por aqui* de vários governadores e as respostas do Palácio da Liberdade ao Catete, ao Alvorada. Ficava principalmente a ideia catoliquérrima do crime e castigo, do prêmio e da virtude. A demissão, a transferência, o ostracismo, a *justiça*. As eleições, os cartórios, as tarefas, o *pão de ló*. Tinham uma mentalidade de comandita, de donos do bolo e lutavam ferozmente por um gênero de *establishment*, de classe, impenetrável mesmo, para certos próximos. Louis Pauwels na sua *Lettre ouverte aux gens heureux et qui ont bien raison de l'être* — diz essa coisa lapidar que se aplica como luva à política antiga da *velha e prostituidora Minas* (da frase atribuída ao primeiro Bias Fortes): "Wells [...] *prévoyait que la prochaine lutte des classes se ferait moins contre les riches que contre les capables. En verité c'est à cela que nous assistons*". Está aí por que jamais chegaram à presidência do seu estado David Campista, Gastão da Cunha, Carlos Peixoto, Afrânio de Melo Franco, Afonso Pena Júnior, Francisco Campos, Virgílio de Melo Franco, Cristiano Machado, Abgar Renault, Pedro Aleixo, Gustavo Capanema, Gabriel Passos, Afonso Arinos de Melo Franco. Nesta ordem de ideias Raul Soares foi uma incongruência, Antônio Carlos um absurdo, Juscelino Kubitschek outro, Milton Campos outro. Esse, então, tinha tudo, tudo, para não ser governador. A qualidade aristocrática de sua inteligência; a preocupação e a aptidão literárias; o caráter exemplar, a bondade autêntica e essencial; a longanimidade, a tolerância, a justiça que tocavam a santidade. A absoluta limpeza. Mas limpeza, mesmo. Muitas vezes se diz que um político é limpo porque nunca roubou. Entretanto, como as *demi-vierges* (quando as havia), fez todas as concessões — menos, por dentro. Nesse caso ele é limpo. É. Uma latrina também pode ser limpa sem deixar de ser latrina. Milton era o limpo dos limpos, o homem exemplar e sem uma permissividade. A quantos outros, *limpos*, se tira a caspa da gola. Ou nele se vê a manchinha. Que é isto? Excelência! parece um pouquinho de sangue na barra de sua calça, pinguinho de nada, menor que uma cabeça de alfinete. Importância não. Gota, gotícula, nadinha vermelho que respingou do capanga encharcado que se sacudiu como cachorro molhado, lá do limite do Espírito Santo, lá do Norte, no Centro, no Sul, na Mata, no Triângulo — o que foi acoitado pelo coronel, o que sumiu, sob as vistas gordas do delegado, do chefão — blocos da pirâmide que acaba em cimos altíssimos. Gota, gotícula, nadinha — entretanto SANGUE. É escamoteável mas indelével. É divisível mas indestrutível como as moléculas d'água que se procuram, se juntam, condensam e chovem. SANGUE! Correu há cem anos, eu não o vi e ele está aparecendo agora, aqui, na minha máquina de escrever, na ponta de meu indicador direito. Eram ordens de cima. O *Tribunal de Nuremberg* não enforcou um por um, cada soldado da *Wehrmacht*. Pendurou, sim, pendurou pelo pescoço o marechal Keitel — que nunca foi ao front, que era um delicado, um conhecedor de orquídeas, um colecionador de porcelanas. Mas dava ordens de cima — O.K.W.

Para chegar lá no alto é que era difícil. Mais, ainda, pegar a fresta, entrar na fortaleza. A oligarquia fechava-se. Mas havia o jeito, havia os lugares onde eram testados os futuros jóqueis que, para montarem bem, sentir o gosto da montada — tinham de ser montados antes, por peões de confiança que lhes faziam sentir a força do bridão, o arrocho da barrigueira, a urência do rabicho, a lambada gostosa da disciplina partidária. O oficialato de gabinete ensinava a cortesia, a habilidade, a lábia, o jeito de mandar embora, de evitar contrariedades a suas excelências. É bom. Serve. Fala bem. Boa redação. Por influência do secretário, o nome entra na lista para a próxima reunião da *Tarasca*. Deputado estadual. Junto com os parentes dos maiorais, com os filhos dos coronéis. Já posso levantar a cabeça. Pode, sim, meu filho, pode... para fora, para a canalha, para o eleitor, para o rebanho, para o povo. Mas aqui dentro são outros quinhentos mil-réis. É a hora em que recebe o chefe com quem deve se entender imediatamente — ministro, senador, deputado federal. Esse é que repassa o futuro estadista e lhe ensina o fino do fino do *steeple-chase*, do trote à inglesa, do atrelado, montado, do galope, da corrida livre, da de obstáculos, do *rally-paper*. Sim senhor! tá indo bem assim, leve de boca, obedecendo a uma batidinha de mão, a um aperto do joelho. Já nem precisa mais de tala. Nem de espora. É dos bons. Já pode correr. Vai. Esquecido dos sapos engolidos, vai ministrá-los, agora, aos teus aprendizes...

Esse esquema eu o deduzo de reminiscências de uma conversa do admirável Afonso Pena Júnior, ouvida há muitos anos, quando se preparava o 30 e ele estava hospedado no *Horto Florestal*. Escutaram-no também, na ocasião, Fábio Andrada e Francisco de Sá Pires, além de mim. Nesse tempo creio que ele era deputado federal, em todo caso poderoso chefe da política mineira. Tinha como seu *cambono*, certo deputado da bitolinha de não muitas luzes a quem competia lhe trazer as notícias do distrito de ambos. Eram dadas confusamente, incompletas, truncadas, com zelo de comover, mas com um primarismo de irritar as pedras. Assistimos a nosso Pena terminar com ele e vir para nosso alegre grupo do outro lado da varanda, apoplético de raiva, exausto do esforço. Caiu numa cadeira, pediu a uma das filhas água e aspirina. Desabafou. Eles me deram esse homem para amansar e repassar, para me dar informações, transmitir as que lhe mandam do interior. Mas é inútil. Não entende nada. Em vez de ossada ele me dá um dente. Eu, como Cuvier, partindo desse canino, é que tenho de reconstruir o esqueleto completo. Não aguento. O quê *cocês* tão tomando aí? Uísque? No dia seguinte a essa conversa passei em frente à *Casa Moreno*. Nesse tempo, ela, além da das vitrinas, fazia mostra numas portas com gradil de ferro prateado. Parei diante duma, com objetos de uso veterinário. Admirei uma grandiosa torquês cujos longos cabos multiplicavam a força em torno do parafuso do apoio e transmitiam-na esmagadoramente aos pegadores arredondados e não cortantes. Raciocinei HARPA. Era uma interapoiante do primeiro gênero. A resistência não estava na pele e sim no cordão renidente que estalava e rompia. Por fora não se via nada. A elasticidade do couro... Respirei fundo o ar livre da rua da Bahia e leve e livre desci para os lados do Bar do Ponto. Um vento corria livre do Cruzeiro à praça do Mercado. Olha! só... sem querer já estou brincando no Tempo, saindo do pretérito e pulando de 1921 para um futuro já passado que foi o ano trinta. Voltemos àquele.

Essas reflexões iam me enchendo a cabeça e ficavam tarabustando. Eram descobertas que eu fazia quando saía com minha Mãe ou nas raras vezes em que me aventurava só, até Bahia, Afonso Pena, Bar do Ponto. Porque vivia na Serra, à espera do início das aulas e montando sentinela na janela para ver passar o tropel azul ouro prata da moça e da cabra. Eu hesitava em começar a sair por minha conta, num pressentimento de que, esse costume estabelecido, seria como um corte, coisa, posição decisiva. Continha-me. Apesar de morder os freios. Na verdade, eu ansiava por liberdade, queria nadar em frente, me derramar pela vida, onda adentro, perder o pé, ir por mim, por mim. Mas tolhia-me o receio do largo, do frio, da solidão que eu pressentia, do irremediável. Adiava. Ficava apenas bordejando a costa, amparado pela companhia segura de minha Mãe. Ia com ela, de noite, aos Gomes Pereira onde ouvíamos casos da fundação, das primeiras casas construídas na Serra — a deles, a do dr. Cícero, a dos Goulart, a de d. Carolina Figueiredo. Não senhora, o dr. Estêvão e o desembargador *Siriri* tinham vindo logo depois. Íamos ao desembargador Olavo e lá é que fui me penetrando da magia, da amplitude folclórica, da poesia de nomes como os de Saraiva, Tinoco, Hermenegildo. As coisas começavam a emergir. Conheci, de ver, a fachada cinzenta do desembargador Rafael, a amarelada das Furst, a azulada do dr. Pimentel, a vermelha do desembargador Edmundo Lins. Exultei quando soube que o Bernardo Monteiro era genro do barão da Saramenha. Quando íamos às Fafá, eram histórias de Sabará. O Carmo, o Ó, a Santa Casa, o vínculo da Jaguara, a Intendência. No dr. João de Freitas, ele me traçava, em pinceladas largas, o curso médico e suas mil dificuldades. As barreiras da química, da anatomia descritiva, da topográfica. Evocava a figura de Cícero Ferreira que eu, aliás, conhecera grave e simpática, no bonde de *Serra*. Na d. Mariquinhas, o dr. Lourenço mostrava outro lado do mundo com viagens à América, as perspectivas da engenharia sanitária, contava casos de Ouro Preto, do Benjaminzinho, dos Paula Lima. Mais Ouro Preto em casa de d. Sinhá do seu Avelino. As visitas à tia Joaninha eram cheias de árvores de costado. Nossos parentes de Pitangui, Mariana, Santa Bárbara. O primo Juquita.

    Às vezes descia da Serra, ia à cidade, encontrava os velhos amigos. Comecei a fixar os hábitos de certas rodas e admirava profundamente a que se reunia horas e horas em torno de uma das mesas do Bar do Ponto. Dominava-a a figura egressa do Paris da boêmia, de Murger e do século passado. Tratava-se dum morenão alto cheio de corpo, bela gaforinha grisalha, bigode, cavanhaque, gravata à La Vallière, vasto chapelão de artista. Era pintor e ouro-pretano. Chamava-se José Jacinto das Neves mas era conhecido só como Jota Jota das Neves. Em escala decrescente de altura vinha um, magro, vozeirão de barítono e cara de ator português — era o Caraccioli da Fonseca; seguia-se outra gravata fofa, outro chavelão, outra cabeleira mas sem o ar desataviado do pintor, antes aprumado, esticado, escovado e caprichado — eram as de um desenhista — Aldo Borgatti. O quarto, eu conhecia. Evaristo Salomon, cunhado do famoso da Costa e Silva. Com eles, sempre calados mas com o ar de uma extraordinária felicidade interior, três irmãos, nossos parentes longe — João Batista, Manuel e Rafael Horta, famosos por terem passado sua primeira mocidade em Paris, por terem visitado Anatole France, por conhecerem Montmartre, a place du Tertre, os bulevares, o *Moulin Rouge*, o *Ciel*, o *Enfer*, a place Pigalle — sem falar na Rive Gauche, no boulevard Saint-Michel, no Montparnasse... Outra notoriedade deles e dos demais componentes da roda era o fato de terem acompanhado o grupo de estudantes, José Oswaldo de Araújo à frente, para levarem o título de Príncipe dos Poetas de sua terra a Alphonsus de Guimaraens — luz que apagar-se-ia precisamente nesse 1921, no dia 15 de julho, nas brumas da *arquiepiscopal cidade* de Mariana. Aprendi a conhecer ou reconhecer de vista, surgindo no Bar do Ponto com precisão cronométrica, as figuras de funcionários, legendários como o Major Felicíssimo, de fraque preto, calça de linho branco, o Pelicano Frande, alto, magro, grisalhando e sempre muito apurado de roupas. Outros. O seu Artur Haas, o coronel Jorge Davis, o Mingote, o seu Avelino, o dr. José Eduardo, o seu Cunha do Hipotecário, o Gamaliel Suaris, o Aleixo Paraguaçu e o dr. Ismael Henriques Teixeira de Siqueira.

    Esses passeios por conta própria, as visitas com minha Mãe, os cafés que nos ofereciam com brevidade, mãe-benta, pão de queijo, às vezes com os licores de cacau e pequi das destilarias domésticas, uma palavra aqui outra ali, ouvidas em conversa, apanhadas de passagem, os dias, as noites, o marulho do Arrudas, o barulho dos bondes subindo Bahia — iam me impregnando de Belo Horizonte como se a cidade fosse um perfume. Me embebendo como líquido terra porosa. Me penetrando como um éter. Me compenetrando como se de suas ruas nascesse uma seita. Para sempre. Jamais poderei esquecer-me de ti Belo Horizonte, de ti nos teus anos 20. E, se isso acontecer, que, como no salmo, minha mão direita se resseque e que a língua se me pregue no céu da boca. Belo, belo — Belorizonte. Minas — minha confissão.

Qual o nome? que se poderá dar à propriedade que tem o mineiro, particularmente o da capital, de fornecer ao noticiário dos jornais do Rio os fatos extraordinários — que quando são divulgados logo se grita que aquilo é coisa de Belo Horizonte. E é. Insensatez? Não. Isto toca ao não razoável e os fatos que quero contar da nossa mineiragem estão rigorosamente dentro da razão, da lógica, do congruente apesar de terem certo aspecto de impossibilidade no gênero da demonstração da quadratura do círculo, da descoberta do moto-contínuo, do encontro das paralelas, da junção do princípio e do fim. Chegou perto do que desejo definir — da reunião do início e do termo porque trata-se justamente da compreensão, num mesmo ato, de ideias antagônicas. Como chamar? essa capacidade de beirar os impossíveis. Impossibilismo, talvez? Vá por impossibilismo. O impossibilismo do mineiro. Fica bom. Pelas incongruências da associação de certas imagens, pelo mundo do sonho e do pesadelo, os homens saltam, cada dia, por cima da loucura, como quem pula fogueira. Um gesto em falso, caem: é a queimadura, a camisa de força. O mineiro não. Qual salamandra, entra nas chamas e não arde. Penetra na loucura e pratica com sabedoria os atos mais dementes. Austero e incólume transpõe situações em que outros se esborrachariam irremediavelmente. E todos nós olhamos com simpatia e adesão o que a outros faria pular de espanto. Só nós compreendemos o presidente do estado prendendo um bolina em flagrante, no *Cinema Odeon*. Outro chefe do executivo levantando-se de madrugada, para rasgar, escondido dos serventes, inquérito aberto contra pecados brejeiros que mereciam sua maior simpatia. O que foi precursor da *música viva*, que fazia bisar e trisar a afinação dos instrumentos nos concertos de Palácio. O que saía, para ver seus doentes, de carruagem oficial, seguido pelo piquete de cavalaria ordenado pelo protocolo. Olhamos com o maior respeito o casal europeu, contagiado pelo meio, que depois dos trabalhos da semana, ia espairecer vendo fitas de sacanagem no *Parque Cinema*: ele de porrinho e ela para sustar desmandos eventuais do marido bêbado. Curtia ressaca domingo, mas segunda reassumia sua dignidade de lojista. O irmão da opa que teve manifestações eróticas na sua fase de amolecimento cerebral e que encomendou do Rio, em nome do seu alfaiate, um grandioso marzapo de borracha pelo qual pagou, naquela época — oitenta contos batidos. Foi ele, historicamente, quem teve a primazia da introdução de objetos *pornô* nas alterosas. Fazia *matinées* delirantes, na zona, brincando com essa boneca, e depois ia presidir a mesa da confraria com a unção que lhe era automática. Temos casos como o do pai de família que tirava o chapéu para a igreja de São José, virava-se e dava uma banana para o templo protestante fronteiro. O da suíça guardada em álcool — ela e um pedaço da bochecha — troféu resgatado a tiros e mais a bigodeira do contrincante, pelo clã rival. O do Otelo que dava vestidos mais lindos! à senhora mas que, para ela não poder sair e mostrá-los, só lhe comprava chinelas, jamais sapatos. O último par que ela calçara fora o de cetim branco, do dia. O do sábio que, lendo à mesa, marcou a página em que parara com um bife. O dos herdeiros do padre de Diamantina que levantaram um muro diante da estante atochada de livros preciosos para não terem de aturar os emprestadores. Dizem que lá continuam entaipadas as bíblias, os missais, as obras dos exegetas, dos teólogos, dos liturgistas, anagogistas, catequistas e mistagogos. O do despacho dado por certo diretor à petição dum inimigo — Indeferido; vá à puta que o pariu. Registre-se. O do moço desvairado que empenhou, no Murta, a dentadura de ouro da mãe para brincar no Carnaval. O do rapaz que desesperado com as escalas de piano da irmã amordaçou o instrumento fechando-lhe a tampa a prego e martelo. O do outro que a cada bom dia! respondia com um cuspinhado *vamerda*. Fez isso a vida inteira e ninguém pensou, jamais, em deixar de salvá-lo. Bom dia! *Vamerda!* Mais. A moça que virou homem. O sino grande de São Francisco de São João d'el-Rei que numa ida e volta atirou o sineiro da torre abaixo, matando-o. Pena dada pela irmandade, depois de julgamento: trinta anos sem repicar nem dobrar. E lá ficou o sinão cumprindo trinta janeiros de boca amarrada, sem bater. Na mesma cidade, na mesma igreja o sininho soltou o badalo que foi quebrar o pé duma beata à entrada da missa. Pena ligeira, só de um mês. Dum contraparente muito mal, que minha Mãe foi visitar e a quem encontrou às voltas com o papa-defunto, encomendando o caixão, os veludos, os galões, o terrível pano branco de forrar. E discutindo as medidas. Não senhor! Mais largo, assim minha barriga não cabe e você sabe que eu não gosto de apertos. Isso não é tamanho de travesseiro, homem! Faça-me coisa mais cômoda. E aquele homem grave? de fraque preto, passando atarefado, todos os dias, depois do almoço, no Bar do Ponto, seguindo por Afonso Pena, descendo Espírito Santo, vingando Caetés, Comércio, para chegar a Guaicurus e entrar num bordel. Meia hora. Saía. Outro bordel. Nova demora. O terceiro. Que diabo... Será possível? Naquela idade? Nada disso. Era um sociólogo estatístico por conta própria. Entendia-se com a dona da casa e interrogava menina por mulata, puta por crioula. Levantava uma espécie de ficha clínica. Nome. Idade. Profissão antes de. Idade do defloramento. Autor do defloramento. Quando era o juiz, ele gratificava em dobro, o vigário, em triplo. Logo que as mulheres pegaram a balda do coletor de dados — passaram a dar-se, invariavelmente, como vítimas da Magistratura e da Igreja. Assim ele cadastrou a Zona, fichando, tabulando, calculando — da avenida do Comércio ao Arrudas, da Escola de Engenharia à praça do Mercado, nos quarteirões de Espírito Santo, Rio de Janeiro, São Paulo contidos no quadrilátero varado pela reluzente rua dos Guaicurus. Incansável, atento, exato, com o pincenê de trancelim, o coco, as abas do fraque voejante — lá vai o cadastrador no seu fadário! Do *Curral das Éguas* à Rosa; do *Forno* à Carmem; do *Buracão* à Olímpia, à Leonídia (*Lió*), à Elza, à Petronilha (*Petró*). Tudo, tudo isto pode ser estranho em qualquer estado do Brasil. Em Minas, não. Não há um de nós que não compreenda, tolere, desculpe e, no fundo, não aplauda o conterrâneo nosso de cada dia deslizando assim entre o real e o irreal, sonhando, sofrendo, carregando sua cruz, pulando sua fogueira, às vezes caindo, queimando e *confirmando*. Então se usa esse verbo. Fulano *confirmou*. Foi internado ontem no Raul Soares. Solidários e cúmplices acompanhamos essa viagem de Alice no País das Maravilhas. Qual de nós será o próximo? a *confirmar*.


Minha Minas. Muito mais espanhola que portuguesa, muito mais cervantina que camoniana, goiesca que nuno-gonçalvina. Pelo tipo de teus filhos. Por tua porcentagem de ferro nas almas. Pelo auto de fé de teus crepúsculos vermelhos como Sevilha — como a Semana Santa acesa de Sevilha. Pelo teu gosto pela Morte. Vi na mais alegre de tuas cidades — Diamantina — uma sacristia cheia de recipientes enormes lembrando compoteiras, sopeiras quadradas. Descuidado, abri uma delas. Ossos. A outra, a terceira, todas — cheias de ossos. O velho Pinheiro que acompanhava minha visita explicou que aqueles restos ficavam ali para as famílias virem, dia de Finados, rezar diante das urnas, tampa na mão, olhos nas caveiras, nos fêmures, tíbias, cúbitos, vértebras, no resto dos esqueletos que estavam esperando pelos deles. Teus mortos, Minas! teus mortos de velhice, de tocaia; tuas mortas de parto, teus anjinhos; teus suicidas realizados e os que planejam, têm vontade, recuam, tomam coragem depois de longos debates com seu tormento, sua dor de corno, sua vergonha, sua pobreza, sua infâmia, com o êxtase da revelação do nada e resolução relâmpago que faz do suicidário a intenção realizada. Eu os vi nesse calvário. A grande dama brava e serena que perguntava sorrindo por minhas reminiscências de médico do Pronto-Socorro. Quais os venenos mais usados? Os mais rápidos. Os que deixam menos traços. Os que podem imitar a morte natural. Ah! então esse é mesmo o melhor. Se é... Eu, desprevenido, mostrei o cardápio de que ela escolheu o fulminante. Soube disso por outros, depois. (Seu nome está morto na minha boca que continuará selada.) Outra. Eu a vi límpida e cristalina saindo da vida sem dizer adeus. Mais um. Eu o vi belo e apolíneo ir-se embora deixando a despedida monofônica — MERDA!

E o carinho? o cuidado? com que são ajudados os agonizantes que ficam se fazendo de besta, de besta, fazendo termo, vesprando e a família exausta. A futura viúva já não aguentava. Seu Antônio, seu Antônio! se você não morre hoje quem morre sou eu, não posso mais. Ajudar. Custando a morrer, tão fraco que nem tem forças pra morrer — dá-se marmelada com vinho Porto. Um porrete para os que estão fazendo cera. Também vi. A velha parenta passou, depois que lhe enfiaram boca abaixo essa santa mistura. Aí ela teve sustança, coitada! para espichar as canelas. E a revivescência da "seita dos abafadores"? que René Laclette me apontou na Península e que não difere da fraternidade de minha terra cujos membros ajudam agonizantes recalcitrantes. Diz Jesus, irmão! Enquanto assim exortam — encalcam o joelho na boca do estâmbago do moribundo com tanta força, mais força mais uma vez, outra — até o último *j'zusssspiro*. Morto, começa a se exteriorizar a hostilidade subconsciente contra o defunto. Todo o ritual da morte é de exconjurar o fantasma. Que fique lá. Deus o tenha em sua glória. Para aplacá-lo, as melhores oferendas — o melhor caixão, a melhor roupa, as melhores flores. Repousa em paz. Sobretudo não volte. Os pés logo virados pra porta da rua. Amarrados. Como as mãos e o queixo. Aparafusadas as tampas das urnas. Fechadas à chave, as dos caixões. Varrer a casa logo depois do saimento para que fique nada nada impregnado dele. O nome, o chamativo nome, o nome invocado logo substituído pelo pronome. Ele, ela. Às vezes nem isso e só o falecido, a falecida. Aplacá-los com mil velas, mil missas, grandes ramos em Finados. E o alívio circunstante depois do último suspiro. Foi melhor para ele. Parou de sofrer. Antes morto que paralítico. Estão ajustadas todas as contas. E laje, cimento, terra, lousa. Antes tinha sido o velório soturnamente festivo, a noite atravessada com Moscatel, Porto, sequilhos, cafezinho e a melhor prosa do mundo. Às vezes com violão, cachaça, porretadas e defunto defenestrado como ouvi de mestre Aurélio Pires. Assistido pelo mano Adeodato e ele, no Ouro Preto. Rodrigo e eu ouvimos o de um, dessa cidade, em que o narrador contava incidentemente que foi até na mesma hora da madrugada em que *nós trunfamo* a viúva. Conheci, aqui no Rio, moço que se gabava de ter traçado uma visitante da câmara-ardente do pai, no porão, no chão, mais ou menos por debaixo das alturas da essa, do caixão, no piso acima. Dalton Trevisan e Joaquim Pedro estão dentro do absolutamente humano na cena congênere de *Guerra conjugal*. Às vezes o próprio macabeu estraga tudo, aparece de alma, sem precisar sair do caixão, como no caso famoso acontecido no Caraça. Pois o cadáver dum moço morto estava sendo guardado na capela do colégio e não foi perdido de vista a noite inteira. E não é? que madrugada seu fantasma bateu no quarto do padre superior que estava escrevendo para a família e pediu-lhe que acrescentasse à carta várias recomendações. Quem atestava esse fato era o bispo d. Viçoso, à época do ocorrido, simples padre e professor do Seminário. Todas as cidades de Minas podem contar seu caso de aparição. As mais decrépitas são as mais assombradas. Ouro Preto, mais que São João d'el-Rei. Diamantina, mais que Sabará. Mariana muito mais que Ouro Preto e Diamantina. O Serro do Frio mais que Mariana. E esses fantasmas viajam com a gente. Emigram para o resto do Brasil com cada mineiro que muda de Minas. Enchi a rua da Glória com os que trouxe comigo, mais a lembrança dos meus burgos moribundos, dos meus sobradões barrocos, dos meus profetas, das minhas igrejas. Irremediável. Indelével. Minas eterna Minas perena... Como rimos quando falam no projeto de dividi-la em outras unidades federativas. Que importa? Serão gotas separadas de azougue. Encostando, juntam. Para acabar com Minas seria preciso esquartejar cada mineiro. E isso é possível? *Quales* nada!... Ficará sempre um para recomeçar. Não lembram? Hitler e seus fornos crematórios. Adiantou? E nós, mineiros, somos os judeus do Brasil. Imperiais, incorrigíveis, perenos. Tudo isto é que recebi como um sacramento nos três meses que hibernei naquela espécie de espera caseira que antecedeu a abertura de minha faculdade. Um belo dia nos fins de março minha Mãe disparou a gritar brandindo o *Minas Gerais*. Meu filho! meu filho!

suas aulas começam na primeira segunda-feira de abril. Eu estava pronto. Já tinha espanado e tomado conta dos livros de meu Pai.

Não vamos reescrever aqui a história da Faculdade de Medicina de Belo Horizonte. O assunto já foi sobejamente tratado por Pedro Sales, Mário Mendes Campos e Aurélio Pires. Eu fiz incursão no mesmo quando orador, pelos ex-alunos, nas comemorações do cinquentenário da instituição. Em 1921 ela estava em pleno funcionamento, cátedras preenchidas e era seu diretor o professor Eduardo Borges da Costa, catedrático de clínica cirúrgica e em tempos titular da cadeira de anatomia descritiva. Digamos apenas que essa casa de ensino devia seu aparecimento a Aurélio Pires, seu pregador e maior propagandista; a Cícero Ferreira, seu fundador; a Olinto Meireles que, quando prefeito da capital, facilitara sua construção num dos lados do Parque Municipal. A esses três homens deve a atual Faculdade de Medicina da Universidade Federal de Minas Gerais o ter lançado sua pedra fundamental no dia 30 de julho de 1911 — pedra que foi soldada por Miguel Couto, patrono da casa. A 8 de abril de 1912 foi dada a aula inaugural pelo professor Zoroastro Alvarenga, na sede provisória, no Palacete Thibau, esquina de Afonso Pena com Espírito Santo. A 8 de setembro de 1914 foi oficialmente inaugurado o primeiro pavilhão dos prédios da nova faculdade. Em 1918 ela é equiparada e diploma seus primeiros médicos. Em 1927 passa a integrar a *Universidade de Minas Gerais* criada pelo presidente Antônio Carlos Ribeiro de Andrada e confere os graus de engenheiros, advogados e médicos aos que o magnífico reitor Francisco Mendes Pimentel chamaria "os primogênitos" da casa. Tenho a honra insigne de pertencer a essa geração.

O plano inicial da faculdade previa vasta área construída com três pavilhões independentes mas intercomunicantes e dando passagem, também, para uma grande Sala de Atos central que conduzia aos jardins e ao edifício da frente, aberto sobre Mantiqueira. Era uma majestosa planificação horizontal que, infelizmente, nunca foi levada a cabo e foi substituída por uma vertical, situada ao lado do *Hospital São Geraldo* e que ocupa parte da área do primeiro pavilhão construído — único que se completou do projeto inicial. Não sei se os arquivos de minha faculdade guardam essas plantas mas elas podem ser vistas, muito reduzidas, na revista *Radium*, número 1, página 19. O então existente era uma bela e sólida construção, portada central que se ganhava por dois lances de escada e que lembrava na sua disposição interna o risco da velha *Faculté de Médecine de Paris*. Um átrio conduzia a uma parede cega onde figurava placa lembrando a inauguração da casa por Bueno Brandão.

> EGREGIO DOMINO
> JÚLIO BUENO BRANDÃO
> DE HOC INSTITUTO BENEMERENTI.
> QUOD MUNUS REIPUBLICAE AFFERRE
> MAJUS MUNUS POSSUMUS QUAM
> SI DOCEMUS ATQUE ERUDIMUS JUVENTUTEM
> M C M X I V

Saindo dele, um vasto corredor circulava o edifício. Tomemo-lo pela direita. Sala do diretor. Gabinete de microbiologia. Gabinete do professor. Inflexão à esquerda e vinha a vasta sala da histologia e da anatomia patológica. Outra volta à esquerda e eram as portas da Sala da Congregação, dois gabinetes, o anfiteatro comum da anatomia patológica e da medicina operatória, a vasta rampa de entrada e saída dos cadáveres, a sala de história natural, outros dois gabinetes. Novamente infletindo, sempre pela esquerda, o magnífico anfiteatro da anatomia descritiva seguido do gabinete de osteologia e da sala do professor. Depois eram as da fisiologia. Embaixo, num vasto porão habitável, as dependências da secretaria, da tesouraria, do almoxarifado — sob o enorme anfiteatro que ocupava o centro da construção e aberto lateralmente para vastas áreas cimentadas. Servia de Sala de Atos e de aulas, para reuniões acadêmicas e câmara-ardente de professores e alunos. Dali saiu o corpo do grande diretor Cícero Ferreira. Ali assisti ao velório de Álvaro de Barros e do meu colega Oseias Antônio da Costa Filho. Tudo isto virá a seu tempo. Sempre nesse térreo, seguindo a mesma direção dos corredores de cima, encontrávamos sucessivamente as entradas da biblioteca, do gabinete de química, de cômodos ocupados pelo curso de farmácia, pelo gabinete de física. Outros. Em suma, toda a parte básica do curso médico concentrava-se nesse prédio. Mais as matérias de higiene, farmacologia, terapêutica e medicina legal. As clínicas eram ministradas na Santa Casa e nos hospitais São Vicente e São Geraldo. Quando cheguei à faculdade, o prédio já tinha sua legenda. Fora hospital de emergência, dirigido por Aurélio Pires, durante a pandemia gripal de 1918. Era mal-assombrado e ouviam-se longos uivos e ecos soltados pelas almas dos cadáveres dos anfiteatros — todas as noites, a partir de nove horas, e que só cessavam com a alvorada. Tinha passado heroico. Dali tinham saído os estudantes chefiados por Cícero Ferreira, Álvaro de Barros, Aurélio Pires e Borges da Costa para *tomarem* o Colégio Arnaldo, durante a Guerra de 1914-8 — reduto de espionagem alemã e depósito de armas dos Impérios Centrais na nossa pacata Belo Horizonte. A faculdade, nessa ocasião — mais ferinamente que a França do *affaire* entre *dreyfusards* e *antidreyfusards* — era dividida em aliadófilos e germanófilos e contava-se que Álvaro de Barros interpelara um dos partidários do kaiser e seu colega de congregação. Se o Brasil declarar guerra à Alemanha você continuará? germanófilo. Con-ti-nua-rei! Então você não merece nem um escarro na cara. Não houve escarros, nem tiros e todos continuaram ora amigos ora inimigos nesse estado de tensão e armistício armado que é a amizade dum médico pelo outro. O que eu sei da investida histórica e heroica contra o Arnaldo foi me contado por mestre Aurélio, mestre Borges, por Rivadávia de Gusmão e pelo meu primo Oswaldo Pinto Coelho (Zadinho) todos eles heróis da famosa jornada. Não havia armas. Os padres fugiram pelos fundos e foram se asilar na Santa Casa.

  Madrugava quando levantei e me preparei com minha melhor roupa, tomei café e sentei impaciente esperando as sete horas para ir devagar e chegar à faculdade às oito em ponto. Quando saí a rua estava cheia de bruma do friozinho mineiro que já em princípios de abril começava a aparecer e a regelar de noite a ponta do nariz enquanto o resto do corpo ardia enrolado na coberta de farofa e na própria morrinha. O dia anunciava-se soberbo e claro e descia dos altos já lavados pelo sol com um ar puro e perfumado — a luz dum azul luzara. Saí coberto dos vai-com-Deus de minha Mãe, dobrei a esquina de Valentina, bom dia! Goma, bom dia! D. Maria, ei! Seu Albertino, como vai? Seu Zé Rizzo, uma chapelada para o dr. Aleixo, outra para d. Carolina e pé na estrada pela parte mais baixa de Chumbo, passando pelas janelas ainda cerradas do dr. Estêvão, da d. Dudu Goulart, do desembargador *Siriri*, do dr. Cícero. Aí as matas e chácaras já iam virando cidade e era Cláudio Manuel com as casas do dr. Necésio, dos Coelho Júnior, o palacete que o *Saninha* ganhara jogando no milhar do cavalo. Meia-volta à direita e começava a rua Ceará. O velho *abrigo* ainda em pé; logo na esquina de

Gonçalves Dias a casa amarela de varanda lateral e azulejada de verde onde mais tarde eu pararia chorando, noites a fio, diante de suas jaulas fechadas e inexoráveis. Depois a casa verde, também de varanda lateral, onde eu passaria as melhores horas de minha vida de estudante debulhando osso por osso o nosso Testut e ouvindo num pianinho o *Momento musical* de Schubert e os compassos do *Minueto* de Beethoven. Suas notas deram doçura de veludo à dureza das apófises, corredeiras, epífises e condilos do nosso esqueleto. Tempo aquele... Mas é cedo, não tinha acontecido, estava para acontecer como as catástrofes, as explosões, os terremotos e os milagres. Ainda descemos Ceará. Casa da Viúva Barroca (que era Almeida Magalhães), casa das Santa Cecília, o *Colégio Arnaldo*, o velho pontilhão de madeira que unia as duas partes de Carandaí — a do rio canalizado e subterrâneo e a do rio a céu aberto, despejo público, cagadouro e mijadouro dos moleques, margens favoráveis para comer mulatas e negras das vizinhanças ao marulho do riacho, ao sussurrar dos ventos, entre moitas e com a aguinha ali, à mão, para os semicúpios e asseios posteriores ao coito. Ah! mas os nojentos pares, lobrigados, eram sempre corridos a pedrada — como os cães engatados pelo rabo. Depois eram outros dois quarteirões de Ceará, meio desertos e sem história — mas tão incisados na sua nitidez que pareciam irreais que nem cenários de De Chirico que esperassem enredos de Poe. Volta à esquerda por Teófilo Ottoni e desembocava-se diante do jardim em declive, recém-construído diante da faculdade. Lá estava ela. Enquanto morei em Caraça fazia esse trajeto a pé porque isto representava uma economia de oitocentão por dia, mais de vinte e quatro mil-réis por mês. Já era dinheiro. E nem dava para cansar, com minhas pernas de dezessete anos, aquela magreza de gato e aquele fôlego de sete dos ditos. Ora, direis, mas não seria melhor? cortar por Ouro, vencer Monte Alegre, Contorno, Maranhão, tudo tão mais direto. Eu vos responderei no entanto que esta zona era cheia de erosões, buracos, desbarrancamentos, ruas pela metade, matagais, córregos, águas represadas. Só muito aos poucos a prefeitura foi completando a cidade e *Serra, Cruzeiro, Funcionários* — enfim se conurbaram.

Nas plantas primitivas de Belo Horizonte o *Parque Municipal* era um vasto quadrilátero limitado por Mantiqueira; Francisco Sales; pelos logradouros ocupados hoje pelo viaduto Santa Teresa, rua Assis Chateaubriand; e Afonso Pena. Seus ângulos eram cortados ligeiramente (o que lhe conferia aspeto octogonal) por Bahia, pelo trecho desaparecido do quarteirão limitado por Itambé, Itatiaia, Assis Chateaubriand e Francisco Sales, por Bernardo Monteiro e Carandaí. Hoje ele ocupa a quarta parte do espaço previsto para essa zona verde central e está reduzido ao triângulo demarcado pela alameda Ezequiel Dias, avenida dos Andradas e sua velha marca anterior de Afonso Pena. Parabéns aos senhores prefeitos progressistas. Pêsames à população de Belo Horizonte, particularmente às crianças residentes nos arranha-céus do centro. A invasão foi sendo lenta e sorrateira. Parece que primeiro vieram a Limpeza Pública, os Esportes Higiênicos, a Faculdade de Medicina e depois os hospitais São Geraldo, São Vicente, o das Clínicas, a Diretoria de Higiene, ou Desinfectório, o Estádio do América, o Instituto de Radium. Que sei eu? já nos meus tempos de Belo Horizonte, isso pelos vinte, seu desmembramento estava feito e as urbanizações dos governos Melo Viana e Antônio Carlos davam-lhe a forma atual e quase definitiva. Digo quase porque não sei o que virá depois da dentada que ainda abocanhou a lasca do Teatro. Para isto concorreu a indiferença da população. Porque salvo um ou outro passeante diurno, o Parque só era efractado à noite por vampiros comedores de negra. Entravam por baixo das grades de arame e deixavam-se rolar de grama abaixo. Vi. Mas como eu ia dizendo, lá estava ela, a nossa faculdade. Parei à sua frente e ainda da rua — como o ronco de rio rolando — eu já podia ouvir o clamor do grupo aglomerado à sua frente aos empurrões aos encontrões. Temeroso fui me chegando e de repente senti-me empolgado pelos ombros, enchapelado até as orelhas e meio cego, tonto, tomei uma chapada de tinta pelas costas, outra pela frente. Água de cal! e lá se ia meu terno. Era a eterna estupidez do trote. Fomos sendo atirados para o corredor de baixo, lados da química, tínhamos nossas gravatas arrancadas, paletós virados pelo avesso e caiados, rebocados por tintas multicores, éramos comprimidos contra as paredes e fazíamos toda a volta do corredor de baixo sob uma chuva de doestos, insultos, cachações e esguichos turvos do formol dos tanques dos cadáveres. Nenhum socorro possível. A escola estava entregue à malta dos veteranos desencadeada contra o rebanho indefeso dos calouros. Depois de circular o quadrilátero sem ar dos corredores de baixo, contidos, à frente, por grupo numeroso e tangidos atrás por magote imenso, respirávamos finalmente o ar do pátio e íamos recebendo para carregar pancartas onde se dizia que nem todo burro é calouro mas que todo calouro é burro; cartazes cheios de chulices eram pendurados aos nossos pescoços e tínhamos de seguir até o centro da cidade. A passeata parava e invadia o *Bar do Ponto* e ali éramos obrigados a discursar declarando invariavelmente nossa condição asinina e a glória dos outros, dos grandes, do segundo, terceiro, quarto, quinto e sexto anos. Finalmente os veteranos cansavam, iam saindo e nosso grupo lamentável — molhado, caiado, barreado e enfarinhado — recompunha-se, lavava-se como podia e voltava para casa a pé porque ninguém estava em condições sequer de poder tomar um bonde. Palmilhei até a Serra, passei pelo *Chalé das Viúvas* e desci correndo Caraça para ser visto pelo menor número de pessoas possível. Humilhação suprema: a Cecília viu e riu. Cheguei em casa todo dolorido dos encontrões e dos trancos, chorando não de dor mas chorando por causa de meu único terno decente, logo entregue a minha Mãe. Felizmente não estava rasgado. Secou ao sol. Foi escovado, reescovado, raspado da cal, da lama, batido da farinha de trigo. À noite estava apresentável, já passado, calça vincada e sem vestígio das injúrias que suportara. Fiquei em casa o dia todo, triste, triste. Não me alegrou a visão de minhas irmãs brincando com as negrinhas da *Serra* o jogo famoso do cacho das mãos seguras as de umas pelo beliscão das outras, enquanto se canta até que rompa a cadeia.

> Uma, duas,
> angolinha,
> tir'o pé
> da Pampolinha...

Elas também começavam suas aulas naquela tarde. Estavam prontas para saírem para o *Imaculada Conceição*, vestidas nos seus uniformes azul-marinho, fita preta nos cabelos, sapatos e meias brancas, cabeção e mangas de fustão branco. Minha Mãe resumia dizendo que elas estavam nas *madres*. Eram as Reverendas Filhas de Jesus, espanholas, e as manas até hoje se referem com saudade às madres Josefa, Lourença e Juana Uranga (uma santa). Almoçamos, elas saíram. O dia adiantou-se nas horas neutras e eu olhava da janela do quarto do Major a Onofrina fazendo pular na sua barriga o filho que lhe sobrara depois da morte da

Dinorá. Cantava. O menino alegre do ritmo, se retesava subia e descia. Que língua seria aquela?

> Ó ziquitunga
> ziquidá tati
> ó lorena!
> Inhosinho da diquinha    {bis
> é da sua mamãe!           {tris
> Ó ziquitunga
> ...................................

Aquela melopeia ao sol me sugeriu distâncias e arrastei meu corpo moído para a sala de visitas. Lá estava ela, minha velha concha do tempo do velho Halfeld e que eu depois do Pedro II e das aulas do Lafayette aprendera que era uma gigantesca *Cassis tuberosa*. Apliquei-a ao ouvido e logo todo o Mediterrâneo e as Mitologias rebentaram como ondas e ondas dentro de nossa sala de repente azulina cheia de espumas. Vênus surgiu das ondas e de sua cabeça, como no quadro de Botticelli, revoaram cordas e tranças de ouro. Mais forte que o oceano longínquo da concha ouvi súbitos gritos na rua-estrada e o bater fervilhado do tropel de pés e de cascos. Corri à janela. Era ela, ela, com sua cabra. Ousei gritar clamar — Esmeralda! Ela parou, me olhou de frente e com o sol na cara, com as mãos na cintura, gritou rindo toda. Só que não sou Esmeralda. Meu nome é Valentina e sei que você se chama Pedro. Ria do meu assombro e disparou para sua casa passando por baixo da cerca, ágil como o vento. Fiquei mastigando o nome desgracioso — Valentina, Valentina, fui engolindo pela cabeça. Lentina. Também era feio. Triturei mais. Guardei na boca a bala adocicada de Tina. Mas tina parecia tonel, barrica. Não servia. Mas Tininha ficava coisa linda e mais fininha, meu Deus! Tininha. De noite tive um sonho premonitório em que via o internato ardendo dentro de uma nuvem de chamas de ouro que se abriam e deixavam se adiantar a boca ressecada de Tininha chegando perto, mais perto, esfregando asperamente os beiços nos meus, tão nítido que sentia nossas películas se rogando. E quente. Acordei completamente. Treva ali e nada mais. Oh! diabo... Levantei e fui, pé ante pé, lavar a calça do pijama na pia do banheiro.

Afinal começava o 1921 com seus trabalhos. Era o primeiro ano da década fundamental da vida de minha geração. O tufão dos *whirling twenties*, *des années folles* estava ali e não tínhamos percebido nenhuma diferença. Ela seria vista como tudo, no Tempo, quando olhada em perspectiva. Sem os trinta não teríamos entendido a loucura desencadeada nos vinte e pontuada por dois socos. O primeiro de Dempsey pondo KO Georges Carpentier. O elefante esmagando o tigre. O segundo começado por Antônio Carlos, continuado pelo Cardeal e acabado por Getúlio — pondo por terra o nosso *Braço forte*. Onde? a invencibilidade do *Barbado*. Foi, segundo a frase do Andrada, o abacaxi descascado com lâmina gilete. 1921. Eu iniciaria minha medicina com o entusiasmo que nunca mais me deixaria pela profissão admirável. Alguma coisa havia no ar que ninguém entendia, que a Guerra abafara e que a belicosa paz dos vinte ia fazer explodir dentro dos que seguiam paralelamente à sua, a vibração da idade do século. Um sussurro se ouvia para os lados de São Paulo onde um poeta de trinta e um anos chamado Oswald de Andrade publica um artigo chamado "O meu poeta futurista", sobre Mário de Andrade, então com vinte e oito — artigo que desencadearia reação burguesa boçal contra o último — de repente posto de lado e perdidos seus alunos. Não sabíamos nada disto mas nas várias ruas de Belo Horizonte estavam trafegando, àquele ano, uns poucos moços que iam se conhecer, se compreender, desafiar a cidade, serem nela marginalizados. Ainda não tinha acontecido mas se o caso de São Paulo fosse levado em conta, cada um veria o símbolo de muita coisa que ia suceder na nossa jovem capital. Mas tudo tão ainda por chegar... Àquela hora eu descia meu caminho a pé para as aulas da faculdade. Aproximei-me temeroso imaginando o recomeço da estupidez da véspera mas não. Tinha acabado, o trote durava um dia só e estavam no pátio os grupos que iam para as aulas. Em frente às escadas o do nosso primeiro ano. Fomos nos abeirando uns dos outros e travando conhecimento. Logo divisei várias caras do Anglo. Tinham crescido, botado corpo, virado nuns mocetões. Lá estavam Paulo Gomes Pereira, Otávio Marques Lisboa, Guy Jacob, Clodoveu Davis, Antônio Jacob, Roberto Baeta Neves. Comigo, sete representantes dos tempos do Jones. Logo nos juntamos refazendo a velha camaradagem e nos apresentando a uns e aos outros novos conhecimentos. Esses são os irmãos Pereira — Haroldo e Péricles — filhos do latinista Leopoldo Pereira. Este é o Paulo Souza Lima. O de óculos? Caio

Líbano de Noronha Soares. Outros. Evandro Baeta Neves, Oscar Versiani Caldeira, Artur Carneiro Guimarães, Libério Soares, Edmundo Burjato, João Manso Pereira, José Rodrigues Zica Filho — o ás do futebol. Moacir Cabral, João Galdino Duarte. Outros, mais outros, logo acamaradados. De repente vi surgir o destino. Era como se nunca tivéssemos deixado de nos conhecer, como se fôssemos gêmeos, irmãos gerados juntos e daquela hora em diante irmãos para sempre. Siameses. Guardei essa coisa importantíssima: ninguém nos apresentou. Eu estava ao lado do Zegão quando ele dirigiu-se a mim como a velho conhecido. Ouvi agora mesmo que você se chama Pedro da Silva Nava. Então olhe para a minha cara que é a do pernambuco Joaquim Nunes Coutinho Cavalcanti e esse aqui é outro da mesma terra, um pouco meu primo, chamado Isador Coutinho. Nossos apelidos familiares é que se parecem, de confundir. Eu sou *Zozó* e o Isador, *Dodó*. Riu, dentuço, abrindo, duas fileiras de dentes perfeitos. Eu logo apresentei os dois ao Zegão. Estávamos amalgamados para a vida inteira. Eu acabava de completar um dos atos mais importantes e consequentes de minha vida. Conhecera o amigo por excelência. O colega, o cúmplice, o irmão xifópago. Joaquim Nunes Coutinho Cavalcanti — o mais generoso e largo coração que encontrei nesse baixo mundo. Gentil-homem. Chamavam para a primeira aula. Entramos abraçados como velhos companheiros. Ele explicou-me que ia ser a de física médica e ministrá-la-ia o titular da cadeira, professor Alfredo Leal Pimenta Bueno. Foi nessa hora que o Paulo Gomes Pereira entrou na conversa e disse que o Pimenta era seu cunhado, marido de sua irmã Theresa. O livro adotado? o Thibau, e íamos ver que professor. E não digo isso por ser cunhado. Vocês verão e julgarão.

De fato o Pimenta não nos decepcionou. Pelo contrário. Falava bem, numa voz clara e era senhor de dicção invejável. O livro era mesmo o Thibau, que os estudantes de minha geração conheceram tão bem e que foi um dos primeiros compêndios de medicina com que tomamos conhecimento dos fenômenos físicos da fisiologia do homem. O professor seguia-o, complementando e sempre que ia dar matéria não prevista no volumezinho claro e preciso, avisava, prelecionava mais devagar e dava tempo para se tomar notas. Vamos estudar hoje a hidrodinâmica e suas leis para os senhores compreenderem bem a circulação sanguínea. Teceremos considerações sobre hidráulica aplicada, depois sobre a vazão nos tubos cilíndricos e a tomada intermitente, nos elásticos, extensíveis. Levou-nos facilmente até ao teorema de Torricelli. Aí ele começava abrindo parênteses para recordar a nossa matemática, fazia os carroções na pedra, explicava-nos um por um e só prosseguia quando sentia a maioria apta para acompanhá-lo. Era muito imaginoso e construía ele próprio com tubos de vidro, de borracha, garrafas, barbantes, vasos comunicantes, alavancas e polias a aparelhagem com que dava aspeto visual aos fenômenos que explicava. Sua obra-prima de invenção era um novo aparelho de tomada da pressão arterial. Ele dera-lhe o nome de "esphygmoscillometro manométrico" a que nós, já industriados nos costumes médicos, acrescentávamos "de Pimenta Buêno" — o que o agradava visivelmente. *Buêno* — como ele grafava e pronunciava seu nome. Estou a vê-lo em nossas aulas. Falava em pé ou pralá pra cá. Era homem muito moço, ali pelos seus trintaitantos, quarenta. Moreno. Sempre óculos escuros encobrindo os olhos. Um muito móvel o outro meio fixo. Tinha ascendência ilustre e era neto do marquês de São Vicente. Guardei dele gesto de modéstia que me cativou. Eu já estava no Rio e era chefe de serviço da Assistência. Isso pelos anos 40... Fui procurado pelo meu ex-professor, também mudado para a velha capital. Ele disse-me que entrara para nossa secretaria e que, na dificuldade de trabalhar aqui ou ali, preferia fazê-lo no meu serviço. Para mim seria situação dificílima ter um antigo mestre como subordinado. Como dispusesse de crédito com o secretário, expus-lhe o assunto e ele designou o Pimenta Bueno creio que para o serviço de perícias, num posto hierarquicamente superior ao meu. Nunca ele soube disso. Abro a boca sobre o fato para salientar dois nomes. A galanteria e a modéstia de meu professor. O cavalheirismo e a compreensão do secretário que era, então, Clementino da Rocha Fraga.

Saímos da aula do Pimenta para o pátio. Íamos esperar a de citologia. Seu professor também era moço. Só que inteiramente careca. Chamava-se Carlos Pinheiro Chagas, era de família ilustre da Oliveira e aparentado não só do grande Chagas como da gente da esposa de Cícero Ferreira. Tinha o apelido de *Carleto* e, como o Pimenta Bueno, era um didata de nascença. Traços muito finos, olhos expressivos, pele clara e muito corada, dono de uma presença que impunha (era a cara do *Phelippe III, le Bon*, do Museu de Dijon), ele a usava e a cada gesto e a cada inflexão de voz e a cada expressão fisionômica como a recursos de ensino extremamente adequados. Era convincente e trazia de suas numerosas viagens aos Estados Unidos certos inglesismos no falar e o hábito de expressões idiomáticas americanas que davam um encanto particular ao seu discurso. Logo desmanchou a noção simplista da "célula" do nosso curso secundário: só membrana, protoplasma, núcleo, nucléolo. Nada disto. Mostrou-nos essa unidade biológica como novo ponto de investigações tão complexo como os organismos, as constelações, todo o macrocosmo, as galáxias, o universo inteiro. Seus cheios e vácuos. Era um elemento nobre. Era vivo. Portanto tinha funções vitais e essas se processavam por alterações elétricas, diluições, compactações, ajustes, equilíbrios de tensão que improvisavam verdadeiros organúnculos efêmeros. Oxidava. Queimava. Anabolia e catabolia. Continha essa eternidade que nele durava um instante para retomar outro, outro e assim seguir pelos caminhos do Tempo, de mitose em mitose, cariocinese em cariocinese. Pena seu curso de citologia ter durado pouco e ser passado a outro professor por ter o nosso *Carleto* reembarcado para os Estados Unidos. Mas revê-lo-íamos de sobra noutros dois períodos didáticos. No segundo ano, em histologia, e no quarto, na anatomia patológica.

Nesse dia deixei a escola entusiasmado com o início das aulas. Disse ao Cavalcanti meu caminho e ele me disse o seu. Coincidiam até a esquina do Colégio Arnaldo. Ele contou-me que era filho de pai e mãe pernambucanos mas há muito radicados em Minas. Em Belo Horizonte, há pouco tempo. Tinham-se mudado de Lafayette; para facilidade do estudo dos filhos. Porque o Zozó tinha um irmão, Luís Leopoldo, mais velho que ele e acadêmico da Escola de Agronomia e Veterinária. Seus pais eram José Peregrino Wanderley Cavalcanti (com t-i — ti) e d. Maria Augusta Coutinho Cavalcanti, dos requintados Coutinho do Recife, irmã de médico ilustre o dr. Oscar Coutinho. Outras eu aprenderia do meu amigo nas nossas entradas e saídas das aulas. Combinamos novo encontro para a tarde, pouco antes das três, hora que seria a do nosso primeiro embate com o famigerado Chiquinho. Nossas aulas com o Pimenta e o *Carleto* tinham sido no gabinete de física e no anfiteatro, grande, de cima, ambas peças alegres e iluminadas pela tamisação da manhã radiosa. Já o gabinete de química ficava do lado nascente e, àquela hora, o declínio do sol deixava-o numa sombra permanente. Para ele fomos tangidos pelo *Curinga*, mulatão famoso, servente da disciplina e célebre pela sua capacidade de identificar todos os sais em solução, pelo cheiro ou pelo gosto. Isto em tempo de exame era uma pechincha porque ele levava dois mil-réis por cada perícia. Sentamo-nos atemorizados em carteiras colocadas diante de um estrado e dum balcão cheio de almofarizes, retortas, provetes, *vidros de relógio*. Quatro bicos de Bunsen, acesos, sopravam, como nos cantos dum catafalco, sua chama azulada e funerária. Logo apareceu um moço louro, míope, cara de poucos amigos. Silêncio! vocês, aí. E de pé, que vai chegar o professor. Era o monitor Jurandir Lodi anunciando a entrada em cena do dr. Francisco de Paula Magalhães Gomes. Já o vimos no dia das provas de admissão e agora, no meio dos seus frascos de reagentes e alambiques, sua figura franzina e severa pareceu-nos ainda mais formidanda. Sem preâmbulos foi anunciando os livros que exigia que soubéssemos de fio a pavio, cada página decorada, cada linha inesquecida. Eram as *Lições de química inorgânica médica*, as *Noções elementares de química orgânica* e as *Preleções de química biológica* — tudo de mestre Tibúrcio Valeriano Pecegueiro do Amaral. E além disso, o que todos deviam trazer na ponta da língua, o seu *dada*, sua predileção, seu fanatismo e sua *marotte* — o cálculo estequiométrico. Esse era assunto obrigatório e ele o punha em todos os pontos de exame e *prentonumbranconaprovescritam* terminava com sua voz nasalada e cheia de MM e NN. Eu mal ouvia olhando consternado aquele vulto prenunciador de catástrofes. Como disse, ele parecia com tio Paletta. Era pequenino, vermelho, cabelos de fogo, magrinho, muito católico e vinha de família ouro-pretana celebrizada no magistério além de engrandecida pelo parentesco ilustre com a Marília de Dirceu. Sua aula era em hora ingrata. Ia de três; às quatro, quatro e meia. Bocejava-se, havia inícios de palestra severamente interrompidos pelo professor, pelo Lodi. Apesar de nossa dignidade acadêmica, vinham-nos à tona pruridos de molecagem inspirados pelo tédio. Introduzi com êxito as *chulipas* do internato. Por trás das chamas amarelas, vermelhas, roxas, azuis e multicores das *alças de platina* reverberando à chama dos *bunsens* — a chispa verde e atenta dos olhos do Chiquinho seguia as nossas visagens. Um dia ele me ameaçou. O senhor é que anda chefiando tudo *quantum* é *pinlheriam* na minha aula. Seu exame de admissão não valeu nada. Só quero vê-lo no fim do ano. Muito cuidado, moço! Muito cuidado. Mas eu estava tranquilo porque todas as tardes, depois da aula, ficava no jardim fronteiro à faculdade com o Cavalcanti, o Zegão e o Isador resolvendo problemas estequiométricos e penetrando fundo e fundo nas águas do Pecegueiro. Além do mais nossa prima Noemi Horta Feio era a esposa de Mário Magalhães Gomes, primo do Chiquinho, e eu me arrogava assim imunidades de contraparente não digo só do professor mas da própria química. Ai! de mim, desavisado de mim, que não adivinhara a honestidade iracunda do Chiquinho. Aquilo era homem para reprovar os filhos, quanto mais a mim, pobre! de mim...

Mas nem só de cálculo estequiométrico eram feitas nossas conversas da tarde. Eu tinha confidenciado aos amigos a história da Tininha com sua cabra e logo todos tinham me tratado de cretino. O que é que eu estava esperando? Onde ia? ela com a cabra. Não sabia. Cretino. Onde? pastava o bichinho suas ervas tenras. Também não sabia. Cretino. Você parece até idiota. Era a opinão do Isador, do Zegão, do Cavalcanti, do próprio Sá Pires que às vezes juntava-se à palestra. Tem de acompanhar sem ser pressentido, seu bestalhão! e quando a cabrinha branca estiver pastando, atirar-se de unhas e dentes sobre a pastora e traçá-la. Devia pastar a pastora! Mas ela é virgem, pessoal. Então, chupe, uái! lamba, siririque, ponha nas coxas, enrabe, mas faça alguma coisa, porra! deixe de ser pamonha! — concluía o Cisalpino, também personagem obrigatória de nossa rodinha. Mas voltemos ao início das nossas aulas. Ainda não mostrei em ação o nosso professor de história natural médica.

> Mais s'il ne s'était pas trouvé, depuis des siècles, des hommes pour aller voir d'un peu près ce qui se passe dans le corps humain, et s'y engluer les doigts dans le sang, et tripoter des boyaux, et s'escrimer sans nausée sur des cadavres dans les salles de dissection, nous en serions encore aux encantations des sorciers de la préhistoire et aux herbes magiques! Ils auraient bonne mine, les vivants!
>
> PIERRE VÉRRY, *Un grand patron*

No sentido médico do termo, *patron* não é propriamente patrão mas o chefe, o mestre que convém seguir e a cujo exemplo nos moldamos profissionalmente. Henrique Marques Lisboa foi o primeiro que encontrei e um dos que mais venerei não só durante o curso médico, mas acompanhando-lhe a vida e compreendendo o espírito público que o animava. Foi um cientista perfeito, um *herói* no significado carlyliano e uma individualidade admirável sob todos os ângulos. Costumo medir essa *admirabilidade* das pessoas pelo interesse que elas despertam nas criaturas mais diferentes. Lisboa era capaz de acordar esse sentimento nos mais díspares. Cito como exemplo disso a religião que despertou noutros mestres de Belo Horizonte como Otávio Coelho de Magalhães, José Aroeira Neves e Eugênio de Souza e Silva. Em seres inteiramente diversos como João Cláudio de Lima, José Rodrigues Pereira (*Juca Barão*), Oscar Monte e Sílvio Alvim. Em seu biógrafo Fábio Chaves do Couto e Silva, em seu sobrinho Jorge Eiras Furquim Werneck (para quem ele era o seu "tipo inesquecível"), em mim, de quem ele foi das molas mestras da iniciação médica — o *grand patron*.

Henrique Marques Lisboa, de origem carioca e gaúcha, mineiro, primeiro por acaso, depois por própria escolha, por convicção e finalmente por teimosia nasceu em Barbacena a 17 de fevereiro de 1876\* quando lá trabalhava como engenheiro da Pedro II, seu pai, o dr. Francisco de Borja Marques Lisboa, casado com d. Henriqueta Coelho Marques Lisboa. Com a morte do pai ele vai para a companhia de seus avós paternos d. Maria Eufrásia e seu marido o almirante Joaquim Marques Lisboa — o futuro marquês de Tamandaré.

Por uns princípios de memórias ditados por Lisboa, verifica-se que seus avós deveriam morar na rua São Clemente, rente ao mar. Essa proximidade da praia de Botafogo, onde decorreu sua infância, marca seu primeiro contato com o iodo marítimo — origem de sua religião terapêutica por esse elemento. Lisboa tinha no iodo a mesma crença que Raspail na cânfora e tomou-o a vida toda, em microdoses cotidianas que lhe mantinham a saúde quando perfeita e restabeleciam-na quando combalida, que lhe davam ânimo e força, e que lhe permitiram chegar à extrema velhice. Não só ele tomava iodo, como ministrava-o à família e aconselhava-o aos amigos. Logo que o conheci mais de perto, comecei seu uso. Foi no *Clube Belo Horizonte* que ele, depois de um olhar entendi-

---

\* Há documentos civis pertencentes a Lisboa, uns dando seu nascimento em 1875, outros em 1876. A dúvida deve cessar diante de papéis conservados por sua filha, d. Nair Marques Lisboa Freitas. Entre estes, um esboço de autobiografia ditado por seu pai e que começa: "Nasci a 17 de fevereiro de 1876, em Barbacena [...]".

do à minha magreza pré-tuberculosa, sussurrou-me o conselho amigo. "Nava, você precisa de iodo..." Pois comecei a usá-lo nessa época, nunca mais o abandonei e até hoje receito aos meus doentes esse medicamento bom como Lisboa e bom como o mar onde o inventou Lisboa.

Marques Lisboa fez seus cursos primário e secundário no Seminário São José. Todos que o conheceram podem concluir que duas influências lhe ficaram desses longos anos de instituição religiosa: primeiro a direta, do pensamento cristão, que fez dele um dos homens mais profundamente penetrados de cristianismo pela bondade, pelo comportamento, pela atuação, pelo modo de considerar o próximo e servi-lo fraternalmente; segundo, a influência *à rebours* que fez dele o anticlerical mais tolerante que já se viu e o ateu praticamente mais devoto que já se conheceu. Devoção pela natureza e pelo homem — que fazia um quase místico desse panteísta e filantropo. Símile: Renan também aluno de seminário, que ele gostava de citar, repetindo que Jesus era um "homem incomparável". Marques Lisboa, terminadas as humanidades, não entra logo para o curso superior. Complicações de família e dificuldades materiais retardaram o início de seu aprendizado médico. Aquelas foram motivo de exteriorização de sentimentos de dignidade, de justiça e de amor filial; estas, a oportunidade do enrijecimento moral, da afirmação da independência e da descoberta da vocação de professor porque para manter-se tem de trabalhar como escrevente de um cartório e de ensinar aritmética, álgebra e geometria. Aos vinte e um anos, em 1897, matricula-se na Faculdade de Medicina do Rio de Janeiro — ao mesmo tempo que Agenor Porto, Carlos Chagas, Ezequiel Dias, Cardoso Fontes, Artur Neiva, Garfield de Almeida, Azevedo Amaral, Fernandes Távora e outros dessa turma revolucionária e rebelde do famoso motim contra a "numeração dos bancos" e da questão com o diretor Francisco de Castro. A turma de Marques Lisboa presenciou um profundo movimento de renovação de ideias no nosso ensino médico e na nossa Medicina. Assistiu ao desvanecer de seu aspecto puramente acadêmico e oratório e ao configurar de sua fisionomia científica e experimental. Recebeu a influência internística de Azevedo Sodré, Benício de Abreu, Nuno de Andrade e de Francisco de Castro; a externística de Lima e Castro, Domingos de Góis e Brant Paes Leme. E, principalmente, viu a criação de nossa cirurgia moderna, com a operação tática e experimentalmente planejada de um monstro teratópago-xifópago por Chapot-Prevost e, com o ensino de

João Paulo de Carvalho, a consolidação da nossa fisiologia experimental, cujas bases tinham sido lançadas por Kossuth Vinelli. Coube ainda a essa turma testemunhar a inauguração, em 1901, do ensino oficial de bacteriologia, com Rodolfo Galvão. Toda a didática dessa época foi influenciada pela transformação introduzida na Arte por Claude Bernard, Pasteur, Koch, Villemin, Langhans, Panum, Roser, Metchinikoff, Buchner, von Behring, Kitasato, Bordet, Wassermann, Finlay, Patrik Mason, Carter Kilbone, Laveran — os fisiologistas, os bacteriologistas, os veterinários, os médicos militares, os tropicalistas, que com a descoberta de bactérias e protozoários patogênicos, dos fenômenos imunitários e alérgicos, dos soros, das vacinas, dos vetores — apontavam então, à mocidade interessada no estudo do homem, perspectivas tão vertiginosas como as abertas à investigação atual pela desintegração atômica e pelos aparelhos interplanetários. É esse ambiente que explica a qualidade dos experimentadores da turma de 1902: Marques Lisboa, Ezequiel Dias, Carlos Chagas, Cardoso Fontes, Artur Neiva.

Entretanto os conhecimentos bacteriológicos de Lisboa não lhe terão advindo da cadeira criada em 1901, na terceira série curricular da faculdade. Nessa ocasião ele era quintanista. É por essa época ou no ano seguinte, em que estava como interno no Hospital de Jurujuba (onde se isolavam os pestosos), que se aproxima de Oswaldo Cruz, de quem começa a receber a influência e os ensinamentos, juntamente com Ezequiel Dias e Carlos Chagas. Os três preparam em Manguinhos, sob a orientação do Mestre, as teses sobre patologia sanguínea que inscrevem seus nomes entre os dos pioneiros de nossa hematologia. Marques Lisboa termina seu curso médico em 1902. A 21 de janeiro de 1903, sua turma cola grau perante o diretor Luís da Cunha Feijó Júnior mas só quatro meses depois é que ele defende tese. Seguiu-se o casamento, a 15 de julho de 1904, com d. Alice Brandon Fernandes Eiras, oriunda de tradicional família de médicos.

É de 31 de outubro de 1904 a Lei nº 1261 que tornava obrigatórias a vacinação e a revacinação contra a varíola. A 14 de novembro explode o levante da Escola Militar contra essa disposição sanitária e que foi debelada pela ação enérgica e sem vacilações do governo. A impopularidade de Oswaldo Cruz chegou nessa ocasião ao auge e vendo sua vida ameaçada, médicos e estudantes revezavam-se entrincheirados em sua casa, para o que desse e viesse. Pois o bravo Lisboa, recém-casado, tomava parte nestes plantões e passou muitas noites armado, no jardim do Mestre, pronto a defender com a sua, a vida daquele que estava salvando aquelas de uma população ignara que maquinava sua morte. É ainda ato de bravura o que realiza Lisboa quando, em tempos em que ainda permaneciam obscuros certos pormenores do mecanismo de propagação da peste — parte para São Luís do Maranhão para combatê-la. Leva a família e esta quase perde o chefe, pois Lisboa como seu filho Flávio foram atingidos e quase morrem da infecção.

Apenas oito anos exerceria Marques Lisboa no Rio de Janeiro, dos quais cinco no cargo de Delegado de Saúde para que fora nomeado em 1905. Por motivo de doença transfere-se, em 1910, para Belo Horizonte e vai dirigir órgão federal sediado nesta cidade: o Posto de Observação e Enfermaria Veterinária. A esse nome longo e pomposo correspondiam apenas uns galpões situados em terrenos baldios distantes do centro urbano. Isso não significava nada para Lisboa. Ele conhecia a história de Pasteur e a força que o levara do humílimo laboratório da rua do Ulm ao palácio de Vaugirard. Ele assistira à fazenda de Manguinhos transformar-se ao toque aladínico de Oswaldo Cruz, no alcáçar de Bonsucesso. O mesmo entusiasmo que animara aqueles mestres, residia também em Lisboa que fez surgir, daquele desconjuntamento, uma estação veterinária dotada do pessoal técnico e dos requisitos materiais para a estabulação científica. E mais, dos laboratórios que dividem com os da filial de Manguinhos (depois "Instituto Ezequiel Dias") a glória de terem iniciado a experimentação e a pesquisa em Minas. Entretanto, mais lustre que seus trabalhos nesse posto e no Instituto Ezequiel Dias, trar-lhe-iam os serviços que ele vai prestar à Faculdade de Medicina recém-criada em Belo Horizonte, como professor de história natural médica, cátedra em que se empossou a 4 de fevereiro de 1912. Durante trinta e cinco anos Marques Lisboa ensinou na sua cadeira e às vezes acumulou com ela as de microbiologia e de patologia geral. Na primeira ele abriu os batentes da medicina a centenas de alunos e eram suas mãos que nos impunham episcopalmente o sacramento médico — no que ele tem de mentalidade peculiar, de espírito de confraria e de coleguismo, de subordinação hipocrática aos mestres atuais e passados, de agrupamento numa escola, de adesão a uma linha de pensamento filosófico. Consciência da profissão — que representa uma verdadeira tomada de ordens no sentido moral e intelectual: "Tu és Médico...".

Ao tempo em que fui seu aluno, as cadeiras de química e de física eram a continuação, em mais difícil do que já aprendêramos no curso secundário. Nada tinham de reveladoras quanto à medicina. A de Lisboa, não! — era uma cadeira médica, que nos punha em contato com a Arte médica e nos dava status médico. Primeiro degrau de maturidade. Sua cadeira era uma perspectiva a nos mostrar, nos horizontes, toda a medicina. Pela botânica médica e pela mineralogia médica ele nos levava às fronteiras da farmacologia, da arte de formular, da terapêutica, com a aventura fitológica da digital, do meimendro, da beladona, da escamônea, da quina, do cânhamo, da cicuta; com o romance metalo-metaloide do ouro, do mercúrio, do arsênico, do chumbo, do bromo e do iodo, o seu iodo — príncipe dos símplices, rei dos remédios, droga suprema, droga das drogas, alterativa, preventiva, depurativa, resolutiva e quase panaceia. Pela fitologia e zoologia dos fungos, bactérias, vermes, insetos e aracnídeos tínhamos o primeiro encontro, com essa abstração, com essa coisa íntima, cotidiana, misteriosa, que se amalgama, faz corpo conosco e nos envulta — a Moléstia. De Lisboa ouvimos pela primeira vez vocábulos que tinham consonâncias peculiares, formas múltiplas e até consistências variadas. Palavras gelatinosas, como espermatogênese e oogônio. Vocábulos estrelados, como amiboide e radiário. Termos pontudos, como lise e prolina. Expressões redondas, como plasma e nucléolo. Verbetes em rosário, como celenterado e porfirinúria. Misteriosos, como imunidade, alergia, amboceptor, antígeno, anafilaxia, vacina e serum. Palavras de origem latina, grega, árabe, adequadas ou impróprias, claras ou obscuras, que nos penetravam primeiro, poeticamente, pelo som, como latim de missa e que só depois íamos entender no seu vero sentido. Mas as palavras que isolam e separam, como o jargão de todas as confrarias, aparta seus associados e os define. Assim a linguagem médica. Linguagem preciosa, difícil, pedantesca e insubstituível do médico. Linguagem que molda o inteligente e o estúpido em forma congênere e os marca para sempre — como as tatuagens, a circuncisão, o rito de admissão maçônico, a água do batismo. Esse batismo do *argot* profissional, recebíamos em Belo Horizonte, ouvindo prelecionar mestre Lisboa. E com suas palavras de sentido mágico vinha ainda a revelação do Nome. O nome iniciático dos profetas, dos santos, dos apóstolos, dos confessores e dos mártires da religião da moléstia: Behring, Calmette, Roux, Pasteur, Dubini, Ehrlich, Pasteur, Banti, Pasteur, Koch, Pasteur, Pasteur e Pasteur. Os instrumentos que eles tinham inventado ou manejado estavam nas nossas mãos: corantes, pinças, lâminas, parafina, lamínulas, óleo de cedro, lupas, alças de platina. Estávamos no mesmo ponto de partida de qualquer Nome. Tínhamos entrado numa família que ia, no tempo, até Hipócrates e às origens divinas dos Asclepíades. Que, no espaço, a qualquer hora, está fazendo o mesmo, no Labrador, na Patagônia, na Austrália, na Islândia, na Rússia, na França, no Egito ou na Rodésia: observando e investigando, tratando de não ter fronteiras, essa vocação universalista — apanágio das realezas e dos médicos foi o que coube a Lisboa impor às trinta e cinco turmas que lhe passaram pelas mãos. "Tu és Médico..." E na sua Cadeira, sentimos os primeiros cheiros da profissão augusta e terrível. No curso médico, o segundo e o terceiro ano cheiram ao formol e à ponta de putrefação da salsicharia da anatomia descritiva; o quarto, à podridão escancarada da carniça da anatomia patológica; o quinto e o sexto, às morrinhas da cirurgia — cheiro adocicado de pus e éter — e aos bodunsda clínica médica — odor acidulado de suor e óleo canforado. É pelo olfato que nos entra a dura lição de humildade e esse memento que nos vem dos cadáveres dos anfiteatros e dos quase cadáveres das enfermarias. Pois a cadeira de Lisboa nos dava o primeiro cheiro do curso médico: o da merda dos doentes da Santa Casa, cuja coprologia era feita por ele, por seus assistentes, por seus monitores e por nós, seus alunos. Foi com ele que deixamo-nos de luxos para meter as mãos, sem nojo, nessa sânie que desdobrando nossos sentidos, faz com que assistamos ao passar de nossa própria vida — de corpo presente, *praesente cadavere*...

Mestre Lisboa chegava para suas aulas cedo, num vasto carro do Posto Veterinário. Era uma Chandler cor de garrafa, uma Chandler dos bons tempos de outrora, cinco lugares, aquelas duas cadeirinhas de dobrar em frente ao verdadeiro sofá de trás, os correames segurando a capota, feito a cordagem duma galera, vidrinhos para flores nas costas dos bancos da frente e aos lados do amplo assento de popa. Os para-lamas, largos como alerões, eram intermediados pelas plataformas dos estribos. Tinha da locomotiva e do automóvel e nele cabiam largamente sete pessoas: chofer, ajudante e cinco membros da família. O Lisboa descia lépido e subia correndo as escadas da faculdade, com aquele seu riso de sempre e o ar saudável. Nós entrávamos na sua sala que era das mais claras do prédio. Ele não perdia tempo e mal sentávamos, começava a prelecionar durante quarenta minutos exatos. Tinha uma voz grave de basso, presença esportiva, sorridente e agradável. Bigodes espessos e de voluta. Pele muito clara, corada nas faces e azulada pelo escanhoamento da barba. Ria facilmente e gostava da vida. Falava de modo rápido, sem empolamento, jamais em tom discursivo. Tomava o assunto exatamente onde o deixara: *Na lição passada, referi-me com alguma insistência às dificuldades da indagação da causa da febre amarela. Será uma doença não microbiana? Não é possível. A febre amarela é uma moléstia febril aguda que se transmite por intermédio de mosquito em cujo interior o sangue do doente demora doze dias. No fim desse prazo, um princípio qualquer proveniente desse sangue, levado pela picada do inseto, vai provocar nova infecção...* E seguia demonstrando os filtráveis. Entremeava com casos das epidemias de febre amarela a que assistira, falava em Oswaldo, descrevia seu físico, invocava-o ao ponto de vermo-lo, ali, conosco. Descrevia Manguinhos para onde não havia caminhos e se chegava de lancha, lembrava a peste do Maranhão e contava de como se descobrira contaminado. Estava se sentindo esquisito mas, trabalhando. Em pé, encostando-se à borda de uma mesa sentira dolorimento forte na zona da virilha que tocara o móvel. Estava conversando com colega; disfarçara, enfiara a mão no bolso e sentira o bubão. Ali mesmo se fizera examinar pelo companheiro que procurou e achou outros. Peste bubônica. Quase morrera. Gostava de etimologias e explicava-as para esclarecer nomenclaturas usadas em aula. *Elachistozoa* — de *elachistos*, pequeníssimo e *zoo*, vida. *Chlamydozoa* — de *chlamys*, manto. Lembrem-se de clâmide que é palavra vernácula. *Strongyloplasma* — de *strongylos*, redondo. Bem. Por hoje, chega de teorias. Vamos à prática. Microscópio. Uma gota daquela mistura de ervas apodrecendo dentro d'água — pendente da lamínula. E começava a correria de unicelulares translúcidos, quase tão água como o meio ou como pequeninas contas verdes pintadas de clorofila. Ou amarelas, de xantofila, vermelhas, de eritrofila. Microscópios. Na nossa frente boiões de trampa. Ancilóstomos. Ovos. Ovo com duas, seis células, com larva. Áscaris. Não havia nesse tempo cadeira de medicina tropical e era na do Lisboa que recebíamos noções de peste, febre amarela, verminoses, leichmaniose e travávamos conhecimento — com transmissores como as pulgas, barbeiros, mosquitos; com bichos venenosos como os escorpiões, as lacraias, os peixes peçonhentos, as cobras. Aprendíamos sua história natural. Aparelho digestivo. Aparelho genital. Sua reprodução e posição na cópula. A palavra, dita ali, na frente das moças do curso de farmácia parecia toda escrita com maiúsculas. C-Ó-P-U-L-A. Olhávamos de soslaio. As pudicas baixavam os olhos.

Se muito aprendíamos em nossas aulas, mais aprendíamos do mundo, dos médicos, da vida médica, da cidade em geral e de mulheres — nos *bondinhos* que fazíamos sentados nos degraus da escadaria da faculdade, na beira dos canteiros sempre renovados e sempre destruídos, nos passeios, devagar, pelos corredores, nas longas horas em que ficávamos no pátio olhando seu movimento e o da rua. Esta era vasta, larga, com raros passantes, além dos estudantes das *repúblicas* da vizinhança da escola que já saíam de casa para a faculdade ou para os hospitais, de avental branco e gorro de médico — que em Belo Horizonte não era redondo como se vê nos retratos de médicos europeus e como era usado no Rio e no resto do Brasil. Os nossos lembravam mais um bibi de soldado ou de fuzileiro naval e tinham duas pontas uma na frente outra para trás. Essa balda hoje se generalizando, nas grandes cidades, de o médico andar na rua com suas vestes profissionais, sendo uma retomada do costume secular do uso em público de roupagens talares, é hábito reiniciado pelos estudantes de Belo Horizonte na segunda e terceira décadas do século. Figura sempre presente nas conversas do pátio era a personalidade lendária do antigo diretor Cícero Ferreira. Era memória sempre reverenciada e havia da parte de cada um como que uma gratidão pessoal pelo fundador. Eu o conhecera de vista antes de sua morte a 14 de agosto de 1920, no bonde de *Serra*. Vira-o várias vezes subindo e descendo e sua presença era realmente imponente. Nenhum retrato oficial dá a verdadeira ideia de sua aparência a um tempo majestosa e melancólica como instantâneo que possuo e que me foi fornecido por Pedro Sales, onde ele figura num grande grupo de professores, diante da faculdade, recebendo personalidade médica estrangeira. O retrato deve ser de 1918 ou 1919. Ele está cercado de homens altos como o eram Godoy Tavares, Álvaro de Barros, Samuel Libânio, Olinto Meireles e Aurélio Pires. De todos, ele é, de longe, o de maior estatura — fino, esgalgado, ar severo e triste, dentro de certa sobrecasaca sobre a qual muito terei ainda que falar. Não vivíamos só de lembranças e admirávamos quando entravam e saíam para suas aulas e trabalhos as figuras de outros mestres. O mesmo Lisboa de quem acabamos de ouvir a aula — cumprimentador e cumprimentado. Mestre Aurélio com sua cara de Santo do El Greco. O Balena, sorridente e tão baixinho que parecia um menino de bigodes postiços. Adelmo Lodi, pouco mais velho do que nós e por isso afetando uma severidade e uma distância que mais tarde descobri não serem sua verdadeira natureza de homem simples e bom. O polido Linneu Silva, passos muito medidos para não puxar pela respiração, sempre horrorizado com o sol do sertão de que se defendia com os óculos escuros e enorme guarda-sol de cabo de junco, palha de seda *double-face*, trama verde pelo lado de dentro — um dos objetos mais elegantes em que já pus a mira. Também de óculos escuros, Pimenta Bueno e Cornélio Vaz de Melo. O atual diretor Borges da Costa, pescoço um pouco enterrado nos ombros largos, enormes olhos sorridentes, sempre de branco, como o nosso Lisboa e jogando com ele a partida da simpatia. Um silêncio maior entre as rodas dos moços conversando. Cumprimentos mais sérios e mais fundos. Era Álvaro de Barros passando, meio curvo, enormes zigomas cobertos do pergaminho da pele muito pálida, barbicha e bigodes pretos, mãos segurando o eterno guarda-chuva atrás das costas, magérrimo, desidratado, espectral, dando naquele ano os passos derradeiros da vida que terminaria a 30 de maio de 1922. Outros mais: o taciturno Aleixo; Davi Rabelo, com sua cara de príncipe persa; Ezequiel Dias, outro cavaleiro do Theotokopoulos; Melo Teixeira, sempre de fraque e equilibrando o pincenê de míope (parecia que ia cair e que ele o mantinha, correndo no seu encalço e entortando o pescoço); Otávio Magalhães, fino, cerimonioso, cabelos à Oswaldo Cruz, bigodes à Oswaldo Cruz; Otaviano de Almeida, simpático, abstrato, sempre assoviando baixinho; Roberto Cunha, alheio, surdo, amável; Samuel Libânio, belo como um retrato de Reynolds; Hugo Werneck, dos mais temidos e reverenciados. Lembro que estimávamos os nossos professores e sobretudo que os admirávamos profundamente. Subiam e desciam aquele pátio. Aos nossos olhos. Hoje sombras recordadas. Era feição simpática de nossa faculdade essa união de mestres e discípulos. Falando deles agora, estou dando a impressão que me causaram *inicialmente*. De alguns conservei-a intacta. De outros, não — como veremos adiante. Quase tanto quanto aos mestres admirávamos os monstros sagrados do quarto e do quinto ano, os diretores do *Centro Acadêmico*, da *Radium*, os doutorandos Paulo Soares de Vilhena, José Otaviano de Barros, Eliseu Laborne e Vale, José Ananias de Sant'Ana e Odilon Bolívar dos Santos. Mas o melhor de nosso apreço ia para a única colega de curso médico e primeira mulher formada em medicina pela nossa casa — Henriqueta Macedo, *a dra. Quequeta* — então no quarto ano.

> [...] for one of the very foundations of their friendship was that they laughed together and at one another.
>
> RUPERT CROFT-COOKE, *Bosie*

Nessas conversas do pátio eu tinha invariavelmente a companhia do sempre irmão Coutinho Cavalcanti. Nós afiávamos nossas personalidades como facas que melhoram os gumes esfregando-os um contra o outro. Nos afiávamos e ríamos perdidamente. O amigo tinha a propriedade de me fazer desmandibular às suas palavras, principalmente da vida que levara na primeira *república* em que morara, organizada sob os auspícios da *Liga pela Moralidade* e onde só eram recebidos rapazinhos de comportamento ilibado. Tinham matinas e vésperas. Horários de convento e rezavam o terço, à noite, puxado pelo presidente. O Isador Coutinho pertencera à instituição mas fora expulso quando não pudera mais disfarçar os padecimentos de uma tremenda gonorreia de gancho coroada pelas dores duma orquite dupla. Fora corrido com armas, bagagens, irrigador, pipos de vidro, as roupas, os solutos de permanganato e os vidros de coleval. Ele, Cavalcanti, e o mano Luís Leopoldo tinham levado o parente a braços, para *república* vizinha, uma como as outras, de costumes relaxados onde os estudantes recebiam negras e comiam as lavadeiras. E você Cavalcanti, como é? que você se arranjava. Uai! menino, rezando e disfarçando fazendo das nossas mas filiado à *União dos Moços Católicos*. Ou você pensa? que sou besta, meu Pedrinho.

 Foi com o Cavalcanti e com o Isador que inscrevi-me na *Linha de Tiro* da faculdade. Por incompatibilidade com o capitão Batista, mal me apanhara bacharel pelo Pedro II, dera o fora no seu batalhão escolar onde a caderneta de reservista era tirada de pé nas costas. Agora urgia pensar nisto para evitar o sorteio. Fomos juntos ao sargento instrutor da faculdade e dele recebemos o endereço do alfaiate especializado em nossa farda.

Era o da *Casa Gagliardi*, à avenida Afonso Pena, 542. Um mundo. O contramestre Alberto Carlos Noce foi-nos apresentado pelo Chico Pires. Disse que já tinha várias fardas de meia confecção que com um, dois ajustes, ficar-nos-iam como luvas. Ficaram e já saímos com os embrulhos debaixo do braço para a rua dos Caetés, 380, encaminhados por Noce a Guedes, para a compra das perneiras. De posse destas, fomos para casa nos militarizar. No dia seguinte arvorávamos o uniforme. Era cáqui como o dos soldados do Doze. Botões pretos na túnica. Boné armado, com fita marrom, ostentando na frente o emblema dos médicos: um caduceu cor de aço que se repetia nos dois lados da gola do dólmã. Culotes. Assim mavórticos, sentíamos, a caminho da faculdade, que nosso prestígio crescera no mundo ancilar. Um olhar mais atento e enternecido da Tininha deu-me a ousadia de mandar-lhe um recado pela Catita. Queria um encontro. A resposta foi evasiva. Nem sim, nem não. Era difícil. Muito vigiada pela irmã, pela mãe, pelo pai, pelos irmãos. Decidi, então, segui-la mato adentro na primeira oportunidade, como tinham me aconselhado os amigos.

Os nossos treinos guerreiros eram no Parque. Era ali que o sargento nos afiava nas marchas, contramarchas, acelerados, direita e esquerda volver, meia volta — vooolver! Eu demonstrava a mesma inépcia que fora minha característica no batalhão do Pedro II e em pouco tempo comecei a faltar à instrução, a espaçar minhas presenças e só continuava a aparecer de raro em raro, para não perder direito a andar fardado já que precisava daquela roupa para alterná-la com meu único terno, quase inutilizado com as brochadas do trote. De mais a mais era visível que a farda me prestigiava aos olhos da Tininha. Houve uma tarde que ousei parar perto da cerca. Ela estava a cinco metros, com a cabrinha. Chamei com a mão, juntei as duas, postas, num gesto de amor de Deus. Venha Tininha, venha. Havia um desperdício de ouro e púrpura caindo. Ninguém passando, a noite descendo. Ela olhou muito tempo para os lados de sua casa, certificou-se bem do deserto e veio chegando. Parou à minha frente. Nunca a tinha visto assim, perto. Imóvel, perto de mim, assim, tão perto. Agora estava parada, ria de leve, um pouco pálida de nossa audácia e pôs as mãos no arame farpado como eu tinha feito. Levamos, que tempo! para ir arrastando umas para as outras até nos tocarmos. Naquele deslizar sobre o fio de ferro a minha tinha encontrado pontas aceradas e foi sangrando e sentindo uma dor deliciosa que agoniadamente trançamos nossos dedos. Era tão bom que eu não tinha coragem de tocar seus ombros, descer pelos braços, aquietar aqueles seios que subiam e baixavam na respiração mais alta. Ou empolgar o pescoço curto como o daquela *Afrodite com Eros e Pan*, que me traria sua lembrança, anos depois, no Museu de Atenas. Não pude apanhar o azul movediço da cor de seus olhos que resultavam menos da pigmentação que da variedade de cambiantes conforme ela baixava, levantava, cerrava, arregalava as pálpebras. Eram mais alternância de sombra e luz, claro-escuro, como os globos oculares das estátuas — morrentes, verdes e chorando como os da *Dafne* de Bernini; soslaiando, cinzentos e fugidios como os da *Vênus* de Canova; encarando de frente, claros como turquesas, tais os da *Aurora* de Miguelângelo; dominando, escuros e oceânicos como os da mulher que representa o *Pensamento* de Rodin. Não dizíamos palavra. Devorávamo-nos com os olhos que não paravam de subir e descer, de inspecionar, na posse inundante e recíproca de nossas figuras. Seus pés descalços eram cor de tijolo, as mãos, lanhadas de arranhões, o pescoço e o colo queimados, só deixando entrever, muito embaixo, onde começava a roupa, uma brancura rija de mármore recém-polido. Seus cabelos iam mudando de cor com a descida da noite. O ouro passara a longas serpentes de cobre e essa brasa ia se cobrindo de cinza quando a treva os começou a envolver. Não tínhamos dito uma palavra, gratificados em apertar nossas mãos contra as do outro e as quatro sobre os espinhos da cerca farpada. Seu hálito era o dos bichinhos novos; o cheiro de suas axilas, de campo, feno e alho; os outros, todos de sua adolescência, eram puros de saúde — incorrompidos ainda pelas fermentações e acrimônias que as cáries, as inflamações, as fibroses e o Tempo dão ao bodum do adulto, à morrinha do velho. Irradiava halo de calor como se toda ela fosse um braseiro. Sua boca era cheia e madura. Instintivamente íamos aproximando nossos rostos quando o ar foi varado pelo urro paterno. VALENTÍIINA. Mal tivemos tempo, ela de correr, eu de me atirar dentro dos capins duma valeta. Era o carcamano. Esperei. Tudo aquietou e entrei em casa. Cheio de sangue nas mãos. Que é isso? meu filho. Caí. Vai lavar as mãos. Precisa não, mamãe. Eu não queria. Foi secando. Era nosso sangue. Dos dois. Fui limpando com a ponta da língua. De noite, na cama, deitei de barriga para cima. Logo sua cara, como um sol, desceu do teto. Virei para a direita e sua boca saiu da parede. Para a esquerda... E não tínhamos trocado uma palavra.

    Decidi largar tudo de mão e abordá-la de qualquer jeito. Eu já tinha observado que ela levava a cabrinha a pastar, sempre, pela rua do

Ouro. Sumia pelos altos dessa rua e reaparecia pelos baixos da Caraça. Para quem conhecia a Serra palmo a palmo como eu, reconstruir seu caminho era fácil. Nossa cidade tinha como último quarteirão antes das escarpas do Curral, o quadrado formado por Caraça, Ouro, a deserta Palmira e a rua do Chumbo. Esta e Ouro, daí para cima, viravam trilhas que iam se perder no Arquimedes Gazzio e no atual sítio das Mangabeiras. Quem subia Ouro, tinha de virar à esquerda e pegar o caminho cheio de postes de alta-tensão que iam na direção de Morro Velho, do Pico e ali perto, na da Caixa de Areia. Se a Tininha voltava pelos baixos de Caraça é porque tinha tomado aquela vereda. Se saía nas ribanceiras de Caraça é porque tinha atravessado a Caixa de Areia e tomado a trilha que passava pelo nosso *banheiro*. Não tinha por onde. Claro como água. No dia seguinte esperei, quando ouvi o chocalho deixei passar a amada, virar à direita, sumir. Dei tempo ao tempo e fingindo que ia para a faculdade, meti o pé, tomei as veredas do matinho ralo e fiquei de plantão, debaixo dum pé de pequi, rente a nossa represa. Uma hora, duas e a batida desafinada do sininho anunciou que lá vinha Tininha com sua cabra. Tirei a roupa, conservando a cueca pra não espantar. Mergulhei dentro da espuma da cachoeira. Fiquei olhando de entre a pedra e o jato que fazia cortina de cristal. A cabrinha foi beber no raso. Ela para refrescar-se, entrou pisando a areia escura, suspendendo a saia para a água subir acima dos joelhos. Atirei-me qual monstro marinho, atraquei-a pelos tornozelos, finquei pé, puxei, ela resvalou, escorregou, caiu n'água a fio comprido, ensopou-se, socou-me a cara, desprendeu-se e correu para o alto duma pedra. Vendo que era eu, passou sua raiva, começou a rir. Quis me aproximar, ela pegou dum calhau e gritou que assim não, assim não? e que eu fosse me vestir. Passei os culotes, calcei, pus as perneiras, enverguei a túnica e fui chegando perto para nossa primeira e única conversa. Conversa. Frases soltas, palavras desatadas. Que susto você me deu... Desculpe, desculpe, eu estava louco de não poder falar com você... Agora tenho de ficar aqui enxugando. Fico com você. Olhei. A roupa colada ao corpo parecia de dobras duras como as das roupagens da Virgem numa gravura de Dürer. Coladas ao corpo eram como os panejamentos da *Vitória da sandália* do Museu da Acrópole. Por baixo havia saliências e reentrâncias tornadas visíveis pela transparência molhada roupa adesiva. Os cones dos seios, a depressão do umbigo, o hemimundo do ventre, um triângulo de sombra, as coxas como colunas, as nádegas. Ela ficou sentada no alto da pedra, eu, embaixo, no chão. Nada para dizer. A única coisa possível seria despir e entrar mato adentro como nossos olhos diziam que queriam. Mas uma longa inculcação de tabus e de *não podes* nos mantinha assim. Perguntei se ela casava comigo. Que sim. Me esperava? Que sim. Mesmo até o fim da vida? Que sim. Era o puro amor. Eu estava assim armado cavaleiro, olhando a amada no alto, tendo nas mãos a coroa de vento, de ouro, para lhe dar. Eis senão quando abre-se o mato e aparece conduzindo dois burros o Quincas Rolha. Olhou de lado. Ei Pedro! Ei Valentina! Ei Quinca! Ei Quinca! O sacana tinha visto e mostrava que tinha visto. Estávamos fodidos. A Tininha já meio seca, pulou, correu, voou com sua cabra. O Quincas foi descendo com os burros. Nunca mais eu repetiria aquela adoração e — aquele pedaço de minha vida, só topei, novamente, no quadro de Burne Jones que representa o Rei Cophetua e a menina Penelophon. Depois tornei a encontrar nossa história em Shakespeare, no dr. Johnson e num poema de Tennyson. Só na pintura e na literatura porque nunca mais pus os olhos na figura de minha amada, agora minha noiva, noiva, noiva, noiva...

 As coisas tinham se precipitado. Enquanto eu sumi para a faculdade e depois para casa do Cavalcanti para relatar o fato, o Quincas tinha ido meter tudo nos ouvidos de minha Mãe. Essa não perdera um segundo e fora à cidade buscar a figura prestigiosa e amiga do comendador Avelino Fernandes. Os dois foram juntos entender-se com o pai da Tininha. Cheguei em casa tarde da noite. Onde estivera? Estudando com o Isador. D. Diva tinha o ar mais irônico que Deus já lhe dera e estava silente como um túmulo. A Catita fazia-me sinais que esperasse. Num momento em que eu estava a sós e minha Mãe lá por dentro, ela deu-me notícias da traição do Rolha. Disse que o pai da Valentina ia embarcá-la, que ela tinha apanhado como boi ladrão e passou-me um embrulhinho. Era o adeus da noiva. Um retratinho. A serpente de ouro de uma mecha de cabelos. Chorei longamente. Tive uma dor de corno suntuosa e augusta. Mas ao fim de pouco a aparição de um Anjo faria recuar a Tininha ao passado onde ela ficou para sempre. Jamais tornei a vê-la.

Mas eu tinha começado a contar de minha vida militar e o advento da repercussão de minha farda no coração de Tininha quando, seguindo os caminhos desta, interrompi meu relato marcial. Justamente às vésperas de começarmos nossos exercícios de tiro de Mauser e metralhadora no Doze, tive o desprazer de, lendo a tabuleta de ordens da nossa Linha no corredor da faculdade, verificar que meu nome estava barrado por largo risco a lápis vermelho. Eliminado! Por quê? Santo Nome de Deus... Ousei perguntar ao sargento. Ele respondeu que eu não escapara, na véspera, à sua visita, passando no Bar do Ponto fardado e de guarda-chuva. Aquilo não era maneira dum soldado apresentar-se. E veja lá! O senhor não pode mais usar a farda que desmoralizou portando com ela objeto de vestuário civil. Vai mesmo é esperar o sorteio e então é que quero lhe mostrar com quantos paus se faz uma canoa. Lá no Doze... Estremeci nas profundas. Conhecia aquela ameaça que desde a infância tinha o condão de acordar o pavor na minha pobre alma. O diabo agora era não poder usar a farda... Tinha de arcar com as despesas dum terno. De combinação com minha Mãe vendi no sebo que se intitulava *Livraria e Papelaria Belo Horizonte*, cerca de meia centena de livros de meu Pai, entre os quais uma coleção de teses de doutoramento escritas em latim, as primeiras defendidas na Bahia e no Rio, o *Dictionnaire de thérapeutique* de Dujardin-Beaumetz, em quatro volumes, vários tratados de obstetrícia, ginecologia, inúmeras farmacologias e numerosas *pathologies internes*. Levava-as aos poucos ao proprietário do sebo, um desdenhoso galego chamado Azevedo — A. de Freitas Azevedo — instalado com seu comércio à rua dos Caetés, 672. Levava aos poucos porque o sacana do português examinava o lote (fosse um livro, fossem cinco, dez ou vinte) e dava sempre sentença a mesma. *Ixto num bal maix q'â quatro malréix.* Assim apurei 80$000. Do lote em lote a galinha enche o papo. Comecei então a correr os alfaiates para achar um à altura de minha bolsa. Logo afastei o Alfredo Coscarelli (dito o *Coscarelli-de-cima*, porque ficava em Bahia, 1060), seu mano Batista (dito o *de-baixo*, porque cortava em Bahia, 904) — caríssimos. Também inacessíveis o Aquino, especialista nos *jaquetões-a-Georges Walsh*, e a *Casa Gagliardi*. O Andrade, impossível. Fui ao *Parc-Royal* que acabara de terminar seu novo edifício de Bahia, 894. Embaixo, a loja. Em cima, escritórios servidos pelo segundo elevador colocado em prédio de Belo Horizonte (o primeiro era o do Palácio da Liberdade). Fui lá com o Zegão. Pois não é? que ele descobriu serventia originalíssima para o elevador. Descobriu. Pegava seus contrabandos na rua e levava para comer no elevador. Dia claro. Subiam os dois. A meio caminho, se sozinhos, ele dava na *emergência* e traçava ali mesmo, com todo sossego. Acabavam, compunham-se, ele desenguiçava a máquina, desciam e saíam dignos, ele dando a frente e a passagem à senhorita... Belo Horizonte civiliza-se. Mas voltemos aos alfaiates. Terminei ancorando no excelente seu Inneco, praça 12 de Outubro, 12. Contratei o terno. Era cor de havana e fazia um lindo efeito. Ficava por noventa. Dei sessentão de entrada e o resto seria a prestações de dez por mês. Pois fiquei com o velho e simpático José Inneco enquanto estive em Belo Horizonte. Sua casa era um terreno baixo, pintado de verde-garrafa. Hoje tem arranha-céu no lugar. Mas não passo ali sem ver sua figura amiga, gorda e baixinha — sorridente e de charutinho na boca.

Estou contando estas histórias de livros vendidos e alfaiates para mostrar a dureza da vida que eu levava e a que, com meus estudos, cominava também a minha heroica e formidável Mãe. Nunca ela desanimava e parecia alegrar-se de enfrentar dificuldades e vencê-las. Vivia da indústria dos sabões domésticos, da revenda de rendas do Norte, da mesada de meus tios paternos e de dar lições de datilografia. Ultimamente fora chamada para dois alunos importantes. Ia ensinar a escrever à Remington ao dr. Cristiano Monteiro Machado e a sua senhora, d. Hilda von Sperling Monteiro Machado. Tenho de falar nestas lições pelas consequências que elas tiveram na minha vida. Delas resultou meu conhecimento com Paulo Monteiro Machado e minha frequência, por assim dizer tornada diária, na casa hospitaleira dessa gente fabulosa que foram os Machado.

A casa do coronel Virgílio Machado ficava na rua Tupis, n.º 303, no terceiro quarteirão acima do Bar do Ponto, lado esquerdo de quem subia. Era uma grande residência senhorial, dois andares, porão habitável. Em cima uma larga varanda coberta de folhas de vidro, onde davam a sala de visitas, uma saleta de entrada e, depois da angulação do alpendre, as da sala de jantar. Exatamente dessa virada desciam os lances da escada. Toda de grades de serralheria. Logo ao fundo desta, já no andar de baixo, via-se, portas e janelas abertas, o escritório do coronel. Ele era o que se diz hoje um homem de empresas. Era fazendeiro, madeireiro, importava do Rio e exportava para o interior de Minas. Trabalhador incansável, comerciante dobrado de diplomata, tinha reunido sólida fortuna. Chamava-se de seu nome todo Virgílio Cristiano e era natural do Paraná. Era filho de um armador, Nicolau Gualberto Machado, falecido muito cedo. O menino foi criado por uns tios, até rapazola, quando, por motivos sentimentais, resolveu sair de sua Província. Veio para Congonhas, recomendado a Lucas Antônio Monteiro de Castro, barão de Congonhas do Campo, pai de outro Lucas Antônio Monteiro de Castro casado com a pernambucana Ana Adelaide Monteiro de Castro. Esse casal tinha entre outros filhos a moça Maria Helena (Marieta) que as voltas do destino fizeram se casar com Virgílio Cristiano. Reminiscências escritas de Aníbal Monteiro Machado e as *Memórias* de Paulo Monteiro Machado mostram esse casal primeiro em Congonhas, depois em Sabará (onde as barcaças de Virgílio navegavam até ao São Francisco) e finalmente mudado para Belo Horizonte pelos trabalhos da fundação. Os Machados são, assim, gente genuinamente pioneira da nossa capital. São mineiros da gema, como eu, mas com três quartos de sangue de outros estados: neles, dois do Paraná e um de Pernambuco. Aquele jeitão cabeçudo da família, aquela testa alta, são indelével herança nortista tirada de d. Marieta. Mas voltemos ao 303. Já conheci seus proprietários com a fisionomia definitiva e pronta para a eternidade. O coronel (que o era da *Briosa*) era mcão para baixo, parecendo mais alto pelo jeito lépido, desempenado e seco. Vestia-se com apuro e andava quase sempre de chapéu de palha. Testa desguarnecida, cabelos inteiramente brancos, barbicha em bico e bigodes da mesma neve. Tinha o nariz dum aquilino violento e sua força estava nos olhos a um tempo observadores e penetrantes mas de uma grande doçura. Eram azuis como contas, como o olho de vidro das imagens antigas. Muito claro, em moço devia ter sido louro e o sangue europeu andava-lhe muito perto. Já d. Marieta era dum moreno claro, olhos muito pretos e rasgados, modos suaves e lentos, fala harmoniosa e macia — que não deixavam suspeitar o que havia de energia, vontade, discernimento, inteligência e caráter dentro dos seus modos aparentemente neutros. Tenho a impressão de que ela gostava de mim, pela liberdade e pelo tato com que me chamava maternalmente às falas e me enchia de conselhos cada vez que lhe contavam alguma das minhas. Lembro sempre sua figura pálida e um pouco cheia, no jardim, entregue às tarefas que seriam de seu melhor agrado: tratar das plantas e regar a grama, de mangueira, ao fim da tarde. Boa tarde! D. Marieta. Boa tarde! Seu Nava.

Quando se entrava na casa durante o dia, o coronel Virgílio estava sempre no seu escritório. Mangas de camisa mas colarinho, gravata e punhos. Ao seu lado trabalhava, numa carteira altíssima e num banco de guarda-livros o filho Cristiano. Eu já o conhecia da Floresta, ao tempo que frontearam nossas casas na rua Rio Preto. Depois ele ficara viúvo, juntara ao seu diploma de farmacêutico o de bacharel em Direito. Casara com d. Hilda von Sperling e agora morava com o pai. Parece que nessa época não tinha ambições políticas e que a *mosca azul* deu-lhe depois do casamento de Raul Soares com uma das irmãs de sua mulher — d. Araci. Além da do Cristiano, viam-se no escritório do pai outras figuras entre as quais a sempre sorridente de Adolfo Monteiro de Castro e a sempre taciturna do tenente Clorindo — catadura severíssima mas veementemente suspeitado de apreciador de moças e *mirone* disfarçado de suas pernas. Ora, numa tarde em que minha Mãe fora dar sua lição a d. Hilda e ao dr. Cristiano, eu tinha combinado ir buscá-la para irmos juntos a um jantar de aniversário em casa da d. Sinhá do seu Avelino Fernandes. Fui e sucedeu-me uma das coisas mais importantes de minha vida. No escritório do pai, o jovem Paulo Monteiro Machado, então aluno do Colégio Militar do Rio de Janeiro. Vê-lo e amá-lo foi obra dum momento. Em pouco estávamos íntimos, ele explicando-me que eu precisava conhecer os personagens admiráveis que eram seus colegas de turma Carlos Palhares, Waldemar Paixão e Luís Gregório de Sá. Eu retruquei que se ele não travasse imediatamente relações com o Cavalcanti, o Zegão, o Sá Pires, o Cisalpino e o Isador — estaria vivendo num mundo menor. Marcamos encontro para a noite seguinte, à hora da *Sessão Fox* e antes do Cinema eu fi-lo acamaradar-se com meus amigos da faculdade. Por antecipação vou dizendo que essa roda constituiu-se e que, no futuro, daria que falar de si. Assim tive entrada na casa do coronel Virgílio Machado. Assim conheci um dos meus melhores amigos, Paulo, e por ele tive depois o afeto de seus irmãos, todos meus amigos. Deles, os mais íntimos e chegados, além do próprio Paulo, foram o Lucas, o Otávio e o meu imenso Aníbal Monteiro Machado. Todos mortos. Como a porta-estandarte, como o piano afogado no atlântico, como o defunto inaugural. A casa de Tupis, também. No seu exato lugar funciona hoje o prédio de apartamentos que encima o *Cinema Jacques*.

Apesar dos esforços de minha Mãe tornou-se patente que, com as despesas de meus estudos, nossa situação estava ficando insustentável. Apresentou-se duramente o dilema: ou eu iria trabalhar deixando a medicina ou arranjaria um pequeno emprego com folgas que me permitissem continuar na escola. Mas apelar para quem? O Major nos dava casa para morar e não tinha mais as migalhas de influência política que desfrutara em Juiz de Fora. Os amigos de Belo Horizonte eram recentes demais para deles se pedir favor. Apelar para o *Bicanca*? Minha própria Mãe achou inútil. Lembrou sua imprestabilidade em outras ocasiões. Não valia a pena. Era a mesma coisa que pôr uma criancinha faminta mamando no peito duma estátua de mármore. Era neca. Foi então que escrevi a meu tio Antônio Salles. Carta minuciosa, absolutamente franca e me pondo inteiramente à disposição do conselho que ele me desse. Fiquei esperando a resposta. Naquele tempo, com o Lloyd, essas coisas demoravam mas, com um mês, chegava-me volumoso invólucro do tio do Ceará. Dizia que eu fazia tanto empenho em ser médico que seria imperdoável aconselhar outra carreira. Eu tinha razão de procurar estudar trabalhando. Centenas tinham feito assim. Ele queria ajudar e mandava-me três cartas do seu amigo Justiniano de Serpa, então presidente do Ceará, pedindo por mim ao seu colega de Minas — o dr. Artur da Silva Bernardes e a dois dos seus secretários. Tratasse de procurá-los imediatamente levando as apresentações. Foi então que prestei atenção às figuras que nos governavam. Eu tinha suas verônicas publicadas no primeiro número de *Radium*, a revista dos estudantes de medicina. Olhei um por um, tentando decifrá-los. Iria primeiro, claro, ao presidente do estado. Depois ao simpático secretário de que tanto eu ouvia o nome na boca da prima Babinha. Se tudo falhasse iria ao terceiro a quem se dirigia o Serpa. Deixei-o para o fim porque sua fisionomia pareceu-me severa demais. Muito mais tarde eu ouviria do próprio que ele tinha coração mole mas "cara de porteira fechada". Foi isso que me levou a acabar por onde devia ter começado.

Comecei minha *via crucis* pelo Palácio da Liberdade. Eu tinha exatamente dezoito anos, nenhum mundo nem experiência do mundo. Julgava os homens pelos homens de bem com quem tinha tratado até então. Os parentes e os mestres que admirava. Estes tinham me retribuído com o interesse e a afeição que me davam a ilusória impressão de que eu era alguma coisa, pelo menos outro homem a ser tratado de igual para igual. Mal sabia eu que estava no limiar de adquirir, à minha própria custa, a consciência de que não valia nada, que minha família não valia nada — porque não *podia*, no sentido político. Eu achava oca a expressão do velho Martim Francisco mas ia conhecer sua profundidade e sobretudo sentir na carne sua chicotada, quando começasse a ser tratado pelos homens sem-vergonha, como é do seu vezo tratarem os homens sem poder — os indefesos de qualquer idade. Foi de coração leve que subi a avenida João Pinheiro toda cheia de luz e cheirando a canela e magnólia naquele dia de agosto de 1921. Entrei pelo centro do caminho do meio que ia levar a Palácio. Nesse tempo Belo Horizonte sem veículos permitia andar fora das calçadas e eu pude olhar frente a frente a residência do dr. Artur da Silva Bernardes — que eu pensava ir ver dentro de alguns instantes. Estudava o que lhe havia de dizer. Tinha tanta certeza de seu abraço que já o amava por antecipação. O Palácio, no fundo do duplo renque de palmeiras, destacava contra o céu azul sua fachada calvárica, cranial, de que a abóbada era uma cúpula prateada e de que as três janelas do puxado da frente figuravam, as de cima, órbitas vazias e fossas nasais, as de baixo, os dentes ridentes da caveira. Ao fim da fila de palmeiras, a edificação, dentro dum vazio, assumia o aspecto de uma esfinge assentada entre roseiras floridas de milhares de rosas. Diminuí o passo, fui chegando perto, olhando a pedra cinzenta que o pó de Minas ia dourando. Olhando para cima, vi um busto de mulher, soberbos seios de granito. Um capricho da luz movente do sol deu-me a impressão que ela me olhava com olhos serenos e vazios. Era evidente que baixara para mim a pupila. Pareceu também que mexia os lábios. Falava. Ouvi distintamente. Sou a República ou a Liberdade ou o símbolo que quiseres mas, como vós, estou cá de fora. Aí dentro falam e agem os que dizem fazê-lo em meu nome. Eles arrogaram a si, como propriedade privada, a coisa pública. Entra, na certeza de não me encontrares lá dentro. Lá estão os que tomaram à força os poderes do Império, que por sua vez usurpara os da Colônia. Olha: desde o Sete de Setembro de 1822 não tivemos mais um só governo legítimo. O único que já teve o Brasil — foi o dos delegados do Reino. Os de agora instalaram-se eles próprios na autoridade e foram-na surripiando uns dos outros sem nada conceder ao povo — que continua sempre tratado como em país invadido. Agora entra, se quiseres. Vê como falas, ages, agradas, concordas, aplaudes e vê se ganhas na loteria. Vê se penetras no grupo, no *establishment*, na oligarquia. Desconfio que não o conseguirás. Mesmo de pedra leio teu pensamento, conheço os que herdaste. Acho pouco provável que tenhas paciência de engambelar tua fome bebendo a própria saliva com sangue, mastigando as próprias gengivas e engolindo seus pedaços com sapos maiores, menores — até poderes, se puderes! mamar de verdade não mais em maminhas de rocha, feito as minhas, mas nas tetas moles e fartas dali adiante, à esquerda. Ali mesmo, naquele prédio esverdeado chamado Secretaria das Finanças. Entra e vê como procedes. Dobra-te bem. Ajoelha. Apanha calado. Sorri aos tapas. Lembra-te do meu aviso. Tu, só tu, só o que disseres, até o que pensares é que te darão o *pão de ló* ou a *justiça*. Tenho a impressão que esta é que te caberá — por tua culpa, tuas culpas, tuas máximas culpas. Passou a tonteira que me dera e vi que em cima havia só um busto. Tudo que eu pensara ouvir vinha de mim mesmo. Diante de mim a sentinela, ar impaciente, fez um gesto ambíguo como quem chama ou manda embora. Interpretei como um — ou entre ou passe de largo! Entrei. O hall era largo, claro, limpo e diante de mim estava uma dupla escadaria tapetada de vermelho e gradeada de soberbas ferragens escuras. Psiu! moço, faz favor. Era um alerta da esquerda, onde um cidadão fardado de azul-marinho me chamava. Quê que quer? Vim trazer uma carta do presidente do Ceará para o presidente de Minas. Ele olhou espantado, pediu a carta, sumiu no fundo. Minutos depois veio me buscar e levou-me a uma presença conhecida de vista. Era a do coronel Vieira Cristo. Tinha na mão, aberta, a carta de Justiniano de Serpa e olhou-me com leve surpresa. Fez-me sentar.

    O coronel Cristo era moreno claro, cabelos e olhos muito pretos, extremamente simpático. Tinha meia altura mas os saltos elevados do calçado militar, o desempeno, a elegância e a proporção de seu corpo davam a impressão de homem alto. Estava impecavelmente fardado de branco e parecia esmaltado. Seus gestos medidos não vincavam a calça e o dólmã senão, sempre, nos mesmos lugares (como se ali houvesse dobradiças) e ele chegava ao fim do dia, nítido e metálico, como se vestira de manhã. Seu peito estufado estava atravessado pelas insígnias e cordões dos ajudantes de ordem. As agulhetas coruscavam. O seu talim pendurava-se ocioso, mas sua espada, luvas e boné panopliavam à direita da mesa. Como eu disse ele fez-me sentar. Releu a carta, inspecionou-me rapidamente e perguntou. O senhor é nortista? Não, meu coronel, sou mineiro, de Juiz de Fora, filho de mãe mineira e pai cearense e é por influência de meus tios que o presidente de lá interessou-se por mim. A resposta pareceu agradar, principalmente o tratamento adequado que eu lhe dera de *meu* coronel. Tomou nota de meu nome todo, lugar de nascimento, idade e endereço. O senhor passe depois por aqui para saber a resposta de Sua Excelência o senhor presidente do estado a quem vou apresentar esta recomendação oportunamente. Dois dias depois voltei. Esperei meia hora, mas vi a Cristo. Sua Excelência tomou nota do pedido e o senhor será informado de sua decisão mais tarde. Voltei decorridas outras quarenta e oito horas. Ganhei duas horas de espera que me fizeram lembrar as privações de saída do colégio, mas ainda vi Cristo pela vez derradeira. Sua Excelência cuidará do seu caso quando estiver menos ocupado. Agora está redigindo sua Mensagem. Esperei quatro dias e tornei. Dessa vez o contínuo é quem trouxe a resposta. O Senhor Coronel manda avisar que o senhor não precisa se dar ao trabalho de vir aqui porque ele tem seu endereço e fá-lo-á sabedor das decisões que tomar Sua Excelência. Despedido amavelmente, mas despedido. Tinha ainda dois outros trunfos. As cartas aos secretários. Cara ou coroa? A qual procurar? Decidi pelo bem-amado da prima Babinha e subi as escadas em cujos altos ele despachava. Mofei minhas três horas vendo entrar e sair as caras sorridentes e estanhadas dos políticos que eram recebidos para ter um sim e as sorridentes e estanhadas dos que tinham tido um não. Afinal um oficial de gabinete enfarado recebeu-me de pé. Leu a carta. Venha saber a resposta dentro de uma semana. Fui. Não fui recebido. Voltei, idem. Num golpe de audácia bem de meus inexperientes dezoito anos resolvi ir à casa do próprio secretário e simplesmente ter mesmo o sim ou o não. Entrei, sacrílego, no jardim simpático que o Afonso Arinos já me tinha mostrado, contando que o pai Afrânio ali residira nos inícios de Belo Horizonte. Subi um lance de escadas acolhedor. Apertei o botão elétrico, tímido mas confiante. Veio uma criada. Expliquei ao que ia e fiquei esperando dentro de uma tardinha cheirando a jasmim. De fora, pela porta aberta eu ouvia o sussurro da negra dando meu recado a alguém dentro da própria sala. Súbito ouvi a voz pedregosa, gutural, impaciente e meio rouca — voz que me lembrou a dos homens avinhados e raivosos. Gritava. Com mil diabos! Será que eu não tenho sossego? nem dentro de minha casa. Diga que a resposta é que vá para os infernos e que não me amole! Não sei se a tal fâmula veio trazer a mensagem do patrão. Já estava longe. Varado de pasmo, trespassado de espanto eu rolava João Pinheiro abaixo num tal estupor, numa tamanha surpresa com a brutalidade que nem raiva eu tinha. Nunca tinha sido tratado daquele jeito. A cara me fervia de vergonha e parecia que minha cabeça ia estourar. Parei na pracinha. Molhei-me no bebedouro dos cavalos e bebi a longos sorvos daquela água das alimárias. Fui andando para casa a pé. À medida que subia Afonso Pena, o rancor começou a tomar conta de mim. Como maré montante. Inundou-me. Conservo até hoje, mesmo tendo acabado vencedor. Venci, porque o homem morreria pouco depois. Eu sobrevivi. E como professava um sobrevivedor emérito Iossif Vissarionovich Djougatchvili, aliás Staline — a sobrevivência é a vitória.

No dia seguinte acordei moído como se tivesse apanhado. Tão humilhado que nada disse a d. Diva. Tinha vergonha dela, de mim mesmo, de não ter apedrejado a casa e atroado a rua com nomes da mãe. Não tinha feito nada... Fugira corrido ladeira abaixo, o espírito curarizado pelo inopinado e sem razão do coice. Fugira com os saltos percutindo o solo que ressoava metálico à minha pressa de sair dali. "Noventa por cento de ferro nas calçadas." Eu o ouvia, ao solo duro e amado retinindo à batida dos meus borzeguins. "Oitenta por cento de ferro nas almas." Só? Carlos, ou você errou a proporção e às vezes a coisa vai até à saturação dos cem por cento. Considerei amargamente a terceira carta que possuía. Meu último trunfo. Estava endereçada a Sua Excelência o sr. dr. Afonso Pena Júnior, DD. Secretário do Interior do estado de Minas Gerais. Estive vai não vai para rasgá-la e atirar seus pedaços para voarem como borboletas brancas sobre as águas encachoeiradas do nosso córrego. E se fosse esbarrar? noutra besta iracunda. Acabei decidindo. A carta estava aberta. Fechei o envelope e fui simplesmente entregá-lo na secretaria. Atravessando a praça, lembrei do Badaró. *Alea jacta est...* Imaginem agora a minha surpresa recebendo, dois dias depois, um telegrama assinado por um oficial de gabinete onde se dizia que o secretário do Interior receberia o sr. Pedro da Silva Nava quinta-feira às três da tarde. Quinta-feira! Então é amanhã. E como é? que eles tinham sabido o endereço de Caraça. No dia seguinte, à uma da tarde eu já rondava a secretaria. Fiquei andando pra lá pra cá debaixo dos fícus. Notei: que sua sombra era azulada. Contemplei o palacete. Era uma edificação rósea, escadaria, grande vestíbulo iluminado por imensas vidraçarias que começavam a cintilar com o sol virando. Lances de que galguei degraus de três em três coração menino. Apresentei o telegrama a um contínuo; fui entregue a outro; depois a um funcionário menor e por este, ao oficial de gabinete que leu o viático e riu, dizendo que eu tinha de esperar porque estava muito adiantado e havia gente à minha frente, para audiência. E gente que demorava. O monsenhor João Pio, então... Três e meia. Nada. Quatro horas. Súbito meu nome foi apregoado e tonto entrei por uma porta que se fechou às minhas costas. Ele estava numa vasta sala reposteiros corridos deixando entrar apenas luz muito doce. Vi uma mesa enorme como a de nossa sala de jantar em Juiz de Fora. À sua cabeceira estava sentado um homem moreno, sobrancelhas muito espessas, olhos de cor entre o castanho-claro e o verde, nariz sinuoso e fartíssimos bigodes mais pretos que dois chumaços de crepe. Fez sinal mostrando-me cadeira ao seu lado. Numa tonteira ali caí sentado diante do secretário Afonso Pena Júnior. Notei que ele tinha as sobrancelhas muito levantadas no centro o que lhe dava a expressão tristonha e aplicada que vemos nos flautistas durante a execução. Fiquei olhando para ele bestificado, trêmulo, ofegante, esperando ser escorraçado como das outras vezes. Ele percebeu minha perturbação e imediatamente sorriu e teve a delicadeza dos grandes que é a de pôr à vontade os menores. Fez-me repetir meu nome, disse que conhecera meu Pai no Juiz de Fora — era bem seu pai, não era? em casa de seu tio Feliciano. Que mocinho — assim da sua idade, fui várias vezes à casa de sua avó para as partidas que o dr. Jaguaribe gostava de dar. E como vai ele? Agora, doutor, está no Jequitinhonha. Então você quer trabalhar para estudar? Vendo que eu estava ainda meio no ar, Afonso Pena Júnior com a maior paciência voltou à minha família, por ele e ali, soube que minha avó Maria Luísa e o Conselheiro pai dele tinham se batizado no mesmo dia, na mesma igreja, um depois do outro, em Santa Bárbara. Porque vocês são como nós da Santa Bárbara do Mato Dentro. Mostrou-se conhecedor do folclore de minha gente. Parece que foi com parenta sua, morrendo, uma que não ensinava receita de seus quindins a ninguém, nem dos seus bolos e pudins que aconteceu aquele caso. Ria agora de gosto, contando. As velhas vizinhas chegando fofas mandando dizer Jesus! irmã, e fazendo perguntas. D. Florência, quantas colheres de açúcar? no seu quindim. Duas e meia — arquejava a alma, sem defesa. Diz Jesus! irmã, e no bolo Santa Cecília mistura a calda com o leite de coco ou o leite de coco com a calda. Mistura sim mas, depois de frio e aí é que se torna a esquentar.

Passou macete por macete. Eu ria, ainda, quando o secretário voltou ao assunto. Pois então, se você precisa trabalhar para estudar, o emprego tá garantido. Pegou no lápis azul e pôs-se a escrever — eu acompanhando a escrita coração batendo — *Contratar Pedro da Silva Nava colaborador da Diretoria de Higiene com o ordenado de 120$000 por mês Afonso Pena J* — respirei aliviado. Lápis azul e nenhuma pontuação. Eu sabia que era a convenção para atender sem tardança nem discussão. Isso você vai entregar amanhã ao diretor de higiene. E fale com ele em pessoa. Apresente-se de minha parte. Muito obrigado! dr. Pena. Apertei a mão generosa e saí dali para sempre escravo. Não pelo emprego. Mas pela maneira gentil de sua concessão. Fora, a tarde caía. Logo no dia seguinte pelas duas horas eu estava outra vez caminhando na praça. Minha existência ia mudar. Ia começar a viver à minha custa e a trabalhar. O sol de Belo Horizonte iluminava pela última vez o vulto de um menino, dum adolescente. Foi com passadas de homem que olhei o prédio da minha futura repartição. Ficava em frente, ao lado direito de quem vai para o Palácio. Era uma construção estranha, seca como um calhau, ornada de ameias, de torres e em cima de cada torre, uma bola inexplicável como um ato gratuito. Eu não sabia tudo que me esperava ali dentro de tédio, aborrecimento, novas amarguras. Parei um instante antes de entrar. Segui. Dei no lajeado frio dum corredor. À direita, uma escada me convidava. Subi.

*Rio de Janeiro, Glória, 17.7.1973 — 17.10.1975.*

**Anexos**

# Anexo 1

# Evocação da rua da Bahia

O QUARTEIRÃO NÃO MUDOU MUITO. Ainda é praticamente o mesmo. Nossa casa ficava em Timbiras, vizinha da do dr. José Pedro Drummond — de onde vinha a algazarra permanente dos meninos — e do prédio mais baixo, onde moravam as Gomes de Souza. Deste, o que saía, desde pela manhã até a noite, eram escalas de piano e a monotonia doce dos estudos de Schmoll que as professoras punham as alunas repetindo. Mais adiante, na esquina, de um lado morava a família Amador e em frente, dentro das ameias do "castelinho" — vigiava Waldemar Loureiro.

Era aí que acabava Timbiras, que acabava a cidade e começavam os abismos de terra vermelha e de mato pobre que ficavam entre os altos da rua Espírito Santo — lá embaixo, junto do horizonte — os longes do córrego Leitão e do inacessível Calafate.

Esse encontro de ruas era um dos locais preferidos pelos amadores de crepúsculo, cotidianamente postados nas cristas da ribanceira para o espetáculo prodigioso e cada dia renovado desses poentes que só existem em Belo Horizonte e mais particularmente no fim da avenida Álvares Cabral. Mas perturbávamos cada tarde o rito dos adoradores do sol... Não é que fôssemos insensíveis ao crepúsculo. Mas o que nos interessava mais na época — a mim, ao sagaz Nicolau, aos filhos de d. Sinhá Paula, ao Labarrère terrible e ao rápido Nícias, era a correria desabrida, o berreiro, a barra-bandeira, a pedrada. Quando o projétil era mal dirigido e atingia as barbacãs da autoridade, era a fuga lesta, a rua num instante vazia e a aparição de Waldemar — iracundo e de bengala. O sol enriquecia-o de vermelho e ouro. E então, não era mais o bacharel quem estava ali — o mortal bacharel, nem o contingente delegado. Transfigurado e luminoso ele era um gênio purpurino e gigantesco, era um deus devastador e envolto em chamas — Hércules com sua clava, suscitado para a dispersão das olímpiadas.

Fugíamos para a sombra favorável do arvoredo de Álvares Cabral. Já no portão dos Continentino o grupo desfalcava-se de um (— Para dentro, Nícias!). Os outros íamos até a esquina da casa do senador Bernardo Monteiro. Esperávamos que escurecesse e que Waldemar recolhesse como as marés apaziguadas. E voltávamos à base, suados e pantelantes. Subindo a avenida íamos cruzando com os conhecidos. O Desembargador, com seu largo chapéu-do-chile. Álvaro Monteiro passeando na calçada. Milton Campos saindo para a rua da Bahia. A esse, eu só conhecia então de cumprimentar e de dizer adeus de longe. A aproximação de conversa e depois de amizade ainda estava por vir. Seus amigos desse tempo parece que eram Múcio de Sena, Rodrigo, Pedro Aleixo. Eu frequentava os do quarteirão e os companheiros do Bar do Ponto — como Lalá Belém, o destemido Lourenço, o Olimpinho Moreira, o Chicão Peixoto. Isso havia de ser 1916 ou 1917...

..............................................................................................................................

Não tenho bem uma noção exata de como se formou naquela noite memorável dos 22 a diversão descomunal. Era uma turma enorme e heterogênea que começou no *Colosso* e acabou no *Pedercini*. Estavam veteranos como Caraccioli da Fonseca, Aldo Borgatti, Evaristo Salomon e os irmãos Horta. Estavam os "nortistas", Romeu de Avelar à frente. Estávamos eu, Paulo Machado e Joaquim Nunes Coutinho Cavalcanti, catecúmenos — aprendendo e admirando. E estava o poeta Carlos Drummond de Andrade, logo preferido, imediatamente amado. Datou dessa noite de poesia e detonações a nossa confraternização e por seu intermédio é que vim a estreitar relações para nele ingressar logo depois, com o grupo de que faziam parte ou de que viriam a fazer parte o poeta ele mesmo, Francisco Martins de Almeida, Hamilton de Paula, Abgar Renault, João Guimarães Alves, Heitor Augusto de Souza, João Pinheiro Filho, Alberto e Mário Álvares da Silva Campos, Emílio Moura, Gustavo Capanema, Gabriel de Rezende Passos, Dario Magalhães, João Alphonsus de Guimaraens e Milton Campos.* O grupo chamado "do *Estrela*", mas essencial e fundamentalmente o grupo da rua da Bahia — da polidimensional, da inumerável, da ditirâmbica, da eterna rua da Bahia...

Não, não eram todos iguais nem também se gostavam de amizade idêntica, os moços que subiam a rua da Bahia... Não eram multiplicações dos mosqueteiros, nem superlativo da fraternidade de Castor e Pólux, os moços que desciam a rua da Bahia... Todos se queriam e eram companheiros mas havia as preferências que teriam subdividido o grupo numeroso noutros menores — se esses, que existiam, não possuíssem, para uni-los, certas polarizações mais imperiosas da afeição, além das identidades nascidas do nosso "sentimento do mundo". Sozinho esse denominador ainda não chegaria para a coesão — se somado a ele e mais forte não obrigasse à união de amigos, a atração que exercem alguns dos nossos sobre os outros todos. Almeida e Hamilton. Dario e Heitor. João Pinheiro e João Guimarães. Abgar e Mário. Capanema e Gabriel. João Alphonsus e eu. É possível que não tivéssemos a convivência que tivemos, é possível que ficássemos nestas preferências, se não nos conduzisse à intimidade comum a amizade unânime que nos ligava mais fortemente a Alberto Campos e a Carlos Drummond, a Emílio Moura e a Milton Campos. Eles quatro é que nos uniram na rua da Bahia... Por eles é que o arredio Casassanta e o caseiro Aníbal Machado, que o inimitável Teixeira e o duro Canabrava, que o Chico Martins e o Cavalcanti ("meu irmão Karamazov"), que o incorruptível Adauto e o límpido Fabriciano, às vezes, desciam conosco a rua da Bahia. Que Afonso Arinos e Rodrigo vinham do Rio e Moacir Deabreu de São Paulo, só para subir conosco a rua da Bahia... E a rua da Bahia nos envultava, nós tínhamos no corpo o demônio da rua da Bahia e seu espírito movia-se sobre Minas e a face das águas...

Descer ou subir a rua da Bahia, mesmo materialmente, mesmo no seu aspecto puramente mecânico, era arte delicada. Pelos paralelepí-

---

* Entrariam mais tarde, nesse grupo — Cyro Versiani dos Anjos, Guilhermino César, Ascânio Lopes, Luís Camilo.

pedos ou pelos tijolos queimados dos declives laterais (os tijolos da cerâmica de Caeté, que era como se tivessem sido feitos à mão, um por um, pelo velho João Pinheiro), pelos passeios coalhados das sementes vermelhas que caíam da arborização e que estalavam sob as solas — pelo meio da rua, ou rente às casas — havia um jeito especial de caminhar, um modo particular de trocar os passos que era especialidade mineira, traço de cultura conservado pelas gerações adestradas nas "escadinhas" de Ouro Preto, nos "pés de moleque" do Sabará, nas "capistranas" da Diamantina... Devagar e preciso. Lento e seguro. Uma espécie de meneio para os lados, a troca dos pés sem pressa, um andar compassado para não perder o fôlego e poder conversar de rua acima, a cabeça baixa (Lá vai o Carneiro subindo para a redação... Lá vai o dr. Arduíno Bolívar para a praça da Liberdade...). Um molejo solto do corpo, um quebrado brando na espinha e mais acentuado nas pernas — o joelho cedendo quando o calcanhar batia no chão. (Lá vem o dr. Honorato Alves jogar xadrez no Clube Belo Horizonte... Lá vem o Gabriel Cerqueira para a "Sessão Fox"...). Andar mineiro, paulatino e inabalável andar mineiro... Nosso andar — subindo até à esquina do Milton (depois da chegada do noturno e da compra dos jornais) para o remate de conversa, horas e horas de noite adentro, na porta da Caixa Econômica... Nosso andar — descendo para o Bar do Ponto, para os detrás do Correio, para os sovacões e os escuros do namoro forte...

Na rua da Bahia, até os bondes eram diferentes para subir e para descer. Subida vagarosa (que se podia acompanhar a pé) do bonde do *Santa Maria*... Ascensão das amadas... Subidas lentas depois do cinema, para a "volta de Ceará" e para a "volta de Pernambuco" — olhando as fachadas, fiscalizando as janelas abertas, devassando as salas hospitaleiras (a do dr. Bernardino e d. Ester com o quadro de d. Bosco em cima da bandeirola da porta, o retrato dos filhos bacharéis na colação de grau e o das gêmeas, de anjo, no mês de Maria da Boa Viagem). Descida vertiginosa quando falhavam os freios e os lívidos motorneiros já não tinham mais jeito de parar suas *troikas* arrebatadas. Falhava tudo na Companhia Mineira de Eletricidade: trava de bonde, iluminação pública, ligação telefônica (— Esse Carvalho Brito, só mesmo matando!).

Todos os caminhos iam à rua da Bahia. Da rua da Bahia partiam vias para os fundos do fim do mundo, para os tramontes dos acabaminas... A simples reta urbana... Mas seria uma reta? Ou antes, a curva? Era a reta, a reta sem tempo, a reta continente dos segredos dos infinitos paralelos. E era a curva. A imarcescível curva, épura dos passos projetados, imanências das cicloides, círculo infinito... Nós sabíamos, o Carlos tinha dito. A rua da Bahia era uma rua sem princípio nem fim. Descíamos. Cada um de nós era um dos moços do poema. Subíamos. "Um moço subia a rua da Bahia..."

Subíamos às vezes até o *Diário de Minas*. A doce quase escura redação. Horácio Guimarães na tarefa dormente. Carneiro na revisão. O ar impregnado do cheiro forte da tinta, o ruído das máquinas, a delícia da conversa na sala agasalhada enquanto o vento corria solto na rua da Bahia e assoviava no torreão da casa de Leopoldo Gomes. José Oswaldo contando a viagem a Mariana e os estudantes que tinham ido levar ao puro bardo a coroa de príncipe dos cantores de sua terra. E o solitário ouvindo os discursos e chorando sobre si mesmo. "Pobre príncipe! Pobre príncipe!"

Pobre Alphonsus! Onde estão os que conversavam de ti, alto entre os mais altos aedos? Onde estão os que falavam de Celeste, do olhar das monjas, da enlouquecida Ismália e da mais longínqua estrela — "ciliciado Altair que entre luares floresce?". Onde está teu filho que estava conosco nas noites da redação, na "noite do Conselheiro" e nas outras noites de Belo Horizonte em que ele ia recolhendo nos logradouros e nos lupanares os pedaços dispersos de Totônio Pacheco? Que escuridão a que ele sentiu chegando (pobre João!) e que grande sono... "Eis a noite! Vamos dormir."

Subíamos todos os dias até o Alves. A clara livraria... A quietude da meiga livraria... Uma tristeza leve no ar parado, nas estantes inalteráveis, na vitrina onde os "in-18" desbotavam, no Kneipp... O excelente, o inesquecível Kneipp... Era com ele que nos entendíamos para os livros comprados a crédito — eu, o Cavalcanti, o Almeida, o Emílio e os outros indigentes. Porque o Abgar, o Milton, o Carlos, o equilibrado Capanema e o abastado Gabriel estavam sempre em fundos e, como tal, eram os primeiros admitidos à abertura dos caixotes — cerimonial de que só participavam os iniciados e que se realizava no corredor vizinho à jaula do Castilho. Mas o igualitário Kneipp velava pelos desvalidos e escamoteava do banquete a iguaria que apetecíamos. E nos entregava as brochuras com um jeito de profundo e desanimado sofrimento. Tinha-nos a todos na mesma simpatia reservada e nutria pela literatura de cada um o mesmo desprezo nivelador. Era dele, era do Kneipp, o consentimento em se virar a livraria em biblioteca pública, onde iam estudar e desmantelar os volumes — os que não tinham dinheiro para comprá-los. Lia-se ali a tarde toda — na sua presença favorável e no silêncio propício. No silêncio, no vasto silêncio vesperal da rua da Bahia — só cortado de raro em raro pelo arrastar dos bondes e pelas *vocalises* que sonorizavam a sobreloja...

Subíamos também ao Grande Hotel. Ao Grande Hotel dos políticos do P.R.M. (— Fora!) e dos bailes antropofágicos em que bacharéis canibais atacavam a dente as orelhas aflitas dos empregados do Maleta. Ali conhecemos Sérgio Buarque de Holanda e Prudente de Morais, neto, Manuel Bandeira e Blaise Cendrars, Oswald de Andrade e Tarsila. Ali — debruçados no terraço aberto às aragens do Rola-Moça e aos ventos da serra do Curral, à serenidade urbana ("O silêncio fresco se desfolha das árvores...") e às arquiteturas municipais ("O Conselho Deliberativo é manuelino...") — vimos descer sobre Mário de Andrade (esmigalhadoramente sobre Mário de Andrade! o Noturno de Belo Horizonte: "Maravilha de milhares de brilhos vidrilhos, calma do noturno de Belo Horizonte...").

Descíamos ao "Estrela". Porque teríamos elegido precisamente o "Estrela"? Talvez tivéssemos excluído o café do Bar do Ponto pela sua prodigiosa imundície e pela frequência — perturbadora das conversas — dos heróis da cancha e da zaga, dos homens do Atlético e do América. O "Fioravanti" — pela freguesia por demais numerosa — consumidora de sorvete e degustadora de gasosa. O "Trianon", porque aquilo já não era mais um bar. Era uma lapa de animais irados, um fojo de brutas-feras-cuja-mente, uma rinha de valentões ameaçadores — gente de cadeirada fácil e garrafada pronta — que só respeitava Otaviano, seu temerário domador. O "Estrela", não... Ali havia paz. O Simão era manso e humilde de coração. O modesto Bazzoni e o singelo Epitácio, era com brandura e caridade que serviam o café, que traziam a cerveja e que fraternizavam na conversação. Passávamos a tarde em torno às mesas de cândido mármore — ingerindo "bombas" de creme. Passávamos a noite consumindo empadinha e nos alagando de amistosa cerveja — diante dos dragões ornamentais da armação de madeira ou no reservado ao fundo, onde a única coisa violenta era a oleografia em que o mouro não ouvia o apelo protelatório de Desdêmona ("*Kill me tomorrow; let me live tonight*"). E conversávamos perdidamente... Sobre as cartas do Mário, sobre o manifesto do "pau-brasil", sobre os rapazes de Cataguases, sobre o aparecimento da *Estética*, sobre o lançamento da *Revista*, sobre a recuperação das amadas e a poesia do mundo. Cada qual tinha sua opinião, cada um a dúvida diferente e sua divergência. Só num ponto estávamos literalmente de acordo: no ódio ao governo e na necessidade de achincalhar o executivo, o legislativo e o judiciário. Sonhávamos com vagos pronunciamentos, com porvindouras eversões, queríamos a deposição do presidente do estado, o encarceramento dos seus secretários, o esbordoamento dos deputados e uma matança de delegados. E enquanto não vinham os morticínios exemplares, derivávamos contra a cidade e os concidadãos...

# Anexo II

# Episódio sentimental

No terreiro tinha o mamoeiro só,
na casa tinha a moça só.
E a moça era minha namorada...

A moça cantava
De dia e de noite,
Às vezes dançava...

Se os mamões eram verdes,
Ela era verde.
Se os mamões eram amarelos,
ela era amarela.
Mas eu cogitava nos seios da moça...
Seriam tetas? Seriam mamões?
Estariam verdes? Estariam maduros?

Chegavam pássaros,
bicavam os mamões:
se estavam verdes, esguichavam leite
se estavam maduros, corria açúcar.
E nos seios da moça
ai! ninguém bicava...

Um era amarelo: teria açúcar?
um era verde: teria leite? (Meu Deus, ela é virgem!)

O mamoeiro crescia,
a moça crescia,
meu amor crescia,
a moça dançava
e os seios subiam,
eu namorava
e os mamões caíam...

Os pássaros vinham,
os dias fugiam...
Ela dançou tanto que os seios caíram...
Seriam seios? Seriam mamões?

Depois o Bicho Urucutum comeu o mamoeiro
Comeu de mansinho
o tronco e raízes,
os mamões e as tetas
(O Bicho Urucutum era enorme e vagaroso!)

Ela nunca mais dançou,
eu nunca mais olhei,
nosso amor se acabou.

Anexo III

# Fim de conversa telefônica com Lúcio Costa

LÚCIO COSTA — Pois Nava, obrigado pela informação. Agora diga-me uma coisa: pelo desenrolar de suas memórias o quarto volume deve pegar sua vinda para o Rio. É verdade?
PEDRO NAVA — Exatamente.
LÚCIO COSTA — Pois pensei no título. Deve ser *Beira-mar*. O que acha você?
PEDRO NAVA — Excelente. Adoto e encampo. Muito obrigado.
LÚCIO COSTA — Boa noite, Nava.
PEDRO NAVA — Boa noite, Lúcio, e obrigado outra vez.

ASSIM O TÍTULO DO QUARTO VOLUME DESSAS MEMÓRIAS FICOU SENDO

BEIRA-MAR

# Índice onomástico

Abgar *ver* Renault, Abgar
Abras, Alberto, 179, 190, 331
Abras, d. Matilde, 340
Abras, os, 331
Abras, seu Elias, 340
Abreu e Melo, Lourença Maria, 207, 374
Abreu, Benício de, 383
Abreu, Capistrano de, 166, 348
Abreu, Duarte de, 55, 298
Abreu, Guilherme Herculano de (Bolinha), 121, 122, 123, 196, 284
Abreuzinho, 116
Accioli, José Cavalcanti de Barros, 300
Accioly, comendador Antônio Pinto Nogueira, 134
Accioly, José Pompeu Pinto, 301, 331
Ada (Dadá, filha de Zezé Horta), 206
Adauto *ver* Cardoso, Adauto Lúcio
Adelaide, sá (esposa do Quirola), 190, 341
Ademar, 211

Adolfinho (neto de Zezé Horta), 206
Afonso Arinos *ver* Melo Franco, Afonso Arinos de
Afraninho *ver* Melo Franco Filho, Afrânio de
Afrânio *ver* Melo Franco, Afrânio de
Agostinho, Santo, 239
Alba (filha de d. Carlotinha), 230
Albano Neto, João Tibúrcio, 111
Albano, Alpha Rabelo, 163
Albano, Antonieta, 274
Albano, Antônio Xisto, 166, 167, 168
Albano, Carminha, 164, 274
Albano, Ildefonso Abreu, 163
Albano, Inah, 168
Albano, Indiana, 274
Albano, João Tibúrcio, 166
Albano, Joaquim Antônio Viana, 163, 166
Albano, José, 166
Albano, José (Albaninho), 165, 166

Albano, José Francisco da Silva, 166
Albano, Júlia, 166
Albano, Liberalina Angélica da Silva, 166
Albano, Maria Augusta de Luna, 168
Albano, Maria de Jesus, 166
Albano, Maria Emília, 274
Albano, Maria Júlia, 164, 274
Albano, Mercedes, 164, 169, 274
Albano, Paulo, 274, 275
Albano, Pedro, 274
Albano, seu João, 53, 166, 273, 274, 275
Albertino, seu, 179, 331, 340, 371
Alberto, rei da Bélgica, 161, 162, 241, 280
Albino, tenente, 241
Albuquerque, Américo d', 241
Albuquerque, Neuthel Brito Cavalcanti de, 290
Aleixo (professor da faculdade), 390
Aleixo, dr., 179, 180, 303, 331, 334, 340, 343, 346, 371
Aleixo, Pedro, 146, 359, 410
Alencar Filho, Meton de, 290, 332
Alencar, Antônio Meton de, 332
Alencar, Carlos Augusto Peixoto de, 184
Alencar, Clodes Alexandrina Santiago de, 184
Alencar, José de, 39
Alencar, José Martiniano Peixoto de, 184
Alencar, Leonel Pereira de, 184
Alencar, Meton da Franca, 53, 135, 207, 272, 273, 275, 290
Alencar, Meton de, 53, 135, 207, 301
Alencar, Stella Paleta de, 132
Alexandrina (vizinha da Serra), 340
Alice, dona (esposa de Da Costa e Silva), 108
Alice, tia ver Sales, Alice Nava
Alluoto, Giacomo, 146
Alma, madame (parteira), 351
Almeida Magalhães, os, 372
Almeida Rosa, Francisco Otaviano de, 75

Almeida, Francisco Martins de, 411
Almeida, Garfield de, 383
Almeida, Heitor Modesto de, 48, 50, 63, 106, 107, 113, 119, 191, 193, 200, 202, 262, 296, 317
Almeida, Júlia Lopes de, 241
Almeida, Luís Lins de, 241
Almeida, Maria Euquéria Nava Modesto de, 106, 163, 218, 222, 228, 307
Almeida, Miguel Osório de, 283
Almeida, Oscar de (Pastel), 153, 154, 157
Almeida, Otaviano de, 390
Almeida, Paulino Botelho Vieira de (De Paula), 278
Almendra, seu, 115
Alphonsus ver Guimaraens, Alphonsus de
Aluísio ver Azevedo Sobrinho, Aluísio
Alvarenga, Manuel Inácio da Silva, 76
Alvarenga, Zoroastro, 369
Álvaro, seu, 231
Alvarus ver Cotrim, Álvaro
Alves, Honorato, 412
Alves, João Guimarães, 411
Alves, Luís, 84, 85, 93
Alvim, Cesário ver Melo Franco, Cesário Alvim de
Alvim, José Joaquim de Sá Freire, 82
Alvim, Sílvio, 382
Amador (aluno do Colégio Pedro II), 195
Amador, família, 144, 409
Amair (Marzinho, filha de Zezé Horta), 206, 208
Amaral, Tarsila do, 414
Amaral, Tibúrcio Valeriano Pecegueiro do, 380
Amaro (vizinho da Serra), 341
Amaro Pedrinha, 187
Americano, Aguinaldo de Almeida, 195
Andrada, Antônio Carlos Ribeiro de, 240, 359, 369, 373, 376
Andrada, Fábio, 361
Andrada, Martim Francisco Ribeiro de, 401

Andrade (alfaiate), 396
Andrade, Carlos Drummond de, 10, 27, 54, 126, 133, 143, 261, 329, 410
Andrade, d. Marieta, 136, 137, 144, 147, 398
Andrade, desembargador João Olavo Eloy de, 136
Andrade, João Batista Ribeiro de ver Ribeiro, João
Andrade, Joaquim Pedro de, 78, 210, 315, 368
Andrade, Mário de, 92, 210, 293, 376, 414
Andrade, Nuno de, 383
Andrade, Oswald de, 295, 310, 376, 414
Andrade, Paulo de, 138
Andrade, Rodrigo Melo Franco de, 137, 293, 368, 411
Andréa, Francisco José de Souza Soares de, 81
Aníbal, general cartaginês, 81
Anjos, Cyro Versiani dos, 411
Annah, d. (mãe de Afonso Arinos), 298
Antero ver Quental, Antero de
Antoninho, seu, 333, 334
Antônio Augusto, seu ver Porto, Antônio Augusto
Antônio Carlos ver Andrada, Antônio Carlos Ribeiro de
Apolônio de Pérgamo, 234, 299
Aquila, conde de, 238
Aquino (alfaiate), 396
Araci ver Muniz Freire, Araci
Araci, d. (esposa de Raul Soares), 399
Aranha, Luís de Freitas Valle, 195
Araújo Lima, Augusto Daniel de, 65, 124
Araújo, Gilberto Vale de, 158
Araújo, José Oswaldo de, 363, 413
Araújo, Lincoln de, 111
Arima (filha de Zezé Horta), 206
Aristóteles, 239, 313
Arneitz, Maria José Leer, 207
Arruda, Maria Pamplona de, 264, 273, 274
Ascânio, 116

Assumar, conde de, 192
Atahualpa (imperador inca), 154
Atahualpa ver Sá, Atahualpa Garcindo Fernandes de
Ataíde (escultor), 349
Aubert, 55, 287
Augusto (primo), 302
Aurélio ver Pires, Aurélio Egídio dos Santos
Aurora (filha do cônsul da Espanha), 144
Aurora (Zazoca, filha de Clara Cardoso), 225, 232, 254, 261, 307
Austregésilo ver Rodrigues Lima, Antônio Austregésilo
Austregésilo, Antônio de Morais, 81
Auxiliadora, 144
Avelar, Romeu de, 410
Avelino, Seu, 362, 363, 399
Avellaneda, 33
Azevedo Amaral, 383
Azevedo Sobrinho, Aluísio, 11, 82, 102, 103, 104, 151, 195, 250, 278, 294, 314, 316, 324
Azevedo Sobrinho, Álvaro de, 58
Azevedo Sodré, Antônio Augusto de, 383
Azevedo, A. de Freitas, 396
Azevedo, Arcanjo Pena Soares de, 82, 152
Azevedo, Artur, 120, 241, 250
Azevedo, Duarte de, 184
Azevedo, João Filadelfo de Barros e, 313, 323
Azevedo, Roberto Álvares de, 82

Babinha (prima) ver Orta, Bárbara Caetana Azevedo Coutinho Gouvêa d'
Bach, Johan Sebastian, 163
Backheuser, Everardo, 230, 324
Bacon, Francis, 313
Badaró, Eduardo Gê, 11, 42, 44, 196
Badaró, Líbero, 43
Baeta Neves, Evandro, 377
Baeta Neves, Lourenço, 147, 342
Baeta Neves, Roberto, 376

Bagre (apelido do bibliotecário do Colégio Pedro II) *ver* Trindade, Elpídio Maria de
Bailly, Otávio Paulino, 152
Bakounine, Mikhail Alexandrovitch, 305
Balena (professor da faculdade), 390
Balzac, Honoré de, 60
Bambirra, seu, 190, 301, 302
Bandeira, Alípio, 241
Bandeira, Manuel, 12, 23, 414
Banti, Guido, 386
Barbacena, marquês de, 76
Barbosa, Ari Teles, 290, 309, 316
Barbosa, Francisco (Chico), 120
Barbosa, Rui, 32, 102, 153, 280
Barcelos (ou Carvalho), Bransildes, 124
Barcelos, Omar, 277
Barreto, Fausto, 32, 72
Barros, Álvaro de, 370, 371, 389, 390
Barros, Átila Onofre de, 153
Barros, José Otaviano de, 391
Barthez, Paul Joseph, 239
Bastião Maluco (apelido de aluno do Colégio Pedro II), 99
Bastos Chaves, Augusto, 152, 290, 316
Bastos, Welf Santos Duque Estrada, 82
Batatinha (apelido de garçom do colégio Pedro II), 34
Batista, Benjamim, 309
Batista, capitão *ver* Oliveira, Batista de
Baudelaire, Charles, 31, 50
Beaumarchais, Pierre-Augustin de, 60
Beethoven, Ludwig van, 50, 148, 163, 372
Behring, Emil von, 384, 386
Belchior Filho, Custódio Ennes (Custodinho), 124, 211, 214, 231, 239
Belchior, Custódio, 211, 237, 239
Belchior, Maria Ennes (Cotinha), 211
Belém, Odilardo (Lalá), 147, 190
Belém, Olindo, 147
Bello, Benjamin Vieira, 87
Beltrão (colega do Colégio Pedro II), 195
Bené *ver* Silva, Benedito Raimundo da
Bensabat, Jacob, 196

Berger, velho, 303
Bergson, Henri, 313
Bernanos, Georges, 234
Bernard, Claude, 288, 384
Bernardes, Artur da Silva, 400, 401
Bernardino, dr. *ver* Lima, dr. Bernardino de
Bernardo, São, 239
Bernini, Gian Lorenzo, 393
Berta, dona, 115
Berta, tia *ver* Paletta, Maria Berta
Berthelot, Marcelin, 288
Bertini, Francesca, 136
Beviláqua, Clóvis, 166
Bias Fortes, José Francisco, 359
Bibi, tia *ver* Almeida, Maria Euquéria Nava Modesto de
Bibiu *ver* Viana, Arnaldo Baeta
Bibiu, dona (esposa do general Silva Faro), 317
Bicanca *ver* Paletta, Constantino Luís
Bié Prata, 346
Bilac, Olavo, 79, 265, 271
Biloca, dona, 222
Bittencourt, dona Amália, 230
Bittencourt, Edmundo, 230
Blak, Montague, 162
Bocage, Manuel Maria Barbosa du, 46, 59, 104, 292
Bocaiuva, Quintino, 237
Boi-da-Zona (apelido de aluno do Colégio Pedro II), 40, 95, 100
Boileau, Nicolas, 60
Bolinha *ver* Abreu, Guilherme Herculano de
Bolívar, Arduíno, 412
Bolyai, János, 299
Bordet, Jules, 384
Borelli, Lydia, 136
Borgatti, Aldo, 147, 363, 410
Borges da Costa, Eduardo, 369, 390
Borges, Bento, 116, 117, 193
Borges, dr., 346
Bórgia, César, 168
Bororó, 120
Bosch, Hyeronimus, 88, 330

Bossuet, Jacques Bénigne, 239
Botelho, Paulino *ver* Almeida, Paulino Botelho Vieira de (De Paula)
Botticelli, Sandro, 375
Bourbon Nápoles-Duas Sicílias, Carolina Ferdinanda de, 238
Bracinho (apelido de aluno do Colégio Pedro II), 94
Brandão, Augusto, 87
Brandão, Dídimo, 87, 277
Brandão, Maria Henriqueta, 148
Bráulia, d. (dona da pensão Moss), 202
Breughel, Pierre, 330
Brício Filho, 223, 237
Bricou, 305
Briggs, Octávio e Zélia, 106, 150, 178
Brioso, Nélson Mendes, 152
Brito, Floriano Corrêa de, 50, 54, 55, 57, 58, 59, 60, 61, 62, 196, 285
Broussais, François Joseph Victor, 239
Brown, Gus, 318
Brummell, George Bryan, 233
Buarque de Holanda, Sérgio, 108, 120, 414
Buchner, Eduard, 384
Bueno Brandão, Júlio, 370
Buffon, George Luis Leclerc, conde de, 239
Burjato, Edmundo, 377
Burlamaqui, Paulo, 99
Burle Marx, dona Cecília, 163
Burle Marx, Roberto, 163
Burle Marx, Walter, 163
Burne Jones, sir Edward, 395
Buzzachi, Ariggo, 149
Byron, lord, 233, 239, 265

Cabral, Moacir, 377
Cabral, Pedro Álvares, 110, 291
Cacilda, 148, 149
Cagada Amarela (apelido de aluno do Colégio Pedro II), 40, 61, 62, 65, 72
Calaça, Luís de Poissy Navarro, 41
Caldeira (comerciante), 148
Caldeira, Oscar Versiani, 377

Calderón de la Barca, 285
Callet, Jean-François, 55
Calmette, Albert, 386
Calógeras, Pandiá, 241
Calvino, João, 282
Calvino, José da Silva, 152
Câmara, Hermínia Lacerda Nascimento, 115
Camargo Filho, Afonso Alves de, 82
Cambronne, general Pierre Jacques Étienne, 57
Camilo *ver* Castelo Branco, Camilo
Camilo, Luís, 411
Caminha, Pero Vaz de, 269
Camões, Luís Vaz de, 35, 36, 72, 78, 79, 150, 165, 294
Campista, David, 359
Campos Sales, Manuel Ferraz de, 117, 118, 241
Campos, Francisco, 359
Campos, Milton, 10, 23, 54, 144, 293, 359, 410, 411
Campos, Zita, 138
Canabrava, Lilo, 411
Candidinha, dona *ver* Nava, Cândida
Candinha, dona *ver* Nava, Cândida
Candinho (inspetor do Colégio Pedro II) *ver* Silva, Cândido Gomes da
Candinho, dr. *ver* Tostes, Cândido Teixeira
Candoca, tia *ver* Nava, Cândida
Capanema, Gustavo, 359, 411, 413
Capistrano *ver* Abreu, Capistrano de
Caralho (apelido de servente do Colégio Pedro II), 125, 126, 128
Caraman-Chimay, condessa de, 319, 320
Cardoso Fontes, Antônio, 383, 384
Cardoso, Adauto Lúcio, 138, 411
Cardoso, Clara *ver* Queiroz Vieira, Clara Cardoso
Cardoso, Helena, 138
Cardoso, seu, 221
Carleto *ver* Pinheiro Chagas, Carlos
Carlotinha, d. (esposa de Chico Muniz Freire), 230

Carlotinha, tia (madrinha do Zegão), 266
Carlyon, mr., 162
Carmosina (filha de João Lago), 271
Carneiro, 330, 412, 413
Carolina, dona ver Figueiredo, Carolina Dias
Carpentier, Georges, 376
Carvalho Brito, 330, 412
Carvalho, Cecílio de, 285
Carvalho, conselheiro Alexandre Afonso de, 197
Carvalho, Delgado de, 324
Carvalho, Guilherme Afonso de, 129, 153, 196, 197, 199, 270, 284, 312
Carvalho, Jarbas de, 296
Carvalho, João Paulo de, 384
Carvalho, Luísa Helena de, 196
Carvalho, Mário Aderbal de, 40, 41, 42, 81, 100, 122, 195
Carvalho, Pedro Afonso de, 196, 197
Carvalho, Sílvio de, 102
Carvalho, Waldemar de, 35
Casassanta, Mário, 411
Cascão, Ângelo, 112
Caserio Santo, Ierônimo, 193
Castelo Branco, Camilo, 71, 78
Castilho, Antônio Feliciano de, 71, 77, 325
Castro, Adolfo Monteiro de, 399
Castro, Álvaro de, 296
Castro, d. Luísa de, 296
Castro, Francisco de, 383
Castro, Otávio Lopes de (Castrinho ou Casquinha), 284
Castro, Pedro José de, 172, 177
Catão, Sílvio Alves, 105
Catita (criada da casa do Major), 183, 331, 345, 346, 392, 395
Caturrita (apelido de inspetor do Colégio Pedro II) ver Goston Neto, João
Cavalcanti, Joaquim Nunes Coutinho, 12, 48, 49, 377, 410
Cavalcanti, José Beltrão, 158
Cavalcanti, José Peregrino Wanderley, 48, 379

Cavalcanti, Luís Leopoldo Coutinho, 379, 391
Cavalcanti, Maria Augusta Coutinho, 48
Cavalo (apelido de aluno do Colégio Pedro II), 40, 69, 278
Cavell, Edith, 162
Cecília (lavadeira), 189, 302, 315, 333, 334, 340, 374
Celso, Maria Eugênia, 155
Cendrars, Blaise, 414
Cerqueira, Gabriel, 412
Cervantes, Miguel de, 69, 239, 286
César, Caio Júlio, 32
César, Guilhermino, 411
Chagas, Carlos, 383, 384
Chapot-Prevost, Eduardo, 383
Chapuliot, 193
Chardron, 32
Charlus, barão de, 107
Chateaubriand (latrineiro do Colégio Pedro II), 83, 85
Chateaubriand, François-René de, 32, 60, 211, 239
Chicão ver Peixoto Filho, Francisco
Chico (filho de sá Delminda), 341
Chico Pires ver Sá Pires, Francisco de
Chico, Sargento, 303
China (aluno do Colégio Pedro II) ver Paula, Luís Nogueira de
Chiquinho ver Gomes, Francisco de Paula Magalhães
Chopin, Frédéric, 163
Chrétien de Troyes, 265
Cícero, dr., 179, 362, 371
Cícero, Marco Túlio, 32, 44, 69, 101
Ciodaro, Paschoal, 137
Cisalpino ver Machado, Cisalpino Lessa
Clara ver Cardoso, Clara
Clarinha (filha de Clara Cardoso), 221
Clark, Christian, 162
Claudel, Paul, 169
Clérot, Edmundo, 228
Clérot, Gabriel, 228
Clérot, Léon, 228, 229
Cleveland, Stephen Grover, 214

Clintock, 32, 43
Clorindo, tenente, 399
Coelho Júnior, os, 371
Coelho Lisboa, dona Luzia Alta de Lamego e Costa Pizarro Gabizo de, 154
Coelho Lisboa, Francisco de Oliveira Gabizo Pizarro, 82, 152, 154, 156
Coelho Lisboa, João, 155
Coelho Lisboa, professor ver Lisboa, João Coelho Gonçalves da Silva
Coelho Lisboa, Rosalina, 155, 278
Coelho Neto, Henrique, 203, 229
Colby, 290
Colinha (apelido de irmã de aluno do Colégio Pedro II), 278
Collerson, 288
Collier, 290
Comte, Auguste, 239
Conceição, Adélia Maria da, 48
Conceição, Deolinda Maria da ver Deolinda
Condorcet, marquês de, 239
Constant, Benjamim, 237, 239
Continentino, os, 144, 410
Coragem, d. Júlia, 115
Cordeiro, Calixto, 241
Cordeiro, general Tomé, 217
Cordeiro, José Luís (Jamanta), 104, 250
Corneille, Pierre, 285
Cornélio, dr., 187, 337
Corrêa, Raimundo da Mota Azevedo, 78
Correia, Kalixto, 241
Coscarelli, Alfredo, 396
Coscarelli, Batista, 396
Costa Braga, Aguinaldo Teixeira da, 35
Costa e Silva, Antônio Francisco da, 108, 147, 363
Costa e Silva, família, 166
Costa Filho, Odylo, 48
Costa Filho, Oseias Antônio da, 370
Costa Ribeiro, Maria Feijó da (Dondon), 205, 273
Costa Velho, Suriquete, 232
Costa, Alberto Teixeira da, 296, 320
Costa, Cláudio Manuel da, 76, 192
Costa, Henrique César de Oliveira, 159, 176, 177, 300
Costa, Hilário Locques da, 42, 87, 122, 160, 290
Costa, João Zeferino da, 54
Costa, Lúcio, 419
Costa, Miguel, 193
Costinha ver Costa, Henrique César de Oliveira
Cota, sá (esposa de José Antônio), 341
Cotinha (filha de tia Modestina), 211
Cotrim, Álvaro, 241
Coutinho, Isador, 377, 380, 381, 391, 395, 399
Coutinho, Lino, 123
Coutinho, Mário de Moura, 316
Coutinho, Oscar, 379
Couto, Miguel, 205, 208, 369
Couto, Pedro do, 293, 300, 324
Crissiúma, Ernesto de Freitas, 304
Croft-Cooke, Rupert, 391
Cromwell, Oliver, 69
Crosselin-Delamarche, 32, 55, 72, 79, 81, 82
Cruls, Gastão, 108, 109, 120, 283
Cruveilhier, 290, 304
Cruz, Alberto Sales da, 82, 83, 84
Cruz, Coracy de Oliveira, 82, 291
Cruz, Cristino, 235
Cruz, Djalma, 82
Cruz, Oswaldo, 384, 385, 390
Cruz, seu (enfermeiro do Colégio Pedro II) ver Cruz, Alberto Sales da
Cunha, Euclides da, 92
Cunha, Gastão da, 240, 359
Cunha, João Elisiário Pinto Coelho da, 266
Cunha, José Egon de Barros da, 265, 266, 267, 268, 270, 271, 276, 302, 315, 335, 336, 377, 380, 381, 396, 399
Cunha, Luís da, 317
Cunha, Roberto, 390
Cunha, seu, 363
Curby, Severino ver Silva, Francisco de Paula Severino de

Curinga (servente da faculdade), 379
Custodinho *ver* Belchior Filho, Custódio Ennes
Custódio *ver* Melo, Custódio José de
Cuvier, Georges, 288, 361

Da Costa e Silva, Antônio Francisco *ver* Costa e Silva, Antônio Francisco da
Dadá (filha de Maneco Modesto), 118
Dalí, Salvador, 64
Dantas, Pedro *ver* Morais Neto, Prudente de
Dante Alighieri, 69, 80, 239, 262, 294
Danton, Georges-Jacques, 69
Dão, seu *ver* Alencar, Leonel Pereira de
Daudet, Alphonse, 164
Daumier, Honoré, 198
Davi, dr., 143, 343
Davis, Clodoveu, 376
Davis, coronel Jorge, 363
De Capol, Albert de, 162
De Chirico, Giorgio, 372
De Mille, Cecil B., 106
Deabreu, Moacir, 411
Debret, Jean-Baptiste, 347
Dedeta *ver* Jaguaribe, Risoleta Regina
Delaforce, 215
Delamare, Virginius, 107, 162
Della Francesca, Piero, 138
Delminda, sá, 190, 340, 341
Delpech, Adrien, 55, 56, 57, 158, 261, 300, 324
Dempsey, Jack, 376
Deolinda (criada da casa do Major), 138, 183, 304, 331, 333, 343, 344, 346
Descartes, René, 239, 299, 313
Deville, 215
Dezouzart, Robespierre Moreira, 11, 69, 316
Di Cavalcanti, Emiliano, 120
Dias, Álvaro Tolentino Borges, 36
Dias, Ezequiel Caetano, 340, 373, 383, 384, 385, 390
Dibo, Miguel, 65, 99, 290
Dinorá (filha da cozinheira de d. Diva), 343

Diva *ver* Nava, Diva Mariana Jaguaribe
Dixon, Charles, 162
Djalma (inspetor do Colégio Pedro II), 87
Dodsworth, Henrique de Toledo, 324
Domingos, tio *ver* Jaguaribe Filho, Domingos José Nogueira
Donana, 249
Donato, Artur Baroncelli, 317
Dondon *ver* Costa Ribeiro, Maria Feijó da
Doquinha (filha de Augusto de Lima), 144
Drummond, dr. José Pedro, 409
Duarte, João Galdino, 377
Dubini, 386
Duducha (prima) *ver* Menezes, Maria de
Dujardin, Major, 319, 396
Dumas, Alexandre, 178
Dunkée (professor da Sorbonne), 215
Dürer, Albrecht, 316, 394
Dutra, Nemésio, 298

Edith (prima), 113
Edmundo (primo), 113
Edwigges (cozinheira), 321
Ehrlich, Paul, 386
Einstein, Albert, 217
El Greco, Domenikos Theotokopulos, dito, 390
Elfa (filha dos Muniz Freire), 230
Elisa, d. (esposa de Maneco Modesto), 114
Emílio *ver* Moura, Emílio
Eneida (Costa de Morais), 120
Ennes de Souza, Antônio, 48, 112, 171, 174, 177, 211, 214, 220, 222, 227, 228, 229, 230, 232, 237, 240, 242, 253, 255, 259, 283, 284, 296, 308
Ennes de Souza, Eugênia, 48, 212, 213, 214, 215, 218, 219, 220, 222, 223, 226, 227, 230, 231, 232, 233, 234, 235, 240, 247, 253, 254, 256, 260, 306, 308
Ennes, tio *ver* Ennes de Souza, Antônio
Epicuro, 313

Eponina (filha de Ernesto Pires Lima), 206, 210, 213, 222, 224, 226, 227, 230, 231, 232, 233, 242, 243, 246, 253, 254, 255, 262, 306
Ernesto *ver* Lima (Filho), Ernesto Pires
Esberard, 195
Espinheira, Álvaro, 312, 324
Ester, dona, 144, 412
Estêvão (Piá, Piascote) (filho de Zezé Horta), 206
Esteves (bedel do Colégio Pedro II), 86
Estrabão, 80
Eu, conde d', 238
Euclides, 299
Eugênia, tia *ver* Ennes de Souza, Eugênia
Eulálio, dr., 202

Fabriciano (professor da faculdade), 411
Facó, Américo, 108, 109
Fafá, as, 136, 362
Faria (porteiro do Colégio Pedro II), 204, 308, 323
Faro, Ernesto, 317
Fauret, Léon, 162
Feijó Júnior, Luís da Cunha, 384
Feijó, Ana Cândida Pamplona Nava, 113, 273, 275, 276
Feio, Noemi Horta, 381
Feliciano (tio de Afonso Pena Jr.), 405
Felício (marido da Marquesa de Santos) *ver* Mendonça, Felício Moniz Pinto Coelho de
Felicíssimo, Major, 363
Ferdinando, Francisco, 107, 146
Fernandes Eiras, Alice Brandon, 384
Fernandes Távora, Virgílio Morais, 383
Fernandes, comendador Avelino, 395
Fernandes, Francisco Cândido, 145
Fernandes, João Pinto, 100, 152, 156
Fernandes, Millôr, 308
Ferraz, Marcondes, 134
Ferreira Lima, Frederico, 208
Ferreira Marques, Francisco Xavier, 271, 272

Ferreira Sampaio, 235
Ferreira, Cícero, 362, 369, 370, 371, 378, 389
Ferreira, seu (roupeiro do Colégio Pedro II), 63
Fialho, Aquidaban de Alencar, 332
Figner, Ragnal, 295
Figueiredo, Carolina Dias, 179, 190, 331, 339, 340, 362, 371
Figueiredo, Inar Dias de, 340, 342
Figueiredo, Manuel Lopes de, 336
Filadelfo *ver* Azevedo, João Filadelfo de Barros e
Fininha *ver* Lima, Maria Josefina de
Finlay, 384
Fittzinker (professor do Colégio Pedro II), 324
Flaubert, Gustave, 60, 225
Flávio (filho de Henrique Marques Lisboa), 385
Florentino (aluno do Colégio Pedro II) *ver* Sampaio Viana, Florentino César
Floriana (filha de Maneco Modesto), 118
Floriano (professor) *ver* Brito, Floriano Corrêa de
Floriano, marechal *ver* Peixoto, marechal Floriano
Foca (apelido de aluno do Colégio Pedro II), 40, 69
Foch, marechal Ferdinand, 161, 211
Fogareiro (apelido de aluno do Colégio Pedro II), 72
Fonseca, Aguinaldo Navarro da, 82
Fonseca, Caraccioli da, 147, 362, 410
Fonseca, Hermes da, 108
Fonseca, Salatiel Peregrino da, 72, 86, 93, 95, 276, 308
Fontana, Felice, 288
Fortes-Corcovado (apelido de inspetor do Colégio Pedro II), 87, 246, 277
Fox, Charles James, 106
Fra Angélico, 138
Fraga, Clementino da Rocha, 378
Fragoso, as, 223
Fragoso, os, 307

France, Anatole, 10, 27, 45, 46, 236, 293, 351, 363
Francis, 305
Francisco José, imperador da Áustria, 107
Franco de Sá, d. Sinhazinha, 229
Franco, as, 115
Franco, coronel, 185, 339
Frango (apelido de aluno do Colégio Pedro II), 129
Franklin, Benjamin, 211, 259
Franquilina (empregada dos Ennes de Souza), 231, 232
Fredet, 290
Freire, Maria de Luna, 163
Freitas, Cipriano de, 229, 271
Freitas, dr. João Batista de, 336, 338
Freitas, Nair Marques Lisboa, 382
Frontin, André Augusto Paulo de, 108, 208, 228, 229, 324
Frontin, Paulo de, 239
Frontin, Pedro Max de, 243
Fryatt, capitão, 162
Fulgêncio, Maria, 137
Furst, as, 362

Gabizo, João Pizarro, 154
Gabriel (filho de Clara Cardoso), 212, 221, 225, 226, 227, 232, 233, 242, 246
Galeno de Pérgamo, 248
Galeno, Juvenal, 166
Galrão, cônego, 271
Galvão, Rodolfo, 384
Gama, Vasco da, 174, 177
Gambrinus, 176
Ganot, 55
Garcia, Nelito Dias, 210
Garrett, João Batista da Silva Leitão de Almeida, 77, 78
Gaston, 52
Gaudry, 215
Gauss, Carl Friedrich, 299
Gavarni, Paul, 303
Gazzio, Arquimedes, 180, 190, 341, 394

Geralda (filha de seu Silvério), 341
Geraldo do Amaro da sá Adelaide, 190
Getúlio ver Vargas, Getúlio
Giambologna, 335
Gide, André, 54
Gil, Ovídio Paulo de Menezes, 70, 152, 278
Gilda, 148
Gina do Ascânio, 114
Giorgione, Giorgio da Castelfranco, dito, 168
Giotto di Bondone, 91, 138
Goethe, Johann Wolfgang von, 239
Góis, Carlos, 137
Góis, Domingos de, 383
Gomes de Souza, as, 409
Gomes Pereira, Benedito, 339
Gomes Pereira, Clandira, 339
Gomes Pereira, coronel, 190, 339
Gomes Pereira, os, 179, 331, 346, 362
Gomes Pereira, Paulo, 190, 342, 376, 377
Gomes, brigadeiro Eduardo, 194
Gomes, Edgard Magalhães, 36, 37
Gomes, Francisco de Paula Magalhães, 338, 380
Gomes, Haroldo Moreira, 316
Gomes, José Aires, 43
Gomes, Leopoldo, 339, 413
Gonal, 162
Gonçalves Crespo, Antônio, 164
Gonçalves Dias, Antônio, 39, 216, 372
Gonçalves, Marina Pereira Botafogo, 134
Góngora, Luiz de, 285
Gonsalves, doutor, 161, 162
Gonzaga, Isabel Cristina Leopoldina Augusta Micaela Gabriela Rafaela ver Isabel, princesa
Gonzaga, Tomás Antônio, 76, 192
Gorilão (apelido de aluno do Colégio Pedro II), 86
Goston Neto, João, 70, 72, 87
Goulart, d. Dudu, 190, 340, 371
Goulart, os, 362
Goulart, Pérsio, 207

Goya, Francisco José, 154, 198
Gracinha *ver* Jaguaribe, Maria de Alencar
Grave, Jean, 305
Green, George, 196
Grifith, 106
Guanaíra (filha de João Lago), 271
Guedes, Fernando Fernandes, 99
Guedes, Júlio, 241
Guedes, Mário Fernandes, 72
Guerra Junqueiro, Abílio Manoel, 147, 165
Guilhem, Aristides, 320
Guilherme (primo), 113
Guilherme II, imperador, 107, 241, 245, 319, 371
Guimaraens, Alphonsus de, 147, 166, 252, 284, 363, 413
Guimarães (fotógrafo), 216
Guimarães Filho, Francisco Pinheiro, 33
Guimarães, Artur Carneiro, 377
Guimarães, Bernardo, 146
Guimarães, dr., 249, 254
Guimarães, Horácio, 413
Guimarães, João Alphonsus de, 23, 268, 357, 411
Guiomar (Goma, esposa de Amaro), 341
Gurgel Filho, Luís Nascimento, 81
Gusmão, Rivadávia de, 371
Gutierrez, dom Leonardo, 144
Guynemer, Georges Marie, 107, 162

Haas, seu Arthur, 146, 363
Haberfeld, dr., 148
Haendel, Georg Friedrich, 163
Haig, Douglas, 130, 161
Halbout, Jean-François, 32, 54, 55, 60, 75
Halfeld, Ernestina, 187
Halfeld, Henrique Guilherme Fernando, 187
Halfeld, Tilly, 187
Haroldo (aluno do Colégio Pedro II), 195
Haydn, Franz Joseph, 163

Heitor, tio *ver* Almeida, Heitor Modesto de
Helena (prima), 113
Helena, dona, 297
Heloísa, dona, 115
Henry, Émile, 193
Herculano, Alexandre, 37, 71, 78
Hermes *ver* Fonseca, Hermes da
Hermínia (filha de d. Bibiu), 115, 317
Hewitt, James E., 196
Hilário (aluno do Colégio Pedro II), 195
Hindenburg, marechal, 107, 162
Hipócrates, 245, 248, 387
Hitler, Adolf, 368
Hogarth, William, 198
Homero, 234, 239, 294
Hommel, 290
Hooke, Robert, 288
Horácio, 32
Horta, João Batista, 363
Horta, Manuel, 363
Horta, Marote, 206, 207
Horta, Rafael, 363
Houaiss, Antônio, 175
Hudgson, 162
Hugo, dr., 351
Hugo, Victor, 60
Hume, David, 239
Huxley, Thomas Henry, 288
Huysman, 107

Iaiá, d. (esposa de Tasso Fragoso), 230
Iaiá, tia *ver* Jaguaribe, Hortênsia Natalina
Ibiapina, Antônio, 152
Ilka, 211
Inar *ver* Figueiredo, Inar Dias de
Ince, Thomas Harper, 106
Inesita, d. (esposa de João Albano), 166, 273
Inhá Luísa *ver* Jaguaribe, Maria Luísa da Cunha Pinto
Inneco, José (alfaiate), 397
Inocente (apelido de aluno do Colégio Pedro II), 100

Irifila (esposa de Lequinho), 234
Irineu, 107
Irma (filha de d. Carlotinha), 230
Isabel, princesa, 312
Isador ver Coutinho, Isador
Isaura, dona (esposa de Maneco Modesto), 48, 114, 118, 193
Itaboraí, visconde de, 77
Itríclio ver Pamplona, Itríclio Narbal

Jaccoud, 337
Jacob, Antônio, 376
Jacob, Guy, 376
Jacobini, Maria, 136
Jaguaribe Filho, Domingos José Nogueira, 276
Jaguaribe, Hortênsia Natalina, 273, 275, 301
Jaguaribe, João Nogueira, 111
Jaguaribe, Joaquim José Nogueira, 182, 183, 184, 185, 186, 187, 188, 190, 252, 273, 275, 276, 300, 301, 331, 332, 333, 341, 374, 400
Jaguaribe, Leonel, 290
Jaguaribe, Maria de Alencar, 301, 331
Jaguaribe, Maria Luísa da Cunha Pinto, 91, 181, 207, 301, 303, 332
Jaguaribe, Risoleta Regina, 182, 183, 187, 244, 301, 332
Jaguaribe, visconde de, 181
Jaguaribe, viscondessa de ver Alencar, Clodes Alexandrina Santiago de
Jamanta ver Cordeiro, José Luís
Januária, dona Maria (filha de d. Pedro I), 238
Jardim, Luís, 120
Jatahy, família, 134
Jeannette (apelido de aluno do Colégio Pedro II), 69
Jejé ver Modesto, Jefferson
Jequitinhonha, visconde de, 42
Joaninha, tia ver Pinto Coelho, Joaninha
João Alfredo ver Oliveira, João Alfredo Correia de
João Alphonsus ver Guimarães, João Alphonsus de

João de Deus, 306
João Francisco, general, 341
Joaquim Antônio (primo), 163
Joaquim Pedro ver Andrade, Joaquim Pedro
Jobim, dr., 229
Joffre, marechal Joseph, 130, 161
Johannot, Tony, 303
Johnson, dr., 395
Jones, Mr. H. W., 101, 190, 199, 342, 376
Jordão, Haryberto de Miranda, 152
Jorge, maestro Henrique, 271
José Antônio (vizinho da Serra), 341
José Eduardo, dr., 363
José Oswaldo ver Araújo, José Oswaldo de
Josefina, dona (parteira), 351
Jota Carlos, 211, 230
Juanes, Juan de, 159
Juarez ver Távora, Juarez
Judith (filha de Marcondes Ferraz), 134, 138
Julinha, dona ver Porto, Júlia Cardoso
Júlio Maria, padre, 282
Júlio, tio ver Pinto, Júlio César
Jumento (apelido de aluno do Colégio Pedro II), 52
Juquinha (filho de Marcondes Ferraz), 134
Juquita (primo), 362

Kaiser ver Guilherme II, imperador
Kalixto ver Correia, Kalixto
Keats, John, 265
Keitel, marechal Wilhelm, 360
Kerenski, Aleksandr, 193
Kilbone, Carter, 384
Kitasato, 384
Koch, Robert, 384, 387
Kock, Paulo de, 145
Kroef, Mário, 243
Kropotkine, Piotr Alekseievitch, 193, 305
Kubitschek, Juscelino, 359
Kuhl, Frau, 150

La Fontaine, Jean de, 32, 69, 239
La Vega, Garcilaso de, 285
Labarrère, 410
Laboriau, 229
Lacerda e Almeida, Francisco José de, 32, 41, 172
Lacerda, Abel Tavares de, 242
Laclette, René, 367
Laet, Carlos de, 32, 65, 72, 176, 178, 246, 308, 323, 324
Laetitia (filha de Augusto de Lima), 144
Lago, João, 271
Lago, Pedro, 271
Lamartine, Alphonse de, 60
Lambert, Johann Heinrich, 299
Lange, Kurt, 156
Langhans, Carl Gotthard, 384
Latino Coelho, José Maria, 77
Laveran, Alphonse, 384
Lavoisier, Antoine Laurent de, 239
Lavradio, marquês do, 192
Leal Filho, Luís Francisco, 152, 153, 290
Leandro (inspetor do Colégio Pedro II), 72, 86, 131, 194, 246
Legendre, Adrien Marie, 299
Leitão, Nelson Mesquita, 300
Leite, dr. Antônio, 283, 284, 286, 306
Leonardo da Vinci, 33, 138
Leonardo Filho (filho do cônsul da Espanha), 144
Leopoldo, príncipe da Bélgica, 238
Lequinho *ver* Pamplona, Iclirérico Narbal
Libânio, Samuel, 389, 390
Licota, d. *ver* Pinheiro, d. Licota
Licurgo *ver* Morvão, Licurgo
Lígia (filha de Clara Cardoso), 221
Lima (filho), Ernesto Pires (Nestico), 213, 222, 223, 243, 247, 249, 255
Lima Barreto, Afonso Henriques de, 108, 117, 120, 238
Lima e Castro, 383
Lima e Silva, José Carlos de, 82, 152
Lima e Silva, Waldemar, 82
Lima, Augusto de, 144, 145

Lima, dona Vera Suckow de, 145
Lima, dr. Bernardino de, 144, 145, 149, 412
Lima, João Cláudio de, 382
Lima, Maria José (Zezé), 137
Lima, Maria Josefina de (Fininha), 137, 144
Lima, Renato, 148
Linneu, Carl von Linné, dito, 288
Lino (inspetor do Colégio Pedro II), 72, 87, 123, 124, 194, 195, 196
Lins, desembargador Edmundo, 362
Lisboa, Evangelina Burle, 163, 223
Lisboa, Francisco Coelho, 42
Lisboa, João Coelho Gonçalves da Silva, 154
Lisboa, Maria Augusta Burle, 163
Liszt, Franz, 163
Littré, Émile, 290, 309, 331
Llomond, 32
Lobatchevski, Nikolai Ivanovitch, 299
Lobato, Monteiro, 164
Lobato, Saião, 184, 185
Locques *ver* Costa, Hilário Locques da
Lodi, Adelmo, 390
Lodi, Jurandir, 380
Lopes, Ascânio, 411
Lott (aluno do Colégio Pedro II), 86
Lourdes (prima), 113
Loureiro, Waldemar, 144, 409
Lourença, dona *ver* Abreu e Melo, Lourença Maria
Lourenço, dr., 362
Loyde, Harold, 313
Lucas, Artur, 241
Luciano, Lucky, 42
Lucie *ver* Rodrigues, Lucie Nicaud
Luís Alphonsus, 347
Luís Edmundo *ver* Pimenta da Costa, Luís Edmundo de Melo
Luísa (filha de d. Licota), 263
Luna Freire, Adolfo, 242
Lutero, Martinho, 282
Luth (filha de Maneco Modesto), 115, 118

Macedo Filho, Francisco Araripe de, 316
Macedo, Henriqueta, 391
Macedo, Luís Cândido Paranhos de, 11, 39, 40, 41, 42, 52, 57, 69, 155, 156, 170, 171, 172, 173, 174, 175, 176, 203, 204, 205, 271, 321, 323
Machacaz ver Carvalho, Mário Aderbal de
Machado de Assis, Joaquim Maria, 39, 115, 241, 293
Machado, Aníbal Monteiro, 23, 398, 399
Machado, Cisalpino Lessa, 336, 350, 381, 399
Machado, coronel Virgílio, 146, 397, 399
Machado, Cristiano Monteiro, 397
Machado, Hilda von Sperling Monteiro, 397
Machado, Lucas Monteiro, 399
Machado, Nicolau Gualberto, 398
Machado, Otávio Monteiro, 399
Machado, Paulo Monteiro, 397, 398, 399
Machado, Teodoro, 184
Madeira de Lei, Nava Borges, 117
Magalhães (porteiro da faculdade), 336
Magalhães gomes, Francisco de Paula (Chiquinho), 337, 338, 379, 380, 381
Magalhães Pinto, Estêvão Leite, 179, 180
Magalhães, Dario, 411
Magalhães, Manuel Olinto de, 336
Magalhães, Otávio Coelho de, 340, 382
Magno, Constantino, 195
Maia, Álvaro (Pé de Boi), 11, 37, 38, 43, 65, 158
Major ver Jaguaribe, Joaquim José Nogueira
Maldonado, coronel, 202
Maldonado, Pedro Jaguaribe, 82, 172, 177
Mallarmé, Stephane, 60
Mallet, João Carlos Pardal de Medeiros, 290

Malpighi, Marcello, 288
Mandioca (apelido de garçom do Colégio Pedro II), 34
Maneco, seu ver Modesto, Maneco
Manouvrier, Léonce, 55
Mantegna, Andrea, 182
Manuelito, 144, 231
Marat, Jean-Paul, 69
Marcelo (aluno do Colégio Pedro II), 87
Marcondes, as, 134
Marcondes, Judith, 138
Marcondes, Orfila, 134, 138
Marcondes, os, 136
Marechal de Ferro ver Peixoto, Floriano
Maria (copeira), 266, 267, 269
Maria (prima), 274
Maria Alice (filha da prima Maria), 274
Maria Amância (Mancita), 274
Maria Antonieta (filha de Clara Cardoso), 221
Maria Cristina (Iná), 274
Maria Emília, 274
Maria Gertrudes (Santoca), 274
Maria Helena (Marieta, filha de Lucas Antônio Monteiro de Castro), 398
Maria Inês (filha da prima Maria), 274
Maria José (filha de Clotilde Nogueira), 273
Maria Júlia, 164
Maria Liberalina (Lili), 274
Maria, d. (esposa do general João Francisco), 341
Maria, d. (esposa do Silvério), 339
Maria, sá (esposa do Venâncio), 341
Marianinha (prima) ver Pinto Coelho, Mariana Carolina
Marianinho (filho do dr. Marcondes Ferraz), 134
Marieta, d. ver Andrade, Marieta
Mariinha (esposa de Carlos Ribeiro), 273
Mário (primo), 113
Mariquinhas, d., 340
Marocas, dona (esposa do dr. Marcondes Ferraz), 134

Marout, tia *ver* Arruda, Maria Pamplona de
Marques e Silva, Maria de Alencar *ver* Jaguaribe, Maria Alencar
Marques Lisboa, almirante Joaquim, 382
Marques Lisboa, Francisco de Borja, 382
Marques Lisboa, Henrique, 338, 381, 382
Marques Lisboa, Henriqueta Coelho, 382
Marques Lisboa, Maria Eufrásia, 382
Marques Lisboa, Otávio, 376
Marques Rebelo, Edi Dias da Cruz, dito, 120, 268
Martim Francisco *ver* Andrada, Martim Francisco Ribeiro de
Martinho, monsenhor João, 302
Martiniano (aluno do Colégio Pedro II), 86
Martins, Chico, 411
Martorelli, Francisco, 120
Marx, Willie, 163
Mason, Patrik, 384
Massot, Antero de Leivas, 70, 71, 102, 152, 156, 290
Matania (desenhista), 162
Matilde Luísa (tia), 303
Maugham, Somerset, 189
Maupassant, Guy de, 102
Maurity, almirante Joaquim Antônio Cordovil, 201
Maurois, André, 217
Maximiliano, Carlos, 277
Mayer, 290
Medeiros e Albuquerque, Joaquim de Campos, 308
Medeiros, Alberto de, 205
Meio-Quilo (inspetor do Colégio Pedro II), 63
Meireles, Olinto, 369, 389
Meireles, Pedro Soares de, 152
Melanchthon, Philipp, 313
Melila (filha de tio Carlinhos), 345
Mellin, 290
Melo e Souza, 64
Melo Franco Filho, Afrânio de, 99, 101, 124, 128, 196
Melo Franco, Afonso Arinos de, 11, 70, 82, 152, 240, 278, 279, 290, 301, 342, 359, 403, 411
Melo Franco, Afrânio de, 11, 82, 240, 297, 302, 359
Melo Franco, Cesário Alvim de, 297, 298
Melo Franco, os, 298
Melo Franco, Virgílio de, 23, 359
Melo Morais, Henrique de (Henriquinho), 120, 151
Melo Teixeira (professor da faculdade), 390
Melo Viana, Fernando de, 373
Melo, Aimée, 337
Melo, Cornélio Vaz de, 390
Melo, Custódio José de, 58, 107, 230
Melo, Odete, 136, 337
Memling, Hans, 138
Mena Barreto, Amado, 123, 124
Mendelssohn, Felix, 163, 211
Mendes Campos, Mário, 369
Mendes de Aguiar, 300
Mendes, Odorico, 39
Mendes, Oscar, 156
Mendes, seu Raul, 132, 133
Mendonça, Felício Moniz Pinto Coelho de, 317
Menéndez y Pelayo, Marcelino, 285
Menezes (inspetor do Colégio Pedro II), 72, 87
Menezes Filho, Francisco Xavier Oliveira de, 300, 311, 324
Menezes Neto, Adolfo Bezerra de, 82
Menezes, Emílio de, 211, 212, 271
Menezes, Fausta de, 113
Menezes, Francisco Xavier de Oliveira de (Pipoca), 311
Menezes, Maria de, 112, 113
Menezes, seu, 33
Menichelli, Pina, 136
Meschick, Augusto Guilherme, 11, 37, 38, 196

Metchinikoff, 384
Meton, os, 346
Meton, tio *ver* Alencar, Meton da Franca
Meunier, 305
Meyrueiz, 193
Michaelis *ver* Vasconcelos, Carolina Michaelis Gonçalves de
Mico (apelido de aluno do Colégio Pedro II), 40, 100
Miguelângelo, 97, 393
Milano, Dante, 120
Militão (inspetor do Colégio Pedro II), 86, 87, 99, 100, 271
Milton, John, 239
Mingote, 146, 363
Miranda Ribeiro, Marcelo, 82, 97, 122
Mirbell, 288
Modesto Guimarães, dr., 114
Modesto, Jefferson, 115, 116
Modesto, Jorge, 118
Modesto, Lafayette, 114, 193, 194, 304, 305
Modesto, Maneco, 48, 112, 216, 238, 264, 317
Modesto, Maria *ver* Almeida, Maria Euquéria Nava Modesto de
Modesto, os, 210, 230, 262, 307
Modesto, Osório, 116, 118, 317
Modesto, tio *ver* Almeida, Heitor Modesto de
Molière, Jean-Baptiste Poquelin, dito, 60, 61, 249
Montaigne, Michel de, 313
Monte, Oscar, 382
Monteiro de Castro (filho), Lucas Antônio, 398
Monteiro de Castro, Ana Adelaide, 398
Monteiro de Castro, Lucas Antônio, 398
Monteiro, Álvaro, 410
Monteiro, Bernardo, 145, 362, 373
Monteiro, Leo, 11, 102, 104, 106, 158, 290
Moraes, Vinicius de, 261
Morais Neto, Prudente de, 67, 108, 124, 130, 177, 251, 414

Morais, visconde de, 317
Morcego (apelido de inspetor do Colégio Pedro II), 93, 94
Moreira Guimarães, 241
Moreira, Celestino Rodrigues, 99
Moreira, Delfim, 280, 341, 356
Moreira, Francisco da Mota (Chico), 147
Moreira, Leopoldo da Nóbrega, 320
Moreira, Mário, 152, 153, 321
Moreira, Olímpio da Mota (Olimpinho), 147, 148, 149, 410
Moreira, Pedro da Mota (Pedrinho), 147
Moreira, Vitorino da Mota, 147
Morize, dr., 230
Morvan (filho de d. Carolina Figueiredo), 340
Morvão, Licurgo, 231, 232
Mosquito Elétrico *ver* Menezes Filho, Francisco Xavier Oliveira de
Moss, Edgard, 277
Mota, Caio, 147
Mota, Fábio, 147
Mountbatten, lord, 116, 193
Moura Brasil, dr., 84
Moura Campos, Salomé de, 111
Moura, Antônio, 254
Moura, as, 115
Moura, Emílio, 23, 284, 411, 413
Moura, Francisco Peixoto Soares de, 146
Moura, Guilherme Augusto de, 311
Mousset, Paul, 355
Mozart, Wolfgang Amadeus, 163
Muguiro, Don Juan Bautista, 154
Müller, Filinto, 121
Munch, Edvard, 251
Muniz Freire, Araci, 218, 297, 307
Muniz Freire, Chico, 230
Munizes, os, 296
Münthe, Axel, 169
Murilo, Bartolomé Esteban, 275
Murtinho, Joaquim Duarte, 241
Musset, Alfred de, 60
Myers, 290

Nabuco de Gouveia, José Tomás, 242, 243
Nabuco, Ataliba Muniz, 81
Nabuco, Joaquim, 77
Nabuco, José, 48, 163
Nabuco, Maria do Carmo, 48, 163
Nadir (filho adotivo de Zezé Horta), 206
Nadir (filho de d. Carolina Figueiredo), 340
Nanoca (avó) ver Feijó, Ana Cândida Pamplona Nava
Nanteuil, Celestin, 303
Nascentes Coelho, 339
Nascentes, Antenor de Veras, 285, 324
Nascimento Gurgel, 67, 81
Nascimento, Cassiano, 123
Nascimento, Nicanor do, 57
Nativo (vizinho da Serra), 340
Nausikaa (noiva do Nestico), 234, 255, 306
Nava, Ana, 344
Nava, Cândida, 111, 112, 163, 169, 213, 242, 273
Nava, Dinorá, 273, 346, 375
Nava, Diva Mariana Jaguaribe (Mãe), 48, 90, 132, 136, 138, 143, 178, 181, 183, 185, 192, 205, 206, 207, 208, 271, 273, 275, 276, 300, 301, 303, 331, 332, 333, 336, 343, 344, 345, 346, 361, 362, 363, 365, 371, 395, 399, 400, 404
Nava, José (irmão), 149, 178, 239
Nava, José Pedro da Silva (Pai), 143, 163, 186, 210, 240, 273, 290, 296, 304, 331, 369, 396
Nava, Maria Euquéria ver Almeida, Maria Euquéria Nava Modesto d'
Nava, Maria Luísa (irmã), 344
Nava, Paulo (irmão), 149, 231, 242, 253, 255, 343
Nava, Pedro da Silva (avô), 21, 82, 178, 192, 215, 235, 326, 339, 377, 404, 406
Nazaré (esposa de Odylo Costa, filho), 48

Necésio, dr., 371
Nelo ver Selmi dei, Nelo
Nelson, Mariano Francisco (inspetor do Colégio Pedro II), 70, 72, 85, 87
Nery (aluno do Colégio Pedro II), 195
Nestico ver Lima (filho), Ernesto Pires (Nestico)
Neves, Célia, 137
Neves, d. Alice, 345
Neves, Georges Pereira das, 152
Neves, Getúlio das, 239
Neves, José Aroeira, 382
Neves, José Jacinto (Jota Jota) das, 147, 362
Neves, Tita, 137
Nícias (amigo), 410
Nicolau (amigo), 410
Niemeyer, Conrado Borlido Maia de, 221, 228, 229, 305
Niemeyer, d. Elfrida, 229
Nietzsche, Friedrich, 305
Nilo, Alzira, 272
Ninico (amigo da Serra), 342
Nobre, Antônio, 153
Noce, Alberto Carlos, 392
Nogueira da Gama, Romeu Braga, 82
Nogueira, Clotilde Jaguaribe, 273
Nols (capelão da coroa), 319
Nonô do seu Silvério, 190
Norberto, Joaquim, 76
Noronha Santos, 47, 238
Novais, 32, 41
Nunes Ferreira, dr., 313, 314
Nunes, Adelaide, 273

Oiticica (professor do Colégio Pedro II), 300, 319
Olavo, desembargador, 362
Olga (filha do cônsul da Espanha), 144
Olga, dona (esposa de Antônio Moura), 254
Olimpinho ver Moreira, Olímpio da Mota
Oliveira de Menezes, 229, 311
Oliveira, Alberto de, 79
Oliveira, as, 115

Oliveira, Batista de, 97, 121, 123, 124, 125, 128, 129, 130, 163, 195, 391
Oliveira, dr. Antônio de Almeida e, 215
Oliveira, João Alfredo Correia de, 184, 203, 204
Oliveirinha (inspetor do Colégio Pedro II), 62, 72, 86, 87, 100
Onestalda, dona, 221
Onofrina (criada de d. Diva), 345, 374
Orfila (filha de Marcondes Ferraz), 134, 138
Orta, Bárbara Caetana Azevedo Coutinho Gouvêa d', 400, 403
Oswaldo (copeiro), 321
Otacílio, seu, 42
Otávio, dr., 343
Ouro Preto, visconde de, 84
Outremont, conde d', 319
Ovalle, Jaime, 120
Ovídio, 239, 325

Pacheco, Totônio, 268, 413
Padroselos, Martim de, 38
Paes Leme, Brant, 383
Pais Leme, Francisco Ernesto, 81
Paiva Gonçalves, Carlos, 34, 94, 195, 290, 309, 316
Paixão, Waldemar, 399
Palácio, desembargador Egon de Barros, 266
Palácio, Raimundinha de Barros, 266
Paletta, Constantino Luís, 187, 332, 338, 380, 400
Paletta, Maria Berta, 187, 276, 332
Palhares, Carlos, 399
Palma, o jovem, 167
Pamplona, Doralice Barroso, 266
Pamplona, Iclirérico Narbal, 234
Pamplona, Itríclio Narbal, 290
Panum, 384
Papai Basílio (apelido de aluno do Colégio Pedro II), 51, 85
Papus, Diofante, 299
Paraguaçu, Aleixo, 363
Paranaguá, condessa de, 263
Paranaguá, Joaquim Nogueira, 241
Paranhos da Silva, 324
Parente, dr. Abel, 317
Pascal, Blaise, 60
Passaro, Anrique de Almeida, 350
Passos, Gabriel de Rezende, 359, 411, 413
Passos, Lucindo, 43
Pastel *ver* Almeida, Oscar de
Pasteur, Louis de, 384, 385, 386, 387
Paula Lima, os, 362
Paula Lopes (professor do Colégio Pedro II), 283, 286, 287, 324
Paula, Hamilton de, 411
Paula, Luís Nogueira de, 152
Paula, Luís Nogueira de (China), 70, 71, 95
Paulo IV, papa, 167
Pausânias, 234
Pauwels, Louis, 359
Pé de Boi *ver* Maia, Álvaro
Peçanha, Nilo, 150
Pecegueiro *ver* Amaral, Tibúrcio Valeriano Pecegueiro do
Péchard, 55
Pederneiras (aluno do Colégio Pedro II), 87
Pedrinho Espanhol, 342
Pedro Ernesto, 120
Pedro I, d., 77
Pedro II, d., 183, 185, 197, 238
Peixoto Filho, Francisco (Chicão), 138, 146, 147, 148, 149, 190, 342, 410
Peixoto Neto, Floriano, 82
Peixoto, Carlos, 359
Peixoto, Chicão *ver* Peixoto Filho, Francisco
Peixoto, Luís, 120
Peixoto, marechal Floriano, 107, 117, 214, 222, 230, 232
Pena Júnior, Afonso, 404
Pena, Afonso, 66, 118, 146, 147, 304, 335, 359, 360, 361, 365, 369, 373, 392, 404, 405, 406
Pena, Benjamim, 81
Pena, dr. Belisário, 316
Pena, Otávio (Tic), 340

Penido, Antônio, 110
Penido, doutor, 149
Penido, Elvira Couto Maia, 48
Penido, Paulo, 251
Perdigão (aluno do Colégio Pedro II), 87
Pereira Gomes, Wenceslau Brás, 107, 131, 241
Pereira, Haroldo, 376
Pereira, João Manso, 377
Pereira, Jônatas, 285
Pereira, José Rodrigues (Juca Barão), 382
Pereira, Lafayette Rodrigues, 285, 286
Pereira, Leopoldo, 376
Pereira, Maria José Horta (Zezé), 205, 206, 207
Pereira, Otacílio, 324
Pereira, padre, 43
Pereira, Péricles, 376
Perrault, Charles, 32
Perrier, Remy, 55, 287
Pershing, general John Joseph, 161, 162
Pessoa, dona Mary, 320
Pessoa, Epitácio, 238, 280, 320, 414
Pessoa, José, 320
Picasso, Pablo, 170, 209
Pimenta Bueno, Alfredo Leal, 338, 377, 378, 390
Pimenta da Costa, Luís Edmundo de Melo, 104
Pimentel, Francisco Mendes, 369
Pinheiro Chagas, Carlos, 378, 379
Pinheiro Chagas, Paulo, 194
Pinheiro Filho, João, 411
Pinheiro Machado, José Gomes, 107
Pinheiro, d. Licota, 227, 262, 263, 276, 295, 299
Pinheiro, João, 297, 346, 401, 404, 411, 412
Pinto Coelho, Joaninha, 35, 207, 317, 345, 362
Pinto Coelho, Mariana Carolina, 276, 345
Pinto Coelho, Oswaldo (Zadinho), 371
Pinto Machado, 241
Pinto, Alfredo, 324, 325
Pinto, Estêvão, 362, 371
Pinto, Hélio Gonçalves, 158
Pinto, Júlio César, 276, 339, 345
Pio, monsenhor João, 405
Pires (inspetor do Colégio Pedro II), 70, 72, 86, 93, 95, 99, 276, 308, 324
Pires, Aurélio Egídio dos Santos, 12, 368, 369, 371, 389
Pires, Chico *ver* Sá Pires, Francisco de
Pires-Ventania *ver* Pires (inspetor do Colégio Pedro II)
Pissilão (apelido de professor do Colégio Pedro II) *ver* Carvalho, Guilherme Afonso de
Pizarro, Francisco, 154
Pizarro, João Joaquim, 154
Pizarro, monsenhor, 154
Pizon, 55, 287
Plácido (filho do cônsul da Espanha), 144
Platão, 313
Plínio (bruxo), 115
Ploetz, 290
Plutarco, 239
Poe, Edgar Allan, 90, 126, 244, 347, 372
Polidoro, general, 108
Pompeia, Raul, 34, 77, 121, 196
Porfírio, padre, 185
Porto, Agenor, 249, 298, 383
Porto, Antônio Augusto, 178
Porto, Júlia Cardoso, 178
Potsch, Waldomiro, 300
Powell, J. H., 244
Prado Kelly, José Eduardo do, 67, 314
Prestes, Luís Carlos, 193
Proudhon, 305
Proust, Adrien, 243
Proust, Marcel, 88, 217
Prudência, dona, 323, 340
Ptolomeu, 80
Pupu *ver* Eponina

Quadros (aluno do Colégio Pedro II), 195

Queirós, Eça de, 147, 202, 297
Queiroz Vieira, Clara Cardoso, 211, 221, 225, 231, 232, 255, 259, 260, 261
Queiroz Vieira, João Lopes de, 259
Queiroz Vieira, Manuel Edwiges de, 259
Queiroz, Rachel de, 48
Quental, Antero de, 147, 306
Quetinha, dona *ver* Rodrigues, Henriqueta Sales
Quevedo Y Villegas, Francisco Gomez de, 285
Quincas Rolha (vizinho da Serra), 341, 395
Quindola (vizinho da Serra), 341
Quintão, Ascânio, 206
Quintino *ver* Vale, Quintino do

Rabelais, François, 60
Rabelo, dr. Davi, 390
Rabelo, Marcos Franco, 164
Racine, Jean, 60, 239
Rada, Juan de, 154
Rafael Sanzio, 313
Rafael, desembargador, 362
Raimundinha, dona (esposa de Rodolfo Teófilo), 274
Raimundo (aluno do Colégio Pedro II), 195
Rainho, Otacílio, 152
Raithe, as, 244
Raja Gabaglia, Fernando, 172, 173, 174, 175
Raminhos *ver* Silva Ramos, José Júlio da
Ramiz Galvão, Benjamim Franklin de, barão de, 309, 324
Ramos, Artur, 235
Raspail, François Vincent, 382
Ravachol, François Claudius Koegnigstein, dito, 305
Rebello *ver* Rebelo da Silva, Luís Augusto
Rebelo da Silva, Luís Augusto, 78
Rebouças, André, 239

Reclus, Elisée, 305
Régnier, Henri François Joseph de, 72, 74
Reis Santos, Maria do Nascimento, 217
Reis, Aarão, 81
Reis, Agostinho dos, 239
Reis, reverendo Álvaro, 282
Rembrandt, 116
Renan, Joseph Ernest, 383
Renault, Abgar, 359, 411, 413
Resende, Otto Lara, 143
Reverendo Vaca-Brava (apelido de aluno do Colégio Pedro II), 203, 277
Reynolds, Osborne, 390
Rezende, Artur, 45
Ribeiro, Albertinho Martins, 298
Ribeiro, Aquilino, 77
Ribeiro, Carlos, 273
Ribeiro, Dondon Feijó *ver* Costa Ribeiro, Maria Feijó da
Ribeiro, João, 11, 12, 32, 38, 42, 50, 175, 285, 290, 291, 292, 293, 294, 295, 299, 300, 310, 324, 348
Ribeiro, Rosalina, 48
Richard, Cardeal François, 167
Richerand, 239
Rigaud, Hyacinthe, 75
Rimbaud, Jean Nicolas Arthur, 60
Rio Branco, barão do, 56, 77, 82, 177, 229, 233
Rio Branco, Clotilde, 56
Risoleta, tia *ver* Jaguaribe, Risoleta Regina
Rizzo, Rosa, 341
Rizzo, seu Zé, 179, 180, 190, 340
Robin, Charles, 290
Robinson, 290
Rocha Melo, os, 356
Rocha Pinto, 241
Rocha Pita, Sebastião da, 77
Rocha, conselheiro José Severiano da, 197
Rodin, Auguste, 393
Rodrigo Otávio, Laura, 308
Rodrigo *ver* Andrade, Rodrigo Melo Franco de

Rodrigues Alves, conselheiro Francisco de Paula, 214, 241, 279
Rodrigues Lima, Antônio Austregésilo, 249
Rodrigues, Cleonice, 340
Rodrigues, Evagrio, 340
Rodrigues, Ezilda, 340
Rodrigues, Gerino (Tetilo), 340
Rodrigues, Henriqueta Sales, 217, 218, 221, 230, 297
Rodrigues, Ibrantina, 340
Rodrigues, Lucie Nicaud, 222, 231, 232
Rodrigues, Luísa Novo, 340
Rodrigues, Manoel Sales, 222
Rodrigues, Mirtes, 340
Rodrigues, Ordália, 340
Rodrigues, Roberto, 340
Rolim, padre, 236, 304
Ronsard, Pierre de, 60
Rosa (criada de inhá Luísa), 304
Rose, mr., 33
Roser, 384
Rosso, as, 115
Rousseau, Jean-Jacques, 60
Roux, Émile, 386
Roxo, Euclides Medeiros Guimarães, 300
Rubem (filho de sá Delminda), 190, 341
Ruch, 32
Rugendas, Johann Moritz, 347

Sá Pires, Francisco de, 79, 148, 149, 335, 350, 361, 381, 392, 399
Sá, Atahualpa Garcindo Fernandes de, 62, 72, 76, 77, 82, 195
Sá, d. Alice Prates de, 349
Sá, Estela de, 166
Sá, Luís Gregório de, 399
Sá, Romualdo Franco de, 166
Sabattier, Paul, 162
Sabino, Fernando, 143
Sacramento Blake, Augusto Alves Vitorino, 215
Sadler, Joseph Thomas Wilson, 199
Saião, Bidu, 295, 320
Saião, d. Mariquinha, 296

Said Ali, Manuel Ida, 300
Saint-Hilaire, Geoffroy de, 288
Salatiel-Mirim/Salatielzinho (inspetor do Colégio Pedro II) ver Fonseca, Salatiel Peregrino da
Saldanha da Gama, Luís Filipe de, 107
Saldanha Marinho, Joaquim, 237
Saldanha, seu, 202
Salém, Waldemir, 167
Sales Rodrigues, Antônio, 222
Sales Rodrigues, Clara Cardoso ver Queiroz Vieira, Clara Cardoso
Sales Rodrigues, Eugênia ver Ennes De Souza, Eugênia
Sales Rodrigues, Henriqueta (Peladinha), 222
Sales Rodrigues, Maria Eugênia (sinhá Cota), 214, 222, 223, 224, 228, 230, 231, 232, 242, 246, 253, 254, 265, 282, 307
Sales Rodrigues, Nair Cardoso, 213
Sales, Adolfo, 53, 273
Sales, Alice Nava, 64, 139, 178, 230, 273
Sales, Amália, 231
Sales, Antônio, 54, 64, 84, 107, 110, 111, 145, 162, 171, 174, 178, 200, 217, 230, 241, 261, 273, 275, 331, 400
Sales, d. Delfina, 273
Sales, Pedro, 369, 389
Sales, tio ver Sales, Antônio
Salgado Filho, Eduardo, 318
Salgado, Plínio, 121
Sallles, Antônio, 232, 306
Salomé, tia ver Moura Campos, Salomé de
Salomon, Evaristo, 147, 363, 410
Samaniego, Félix Maria de, 285
Samico, dr. Henrique Cesídio, 229, 249
Sampaio Viana, Florentino César, 34, 69, 94, 153, 195, 316
Sampaio, Carlos, 239
Sanavia, d. Regina, 340
Sancho I, El-Rey, d., 38
Sant'ana, José Ananias de, 391

Santa Rosa, Sílvio Américo, 152
Santanna, Álvaro Cumplido de, 243
Santiago, cirurgião, 184
Santos, Carlos Américo dos, 324
Santos, Eurico Mendes dos, 36, 45
Santos, Felipe dos, 76
Santos, Marquesa de, 317
Santos, Odilon Bolívar dos, 391
Santos, Urbano dos, 229, 283
São Vicente, marquês de, 378
Saramenha, barão da, 362
Sarolea (naturalista), 319
Sauvages, 244
Schmidt Vasconcelos, barão, 210
Schopenhauer, Arthur, 305
Schubert, Franz, 163, 211, 372
Scott, Walter, 239
Seabra, José Joaquim, 241
Seidl, Carlos, 244, 245
Seidl, coronel, 241
Seignobos, Charles, 290
Seixas, Guilherme João, 33
Selmi Dei, Nelo, 181, 186, 187, 302, 339, 346
Selmi Dei, os, 339
Sena, Múcio de, 410
Senhorinha (parteira), 351
Serpa, Justiniano de, 164, 400, 402
Severino, padre, 345
Shakespeare, William, 69, 395
Silva Campos, Alberto da, 411
Silva Campos, Mário Álvares da, 411
Silva Faro, general, 317
Silva Jardim, Antônio da, 237
Silva Ramos, José Júlio da, 35, 36, 37, 158
Silva, Benedito Raimundo da (Bené), 11, 53, 54, 101, 284
Silva, Cândido Gomes da, 72, 85, 87, 151, 194, 195
Silva, Chica da, 303
Silva, Eugênio de Souza e, 382
Silva, Fábio Chaves do Couto e, 382
Silva, Francisco de Paula Severino de, 282, 283
Silva, Linneu, 390

Silva, Oswaldo Joppert da, 280
Silva, Zeferino, 113
Silvande, Baldassare, 347
Silveira, dom José da, 64
Silvério, seu, 339, 341
Sílvia, dona, 297
Simão, Jorge, 152
Simões, Pedro da Silva (aluno do Colégio Pedro II), 172
Simonard (vizinho dos Modesto), 113, 116, 263, 264
Sinhá Cota ver Sales Rodrigues, Maria Eugênia
Sinhá Paula, dona, 410
Sinhá Pequena ver Nava, Diva Mariana Jaguaribe
Sinhá, d. (esposa de seu Avelino), 362, 399
Siqueira Durão, João Carlos de, 65, 316
Siqueira, Ismael Henriques Teixeira de, 363
Siriri, desembargador, 179, 362, 371
Soares, Caio Líbano de Noronha, 376, 377
Soares, Libério, 377
Soares, Raul, 359, 366, 399
Sófocles, 239
Soliz, Pero Eanes, 38
Souza Brasil, Caio Pompeu de, 318
Souza Lima, Paulo, 376
Souza, Carlos José de, 241
Souza, Frei Luís de, 37
Souza, Heitor Augusto de, 411
Souza, Nelson de, 290
Souza, Nilo Soares de, 82
Souza, Sebastião José de, 215
Spinoza, Baruch, 313
Staline, Joseph, 404
Stendhal, Henry Beyle, dito, 60
Sturzenecker, Gastão Mathias Ruch, 300
Suaris, Gamaliel, 363
Sue, Eugène, 303
Surerus, seu (marceneiro em Juiz de Fora), 36

Tácito, 239
Tallien, madame, 319
Targino (copeiro de tia Eugênia), 220, 231, 232, 233
Tarsila *ver* Amaral, Tarsila do
Tasso Fragoso, Augusto, 216, 230, 238, 320
Tasso, Torquato, 239
Tavares de Lira, Augusto, 64
Tavares, Eduardo Carlos, 70, 152, 278
Tavares, Godoy, 389
Távora, Franklin, 77
Távora, Juarez, 193
Teixeira da Silva, Francisco Hilarião, 241
Teixeira, Floriano, 168
Teixeira, João, 144, 284
Teixeira, Leonídia, 220, 230
Teixeira, Santinha, 230
Teixeiras, as, 273
Teles, Ari *ver* Barbosa, Ari Teles
Tennyson, Alfred, 265, 395
Teodorini, a, 263, 295, 296
Teófilo (família), 166
Teófilo (primo), 113
Teófilo, seu Rodolfo, 273
Teresa Cristina, imperatriz, 238
Terra, Sílvia, 242
Terrail, Ponson de, 145
Thibau, 377
Thiré, Arthur, 32, 69, 103, 153, 158, 159, 160, 161, 170, 171, 176, 177, 178, 196, 246, 284, 299, 321, 323
Tibiriçá, Jorge, 214, 235
Tifum *ver* Macedo, Luís Cândido Paranhos de
Tilkens, coronel, 319
Tiradentes (José Joaquim da Silva Xavier), 76
Toledo, 76
Tolstói, Leon, 274
Tomás de Celano, 171
Topinard, Paul, 46
Torres Homem, João Vicente, 249
Torricelli, Evangelista, 378
Tostes, Cândido Teixeira, 91

Totó (apelido de aluno do Colégio Pedro II), 40
Totó *ver* Ennes de Souza, Antônio
Toutet, 32
Trevisan, Dalton, 315, 368
Trinckquel, Henrique, 316
Trindade, Elcídio da Silva, 316
Trindade, Elpídio Maria da (Caxinguelê, Bagre), 32, 33, 71
Troust, 55
Tucídides, 239
Turpin, Ben, 83

Umberto Primo, 341
Urso Branco (apelido de cozinheiro do Colégio Pedro II), 47

Vaasques, Joan, 38
Vaillant (anarquista), 193, 305
Vale, Ari do, 195
Vale, Eliseu Laborne e, 391
Vale, Peapeguara Brício do, 124
Vale, Quintino do, 33, 34, 37, 38, 45, 46, 60, 63, 64, 68, 83, 85, 93, 99, 100, 131, 151, 157, 160, 171, 194, 195, 203, 246, 276, 277, 287, 308, 315, 317, 321, 324
Vale, Túlio Sá, 274
Valentina (vizinha da Serra), 334, 338, 347, 371, 375, 395
Van Dyck, 309
Vanju, dona *ver* Lisboa, Evangelina Burle
Vargas, Getúlio, 121, 376
Vasconcelos, Bernardo Pereira de, 177
Vasconcelos, Carolina Michaelis Gonçalves de, 196
Vega, Lope de, 285
Veiga Cabral, Mário Vasconcelos da, 32, 70
Velázquez, Diego, 154
Venâncio (vizinho da Serra), 341
Venturini, seu, 202
Verlaine, Paul, 60
Verne, Júlio, 278
Vérry, Pierre, 381

Viana, Amância de Sá, 166
Viana, Arnaldo Baeta (Bibiu), 304, 305, 319
Viana, Inês (Inezita), 166
Viana, Maria Gertrudes (Santoca), 274
Vicente, Gil, 37
Vieira Cristo, coronel, 402
Vieira Fazenda, José, 34
Vieira, padre Antônio, 77
Vilaça, dr., 351
Vilafanha, tenente Rosalino, 357
Vilares, Décio, 241
Vilhena, Paulo Soares de, 391
Villemin, Jean Antoine, 384
Villon, François, 294
Vinelli, Kossuth, 384
Virgílio, 32, 44, 80, 234, 294
Virosca (apelido de aluno do Colégio Pedro II), 40
Vita, sá (vizinha da Serra), 341
Vitalino, mestre, 218
Vitorino, Manoel, 241
Vituca (apelido de aluno do Colégio Pedro II), 42
Voltaire, François Marie Arouet, dito, 60, 61, 239

Wagner, Richard, 163
Walsh, George, 109, 354, 396
Wanda (filha de d. Carolina Figueiredo), 340
Wassermann, August Paul von, 384
Weber, Wilhelm, 290
Wenceslau Brás ver Pereira Gomes, Wenceslau Brás
Werneck, d. Edina, 318
Werneck, Hugo, 390
Werneck, Jorge Eiras Furquim, 382
Westerling, Heinrich Friedrich Gottfried, 342
Wolf, dr., 319

Xavier Marques ver Ferreira Marques, Francisco Xavier
Xavier, Agliberto, 300
Xisto, dom ver Albano, Antônio Xisto

Yantok, 314

Zaide (irmã de Afonso Arinos), 298
Zara (filha de d. Carolina Figueiredo), 340
Zazoca ver Aurora (filha de Clara Cardoso)
Zegão ver Cunha, José Egon de Barros da
Zévaco, Miguel, 261, 294
Zezé ver Lima, Maria José de
Zica Filho, José Rodrigues, 377
Zizinia, madame ver Câmara, Hermínia Lacerda Nascimento
Zukor, 106
Zurbarán, Francisco de, 138

ESTA OBRA FOI COMPOSTA POR OSMANE GARCIA FILHO EM SWIFT E
IMPRESSA PELA GEOGRÁFICA EM OFSETE SOBRE PAPEL PÓLEN SOFT
DA SUZANO PAPEL E CELULOSE PARA A EDITORA SCHWARCZ
EM AGOSTO DE 2012